중국식 규획

중국학
총 서
08

中國式規劃: 從"一五"到"十四五"　尹俊, 徐嘉 著

Copyright © Peking University Press 2021
Korean copyright © 2023 by Minsokwon Korea
The Chinese edition is originally published by Peking University Press.
This translation is published by arrangement with Peking University Press, Beijing, China.
All rights reserved.
No reproduction and distribution without permission.

이 책의 한국어판 출판권은 Peking University Press(北京大學出版社)와의 독점 계약으로 한국 민속원에 있습니다. 저작권법에 의해 한국 내에서 보호를 받는 저작물이므로 민속원과 협의없이 무단전재와 무단복제를 금합니다.

China's plan for Economic and Social Development

中國式 規劃

"제1차 5개년 계획"부터 "제14차 5개년 규획"까지

중국식 규획

인쥔尹俊·쉬쟈徐嘉 지음
조청봉趙靑峰·이경민李敬民·신지선申智善 옮김

민속원

머리말

저자가 경제사 연구에 관심을 갖게 된 계기는 리이닝厲以寧 교수님의 간곡한 가르침에서 비롯되었다. 교수님께서는 중국 개혁개방의 직접 참여자로써 경제체제 개혁에 중요한 이론적 공헌을 하신 분이다. 주식제 개혁의 주창자인 교수님께서는 심지어 "리 주식歷股份"으로 불리며 개혁개방 40주년을 맞아 국가로부터 "개혁 선봉"이라는 영예 칭호를 수여받기도 했다. 저자는 리이닝 교수님의 경제학 사상을 계통적으로 정리한 바 있는데 이를 통해 교수님께서는 경제사 분야에서도 중요한 공헌을 했음을 발견했다. 사실 중국 경제개혁에 대한 그의 독특한 견해들은 경제사에 대한 깊은 이해를 바탕으로 하고 있었다. 저명한 경제사 학자 맥크로스키Deirdre Nansen McCloskey는 1976년에 아래와 같은 말을 남겼다. "역사계량학은 이미 역사학계에 경제학의 중요성을 설명했다. 그렇다면 지금은 경제학계에 역사학의 중요성을 설명할 때이다". 슘페터Joseph Schumpeter는 "경제과학자가 일반적인 경제학 전문가와 다른 점은 바로 역사, 통계, 이론을 장악했다는 점이다"라고 밝힌바 있다. 이는 경제사의 시각으로 경제이론을 연구하는 것은 아주 중요한 방법 중 하나지만 또한 쉽게 간과될 수 있는 분야임을 보여준다.

이 책은 바로 경제사의 시각으로 경제학 이론을 설명하기 위한 시도이다. 2021년은 중국공산당 창건 100주년, 중화인민공화국 성립 72주년인 동시에 "14차 5개년" 규획이 시작되는 해이기도 하다. 중국은 1949-1952년 사이의 국민경제 회복기와 1958-1960년 사이의 국민경제 조정기를 제외하고 모두 5개년 규획(계획)을 이용하여 경제사회건설에 매진했다. 이처럼 연속된 5개년 규획을 통해 중국 특색의 발전 방식을 탐색했고 또한 세계 역사에서 보기 드문 경제발전의 기적을 이루었다. 그러나 규획은 실천의 방면에서 큰 수확을 거두었지만 이론적 측면에서는 많은 논쟁을 불러일으켰다. 특히 랜들 오투어Randal O'Toole의 저서 〈규획은 왜 실패하는가〉는 규획 자체가 내포하고 있는 모순을 적나라하게 폭로했다. 또한 규획 제도가 여러 나라에서 실패함으로써 일부 학자들로부터 규획은 오로지 사회주의국가의 전유물로 취급당하고 있는 상황이다. 그렇다면 이러한 주장은 정확한가? 저자는 국가개발은행 규획국에서 4년 동안 일하면서 중국은 물론이고 일부 외국의 규획 편성에까지 참여한 경험이 있다. 가장 인상적인 것은 수많은 개발국가들 특히 "일대일로" 연선의 아프리카, 라틴아메리카의 자본주의 국가들이 중국식 규획을 배우고 있다는 사실이었다. 이들은 중국 발전의 경험을 충분히 인정하고 있기 때문에 저자와 같은 중국의 전문가에게 자국의 경제사회발전 규획을 자문하고 있었다.

본서의 총론 부분에서 밝혔던 것처럼 현재 우리는 규획의 세 가지 기본 이론문제에 대해서 아직 명확한 인식을 갖지 못하고 있다. 그것은 바로 "규획은 무엇인가?", "훌륭한 국가는 왜 규획을 필요하는가?", "어떻게 과학적으로 규획할 것인가?"이다. 사실 규획제도는 서방의 경제학 주류 사상에 부합되지 않기 때문에 학자들의 냉대를 받았으며 심지어 그 존재 자체를 인정받지 못하는 신세가 되었다. 그러나 규획이 실천 과정에서 나타낸 중요한 역할로 볼 때 그 성공의 이론적 논리를 정리하지 않은 채 기존의 이론에 근거해 규획은 반드시 실패한다고만 확정한다면 중국의 70년 역사 그리고 그 시대적 성공을 설명하기 어렵게 된다. 때문에 저자는 규획에 대한 책을 한 권 쓰기로 결정했다.

본서는 위홍쥔於鴻君 교수님의 막중한 지원을 받았다. 바로 위 교수님이 이끌어주신 방향 즉 중화인민공화국경제사의 시각으로 전체 내용을 관통했다. 역사를 거울로 삼으면 나라의 흥망과 교체를 알 수 있다. 또한 중공중앙당사와 문헌연구원의 쉬쟈徐嘉 연구원이 합류하면서 집필진이 확정되었다. 본서의 총론, 제4장과 제5장은 저자가 집필했다. 제1장, 제2장, 제3장은 쉬쟈 연구원이 집필했다. 그리고 전체 책의 교정과 심사를 본인이 맡았다. 쉬쟈 연구원의 참여는 본서가 더욱 역사학 가치를 지니게 했으며 가독성이 뛰어나게 만들었다.

본서가 완성되기까지 수많은 선배님들의 방조를 받았다. 우선 베이징대학교 리이닝, 허위춘何玉春 선생님의 자세한 지도에 감사드린다. 특히 가오상취안高尚全, 린이푸林毅夫, 양웨이민楊偉民, 한위하이韓毓海 네 명 선생님께서 본서에 대한 수정과 추천에 감사드린다. 이분들이 후배 학자에 대한 방조와 고무격려는 그야말로 감동적이었다. 베이징대학교 시진핑 신시대 중국특색 사회주의 연구원의 왕푸취王浦劬 원장님 이하 선생님들은 토론 중에 수많은 아이디어를 제공했다. 이외에도 베이징대학교 국가발전연구원의 야오양姚洋, 천춘화陳春花 두 분 교수님께 감사드린다. 저자는 야오양 선생님으로부터 "중국 서사 이론"의 영향을 많이 받았다. 천춘화 선생님의 공생관리철학 또한 본서의 편찬에 보귀한 계시를 주었다. 그리고 국가발전개혁위원회의 저우레이鄒磊, 중국경제체제개혁연구회의 루치陸琪, 국가개발은행의 동료들 왕원숭王文松, 선지번沈繼奔, 주톈퉁朱天彤, 쟈오안량焦安亮, 쟝뷔姜波, 천리陳立, 톈후이민田惠敏 등이 본서에 대한 보귀한 의견에 감사드린다. 마지막으로 베이징대학교 출판사 경제와 관리 도서사업부의 린쥔슈林君秀 주임과 쟈미나賈米娜 편집의 자세한 지도와 방조에 감사드린다.

물론 저자 본인의 수준이 제한적이기 때문에 본서에는 많은 부족점과 착오가 존재할 것이다. 독자 여러분께서 비판과 지적해 주시기 바란다. 사실 규획에 관한 연구는 아직 시작에 불과하다. 연구할 내용이 너무 많고 현재 계획하고 있는 내용도 아주 풍부하다. 미래 빠른 시간 내에 새로운 연구성과로 여러분과 만나기를 기대한다.

2021년 2월
베이징대학교
인쿤

차
례

머리말 _ 006

01
총론 :
규획 거버넌스의 논리

1. 국가 거버넌스와 규획 제도   016
2. 규획 거버넌스의 기본 논리   041

02
탐색 중의 5개년 규획

1. 제1절 1953년 이전 중국공산당의 국가건설에 대한 규획과 준비   065
2. "제1차 5개년" 계획 - 농업국가에서 공업국가로 전환의 중요한 시작   086
3. 제3절 기복이 심했던 "제2차 5개년" 계획   108
4. "제2차 5개년" 계획 이후의 조정과 "8자 방침"   121
5. 제5절 "제3차 5개년" 계획 - "먹고 입고 쓰는 것"에서 전쟁 준비 중심으로   133
6. 제6절 "제4차 5개년" 계획 - "3개 돌파三個突破"와 두 차례 조정   147
7. 위대한 역사적 전환점을 경험한 "제5차 5개년" 계획   162

03
개혁 중인 5개년 규획

1. "제6차 5개년" 계획 - 국민경제가 또 하나의 급속한 성장기를 맞이하다   181
2. "7차 5개년" 계획 - 개혁, 변화, 발전   193
3. "제8차 5개년" 계획 - '연착륙'에서 고속 성장을 실현하다   207

4. "9차 5개년" 계획의 완성
"중화민족 발전사에 새로운 이정표"　224

5. "10차 5개년" 계획 - 중국은 세계 경제 발전의
중요한 버팀목이자 엔진이 되다　234

04
과학적으로 제정된 5개년 규획

1. "제11차 5개년" 규획 -
과학적 발전관을 전면적으로 실행하다　249
2. "제12차 5개년" 규획 - 과학 발전의 행동 강령　260
3. "제13차 5개년" 규획 - 새로운 발전 이념을 실천하고
전면적으로 부유한 사회를 건설한다　269

05
중국식 규획의 도감

1. 사량팔주四梁八柱　286
2. 변화발전의 길　302
3. 역사적 경험　311

06
중국식 규획의 미래

1. 도전과 대응　324
2. 미래로 향하는 중국식 규획　333

부록
13차례 5개년 규획의 내용 요강의 변화 발전　351

참고문헌　371

총론
규획 거버넌스의 논리

01

2019년 10월 중국공산당 제19기 중앙위원회는 제4차 전체회의를 개최하여「중국 특색 사회주의제도의 견지와 개선 및 국가 거버넌스 체제와 거버넌스 능력 현대화 추진에 관한 몇 가지 중대 문제의 결정」(이하「결정」)을 심의하고 통과시켰다.「결정」은 중국의 국가제도와 국가 거버넌스 체제에서 견지하고 공고히 하며 또한 개선하고 발전시켜야 할 것이 무엇인지에 대한 중대한 문제들을 체계적으로 설명했다.「결정」의 제5부분에서는 "국가 발전규획을 전략적 지도행동으로 그리고 재정정책과 화폐정책을 주요수단으로 삼아 취업과 산업, 투자, 소비, 구역 등 정책 시너지의 거시경제 관리제도 체계를 완비한다. 국가 중대 발전 전략과 중장기 경제사회 발전 규획 제도를 완비"해야 한다고 언급한다. 이는 중앙정부가 규획제도의 개념을 문건에서 처음 제기한 것이며 국가 거버넌스 체제와 중국 특색 사회주의제도에서의 규획제도를 처음으로 높은 수준에서 설명한 것이기도 하다. 그리고 규획이 중국 경제사회 발전 가운데 차지하는 위상과 작용, 의의가 한 단계 상승했음을 상징한다.

"만세를 논하지 않고서 한때를 도모할 수는 없으며, 전체 국면을 논하지 않고서 한 영역을 도모할 수는 없다"라는 중국의 고사가 있다. 플라톤 또한 한 국가는 지혜를 갖추고 있으며 그 지혜는 "국가 전체의 대사大事를 고려하여, 그 대내외 관계를 개진한다"는 치국의 지식을 가지고 있는데 이러한 지식이 국가에 양호한 계획을 도모하는데 응용된다고 말한 바 있다. 동서고금을 막론하고 모든 국가는 이러저러한 규획을 가질 수 있으며 우리 주변에서도 5개년 규획이나 "제13차 5개년+三五"규획, "제14차 5개+四五"규획 등 개념을 종종 들을 수 있다. 그렇다면 규획은 무엇인가? 규획은 왜 필요한가? 어떻게 규획할 것인가? 세 가지 기본 문제에 대해서 우리는 여전히 정확한 답을 하기 어렵다고 느낄 것이다. 그 이유는 규획 그 자체가 수많은 복잡한 개념들을 포함하고 있기 때문이다. 이 장에서는 세 가지 기본 문제를 둘러싼 규획 거버넌스의 논리를 주로 토론한다.

1. 국가 거버넌스와 규획 제도

1) 국가 거버넌스로 본 국가 발전

(1) 국가 발전의 배후

　세계 발전의 역사를 살펴보면 대부분의 국가들이 추구한 발전 목표는 서로 비슷하다. 유엔의「우리 세계의 변혁: 2030년 지속가능발전 의제」에는 17가지 항목의 중요 목표가 포함되어 있다. "빈곤 퇴치, 기아 종식, 양호한 건강과 복지, 성평등, 청결한 물과 위생 시설, 경제적으로 적합하며 청결한 에너지, 포용적인 일자리와 경제 성장, 산업과 혁신 및 인프라, 불평등 감소, 지속가능한 도시와 거주지, 책임 있는 소비와 생산, 기후 행동, 해양 생물 보호, 육지 생물 보호, 평화롭고 정의로우며 효과적인 기구 구축, 목표 실현의 파트너십 촉진"은 기본적으로 각 국가의 컨센서스가 되었다. 이러한 발전 목표를 실현하는 과정 가운데 어떤 국가는 우수함을 드러냈지만 어떤 국가는 장기간 낙후된 상태에 머물렀다. 우리는 그 원인이 무엇이었는지에 대한 연구가 필요하다.

　경제목표에 관해 보자면 제2차 세계대전 이후 개발도상국가들은 보편적으로 경제 회복을 가장 중요한 임무로 삼았다. 그렇지만 전체 개발도상국가들의 경제적 성과들에 대해 회고해보면 그 성과에서 현격한 차이가 발견된다. 동아시아 경제는 "독보적으로 뛰어나다"고 말할 수 있으며 소련과 일부 동구권 국가들이 주창한 명령통제식 경제는 1990년대에 실패를 선언했다. 그리고 어떤 시장경제 국가들은 복지국가로 나아가는 과정에서 심각한 재정 위기를 맞이하고 있다. 이러한 원인을 찾기 위하여 세계은행은 2006년 2명의 학자와 19명의 경제체 지도자들로 구성된 성장과 발전위원회를 조직하고 1950년 이후 25년 혹은 더 긴 기간 동안 연평균 경제성장률이 7%에 이르거나 초과한 13개 글로벌 경제체의 성장원인과 결과, 내부변동을 연구했다. 이 13개 경제체는 보츠와나, 브라질, 중국, 홍콩, 인도네시아, 일본, 한국, 말레이시아, 몰타, 오만, 싱가포르, 타이완, 태국으로 아시아와 아프리카, 라틴아메리카, 중동, 유럽에 분포해 있다. 일부 경제체는 천연자원이 풍부(예를 들면, 보츠와나와 브라질, 인도네시아, 말레이시아, 오만, 태국)했던 반면 일부 경제체는 자원이 부족했다. 또한 일부 경제체의 인구는 10억 명 이상(중국)이었지만 다른 경제체의 인구는 50만 명이 채 되지 않았다. 이 가운데 6개 경제체(홍콩, 일본, 한국, 몰타, 싱가포르, 타이완)는 지속적으로 발전하여 고소득 국가 대열에 진입했다. 하지만 가령, 브라질 같은 일부 경제체는 선두주자를 뒤쫓는 과정에서 성장동력을 완전히 상실하기도 했다. 13개 경제체에 대한 심도 있는 분석 이후에 세계은행은 이들의 공통된 특징 5가지를 귀납했다. 국제 경제체제를 충분히 이용하였고 거시경제를 안정적으로 유지했다. 매우 높은 수준의 저축률과 투자율을 나타냈으며 시장의 자원 분배를 허가했고 대담하고 신뢰할 만하며 영리하게 일처리하는 정부를 가지고 있었다. 세계은행은 특히 정부의 역할을 강조하면서 이는 다른 4가지 특징을 만족시키는 대단히 중요한 전제조건이라고 설명했다. 사실 세계은행은 일찍이 1997년에 「1997년 세계발전보고: 변혁하는 세계의 정부」를 통해 법률제도 수립과 시장환경 보호, 거시경제의 안정적 유지, 대외개방 등 수많은 방면에서 정부가 매우 중요한 기초 작용을 발휘한다고 언급한 바 있다.

(2) 하나의 중요한 시각: 국가 거버넌스

본질적으로 세계은행이 제시한 정부의 작용은 곧 우리가 통상적으로 이야기하는 국가 거버넌스를 말한다. 바꾸어 말하면 국가 거버넌스는 국가발전목표를 실현하는 매우 중요한 요소이고 국가발전을 해석하는 중요한 시각이기도 하다. 그러나 이 관점은 각 국가에서 결코 중시되지 못했으며 수많은 국가들은 전과 다름없이 신자유주의적 관점을 고집하며 굳게 신봉하고 있다. 그들은 결정적 작용을 일으키는 것은 선진국들이 채택하고 있는 자유방임의 시장경제체제이지 국가 거버넌스가 아니며 경제적 성과가 좋지 못한 국가들이 성과가 좋지 못한 까닭은 정책과 제도가 선진국과 같지 않기 때문이라고 생각한다. 이 같은 관점은 유물주의적 관점을 명백히 위배한다. 왜냐하면 어떤 국가의 정책과 제도는 틀림없이 그 국가의 정세에 적합한 것이지 타국이 완전히 모방할 수 있는 것이 아니기 때문이다. 이외에도 이 관점은 중국의 장기간 고속성장에 따른 경제적 성과를 설명해 주지 못한다. 중국의 정책과 제도는 선진국들의 소위 최적의 정책과 제도와 결코 일치하지 않기 때문이다. 그래서 20년만에 세계은행은 「2017년 세계발전보고: 거버넌스와 법률」에서 국가 거버넌스의 중요성을 거듭 천명했다. "조직을 발전시키고 국가가 필요로 하는 정책과 관여를 연구하는 것을 강조함으로써 더 좋은 결과를 만들어낸다고 하더라도 조직을 발전시키고 연구는 크게 중시하지 않는 것이 어떤 환경에서는 성공을 거두는 방법인 반면 다른 환경에서는 긍정적인 성과를 만들어내지 못한다. 이러한 원인은 거버넌스가 좋지 못함에 있다." 다시 말해 우리는 무엇이 좋은 정책과 제도인지 살펴볼 필요가 있으며 왜 좋은 정책과 제도가 각 국가에서 소기의 같은 결과를 얻을 수 없는지도 살펴볼 필요가 있다. 우리는 그 원인이 바로 국가 거버넌스의 차이에 있다고 생각한다.

그러면 무엇이 국가 거버넌스인가? 2013년 11월 12일, 시진핑은 중국공산당 18기 3중전회 제2차 전체회의에서 국가 거버넌스 체계와 거버넌스 능력 두 측면에서의 국가 거버넌스에 대한 과학적인 정의를 내린 바 있다. "국가 거버넌스 체계는 당 지도 하에 국가를 관리하는 제도 체계이며 경제와 사회, 문화, 사회, 생태문명, 당의 건설 등 각 영역의 체제기제이자 법률법규 배치를 포함한다. 이것은 긴밀하게 연결되어 있으며 상호 협조적이고 완전하게 갖춰진 하나의 국가제도이기도 하다. 국가 거버넌스 능력은 국가제도를 운용하여 사회 각 방면의 사무를 관리하는 능력으로 내정, 외교, 국방 및 치당治党, 치국治国, 치군治军 등 각 방면을 개혁하고 발전시키며 안정케 하는 것을 포함한다. 국가 거버넌스 체계와 거버넌스 능력은 하나의 유기체로 서로 보완하고 서로 잘 되게 하는 것이다. 좋은 국가 거버넌스 체계가 있어야만 비로소 거버넌스 능력을 제고할 수 있고 국가 거버넌스 능력을 제고해야만 비로소 국가 거버넌스 체계의 효능이 충분히 발휘될 수 있다." 이와 비슷하게 세계은행도 국가 거버넌스governance를 정의하였다. 즉 거버넌스란 국가와 비국가 행위자가 이미 형성된 일련의 규범과 비규범이 혼재한 구조적 시스템 속에서 상호작용하는 행위와 그 속에서 정책을 제정하고 집행하는 전반 과정을 가리킨다. 주의할 것은 거버넌스가 작동하고 있는 시스템은 권력이 만들어가고 있을 뿐만 아니라 역으로 권력 자체에 영향을 행사하기도 한다는 점이다. 이로부터 국가 거버넌스는 두가지 측면을 내포하고 있다고 볼 수 있다. 첫째는 하나의 제도를 만드는 것이며 둘째는 공공부문과 민간부문이 상호 작용하도록 하는 제도 집행의 능력을 추동하는 것이다. 따라서 국가 거버넌스는 거버넌스 제도와 거버넌스 능력의 통칭이다.

2) "중국 기적"의 전형적인 국가 거버넌스 제도

(1) "장우창의 질문"에 답하기

저명한 경제학자 장우창張五常은 『중국의 경제제도』(중국대륙 증보판)에서 유명한 질문 한가지를 남겼다. "나는 일주일 안에 중국을 비판하는 두꺼운 책 한권을 쓸 수 있다. 그렇지만 수많은 불리하고도 어려운 환경 속에서 중국의 고속 성장이 오래 지속된 적은 역사적으로 없었다. 틀림없이 중국은 매우 정확한 일을 하였고 우리가 현재 보고 있는 경제 기적을 만들어 냈다. 그 본질은 과연 무엇이었는가? 이는 진정한 문제이다." 1949년부터 지금에 이르기까지 중국은 빈궁하고 공백 상태의 국가에서 현재 세계 제2대 경제체로 부상하였다. 선진국이 수백 년간 걸어온 산업화의 여정을 수십 년 만에 완주했는데 이는 세계경제사에서 미증유의 기적이다. 2008년 글로벌 금융위기 이후에도 중국의 성과는 여전히 세계를 놀라게 했으며 거의 모든 기구의 연구자들은 중국이 2030년 이전의 어느 순간에 고소득국가가 되고 경제규모도 미국을 넘어서 세계 제1대 경제체가 될 것이라고 예상한다. 1인당 GDP 증가에서도 그러한 것을 볼 수 있다. 수직적으로나 수평적으로 비교해 보아도, 중화인민공화국 건국 이후 중국의 1인당 GDP 증가는 보기 드문 기적이다. (그림 1-1과 표 1-1 참고)

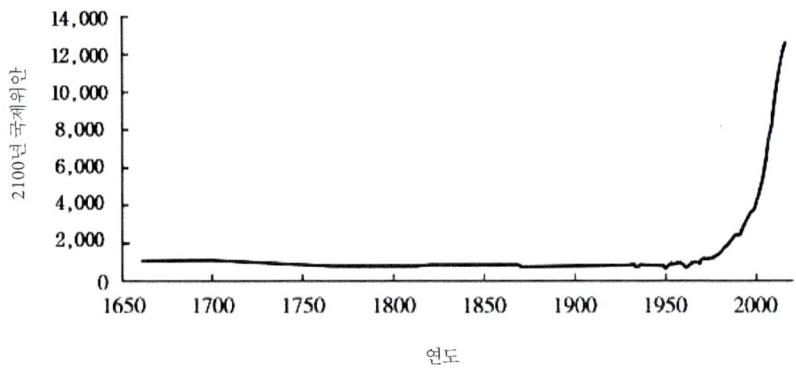

그림 1-1   1650년 이래 중국의 평균 국내 생산량

출처 : Maddison Project Database 2018

표 1-1   1965-2014년 세계 다섯 지역 및 중국의 평균 국내생산량 성장

	2015년 1인당 평균 국내 총생산량(2011년 국제위안)	1인당 평균 국내총생산량 성장률(%)		
아시아 아프리카	3,488	0.7	0.2	1.1
남아시아	5,320	3.0	1.8	4.3
동아시아 및 태평양지역	15,147	3.5	3.7	3.2
라틴아메리카 및 카리브해 지역	14,638	1.7	1.8	1.5

경제협력과개발기구 (OECD)국가	38,005	2.1	2.8	1.3
중국	13,572	7.5	5.9	9.1

출처 : 세계발전지표(World Development Index, WDI)

경제적 기적을 제외하고 또 다른 기적은 중국사회의 장기간 안정이다. 중국은 장기간 사회를 조화롭고 안정적으로 유지하였으며 국민들은 평안히 살며 즐겁게 일했다. 그리고 중국은 국제사회가 공인하는 가장 안전한 국가 가운데 하나였다. 이외에 인간개발지수Human Development Index, HDI로 평가해 본다면, 중국은 1990년 인간개발지수가 낮은 수준의 국가에서 높은 수준의 국가로 진보하는데 30년이 채 걸리지 않았고 그 빠른 속도에 세계가 놀랐다. 중국의 기적이 가능했던 배경에는 어떤 원인이 있었는가?

여러 복잡한 기존 연구 가운데 국가 능력의 시각으로 중국의 기적에 대해 해석하는 관점이 있다. 기적 배후의 원인에 중국이 가진 강대한 국가 능력(집권당의 지도 능력과 국가의 징세 능력, 자원 동원 능력, 정책 집행력 등)이 있다는 관점은 수많은 학자들의 인정을 받았다. 개혁개방 이전의 중국은 강대한 국가 능력을 통해 역량을 집중하여 중대한 일을 처리했다. 극도의 어려운 조건 하에 독립적이고 비교적 완전한 산업체계와 국민경제체계를 만들어 향후 경제와 사회가 신속하게 발전할 수 있는 중요한 기초를 닦았다. 개혁 개방 이후의 중국은 강대한 국가 능력을 통해 각 분야의 개혁을 심화시키고 대외개방을 촉진했다. 기업과 국민을 위해 안정된 정치질서와 평화로운 환경, 시장환경, 국제환경 등을 제공하며 40여 년의 경제고속성장과 사회의 신속한 발전, 국민 생활수준의 점진적 향상을 보장했다. 그러나 일부 학자들은 국가 능력을 유일한 지표로 삼는 관점이 단편적이라고 지적한다. 왜냐하면 계획경제 시기 중국의 국가 능력은 유례없는 것이었지만 국민경제와 사회발전이 특정 시기에서는 심각한 좌절을 겪었기 때문이다. 그러므로 국가 능력이 작용을 발휘하는 전제 조건은 국가가 일을 정확하게 처리하는 것인데 이때 동기부여 성격의 국가 거버넌스 제도로 보장하는 것이 필요하다. 결국 국가 능력보다 더욱 중요한 것은 국가 거버넌스 제도이다.

중국의 국가 거버넌스 제도는 어떠한 특징을 가지고 있을까? 시진핑은 중국의 국가 거버넌스 제도는 마르크스주의 기본 원리와 중국의 구체적이고 현실적인 상황이 서로 결합한 산물이며 마르크스주의로 지도하고 중국 대지에 뿌리내리며 단단한 중화문화의 근원을 갖춘 거버넌스 체계라고 밝힌 바 있다. 이 제도는 중국의 발전과 진보에 유리한 그 어떤 외국의 국가 거버넌스 경험도 배척하지 않을 뿐만 아니라, 즉시 실천하고 시대와 더불어 발전하며 끊임없이 발전 및 보완한다. 그래서 과학적이고 독특하며 계승적일 뿐만 아니라 개방적이고 적합하며 동기부여적 성격을 겸비한 국가 거버넌스 체계이다. 일부 학자는 중국의 국가 거버넌스 제도를 "변變"과 "불변不變"의 두 선명한 특징으로 정리한다. "불변"은 국가권력의 최고 위치가 변하지 않는 것처럼 국가의 기본 거버넌스 구조와 제도 속성이 변하지 않음을 말한다. "변"은 비공식 제도와 구체적 상황 아래에서 표현방식이 적합하게 조절되고 변화됨을 의미한다. 또 다른 일부 학자들은 중국의 국가 거버넌스 제도의 특징을 "강제적 제약을 방지한 실용주의적 의사결정, 상하반복식 의사결정, 교조주의가 아닌 실사구시, 집행과정 중의 창조성, 시행과정 중의 구체적이고 기민한 것"으로 개괄한다. 이는 중국전통철학에서 제창하는 지혜(예를 들면, 『역경』과 『중용』에서의 변증과 변화하는 지혜)와 일맥상통하며 마오쩌둥 등 혁명세대가 유격전과 혁명동원에서 형성한 경험에서도 비롯된다. 가령 안정성보다 기민한 것을 추앙함으로써 변화무쌍한 혁명전쟁의 환경 가운데 최대의 승리를 보장하였던 것이다. 이러한 경험은 "사회주의 건설"과 "네 가지 현대화四個現代化", "개혁 개방", "사회주의 시장경제체제 건설" 등 여러 가지 과정 가운데 일련의 기민하고 효과적인 거버넌스 방식을 한단계 발전 및 진화시켰으며, 그 변화는 현재까지 계속되고 있다. 때마침 시진핑은 국가 거버넌스 수준을 논하면서 "이것은 관리하기 시작하면 곧 신속하게 관리할 수 있는 것이며 놓아

준다면 질서 있게 놓아줄 수 있는 것이기도 하다. 거두어 들이고 풀어주는 것을 유연하게 하고 나가고 물러남을 여유 있게 하는 것이 능력이며 국가 거버넌스 수준의 표현이다"라고 강조한 바 있다.

이로부터 알 수 있듯이 중국의 국가 거버넌스 제도에는 선명한 특징들이 있다. 그렇다면 중국의 국가 거버넌스 제도는 어떻게 형상화되었는가? 정치학과 경제학의 고전적인 연구들은 종종 국가 거버넌스의 이분법을 선호했다. 즉 비"민주"적인 것은 "전제"적인 것으로, 비"계획경제체제"는 "시장경제체제"로 인식했다. 이러한 이분법은 단순하고 거친 면이 있고 중국 국가 거버넌스의 독창성을 심각하게 무시함으로 "일부에 가려 전체를 보지 못하는" 잘못에 쉽게 빠지게 한다. 중국 국가 거버넌스 제도는 사실상 여러 개의 세부 제도로 이루어진 하나의 빈틈없고 완전한 과학체계이다. 따라서 더 우수한 연구방법은 일련의 세부 제도를 분해하는 것이다. 전형적이고 독창적인 세부 제도들의 논리를 깊이 있게 분석함으로써 국가 거버넌스 제도의 총체적 연구를 귀납하고 집성한다. 이를 위해 우리는 중국의 국가 거버넌스 제도를 구현할 수 있는 전형적인 세부 제도들을 찾아 하나의 점에서 큰 면으로 나아가는 방식으로 중국의 국가 거버넌스를 형상화해야 한다.

(2) 규획 선행: 중국의 전형적인 국가 거버넌스 제도

중국의 70년 발전과정을 회고할 때 우리는 전형적인 국가 거버넌스의 세부제도로 규획제도를 발견할 수 있다. 국가는 규획을 편성하고 집행함으로써 거버넌스 목표를 실현하는데, 이는 "규획 선행"으로도 지칭된다. 2018년 11월「규획체계를 통일하여 국가발전 규획 전략의 지도작용을 더욱 잘 발휘하게 하는 것과 관련한 중공중앙 및 국무원의 의견」은 규획으로 경제사회 발전을 이끄는 것이 당과 국정의 거버넌스에 중요한 방식이며 중국 특색 사회주의 발전 모델의 중요한 구현이라고 밝혔다. 중국의 규획제도는 국가발전 규획을 통솔하고 공간 규획을 기초하며 전문규획과 구역규획을 지탱한다.

국가와 성省, 시市, 현縣 등 각 급 행정구역의 규획과 함께 이루어져 있고, 위치와 경계를 정확하고 명확히 하며 기능이 상호보완하고 통일적으로 연결된 국가규획체계이다. 이 가운데 통상적으로 5개년 규획이라고 말하는 국가발전규획은 규획 체계의 최상위에 자리잡고 있으며, 기타 각 급별과 각 유형의 총규범이다. 중화인민공화국 건국 이후 1949-1952년의 국민경제회복 시기와 1963-1965년 국민경제조정 시기를 제외하고 이미 2020년 13번째 5개년 규획을 편성하여 집행하고 있는 것처럼, 중국은 줄곧 5개년 규획을 통해 경제발전을 장기적으로 계획하고 처리해 왔다. 중국은 5개년 규획 아래에서 각 유형 전문 규획과 업종 규획, 구역 규획을 편제하고 집행하여 각각의 중대전략을 지지한다. 예를 들면 탈빈곤을 위한 「전국 "제13차 5개년 계획+三五" 탈빈곤 이주 규획全國 "十三五" 易地扶貧搬遷規劃」과 구역발전을 지지하는 「웨강아오만 발전규획 개요粤港澳大灣區發展規劃綱要」 및 각 유형의 도시규획, 업종발전을 지지하는 「빅데이터산업 발전규획大數據產業發展規劃(2016-2020년)」 등이 있다. 심지어 규획은 중화인민공화국 70년 위대한 과정의 각 영역을 뒤덮었으며 관통하였다고 말할 수 있다.

　　서방은 오랜 시간 동안 중국정치경제 문제를 연구하면서 줄곧 "규획"을 생각하지 못했다. 왜냐하면 "규획"과 "계획"의 영문은 모두 "plan"인데 수많은 학자들은 규획을 계획경제체제의 "계획" 수단으로 간주하고 "계획 취소"와 "계획에서 시장으로 전환"을 중국 체제개혁의 기본 경로로 바라보았기 때문이다. 따라서 그들은 중국경제성장을 설명할 때 규획의 작용을 거의 언급하지 않으며 심지어 중국의 규획이 복잡다변한 경제발전상황을 대처하는데 무기력하고 경제성장에 실질적인 영향을 끼치지 못한다고 생각한다. 즉 표면적인 노력에 불과한 소위 "벽에 걸려만 있는 각종 규획들"인 것이다. 사실 첫 5개년 규획을 시작할 때부터 중국의 규획 거버넌스는 "계획경제"에서의 경직된 "계획" 수단이 아니었으며 일종의 예측성 공공정책 조정기제였다. 이는 정책제정자에게 광범위한 규획 목표만을 제시하도록 요구하여 기층과 시장에 합법적이고 융통성 있는 여지를 제공하는 것이다. 기층은 단계별 제도 아래에서 반복적으로 시험할 수 있으며 시장은 규획의 틀에서 자유롭게 발전할 수 있는 일종의 매우 기민하고 창조적인 거버넌스 방식이다. 중국 규획 제도의 시간적 간격은 길고 상관된 범위는 넓었기 때문에 어떤 의미에서는 규획제도에 따라 거버넌스를 진행하는 것이 이미 중국 국가 거버넌스의 핵심기제가 되었다고 말할 수 있다.

3) 중국 특색의 5개년 규획 제도

(1) 역사적 장면의 5개년 규획

마오쩌둥은 1955년 다음과 같이 말했다. "인류는 몇 십만 년 동안 발전해 왔는데 중국은 이제야 비로소 계획에 따라 자신의 경제 및 문화의 조건들을 발전시켰다. 이 같은 조건을 얻은 이후부터 중국의 모습은 해가 갈수록 변화될 것이다." 5개년 규획 제도는 국가가 특정한 5개년 기간의 경제사회발전에 대해서 계획을 제정하고 시행을 추동하는 제도를 가리키며 중국이 장기간 견지해 온 국가 거버넌스 제도이기도 하다. 2005년 「국민경제와 사회발전 강화 규획 편성 업무에 관한 국무원의 약간의 의견」은 5개년 규획을 "거시경제관리 강화 및 개선의 국가적 중요 수단이자 정부가 경제조절과 시장감독, 사회관리, 공공서비스 직책을 수행하는데 중요 근거"로 평가했다. 2018년 「규획체계를 통일하여 국가발전 규획전략의 지도작용을 더욱 잘 발휘하게 하는 것과 관련한 중공중앙 및 국무원의 의견」에서는 5개년 규획을 다음과 같이 정립했다. "사회주의 현대화 전략은 규획한 시기 내에서 단계적으로 배치되고 안배된다. 주로 국가전략의 의도를 천명하고 정부의 업무 중점을 명확히 하며 시장주체들의 행위를 인도하고 규획한다. 경제사회 발전의 웅대한 청사진이며 전국의 모든 민족과 인민의 공동발전강령이다. 또한 정부가 경제조절과 시장감독, 사회관리, 생태환경보호 기능을 수행하는 중요한 근거이다."

　국가 거버넌스의 중요 방식으로서 5개년 규획 제도는 당위원회의 지도와 전국인민대표대회의 비준, 정부의 편제 및 집행 등의 업무 기제를 마련했다. 당 중앙은 먼저 국민경제와 사회발전에 대한 5개년 규획의 건의를 제시하고 또한 각 유형별 중요 사항을 총괄하며 결정한다. 전국인민대표대회는 5개년 규획을 심사하고 비준하며 규획 집행 정황을 법에 의거하여 감독한다. 국무원은 5개년 규획을 편제하고 집행하며 시너지 효과를 극대화할 수 있는 요구에 따라 기타 유형별 규획의 관리를 강화한다. 이러한 기제는 이미 끊임없이 제도화되고 법률적 문건으로 상승하여 5개년 규획 제도의 권위와 규범성, 연속성, 안정성을 충분히 보장하고 있다.

　중국은 2020년까지 총 13개의 5개년 규획을 편제하고 집행하였는데 규획의 변천 과정에 따라 다음과 같이 세 시기로 나눌 수 있다.

　첫번째는 5개년 규획의 탐색과 발전 시기로 "제1차5개년 계획一五"에서 "제5차 5개년계획五五"의 다섯 번의 5개년 규획을 포함한다. 중화인민공화국 건국 초기의 중국은 소련의 계획경제모델을 거울로 삼아 5개년 규획을 편성하기 시작했다. 이때 규획은 소련이 1920년대 말부터 실행한 농공업 5개년 규획을 가리키는 것으로 국민경제의 신속한 발전과 추월을 실현했다. 이 시기 5개년 규획의 중심 임무는 사회주의 공업화 건설 추진과 "네 가지 현대화四個現代化" 실현으로 명령적 계획을 통해 중공업을 우선적으로 발전시키며 독립적이고 완전한 공업체계와 국민경제체계를 건립했다. 그러나 경험이 부족하였기 때문에 이 시기 5개년 규획들은 전체적으로 탐색하면서 발전하였고 특히 두번째 5개년 규획부터 다섯 번째 5개년 규획까지의 편성과 실행은 착오를 빚기도 했다. 하지만 귀중한 경험을 축적한 시기이기도 했다.

　두번째는 5개년 규획의 개혁발전 시기로 "제6차 5개년六五"에서 "제10차 5개년十五"의 다섯 개 5개년 규획을 포함한다. 이 25년이 중국 개혁개방 사업과 중국 특색 사회주의 현대화 건설의 장도를 열었다. 그리고 계획경제체제에서 사회주의 시장경제체제로의 개혁과 전환을 추진하였으며 20세기 말 국민총생산GNP이 1980년보다 4배로 불어나는 등의 경제목표를 조기에 실현하였다. 이 시기의 5개년 규획 제도는 끊임없이 성숙되고 완전하며 규범적으로 변모했다. 명령적 계획에서 점차 구속력 있고 예측 가능하며 지도적인 계획으로 바뀌어 나갔다. 또한 국가전략목표를 위해 일하고 시장자원배치를 인도하며 정부의 거시 관리를 지도하는 등의 중요 작용을 충분히 발휘했다. 이 밖에 이 시기의 5개년 규획들은 경제발전과 사회발전 등 각 방면에서 유형들을 계상하여 규획 내용이 더욱 전면적이고 체계적이었다.

세번째는 5개년 규획의 과학적 발전 시기로 "제10차 5개년 계획十五"에서 현재의 5개년 규획을 포함한다. 경제사회 발전방향을 확정하고 총체적 발전 청사진을 그려내며 정부의 미래 업무 중점을 확정하고 시장주체들의 행위를 인도하는 강령적 성격의 문건이 바로 5개년 규획의 본질임을 더욱 명확히 하고 5개년 규획에 대한 오해를 피하기 위해 2006년부터 "5개년 계획"은 "5개년 규획"으로 그 이름을 바꾸었다. 이 시기는 중국이 샤오캉小康사회를 건설하고 완성하는 매우 중요한 시기이며 중국 경제가 과학적 발전, 지속가능한 발전, 고품격 발전으로 나아가는 시기이기도 하다. 5개년 규획은 과학적 발전관과 시진핑 신시대 중국 특색 사회주의 사상의 지도 아래에서 구속적 지표로 정부의 기능 전환을 촉진하고 예측 가능한 지표로 시장의 활력을 자극하는 것 등을 중시한다. 나아가 공공서비스와 사회 거버넌스, 자원환경 등 여러 방면의 목표와 지표를 강화하며 이와 동시에 편성과 비준 과정을 더욱 과학적으로 개선함으로써 전략적, 강령적, 종합적, 지도적 성격의 과학적 발전 규획으로 발돋움한다.

표 1-2 중국의 13개 5개년 계획 요람

시기(년)	규획 정식 명칭	규획 약칭	편제와 비준 과정	중심 임무
1953-1957	중화인민공화국발전국민경제의 제1의 5개년 계획	제1차 5개년 계획 (국가계획)	1952년 1월 정무원 작성, 1955년 3월 당의 전국대표회의 통과, 1955년 7월 전국 인민 대표 대회에서 비준.	소련이 도움을 준 중국의 "156개 공사"를 중심으로 공업건설 및 농업, 수공업, 민영 상공업의 사회주의 개조를 중심으로 함.
1958-1962	중국 공산당 제8차 전국 대표 대회에서 발전국민경제의 제2차 5개년 계획의 건의	제2차 5개년 계획 (당의 건의)	1955년 8월 국무원 작성, 1956년 당의 제8차 전국대표대회에서 당의 건의가 통과, 1957년 8월 국무원은 계획의 초안을 완성했으나 보류함.	야금과 기계 공업을 중심으로 중요한 상품과 생산 방면에 "영국을 추월하고 미국을 쫓아감超英赶美"
1966-1970	제3차 5개년 계획의 배분 상황의 요강을 보고함.	제3차 5개년 계획 (요강 보고)	1963년초 국무원 작성, 1965년 9월 당중앙공작회의에서 비준.	적극적으로 전쟁과 기근에 대비하고 국방건설을 가장 중시하며 "삼선"三线건설을 준비하며 중화학 공업을 위주로 "먹고입고쓰고"를 고려함.
1971-1975	제4차 5개년 국민경제계획 요강 (수정초안)	제4차 5개년 계획 (계획 요강)	1970년초 국무원 작성, 1973년 7월 당중앙업무회의에서 수정 건의 제기, 최종적으로 비준되지 않음.	지속적으로 전쟁과 "삼선" 건설을 준비하고 군수산업 발전으로 국가 전체의 공업화를 선도함.
1976-1980	1976-1985년 발전국민경제 10년 계획 강요(수정안) 초반 5년 단계	제5차 5개년 계획 (10년 계획 요강 전 5년 단계)	1974년 8월 국무원 작성, 당중앙전국회의에서 통과된, 1975년 12월 실험 집행, 1979년 전국인민대표대회에서 비준됨.	석유의 생산량을 높이고 새로운 건설과 120개의 대형 항목을 지속적으로 건설하며 비교적 완전한 공업체계와 국민경제체계를 건설함.
1980-1985	중화인민공화국 국민경제와 사회발전 제6차 5개년 계획	제6차 5개년 계획 (경제사회 계획)	1980년 국무원 작성, 당중앙정치국확대회의에서 수정 건의 제기, 1982년 12월 전국인민대표대회에서 비준됨.	국민경제를 지속적으로 조정하고 농촌 세대별 생산량 연동 도급 책임제 추진, 도시 경영 자주권의 확대
1986-1990	중화인민공화국 국민경제와 사회발전 제7차 5개년 계획	제7차 5개년 계획 (경제사회 계획)	1984년 9월 국무원 작성, 1985년 9월 당중앙전국회의에서 당의 건의가 통과, 1986년 3월 전국인민대표대회에서 비준됨.	개혁개방을 우선으로 견지하고 총수요와 총공급의 기본적인 평등을 유지하며 경제적 효과를 눈에 띄게 높이며 수요구조의 변화와 국민경제의 현대화의 수요에 맞추며 생산구조를 조정함.

기간	명칭	약칭	작성·비준 경과	주요 내용
1991-1995	중화인민공화국 국민경제와 사회 발전 10년 규획과 제8차 5개년 계획 강령	제8차 5개년 계획(강령)	1990년초 국무원 작성, 1990년말 당중앙전국회의에서 당의 건의 통과, 1991년 4월 전국인민대표대회에서 강령 비준, 1993년 계획 조정을 진행.	중국 특색의 사회주의 노선을 건설하고 개혁개방을 추진하며 국민경제의 지속적인 안정적 조정 발전을 유지함.
1996-2000	중화인민공화국 국민경제와 사회발전 "제9차 5개년" 계획과 2010년 전망 목표 강령	제9차 5개년 계획(강령)	1993년 3월 국무원 작성, 1995년 9월 당중앙전국회의에서 당의 건의 통과, 1996년 3월 전국인민대표대회에서 강령이 비준됨.	국민경제의 지속적이며 빠르고 건강한 발전을 유지하며 경제성장 방식의 전환을 추진하며 경제구조전략상의 조정을 실현함. 1인당 국민 총생산량을 1980년의 4배를 실현함.
2001-2005	중화인민공화국 국민경제와 사회발전 제10차 5개년 계획 강령	제10차 5개년 계획(강령)	1999년 6월 국무원 작성, 2000년 10월 당중앙전국회의에서 당의 건의가 통과, 2001년 3월 전국인민대표대회에서 강령이 비준됨.	발전을 주제로 견지하면서 구조적 조정을 주선으로 개혁개방과 과학 진보를 동력으로 하여 인민생활수준을 향상하는 것을 근본적인 출발점으로 하며 경제와 사회 조정 발전을 견지함.
2006-2010	중화인민공화국 국민경제와 사회발전 제10차 5개년 규획 강령	제11차 5개년 계획(강령)	2003년 7월 국무원 작성, 제10차 5개년 규획 중간 평가, 2005년 10월 당중앙전국회의에서 당의 건의가 통과, 2006년 3월 전국인민대표회의에서 강령이 비준됨.	국내 수요를 근거로 하여 산업 구조를 최적화하고 자원을 절약하고 환경을 보호하며 자주혁신 능력을 강화하고 개혁개방을 심화하며 인간을 모든 것의 근본으로 삼음.
2011-2015	중화인민공화국 국민경제와 사회발전 제12차 5개년 규획 강령	제12차 5개년 계획(강령)	2008년 3월 국무원 작성, 제11차 5개년 규획을 중간 평가, 2010년 10월 당중앙전국회의에서 당의 건의가 통과, 2011년 3월 전국인민대표회의에서 강령이 비준됨.	과학발전을 주제로 경제발전방식의 빠른 전환을 주선으로 내수를 확대함.
2016-2020	중화인민공화국 국민경제와 사회발전 제13차 5개년 규획 강령	제13차 5개년 계획(강령)	2013년 4월 국무원 작성, 제12차 5개년 규획 중간 평가, 2015년 당 중앙 전국 회의에서 당의 건의 통과, 2016년 3월 전국인민대표회의에서 강령이 비준됨.	전면적 샤오캉사회를 건설하고 혁신, 조정, 친환경, 개방을 견지하며 4대 새로운 발전 개념을 공유하며 공여측 구조개혁을 주선으로 경제발전의 신창타이新常态체제 매커니즘과 발전 방식을 인도함

출처 : 공개된 자료의 저자 정리

(2) 5개년 규획을 이해하는 핵심 기제

중국의 5개년 규획을 어떻게 이해할 수 있을까? 우리는 "13개 5개년 규획+三五"의 경로를 회고하면서 비록 5개년 규획 제도가 끊임없이 변화하고 발전해 왔지만 그 핵심 기제는 한 가지 이치로 모든 것을 꿰뚫고 있다는 것을 발견할 수 있다. 즉 우리는 그것을 "적응성 거시 계획+동기부여성 목표 거버넌스"로 귀납하는데, 이는 중국 국가 거버넌스의 전형적 특징이며 핵심 장점이다.

적응성 거시 계획은 5개년 규획의 편제에서 서로 다른 발전 단계의 거시적 전략 문제에 대해 장기적이고 연속적인 과학 계획을 진행하는 것이며 국가의 각 시기 수요에 적응하고 목표나 내용, 임무에 대하여 끊임없이 조정할 수 있다는 것을 뜻한다. 초기의 5개년 규획은 우회로를 걸었으며 당시 5개년 규획은 주도면밀하고 전면적으로 기술적인 계획이 아니라 주된 것과 부차적인 것이 구별되는 행동계획 틀이었다. 개혁개방 이후 5개년 규획은 처음의 명령적 계획에서 지도적 규획으로 다시 예측성 발전 규획으로 발전하였

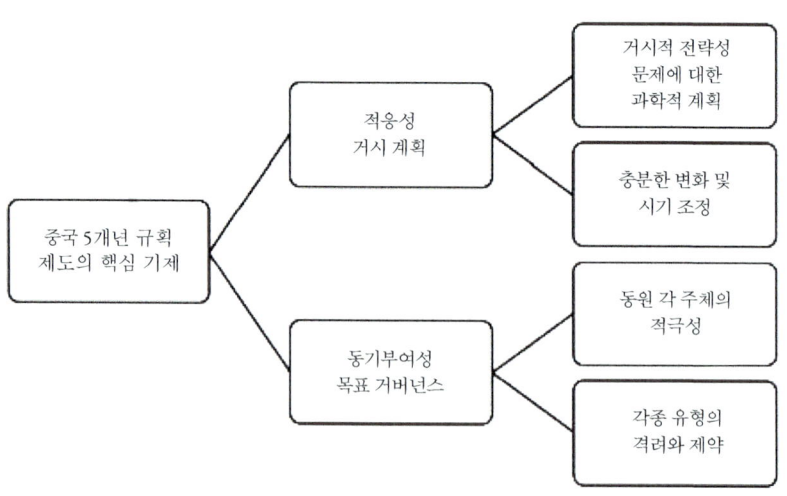

그림 1-2 　중국 5개년 규획 제도의 핵심 기제

다. 또한 단일한 경제 계획에서 경제사회 발전 규획으로 재차 "5위 1체五位一體"가 전체 구조를 건설하는 발전 규획으로 확대되는 등 거시적 전략 측면을 더욱 중시하고 있다. 일부 학자들은 그 형상을 다음과 같이 개괄한다. "숲"을 전체적으로 규획하고 "나무"가 자유롭게 자라게 한다.

이밖에 5개년 규획은 경직되고 5년에 한 번하는 일회성 업무가 아니다. 일찍이 개혁개방 이전에 중앙과 지방은 이미 매년 끊임없이 연도계획을 연구, 협상, 시험, 평가, 조정하였고 위에서 아래로 그리고 아래에서 위로 양방향의 순환 과정을 거쳤다. 개혁개방 이후 5개년 규획의 적응성은 더욱 분명해졌다. 예를 들면 시범방안이 거시 규획에 들어왔으며 중장기 규획 평가 및 중앙의 정기 순시조 파견이 도입되었다. 이러한 방법은 규획이 일단 공표되면 조정될 수 없는 어려움을 피할 수 있게 해 주었다. 규획 업무는 3차례의 경제조정 기간(1993-1995년, 1997-1999년, 2008-2010년)에 험난한 거시경제 도전에 직면하여 그 적응능력을 과시했다. 경제위기의 대응조치와 장기목표 사이에 충돌이 발생했을 경우 규획은 "장기 목표를 임시 희생"할 수 있었으며 경제회복이 시야에 들어오면 다시 기존의 장기목표로 돌아올 수 있었다. 이러한 모습은 2008-2009년 세계경제 쇠퇴 기간에도 구현되었다. 당시 중국의 규획 제정 관원들은 이용 가능한 모든 자원을 동원해 위기에 대응했고 경제 형세가 다시 안정을 되찾은 이후 5개년 규획의 장기 목표로 단호하게 돌아왔다.

동기부여성 목표 거버넌스는 5개년 규획의 집행에서 정부의 일 뿐만 아니라 각 계층과 영역의 정책 주체가 상호 연결되어 있는 방대한 네트워크를 가리킨다. 그리고 각 유형별 경제주체의 활동을 인도하거나 동기부여하며 각급 정부의 행위를 추진하거나 제약한다. 중국의 초기 5개년 규획 제도는 소련의 경험을 배웠지만 소련의 제도를 완전히 그대로 답습하지는 않았다. 심지어 엄격한 의미에서 본다면 "제1차 5개년 계획一五"에서 "제5차 5개년 계획五五"까지의 중국은 "표준" 혹은 100%의 계획경제체제가 아니었고 더욱이 고도로 통제된 "소련식" 계획경제체제도 아니었다. 전체적으로 "큰 계획과 작은 자유大計劃, 小自由 또는 "큰 계획과 작은 시장大計劃, 小市場"의 체제를 시행했고 그것은 "계획이 있으나 통제하지 않는다有計劃, 無控制"의 유형이었다. 예를 들면 공업생산 및 물자할당에 대하여 전면적인 중앙계획통제를 실행하지 않았고 단지 결정적 생산품과 물자만 통제하였으며 농업계획통제는 간접적이었다. 특히 몇 차례의 계획관리권 하방을 거치면서 중앙정부 계획관리의 실제 범위는 크게 축소되었다. 개혁개방 초기 중국은 이미 계획통제가 상대적으로 느슨하고 계획관리체제가 상당히 분권된 제도적 체계를 가지고 있었다.

개혁개방 이후 "검은 고양이든 흰 고양이든 쥐만 잘 잡으면 좋은 고양이다"라는 이념의 영향 아래에서 5개년 규획의 시행은 모든 정부와 시장주체의 적극성을 동원하는데 더 집중되었다. 그 시행 주체는 정부 주도에서 정부와 시장 양자가 동시에 적극성을 발휘하는 것으로, 그리고 재차 시장이 자원 배치에서 결정적 작용을 발휘하고 정부 작용이 더 발휘되는 방향으로 변화되었다. 공공생산품을 제공하는 정책 영역에서는 여전히 주로 명령성 계획에 기대고 있다. 예를 들면 철도건설, 탈빈곤, 토지사용관리, 환경보호 등은 정부를 통해 직접 투자되거나 행정 감독을 받고 당 간부의 심사나 동기부여 제도에 의해 실현된다. 예를 들면 일부 학자들은 2000-2014년 비금융 상장회사들을 연구대상으로 한 표본에서 전체 환경보호 보조금과 오염배출 징수에 5개년 규획의 주기적 규율이 현저하게 나타나는 것을 발견하였다. 또한 공무원의 임기 심사가 5개년 규획 목표 심사 이전에 있을 때 그 환경 거버넌스의 작용이 더 강한 것을 확인하기도 했다.

이와 동시에 규획 집행에서는 각종 계약 체결 형식의 거버넌스 방식을 점점 더 많이 채택하여 상급 부문이 제정한 정책을 하급 부문이 시행하도록 확실히 보증하고 동기부여 하고 있다. 그러나 구체적인 집행 방식에 대해서는 명확하게 요구하지 않음으로써 하급 부문에 충분한 혁신과 자주의 공간을 보장한다. 계약체결은 일반적으로 중앙 부처 및 위원회와 성정부 사이 혹은 성정부와 소재지 대형기업 간에 진행되며 도로 건설, 하이테크 구역 건설, 에너지 생산, 병원 개혁, 시장개혁(예를 들면, 농산품 시장과 문화 시장) 등에서 많이 나타난다. 이러한 정책 영역에서 중앙정부는 자주 지방정부나 아래에서 위로의 건의 심지어 시장 주체의 참여에 기댈 필요가 있다. 명령적, 계약 체결식 규획 이외에 대량의 지도 성격 규획이 있다. 이들 규획은 주로 정부가 한 경제 전망을 제공하여 시장에 신호를 보내고 간접적 동기부여 기제를 도입하며 시장 행위를 자극하고 자원 배치 안내의 목적에 이르게 한다. 특히 정부가 발전을 희망하거나 발전 잠재력이 있다고 생각하는 산업을 조준한다.

어떤 의미에서 본다면 5개년 규획은 중국 행정 기능의 정합에도 중요하게 작용했다. 정책 의사일정의 설치 및 새로운 업무 중점의 확정은 각급 정부 사이의 소통과 협조에 유리하다. 따라서 5개년 규획을 제정하는 과정은 사실상 중앙정부에게 공통의 인식을 응집하는 기회를 제공한다. 지방정부는 국가정책을 학습하고 이해하며 많은 시간을 들여 지방발전정책을 편집하고 논증해야만 한다. 그리고 이러한 지방정책은 반드시 국가정책과 부합해야 한다.

중국의 5개년 규획은 적응성 거시 계획과 동기부여성 목표 거버넌스의 특징을 겸비하고 있기 때문에 수많은 국가가 그 규획 제정자의 높은 요구치에 뒷걸음쳤다. 사회주의와 비사회주의의 수많은 국가는 적응성 조정을 할 수 없었고 점차 포기해 버렸다. 1980년대부터 대다수 국가들은 발전 규획의 제정을 줄였으며 오직 중국만이 중도에 포기하지 않고 5개년 규획 제도를 줄곧 견지하여 현재까지 5개년 규획 제도를 끊임없이 개선해 나가고 있는 중이다. 중공 17차 당대회는 "국가 규획 체계를 완비"해야 한다고 제시했다. 중공 18기 3중전회에는 "정부는 발전전략, 규획, 정책, 표준 등의 제정과 시행을 강화"하고 중앙정부는 "국가발전전략과 규획을 지도행동으로 재정정책과 화폐정책을 주요수단으로 삼는 거시조정 체계를 건전"하게 해야 한다고 제의했다. 중공 19차 당대회는 "국가발전 규획의 전략적 지도 행동 작용을 발휘한다"고 제기하였으며 중공 19기 4중전회는 "국가 중대 발전 전략과 중장기 경제사회 발전 규획 제도를 완비한다"고 했다. 이로 인해 일부 학자들은 중국이 우리 시대에 가장 패기 있는 규획 제도를 만들어 냈다고 평가한다.

4) 세계 역사에서 규획의 흥망성쇠

세계 발전의 역사를 살펴보면 규획 제도는 결코 중국 혼자만 가지고 있는 것이 아니다. 국가 차원의 규획 초기 형태는 제1차 세계대전 기간에 처음 나타났고 각 국가가 전쟁기간에 매우 희소한 전략물자와 자원을 신속하게 관리하고 배치하는데 주로 활용되었다. 예를 들면 독일은 당시 일련의 전시 기구를 만들었는데 전국 300여 종의 원자재를 관리하면서 전국의 생산과 소비 수요를 총괄 규획하고 관리했다. 1920년대 스탈린이 이끄는 소련은 사회주의 경제발전 문제를 탐색하면서 다음을 명확히 나타냈다. "사회주의는 계획에 의해 진행되는 것이다." 이후 1929년 4월 거행된 소련공산당 제16차 대표대회에서는 1928-1932년 국민경제계획이 제정 및 통과되었는데 이는 5개년 규획 제도가 탄생했음을 전세계에 알리는 것이었다. 소련은 두 차례 5개년 계획을 통해 독립적이고 비교적 완전한 국민경제체계를 초보적으로 건립했고 중공업을 중심으로 하는 공업화를 실현하여 공업총생산액이 유럽 1위, 세계 2위로 빠르게 도약했다. 규획이 소련에서 성공적으로 실천되면서 1930년대 이후 전 세계에 글로벌 계획화의 물결이 범람했다. 세계 인구 1/3을 차지하는 국가들이 계획경제체제를 채택하였고 이들 중 대부분은 소련의 5개년 규획 제도를 모방했다. 경제 대공황과 케인스주의의 영향을 받은 미국은 1934년 국가규획위원회을 만들고 경제가 쇠퇴한 지역들에서 규획을 제정하여 효과를 거두었다. 이러한 경험은 점차 주와 연방으로 확산되었고 연방계획항목예산제 집행을 추동했다.

제2차 세계대전 이후의 대부분 국가들은 물자와 자원의 부족함에 직면하였다. 전후의 수많은 시장경제체제 국가들은 중앙계획체계를 탐색하며 도입했고 정부는 경제에 간섭하며 자본과 시장을 더욱 이성적으로 관리하고자 했다. 예를 들면 프랑스와 일본은 거시경제규획을 도입하였는데 프랑스는 국가계획위원회, 일본은 경제기획청을 각각 만들었다. 그런데 프랑스와 일본은 자신들의 경제 규획이 지도 성격의 규획이고 소련의 명령적 계획과는 다르다고 주장했다. 뒤이어 네덜란드와 노르웨이, 벨기에, 영국, 이탈리아, 덴마크 등의 국가들도 잇달아 모방하면서 스스로 사회주의 경제제도의 명령적 계획이 아닌 지도적 규획을 시험해 보고 있다고 주장했다. 물론 이들 국가의 지도적 규획은 집행 과정 중에 자유주의 시장경제 사상의 도전에 직면했을 것이다. 이밖에 대부분의 아프리카 국가는 식민통치에서 해방되고 난 이후 모두 발전 규획 제도를 선택했고 이 시기에 세계 각국에서 발흥한 규획 제도는 세계은행으로부터 세계경제판도를 바꾼 위대한 인류의 시험으로 일컬어졌다.

비록 이 시기의 규획 제도가 보편적으로는 명확한 효과를 거두었지만 1960년대부터 규획 제도에 위기가 나타나기 시작했다. 주요 원인은 "위탁대리 문제"와 "계획이 변화를 쫓아가지 못하는 것"이었다. 전통적 거시경제 규획은 개괄하여 말하자면 중앙이 지방을, 오늘이 내일을 계획하는 것이다. 중앙은 행정명령을 사용하여 지방의 경제사회 발전을 지도하는 대신 지방은 적극성이 부족하다. 이외에 객관적 현실은 항상 미지로 충만하다. 규획이 실제와 부합하지 않거나 발전 추세에 적응하지 못하는 상황이 자주 발생하고 제때에 조정되지 못한다. 특히 1970년대 아프리카의 발전 규획이 전반적으로 실패하면서 세계에 탈계획화의 물결이 점차 나타났다. 뒤이어 소련과 동유럽은 규획 제도의 개혁을 시작하여 "회전" 연도 계획의 방식으로 규획의 민첩성을 증강시켰다. 그렇지만 1990년대 소련이 해체되고 동유럽이 급변하면서 사회주의 국가들은 계획경제에서 시장경제로 전환하기 시작했다. 이 과정에서 대부분의 국가가 계획체제를 포기하였고 소수의 몇몇 국가만이 이

제도를 유지했다. 이와 거의 비슷한 시기에 신자유주의의 물결이 전세계를 강타하면서 간접적 계획과 지도적 규획을 실행하였던 유럽과 동아시아 자본주의 국가(지역)들 또한 발전 규획을 점진적으로 취소했다. 따라서 세계은행은 「1996년 세계발전보고: 계획에서 시장으로」에서 규획에 대해 다음과 같이 결산하고 평가했다. "이 제도는 겉으로 보이는 것처럼 그렇게 안정적이지 않았다. 그 원인은 계획 방식에 내재된 저효율이었고, 그것이 도처에 자리잡고 있다." 그리고 "시간의 추이에 따라 계획 방식의 심층적 저효율은 날이 갈수록 분명하게 드러났다."

2008년 글로벌 경제위기 이후 규획 제도는 수많은 국가에서 다시 새롭게 대두되었다. 이는 중국이 장기간 견지해 온 규획 제도가 가져온 긍정적 시범 효과 때문이었다. 중국경제는 2008년 글로벌 경제 위기에서 거대한 끈기와 유연성을 나타냈다. 그 결과 수많은 개발도상국가는 중국의 경험을 공부하면서 규획의 중요한 작용을 새롭게 인식하고 중국의 경험을 모방하여 중장기 발전 규획을 제정했다. 폴란드와 에티오피아, 베냉, 우간다, 탄자니아 등의 국가들은 자신들이 전개할 중장기 발전 규획의 편성 및 자문 업무에 도움을 줄 중국의 유관 기구를 초청하였다.

비록 규획은 세계적인 테두리 안에서 부침을 겪었지만 수많은 국가와 지역 특히 개발도상국가들은 규획 제도를 실행하여 경제의 신속한 성장을 추진

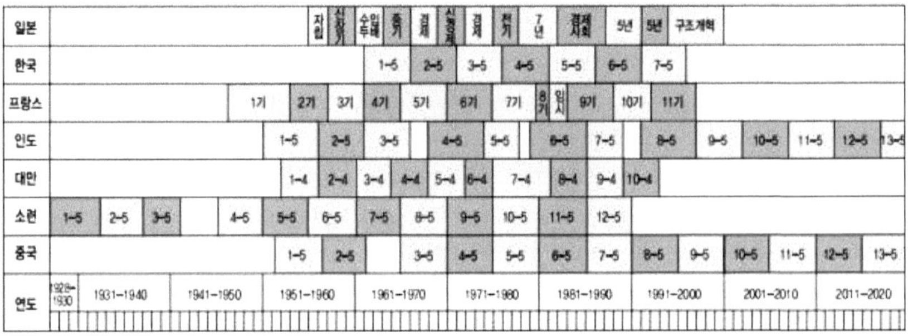

그림 1-3 20세기 일부 국가와 지역이 제정한 중장기 발전 규획의 시작 종료 시간

출처: 역사적 자료 저자 정리

해 왔다. 이에 우리는 몇몇 전형적인 국가들을 그 예로 소개해 보고자 한다.

(1) 소련

소련은 세계에서 가장 먼저 5개년 규획을 제정하고 집행한 국가로 1928년부터 1990년까지 총 12번의 5개년 규획을 시행했다. 1927년 12월 소련공산당 제15차대표대회는 국민경제 5개년 규획 제정에 관한 지시를 통과시켰고 1929년 4월 소련공산당 제16차대표대회와 같은 해 5월 열린 소비에트 제5차대표대회에서 첫 5개년 규획을 비준하였다. 5개년 규획의 지도 아래에서 소련은 20년의 짧은 시간을 이용하여 자본주의가 몇 세기 동안 발달시킨 경로를 완주했다. 사회주의 공업화를 비교적 성공적으로 실현함으로써 수많은 개발도상국가는 이를 공업화 여정의 특효약으로 간주했다. 그러나 뒤이어 소련의 경제성장속도는 낮아졌다. 연평균 경제성장률이 1960년대 7%, 70년대 5%, 80년대 2%에 그쳤고, 1990년대 경제성장은 쇠퇴했다. 1991년말 소련 해체 이전에는 70년간 존속해 온 소련 국가계획위원가 그해 4월 폐지되어 소련의 5개년 규획 제도가 종결되었다.

(2) 타이완

타이완은 1953년부터 1993년까지 10차례 4개년 규획을 제정하고 집행했다. 1953-1964년 타이완이 시행한 3차례의 "4개년 경제건설계획"은 타이완 경제가 빈곤에서 벗어나 수출지향적 발전경로에 올라서는 도움을 주었다. 이후 타이완은 재차 5차례의 "4개년 경제건설계획"을 집행했다. 여기에 포함된 "10대 건설 계획＋大建設計劃"에는 중산고속도로(남북고속도로), 서부종단철도 전기화, 북회철도, 타이중항만 제1기 공정, 수아오항만 제1기 공정, 타오위안국제공항, 가오슝제철소, 가오슝조선소, 석유화학공업, 원자력발전소 등이 있었고 총 2,580억 타이완 달러(약 60억 달러)가 투자됐다. 이 건설프로젝트는 타이완 경제발전의 중요한 기초를 다졌으며 중공업과 경공업이 하나로 어우러진 비교적 완전한 공업체계를 형성했다. 타이완의 발전 규획은 성공적이었으며 타이완 경제가 신속 발전하는데 중요하게 작용했다.

(3) 인도

인도는 1951년부터 현재까지 13번의 5개년 규획을 제정하고 집행했다. 네루 집정 시기(1947-1964)의 인도는 "민주사회주의" 발전 노선을 확립했는데 정치적으로는 의회민주제, 경제적으로는 중국과 비슷한 계획경제체제를 채택하였다. 5개년 규획을 제정하고 시행하였으며 중공업과 공유제 경제를 우선적으로 발전시켰다. 인도는 1990년대 이후부터 시장경제로 전환하기 시작하면서 생산품과 서비스의 양, 국내총생산GDP을 제고하는 것에서 주민의 복지를 향상시키는 것으로 5개년 규획의 관심 초점을 바꾸고자 힘썼다. 그러나 경제강국 건설의 포부 하에 경제 고성장 추진은 여전히 인도 5개년 규획의 핵심 목표다. 이밖에 인도의 5개년 규획은 한권의 대형연구보고서나 방대한 저작과 같다. 예를 들면 "제10차 5개년" 규획은 총 1,080페이지 86만 자에 이르는데 포용적인 신속성장목표와 전략 및 경제사회 각 부문의 임무가 실현해야 할 것들에 대하여 매우 상세하게 기술하고 논증한다. 규획 편성 과정에서 살펴보면 인도의 "제1차 5개년"에서 "제8차 5개년" 규획은 계획위원회의 전문가들이 제정하고 총리가 결정을 내렸으며 "제9차 5개년" 규획부터는 규획 편제 단계에서 더욱 개방적인 모델을 채택하여 대중의 의견을 공개적으로 구하고 있다.

(4) 프랑스

프랑스는 1947년부터 1997년까지 11개의 단기 혹은 장기 발전 규획을 제정하고 시행했으며 지도 성격의 규획을 가장 먼저 집행한 자본주의 국가이기도 하다. 프랑스는 장기 계획을 실천하면서 독특한 이원조절이론을 만들었다. 즉 지도적 규범은 발전 규획의 주요 형식이 되었으며 상하급 정부 사이, 정부와 기업 사이의 규획 계약은 규획 집행의 가장 중요한 형식이 되었다. 이때의 성과는 매우 우수했다. 그러나 후기에 들어서 프랑스 경제성장이 점차 둔화되고 규획도 위기에 빠졌다. 프랑스식 규획은 명령적 색채가 결핍되어 그 집행기구에 상응하는 권력이 없었기 때문이다. 국내외 환경의 영향 특히, 유럽통합운동이 끊임없이 침투하는 배경에서 규획 지표는 날로 추상적이었고 실제와 괴리되어 기존의 긍정적 의의를 상실해버렸다. 이로 인해 프랑스는 국가의 중장기 발전 규획이 도시와 국내 지역의 규획이나 원자력공업 발전 규획, 항공우주공업 발전 규획 등과 같은 일부 국가 전략 산업의 규획으로 점차 바뀌었다.

(5) 한국

1962년부터 1997년까지 한국은 7개의 5개년 규획을 제정하고 시행했다. 한국은 첫 5개년 규획을 편제할 때 경험과 과학적 논증이 부족하고 당장의 성공과 이익에 급급하여 현실과 맞지 않는 목표를 제시했었다. 따라서 첫 5개년 규획을 추진하고 2년 뒤 다시 "보충규획"을 제시했다. 한국은 2번째 5개년 규획부터 과학성과 타당성을 중시하였고 "자료수집정리—편제 계획 초안—심사 조정—종합 조정"의 완전한 규획 편제 프로세스를 만들었다. "제3차 5개년 계획"과 "제4차 5개년 계획" 시기에는 한국경제가 도약의 길에 접어들기 시작하며 국가의 종합적인 실력도 급속히 상승했다. 한국은 "제5차 5개년 계획" 이후부터 경제와 사회의 전면적인 발전을 중시하기 시작하여 "국제수지 개선"과 "수입과 지역의 균형 발전 모색", "국민 복지 증진" 등을 지향했다. 7번의 5개년 규획 기간 동안 한국의 연평균 국민총생산 성장률은 8%를 기록했다. 1995년 국민총생산은 4,894억 달러로 세계 제11위에 위치했고 1인당 국민총생산은 1961년말 82 달러에서 1995년 10,881 달러로 성장하여 놀라운 "한강의 기적"을 창조했다. 1996년 한국은 OECD 회원국이 되면서 정식으로 선진국가의 대열에 합류했다. 한국의 5개년 규획은 부총리 겸

경제기획원 장관과 각 경제 관련 부처 장관들로 구성된 경제기획원이 편제를 담당했다. 편제 과정에서는 전문가와 학자, 은행과 기업계 인사 및 각 단체와 계층의 대표들이 참가하였고 외국전문가를 초빙하여 고문을 맡겼다. 뿐만 아니라 편성 과정에서 국민의 여론과 감독을 받아들이면서 국민 의견을 광범위하게 청취했다.

(6) 일본

일본은 1956년부터 2000년까지 13개의 장기 혹은 단기 발전 규획을 제정하고 집행하였다. 제2차 세계대전 이후 일본은 통제경제에서 시장경제체제로 전환하고 1956년부터 지도 성격의 발전 규획을 편성하기 시작했다. 일본이 여러 차례의 규획에서 설정한 기본 목표 대다수는 조기에 실현되었는데 이는 일본경제가 1960년대부터 90년대까지 고속 성장의 중요 요인이었다. 일본의 발전 규획 특징은 매우 민첩하고 갱신이 빠른 것이었다. 기본적으로 2년에 한 차례 규획을 제정하였는데 응변과 예견에 매우 강한 모습을 나타냈다.

2. 규획 거버넌스의 기본 논리

1) 세 가지 기본 이론 문제

　　규획은 실천 과정에서 수많은 성취를 거두었지만 이론적 측면에서의 그 작용에 대해서는 여전히 의견이 분분하다. 국제적으로 일부 학자들의 비판은 오래전부터 제기되었다. 경제학자 하이에크의 『노예의 길』에서부터 정치학자이자 인류학자인 제임스 스콧의 『국가처럼 보기』와 2016년 미국 카토연구소 선임연구원 랜들 오투Randal O'Toole의 『잘 짜여진 계획: 정부 계획은 당신의 삶의 질과 지갑, 미래에 어떻게 해를 끼치는가?』에 이르기까지 이들 모두는 규획이 이론상 필연적으로 효과가 없다는 논리를 편다. 랜들 오투어는 미국의 규획을 조사하고 연구한 후 규획이 반드시 실패할 수밖에 없는 원인 두 가지를 주장한다. 하나는 정보 문제이다. 규획 편제자가 수집하는 정보와 예측 능력은 반드시 제한적이고 단편적이며 모든 정보와 데이터를 수집하고 지속적으로 변화하는 환경에서 미래를 예측하고 준비할 수 있는 사람은 존재하지 않는다. 다른 하나는 동기부여 문제이다. 규획 편성자와 실행자는 다른 주체들이기 때문에 필연적으로 위탁대리의 문제가 발생한다. 이밖에 규획은 계획경제 고유의 특징이며 시장경제 논리와 서로 위배된다, 현실에서 규획 목표를 실현하는 것은 거의 불가능함으로 규획은 일종의 겉으로 보이는 문장일 뿐이다.

　　중국의 규획 분야에 대한 이론 연구는 실천 연구보다 비교적 낙후되어 있다. 현재 규획 이론 관련 논저 대부분은 도시 규획 등 물질공간형태의 규획을 탐구하는 반면 경제사회 발전 등 전략적이고 종합적인 규획을 주목하는 논저는 상대적으로 적다. 때문에 현시점에서는 경제사회 발전 규획에 대한 이론 연구가 매우 절실하고 필요하다. 중국 정부의 실행 부처들은 규획 편성 프로세스와 방법 등의 영역에서 대규모 탐색과 혁신 실천을 진행해야 하며 이론적 측면에서의 정리와 결산, 제고가 매우 필요하다. 다른 한편으로 중국 규획 편제 실천 중에 직면하는 일련의 문제와 모순들에 대해서도 이론상의 체계적인 사고, 기제와 체제상의 정비가 절실히 요구된다.

사회과학의 이론 연구는 본질적으로 사물의 운행 규율을 탐구하는 것이며 "무엇인가?", "왜 그러한가?", "어떻게 할 것인가?" 등의 문제에 답해야 한다. 따라서 우리는 아래의 세 가지 기본 이론 문제에 대해 답을 할 것이다.

첫째, 규획이란 무엇인가? 또한 무엇을 규획이라고 정의하는가? 무엇은 규획이 아닌가? 규획과 계획, 시장은 무슨 관계인가? 앞서 설명이 필요한 부분은 우리가 토론하고자 하는 규획은 국가적 측면의 경제사회 발전 규획을 가리키며 구역 규획이나 업종 규획, 공간 규획, 미시적 측면의 기업 규획은 포함되지 않는다는 것이다.

둘째, 규획은 왜 필요한가? 이는 규획의 과학성과 유효성을 명백히 논술하는 것이다. 어떠한 이론도 그 이론을 제시한 학자가 자신이 관찰한 실제 사회 현상 배후의 인과관계 추상에서 나온 것이기 때문에 이론은 어떤 상황에 기반한 것이지 "세상 어디에 놓아도 다 들어 맞는다放諸四海以皆准"거나 "오랜 기간 동안 성인이 살펴보아도 의혹이 없는百世以俟聖人而不惑" 이론은 존재하지 않는다.

셋째, 어떻게 규획할 것인가? 이는 이론적으로 마땅히 대답해야 할 것들 즉 어떻게 규획을 하며 규획은 어떻게 정보와 동기부여 문제를 해결해야 하는지 등을 포함한다.

2) 규획이란 무엇인가?

(1) 규획의 근원

장우창은 흥미로운 이야기를 한 적이 있다. 1993년 그가 노벨경제학상 수상자 밀턴 프리드먼Milton Friedman과 쓰촨四川을 방문했을 때 프리드먼은 쓰촨성 성장省長에게 어떻게 개혁하는 것이 옳은지를 가르쳐 주었다. 그것은 생쥐의 꼬리를 잘라야 한다면 조금씩 잘라내지 말고 고통을 경감시키기 위해 한 번에 전체를 잘라내야 한다는 것이었다. 이에 쓰촨성 성장은 다음과 같이 답했다. "교수님, 저희는 이 생쥐에 꼬리가 너무 많아서 어떤 것을 먼저 잘라야 하는지 모르겠습니다."이를 들은 프리드먼은 아무런 대답도 할 수 없었다. 쓰촨성 성장의 문제는 바로 규획의 문제였다.

무엇을 규획이라 하는가? 『설문해자說文解字』에서는 "규規는 법도가 있음이며 획劃은 칼로 그림을 그리는 것"이라고 말한다. 즉 사물을 분석하고 형상화하는 법도라고도 할 수 있는데 사물의 미래 발전을 위한 분석과 계획으로 의미가 확대된 것이다. 한자사전에서 "규획"과 "계획"은 그 뜻이 서로 비슷하고 영어로는 "plan"으로만 표기되는데 중국어에서는 업무 혹은 행동 이전에 목표나 순서를 미리 정하는 것을 나타낸다. 따라서 이 책에서 우리는 "규획"과 "계획"이 서로 다른 상황에서 약간의 차이가 있다하더라도 사전적 의미에서 실질적인 차이는 없다고 간주한다. 예를 들면 "5개년 계획"과 "5개년 규획"을 놓고 보면 "규획"은 사실상 "계획"의 기초 위에서 끊임없이 업그레이드된다. 이는 마치 연속적인 스펙트럼과 같아서 색상이 계속해서 짙어지지만 그 본질과 함축된 의미는 일치한다. 이러한 상황에서 본서는 양자를 통용할 수 있다고 생각한다.

인류의 가장 독특한 부분은 바로 미래를 계획하는 능력에 있다. 일상 생활을 규획하는 것에서 자녀인생을 규획하는 것까지 가정 재무를 규획하는 것에서 조직 발전을 규획하는 것 등 여러 방면을 포함하고 있다. 국가 규획은 근현대에 들어서 중시되었고 사람들은 국가의 경제사회 발전을 규획하는 것에 대해 사고하기 시작했다. 국가 규획의 제정자는 정부였는데 사실상 인류가 정부를 창설한 근본적인 원인 가운데 하나는 인성에 자리잡은 근시안적이고 편협함을 극복하기 위해서였다. 이는 흡사 데이비드 흄David Hume이 가리키는 것과 같다. 인류의 의지와 감정은 선천적으로 "공간과 시간에서 우리와 가까운 사물"에 쉽게 지배되기 때문에 인류의 천성은 곧 멀리 있는 것을 버리고 가까운 것을 찾는 것이다. 바꾸어 말하면 인류는 근시안적이고 편협한 이익에 제한되고 "공동의 목표와 목적에 의한 합작"으로 공동 이익을 실현한다는 것은 불가능하다. 그래서 정부의 역량에 의지하여야만 공공의 항구적 이익을 보장할 수 있다.

독일 역사학파의 창시자인 프리드리히 리스트Friedrich List는 국가 규획을 가장 먼저 제창한 선구자 중 한 사람으로 그의 저서 『정치경제학의 민족적 체계』(1841년 출판)에서 다음과 같이 말했다. "물론 경험이 우리에게 알려주는 것처럼 풍력은 씨앗을 이곳에서 저곳으로 데려갈 수 있고 황폐한 벌판을 빽빽한 삼림으로 바꿀 수 있다. 그러나 조용히 풍력작용을 기다리며 그 몇 세기의 과정을 통해 삼림 가꾸기를 실현한다면 어찌 이것을 어리석은 방법이라고 하지 않겠는가? 만약 숲을 심는 사람이 묘목을 선택하고 주동적으로 배양한다면 수십 년 내에 동일한 목적에 이를 것이다. 이것은 과연 취할 만한 방법이 아닐까? 역사는 우리에게 알려준다. 수많은 국가가 이러한 숲을 심는 사람의 방법을 채택하였고 그 목적을 성공적으로 실현했다." 리스트는 아담 스미스Adam Smith가 『국부론』에서 널리 알린 시장지상주의와 자유무역론을 반대하였으며 국가와 정부가 경제발전에서 규획하고 유도 작용을 발휘하는 것에 지지를 나타냈다.

마르크스주의 이론가들은 국가 규획 이론의 중요 창시자들이었다. 마르크스는 자본주의의 단점이 그 맹목성에 있고 이로 인해 사회주의는 조직적 방식이 필요하다고 생각했다. 1868년 7월 그는 친구 루트비히 쿠겔만Louis

Kugelmann에게 보내는 편지에서 자신의 생각을 다음과 같이 간단명료하게 개괄했다. "자산계급사회의 문제점은 바로 생산에 대하여 줄곧 의식 있는 사회조절이 없다는 데 있네. 합리적인 물건과 자연필요의 물건 모두 맹목적 작용을 일으키는 평균으로 실현되고 있다네." 마르크스는 『자본론』 제3권에서 한발 더 나아간 의견을 나타냈다. "사회화된 사람들과 연합하여 일어난 생산자들은 그들과 자연 사이의 물질적 변환을 합리적으로 조절하여 공동의 통제하에 두고 그것이 맹목적 역량으로 그들을 통제하지 못하게 해야 한다. 최소한의 힘을 소모하는 것은 이러한 물질적 변환을 인류 본성의 조건에서 가장 손색없이 적합하게 이루어 내는 방법이다." 블라디미르 레닌Vladimir Lenin은 1906년 그의 글 「토지 문제와 자유 쟁취 투쟁」에서 처음으로 국가 규획의 개념을 제시했다. "대규모로 사회화된 계획경제가 구축되어야만 모든 토지와 공장, 공구들이 노동자계급의 소유로 돌아올 것이며 비로소 모든 착취가 소멸될 것이다." 1929년대 스탈린은 소련의 첫 5개년 규획을 주도적으로 제정하였고 정식으로 국가 규획을 이론에서 실천으로 옮겼다. 마오쩌둥 또한 국가 규획의 필요성과 중요성을 대단히 강조하였는데 1957년 「인민 내부 모순의 정확한 처리에 관한 문제關於正確處理人民內部矛盾的問題」에서 다음과 같이 주장했다. "사람들은 객관적으로 사회의 생산과 수요 사이에서 오랫동안 존재한 모순에 대하여 국가 계획을 통해 조절해야 한다. 중국은 매년 한 차례 경제 계획을 만들어 저축과 소비의 적당한 비율을 안배하고 생산과 수요의 균형을 추구한다. 소위 균형은 모순되었던 것의 일시적이고 상대적인 통일이다. 한 해가 지나면 전반적으로 이러한 균형은 모순의 투쟁에 의해 파괴되고 통일되었던 상황에 변화가 생긴다. 균형은 불균형이 되며 통일은 통일되지 않음이 되는데 이는 다음 해의 균형과 통일을 만드는 것이 필요한 이유이며 바로 우리 계획경제의 우월성이라고 할 수 있다."

(2) 규획 본질의 이중성

"규획plan"은 중국어나 영어 모두에서 명사인 동시에 또한 동사인데 이러한 특징은 규획이 본질적으로 이중성을 갖게 만들었다.

명사의 속성을 가진 "규획" 즉 규획 텍스트는 국가가 어떤 한 시기의 국가 경제와 사회 발전 목표 및 그 경로를 편성하고 그려낸 서면의 방안을 가리킨다. 규획 텍스트는 일반적으로 가치와 목표, 수단, 결과 등 4가지 항목의 요소를 포함한다. 가치는 규획이 실현하고자 하는 근본적인 목표와 핵심적인 추구 사항을 대표하며 나머지 3가지 요소는 이 가치의 실현을 위해 일한다. 목표는 가치의 구체적인 실현 방식으로 규획에서 전망하여 도달하고자 하는 일련의 발전 목표 및 목표를 중심에 두고 제정된 주요 지표를 나타낸다. 발전 목표는 정성적 혹은 정량적으로 기술될 수 있지만 지표는 정량적으로 서술된다. 수단은 목표 실현을 위해 채택되어야 하는 구체적 조치나 자원 배치 방식을 가리키며 프로젝트나 보장조치, 제도수립 등 정책 도구를 포함한다. 결과는 이러한 수단을 채택하여 나타날 예상 효과 혹은 얻을 수 있는 산물이며 이러한 효과나 산물은 직접적인 것과 간접적인 것이 있다. 그리고 규획 텍스트의 예상 결과나 규획 시행의 실제 결과에 기초하여 규획 평가를 진행할 수 있다. 그러면 좋은 규획 텍스트는 무엇일까? 주요 판단 기준은 가치가 합리적인가, 목표는 가치를 실현할 수 있는가, 수단은 목표를 실현할 수 있는가, 예상 결과는 정확하게 예측되고 있는가 등이 있을 것이다. 물론 규획 편성자가 실천 과정에서 완전히 이성적일 수 없고 완전한 정보를 구비할 수도 없으며 환경 역시 계속해서 변화한다. 이로 인해 국가 경제사회 발전 규획의 모든 목표를 조금의 오차도 없이 최종적으로 실현하는 국가는 없다. 사전에 설정한 수단을 어느 한 쪽으로 치우쳐 채택하기도 하지만 예측한 결과와 실제 결과가 완전히 일치하기도 한다. 그러나 이는 규획 텍스트의 질이 좋지 않거나 작용하지 않는다는 것을 설명해 주지는 못한다. 그 원인은 명사로써의 "규획"에 있으며 따라서 더욱 중요한 것은 동사로써의 "규획"이다.

동사의 속성을 가진 "규획"은 국가가 편성하고 시행하는 규획의 상호 작용 과정 즉 규획 제도를 가리키기도 한다. 영국의 전 총리 윈스턴 처칠은 "규획plan 그 자체는 특별한 것이 없으며 오히려 규획 과정planning이 매우 중요하다"라고 말한 적 있다. 프로이센과 독일의 명장이자 군사전략가인 몰트케 또한 "규획은 쓸 데 없지만 규획을 제정하는 것은 반드시 필요하다"고 말했다. 미국의 제34대 대통령이자 정치가, 군사전략가인 아이젠하워는 역시 다음과 같이 이야기했다. "규획의 지시에 따르지만 규획을 맹종해서는 안 된다." 바꾸어 말하면 우리는 규획 텍스트라는 결과에도 주목해야 하지만 규획제도 즉 규획편제와 규획의 집행 과정에 더 관심을 두어야 한다.

사람들이 제도를 설계하는 목적은 일정한 목표를 실현하고자 함이며 외재적 조건의 사주를 맹목적으로 따르고자 함이 아니다. 이는 "미래에서 현재를 사고"해 보는데 먼저 정의롭고 아름다운 세계를 상상한 뒤 우리의 제도를 어떻게 설계하여 그 세계를 실현할 것인지 생각하는 것과 같다. 규획제도는 국가 거버넌스의 한 제도로써 국가 거버넌스의 목표 실현을 위한 것이다. 보통 우리는 국가는 발전주의 국가이며 한 국가의 정부는 경제 사회의 장구한 발전을 발전 목표로 삼는다고 가정한다. 따라서 규획 제도의 본질은 정부가 규획을 편제하고 시행하는 수단을 통해 경제와 사회의 발전에 간섭하고 추동하는 것이다.

무엇이 좋은 규획 제도일까? 여기에는 두 가지 측면의 조건이 구비되어야 한다. 먼저 규획 편성의 과정은 거시계획의 과정이며 과학적으로 조정되는 과정이다. 신제도주의 경제학의 대가 올리버 윌리엄슨Oliver Eaton Williamson은 모든 경제 제도는 일종의 특수한 계약으로 정의되며 계약 체결 이전은 교역이고 계약 체결 이후는 거버넌스라고 본다. 한편으로 규획 편제는 가격 흥정의 교역인데 가능한 많은 참여 주체들을 만족시켜야만 널리 사랑받고 인정받는 제도가 될 수 있다. 참여 주체의 이익은 매우 다원적이기 때문에 거시적이고 전략적인 계획이 있어야 비로소 가장 많은 참여 주체들의 수요를 최대한도로 포용할 수 있다. 이밖에 규획 편성은 본질적으로 최적화된 경로나 방안을 찾는 과학적 계획의 과정이다. 제한된 조건 아래에서 거시적 모델을 활용하여 어떻게 최소한의 자원을 운용하여 미래에 정한 목표를 실현할 것인지 혹은 어떻게 능률적으로 자원을 배치하여 최상의 미래 목표에 도달할 것인지 그 경로 방안을 계산한다. 이 과정에서 규획 편성자는 여러 사람의 의견을 모으고 대량의 정보를 확보하는 것이 필요하다. 그러나 규획 편성자가 사실상 완전한 정보를 파악하는 것은 불가능하기 때문에 거시적이고 전략적인 계획을 편성하는 것이 더욱 과학적이라고 할 수 있다. 다른 한편으로 시간과 공간의 변화 같은 제한적인 조건 때문에 규획 편성은 제한적인 조건의 변화에 따라 즉각 과학적으로 조정되어야 한다. 이것은 실사구시의 필연적인 요구이기도 하다.

    그 다음으로 규획 집행의 과정은 공통의 인식이 응집하는 과정이며 동기부여와 제한의 과정이다. 기제 설계 이론은 한 제도를 시행하여 좋은 효과를 거두려면 2가지 기본적인 제한 조건 즉 참여적 제한 조건과 동기부여 포용 제한 조건을 만족시켜야 한다고 주장한다. 규획은 정부와 시장, 사회 등 각 유형별 참여 주체와 관계가 있으며 규획 텍스트의 가치와 목표, 수단, 결과는 모든 참여 주제에게 제공되는 지시어이자 행동 근거이다. 이들이 반드시 각 유형별 참여주제로 하여금 공통된 인식에 이르게 해야만 각 방면의 적극성이 동원되고 규획 집행의 잠재력과 동력을 만들어 낼 수 있다. 따라서 규획 집행은 틀림없이 공통의 인식이 응집하는 과정이며 이를 통해 규획이 예상하는 결과가 만들어질 수 있다. 일부 학자들은 아프리카와 남미를 제외한 글로벌 경제체의 경제성장 목표 데이터를 분석하여 규획이 사전에 확정한 경제성장목표에 따라 자원배치를 움직일 수 있고 참여 주체들 사이에서 이익 충돌이 완화되어 경제성장이 촉진되는 것을 발견했다. 다른 한편으로 불완전 계약 이론에 따르면 제도가 없는 것이 더할 나위 없이 훌륭한 것이다. 불완전한 계약은 필연적이며 늘 존재하는 것으로 계약이 불완전할 때는 잉여 통제권을 투자 결정이 상대적으로 중요한 쪽에 배치하는 것이 더 효율적이다. 규획은 거시적이고 전략적인 계획이며 구석구석 샅샅이 고려하는 것이 불가능하다. 그래서 서로 다른 참여 주체에 대해 각기 다른 동기부여 방식을 채택하는 것이 필요하다. 제한적이고 예상되는 지표를 종합적으로 운용하여 동기부여와 제한이 서로 결합되게 해야 하고 특히 시장 주체에게 더 많은 자주권을 부여한다. 이렇게 해야 비로소 효과적인 동기부여 포용의 기제가 만들어질 수 있다.

(3) 경직과 탄력의 규획 제도

규획 제도가 탄생한 이래 서로 다른 국가들의 규획 제도 형식은 기본적으로 비슷했지만 규획 편성과 규획 시행의 과정은 여러 유형으로 나눌 수 있다. (그림 1-4를 참고) 우리는 규획 편성을 가로축으로 놓고 거시계획과 과학적

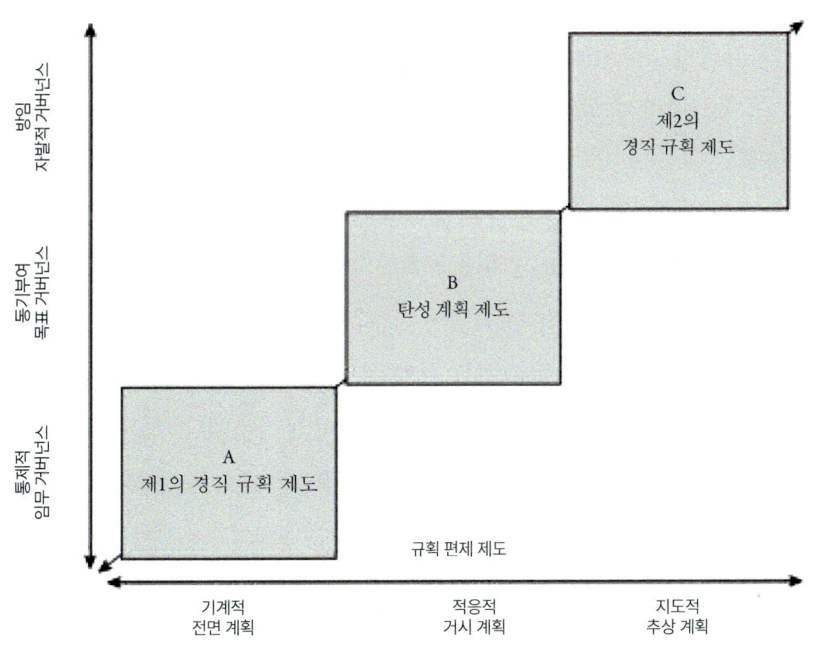

그림 1-4 경직과 탄력의 규획 제도

조정의 정도에 의해 계획을 기계적 전면 계획(전면 계획+조정의 어려움), 적응성 거시계획(거시계획+과학적 조정), 지도적 추상 계획(추상적 계획+조정 불필요) 등 3가지 유형으로 나눈다. 그리고 계획 집행을 세로축으로 놓고 공통인식 응집과 동기부여 제한의 정도에 따라 거버넌스를 통제적 임무 거버넌스(위에서 아래로+제한 위주), 동기부여 목표 거버넌스(공통 인식 응집+동기부여 제한), 방임 자발적 거버넌스(아래에서 위로+동기부여 위주) 등 3가지 유형으로 나눈다.

이에 따르면 우리는 A, B, C 3가지 유형의 규획 제도를 귀납해 낼 수 있다. A 유형은 기계적 전면 계획과 통제적 임무 거버넌스의 조합으로 규획 편제에서 경제사회 등 여러 방면의 내용을 매우 상세하게 계획해 냈다. 규획 내용에 빈틈이 없으며 각 항목을 조정하면 다시 계산을 해야 하기 때문에 조정이 상대적으로 어렵다. 규획 시행은 위에서 아래로의 행정 명령 위주이고 명령적 지표를 중점적으로 운용하여 제한과 통제를 집행한다. 소련의 5개년 규획 제도는 전체적으로 A 유형에 속한다. 특히 초기의 5개년 규획들은 중앙에 고도로 권력이 집중되어 경제사회의 여러 방면에 대하여 엄격한 규획 통제가 진행되었다. 따라서 규획 조정의 가능성이 매우 낮았을 뿐만 아니라 각 레벨의 주체들은 어떠한 활동에도 허락이나 허가증을 요구하였다.

B 유형은 적응성 거시 계획과 동기부여 목표 거버넌스의 조합으로 규획 편제에서 주로 거시적이고 전략적 계획을 제정했다. 또한 환경의 변화에 근거하여 즉각적으로 조정될 수 있었다. 규획 시행에서는 위에서 아래로의 행정 명령을 중시하면서도 아래에서 위로의 민첩한 혁신을 북돋았다. 제한적이고 예상 가능한 지표를 종합적으로 운용하여 동기부여와 제한을 할 수 있었다. 중국의 5개년 규획 특히 개혁개방 이후의 5개년 규획 제도가 전반적으로 B 유형에 속한다. 중국의 5개년 규획은 거시적이고 전략적 규획이며 무엇을 금지하는 정책이 아닌 일종의 규범성 정책이다. 각 급 정부를 위해 하나의 틀이 설치되고 이 틀 안에서 각 급 정부는 서로 다른 행동 방안들을 제정할 수 있다. 이들 방안은 서로 연계되고 때로는 상호 모순되며 이로 인해 민첩한

조정과 자주적인 정책 결정의 공간이 비교적 넓다고 할 수 있다. 이밖에 이러한 거시적이고 전략적인 규획은 실시간으로 평가와 조정이 가능하며 다방면으로 참여 주체의 의견을 받아들일 수 있고 더 광범위한 기업과 사회의 이익을 반영한다. 사실상 점점 더 많은 정부 부처와 전문가 고문들이 여기에 참여하고 있으며 심지어 국제사회의 경제와 환경보호 전문가 및 조직들 또한 정기적으로 초청되어 규획의 제정과 평가, 조정에 상응하는 건의를 제시하고 있다.

C 유형은 지도적 추상 계획과 방임 자발적 거버넌스의 조합으로, 규획 편제에서 한층 더 거시적이며 추상적인 계획을 주로 제정했고 따라서 환경의 변화에 따라 조정을 할 필요가 없었다. 규획 집행은 주로 아래에서 위로의 자발적 거버넌스와 동기부여 위주이며 지표를 매우 적게 운용하고 제한한다. 일부 서방 자본주의 국가의 5개년 규획 특히 1980년대 이후의 5개년 규획 제도가 전반적으로 C 유형에 속한다. 이들 국가는 주기적인 선거와 정부 교체 때문에 장기적인 발전 프로젝트나 정책을 집행할 수 없다. 그 규획 내용은 갈수록 추상적일 뿐이며 지도적 의의를 잃어버렸다. 그리고 규획에 지도적 색채가 부족하며 그 집행기구는 상응한 권력을 가지고 있지 않다. 주로 시장의 자발적인 거버넌스를 위주로 한다.

이들 3가지 유형의 규획 제도를 경직적인 것과 탄력적인 것 2가지 유형으로도 나누어 볼 수 있다. 전반적으로 말하면 경직적인 제도는 뻣뻣하고 민첩하지 못한 제도이며 탄력적인 제도는 유연하고 비교적 기민한 제도이다. 실천적인 측면에서 본다면 A 유형을 제1 유형의 경직 규획 제도, C 유형을 제2 유형의 경직 규획 제도, B 유형을 탄력 규획 제도로 부를 수 있다.

3) 규획은 왜 필요한가?

(1) 마르크스주의 시각의 규획: 경제체제의 맹목성 극복하기

한 국가의 경제사회 발전에 왜 규획이 필요한가? 마르크스주의 이론은 다음과 같이 주장한다. 자본주의 경제체제가 구상하는 경제사회의 이상적인 협조 질서는 "자발적인 질서"이지만 그러한 맹목성은 고유의 생산사회화와 생산물자 사적 점유 사이의 모순을 피할 수 없게 만든다. 따라서 반드시 국가 규획에 기대어 인류의 전체 자각을 실현해야 한다. 일찍이 프랑스 대혁명 시기 공상적 사회주의자 바뵈프Babeuf는 자본주의 경제체제에 대한 비판에 근거하여 인류역사의 첫 계획 경제를 구상했다. 이 구상은 마르크스와 엥겔스에 의해 체계적이고 깊이 있는 논술로 발전하였다. 그들은 분산적인 방식으로 이미 사회화된 대생산을 조직하는 것이 생산 과정의 경제 규율에 맹목적이고 자발적인 방식으로 작용할 것이라고 생각했다. 이는 자본주의 경제체계의 거대 모순을 만들어낼 뿐만 아니라 경제체계의 비례관계가 종종 균형을 잃게 만들 수 있었고 간헐적으로 경제위기를 일으켰다. 따라서 마르크스주의 이론은 사회생산 내부의 무정부 상태가 계획 있고 자각적인 조직으로 대체되고 자발적이고 무계획적인 생산방식에서 조직적이고 계획 있는 생산방식으로 발전되는 것이 역사발전의 필연적 추세라고 보았다. 그렇기 때문에 규획은 국가가 생산과 분배를 과학적으로 총괄하고 배정하는 도구로써 경제체계의 맹목성과 사후성, 자발성의 문제를 해결할 수 있다.

수많은 전통적 관점은 규획이 사회주의 국가의 전속물이라고 생각한다. 이것은 완전히 마르크스주의적 관점을 오해한 것이며 "교조적 사회주의자"와 "교조적 反사회주의"가 모두 공유하는 편견이다. 반대로 마르크스주의 이론가들은 자본주의 국가가 경제 활에 대한 국가 간섭을 실행할 가능성과 필요성을 이미 논증한 바 있다. 1929-1933년 자본주의 위기 이후 루스벨트는 "뉴딜"정책을 추진하면서 실천적인 측면에서 자유시장경제에 제한을 가했고

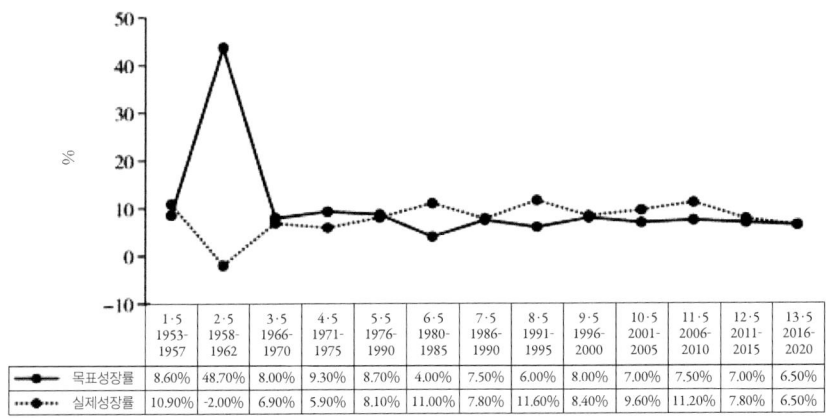

그림 1-5 중국 13개 5개년 규획의 국내생산량 목표 성장률과 실제성장률 비교

출처 : 중국 국가 통계국, 엔이롱, 『목표 거버넌스 · 보이는 5개년 규획의 손』 제17쪽.

경제에 대한 국가 간섭을 대폭 강화했다. 사실상, 제2차 세계대전 이후 국가가 경제를 규획하고 간여하는 것은 서방 국가의 보편적인 현상이 되었다. 그런데 유감스럽게도 규획 수단은 1980년대 이후 점차 버려지고 있다.

마르크스의 관점은 현재까지도 여전히 중요한 지도적 의의를 갖는다. 2008년 국제금융위기 때 수많은 서방국가의 경제는 지속적으로 쇠퇴하였고, 양극화와 사회 모순은 심화되었다. 이는 자본주의 고유의 생산사회화와 생산물자 사적 점유 사이에 모순이 여전히 존재하고 있음을 설명해 준다. 중국의 실천과 경험에서 보면 중화인민공화국 건국 이후 중국은 줄곧 규획을 통해 경제사회 발전을 지도해 왔다. 비록 일련의 좌절을 겪기도 하였지만 전체적으로 중국은 규획이 제정한 목표와 경로를 따라서 차근차근 발전했고 장기간 안정적으로 성장하여 거대한 성취를 얻었다. 또한 세계에서 유일하게 경제위기가 발생하지 않은 국가였다.

(2) 발전경제학 시각의 규획: 빅푸시와 시장 환경 건설

경제발전은 모든 개발도상국가가 추구하는 목표이다. 그리고 한 국가가 어떻게 저발전에서 발전으로 전환되고, 저소득에서 고소득으로 건너가는지를 살펴보는 발전경제학 연구의 주요 문제이다. 발전경제학의 한 분파는 국가 요인이 경제발전에서 차지하는 중요한 작용을 발견하고 증명했다. 총체적으로 경제가 급속히 발전하는 단계에서 국가의 주요 임무는 동원과 저축에 집중하기, 자본 축적을 높이기, "빅푸시Big Push" 작용을 발휘하기 등이었다. 일정한 세수 능력을 만들면 일정 비율의 세수가 유효한 투자로 전환된다. 금융 부문에 대해 일정한 통제를 시행하고 은행과 자본시장을 지도하면 자금이 성장잠재력을 가진 소수 업종에 집중된다. 농업에서 잉여를 흡수하면 공업을 보조하는 자금 축적에 쓰인다. 대외무역 방면에서 중상주의 정책을 시행하고 세수와 환율 등 방면의 정책을 통해 수입을 줄이고 수출을 독려하면 국내의 자본축적이 가속화된다. 중등 소득 혹은 고소득 단계에서 국가의 주요 임무는 시장환경 건설이다. 여기에는 더 많은 자금이 교육과 과학기술 혁신, 인프라 건설에 투입되어 혁신 능력을 향상시키고 투자 환경을 개선하는 것이 포함된다. 구체적으로 소득과 교육 자원의 균등한 분배, 국내 시장 확대, 전체 국민의 인력자원 수준 향상에 관심을 가진다. 경제에 대한 관리 및 통제를 줄이고 시장이 더 많은 작용을 발휘하게 하여 최대한의 혁신을 실현한다. 대중 복지의 개선에 주목하여 지속적인 경제성장을 위해 조화로운 사회의 보장을 제공한다.

경제가 급속히 발전하는 단계의 "빅푸시"나 중고소득 단계의 시장환경 건설 모두 한 국가 내부의 각 유형별 참여주체의 협조적 행동을 필요로 한다. 이때 시장의 자발적 역량에 기대는 것은 실현되기 어렵, 반드시 정부의 총괄과 협조에 의지해야 한다. 규획은 과학적이고 효과적으로 자원을 배치하는 도구로써 가장 적합한 협조기제이다. 표준적인 경제교과서들의 견해에 따르면 국가의 역할은 법률을 제정하고 집행하며 시장의 결함을 바로잡는 것이다. 그러나 과거 150년의 발전사를 살펴보면 미국과 독일부터 시작하여 초월을 실현한 국가들은 모두 특정 시간대에서 국가 능력이 비교적 강대한 국가들이었다. 반대로 국가능력이 비교적 약했던 국가들의 발전은 모두 좋지 못했다. 규획은 국가 능력이 만들어 내는 영향력의 전형적인 기제로써 그 실천과정에서 중요한 작용을 발휘한다. 세계 각국의 실천 과정을 보면 세계 168개 국가와 지역의 1978-2008년 경제성장률에서 세계 10위 이내 국가와 지역 가운데 8개가 5개년 혹은 4개년 규획 제도를 채택했었다. 세계은행 성장과 발전위원회가 결산한 13개의 지속적으로 고성장한 경제체 가운데 12개가 규획 제도를 실행했으며 규획이 시작하는 시기와 경제성장이 시작되는 시기가 기본적으로 동시에 나타났다. 그리고 수많은 경제체는 중등 소득 단계에 진입한 이후에도 여전히 규획을 활용하여 시장환경 건설을 지도하고 있다.

표 1-3 1995-2005년 13개 지속 성장 경제체 및 실현 가능한 규획 제도

경제체	25년 이상 고속 성장기(국내생산총량의 매년 성장률이 7%를 넘는 시기)	지역	체제	규획제도명	규획제도의 시작시점
보츠와나	1960-2005	아시아	시장경제	7년계획	1968
브라질	1950-1980	라틴아메리카	시장경제	5년계획	1964
중국내륙	1961-2005	아시아	계획경제에서 시장경제로 전환	5년계획, 5년규획	1953
홍콩	1960-1997	아시아	시장경제	-	-
인도네시아	1966-1997	아시아	시장경제	5년계획	1969
일본	1950-1983	아시아	시장경제	5년계획, 7년계획	1956
한국	1960-2001	아시아	시장경제	5년계획	1962
말레이시아	1967-1997	아시아	시장경제	5년계획	1966
몰타	1963-1994	유럽	시장경제	5년계획	1959
오만	1960-1999	아시아	시장경제	5년계획	1976
싱가포르	1967-2002	아시아	시장경제	5년계획, 10년계획	1960
대만	1965-2002	아시아	시장경제	4년계획	1953
태국	1960-1997	아시아	시장경제	5년계획	1961

출처: 고속성상수치는 세계은행의 성장 및 발전위원회의 자료를 근거로 하고 있음, 〈성장보고-지속가능한성장과 포용성발전의 전략〉, 제18쪽; 기타 내용은 저자 정리

(3) 탄력적 규획:
"보이지 않는 손"과 "보이는 손" 모두 잘 활용해야 한다

경제발전에서 계획과 시장의 역할은 오랜 기간 학자들의 광범위한 논쟁을 불러일으켰다. 비교적 중용의 한 관점은 계획이라는 "보이는 손"과 시장이라는 "보이지 않는 손"의 작용이 같지 않지만 결코 대립하는 것이 아니며 함께 작용을 발휘할 수 있다고 본다. 덩샤오핑은 이에 대하여 다음과 같은 글을 남겼다. "계획이 많거나 시장이 많은 것으로 사회주의와 자본주의의 본질을 구별하는 것이 아니다. 계획경제는 사회주의와 동등한 것이 아니며 자본주의에도 계획이 있다. 시장경제가 곧 자본주의를 의미하는 것이 아니며 사회주의에도 시장이 있다. 계획과 시장은 모두 경제 수단이다." 중공 제18기 3중전회는 시장이 자원 배치에서 결정적 작용을 하는 것과 정부 작용이 더욱 잘 발휘되는 것을 제시했다. 시진핑은 시장이 자원 배치에서 결정적 작용을 하는 것과 정부 작용이 더욱 잘 발휘되는 것을 논술하였는데 이는 중대한 이론 명제인 동시에 또한 중대한 실천 명제이다. 과학적으로 이 명제를 인식하고 정확하게 그 의미를 파악하는 것은 전면적인 개혁 심화와 사회주의 시장경제의 건강하고 질서있는 발전 추진에 대하여 중대한 의의를 갖는다. 시장작용과 정부 작용의 문제에서는 변증법과 양면을 모두 살피는 방법론을 중시하여 "보이지 않는 손"과 "보이는 손" 모두를 잘 활용해야 한다. 시장작용과 정부작용이 유기적으로 통일되며 상호 보충, 상호 협조, 상호 촉진의 구조 형성을 노력하여 경제사회의 지속적이고 건강한 발전을 추진한다.

그러면 이 "양손"을 어떻게 동시에 잘 쓸 수 있을까? 우리는 탄력적 규획이 하나의 매우 효과적인 도구하고 생각한다. 규획작용에 관한 연구는 20세기 후반에 처음 시작되었는데 초기의 연구들은 규획이 사실상 엥겔스의 고전 저작에서 "계획 사회"의 구체적인 국가 도구 매개체라고 이해했다. 그러나 이후의 연구들은 규획이 결코 사회주의 국가의 전속물이 아닌 것에 주목하였다. 한국이나 말레이시아, 인도 등 자본주의 국가들도 구체적인 지도 성격의 규획을 만들었고 시장기제를 통해 경제를 조정하고 통제하며 재정과 금융 등 각종 정책을 운용하여 규획의 시행을 추진했다. 따라서 학자들은 규획을 지도 성격의 규획과 명령 성격의 규획으로 구분했다. 하지만, 1980년대 말 세계적인 범위에서 계획경제가 실패함에 따라 수많은 학자들은 규획이 시장조절방식과 서로 대립하는 정부경제도구라고 다시 인식했다. 본질적으로 계획체제의 한 형식이면서 여러 층으로 분해되어 하달되고 감독 및 심사라는 방식을 통해 경제활동에 대한 계획 관리를 집행하는 관료기구였던 것이다. 2000년 이후 학자들의 시선이 중국의 5개년 규획으로 넘어왔을 때 점점 더 많은 연구가 중국의 5개년 규획 제도는 전통적인 중앙 명령 계획과 구별되고 순수한 시장 기제 밖에 있는 혼합형의 국가 거시전략 관리 도구이며 계획과 시장의 융합이라고 보았다.

앞서 말한 바와 같이 규획을 3가지 유형의 규획 제도로 나누어 볼 수 있다. 제1유형의 경직 규획 제도는 본질적으로 계획 한 측면의 작용만을 중시하고 제2유형의 경직 규획 제도는 시장 한 측면의 작용만을 중시하며 탄력 규획 제도는 중용의 방식으로 계획과 시장 두 측면의 작용을 동시에 중시한다. 중국의 5개년 규획 제도는 탄력 규획 제도이기 때문에 적응성 거시계획과 동기부여 목표 거버넌스를 통한 핵심기제가 "보이지 않는 손"과 "보이는 손"이 경제사회 발전에서 충분히 작용되도록 동시에 보장한다. 그 결과 규획 제도는 중국경제 기적의 중요 원인이 되었다. 중국의 5개년 규획은 그 실천에서 행정명령을 간단하게 하달하는 것이 아니었으며 시장 규율을 존중하는 기초 위에 있었다. 시장 활력을 자극하는 개혁을 하고 정책을 사용하여 시장 예상을 인도하였으며 규획을 활용하여 투자 방향을 명확하게 했고 법치로 시장행위를 규범에 맞추었다. 그래서 이러한 탄력 규획 제도는 "보이는 손"인 계획을 운용하여 공공서비스를 제공하고 사회진보를 촉진시킬 수 있게 할 뿐만 아니라 "보이지 않는 손"인 시장을 운용하여 양호한 투자환경을 제공하고 경제성장을 촉진시킬 수 있게 한다. "효과적인 시장"과 "유망한 정부"를 통한 실천으로 경제학에서의 세계적 난제를 해결하였다. 2020년 8월 24일, 시진핑은 경제사회 분야 전문가 좌담회에서 다음과 같은 글을 남겼다. "실천이 증명하는 바와 같이 중장기 발전 규획은 시장이 자원 배치에서 결정적 작용을 충분히 발휘되게 할 수 있을 뿐만 아니라 정부 작용이 더욱 잘 발휘되게 할 수도 있다."

4) 어떻게 규획할 것인가?

(1) 핵심 문제: 정보와 동기부여

기제 설계 이론으로 보았을 때 규획 제도는 일종의 기제 설계 방식이다. 정보가 도달하는 곳은 규획할 수 있으며 참여 주체들을 격려하여 규획 목표를 실현한다. 따라서 규획 제도는 본질적으로 정보와 동기부여 두 문제를 해결해야만 한다. 규획을 편성하거나 조정할 때 주로 정보 문제를, 규획 시행 때 주로 동기부여 문제를 해결한다. 랜들 오투어 또한 정보와 동기부여 문제가 규획 실패의 원인이라고 주장한다. 첫째, 규획 편제자가 수집하는 정보와 예측 능력은 제한적이고 단편적이기 때문에 모든 정보와 데이터를 수집하며 지속적으로 변하는 환경에서 미래를 예측하고 준비할 수 있는 사람은 없다. 둘째, 규획 편제자와 시행자는 서로 다른 주체이기 때문에 필연적으로 위탁 대리의 문제가 존재한다.

규획은 어떻게 정보 문제를 해결하는가? 일부 학자들은 정보가 본질적으로 일종의 지식이며 그 지식은 다시 전체적 지식과 분산적 지식으로 나누어진다고 본다. 전체적 지식은 경제사회의 전반적 상황과 장기적 상황에 관한 지식이다. 예를 들면 경제사회 발전 상황을 기술한 지식, 존재하고 있는 문제를 진단한 지식, 좋은 기회와 도전을 분석한 지식, 미래 추세를 예측한 지식 등이다. 정부에게는 이러한 전체적 지식이 전체적으로 우량한 지식이며, 행정수단과 연구분석을 통해 획득할 수 있는 것이다. 분산적 지식은 사적 혹은 개별적 상황의 지식을 가리킨다. 예를 들면, 개인의 선호, 기업의 생산능력, 기업의 핵심경쟁우위, 등이다. 하이에크가 말한 것처럼 선호와 가격 균형, 기술, 자원공급 등 각종 "국소적 지식"과 "상황 지식Knowledge of the Circumstance"은 각종 경제구조에서 분산적으로 존재한다. 이러한 지식은 "집중적 혹은 완전한 형식으로 존재한 적이 없으며 단지 전면적이지 않고 자주 모순적안 형식으로써 각기 독립적인 개인에 의해 장악된다." 이로 인해 분산적 지식은 정부에게 있어서 일부만 우량한 지식이며 더 많은 부분은 열등한 지식이다. 열등한 지식은 정부가 행정수단과 연구분석을 통해 완전히 획득할 수 있는 것이 아니며 시장화된 가격 체계에서 분산적으로 나타난다. 이처럼 정부가 획득하는 정보에는 경계가 있기 때문에 규획은 가능한 모든 것을 다하여 더 많은 전체적 지식을 수집하고 전체적 지식 편제에 기초하여 거시적이고 전략적 계획을 형성해야 한다. 또한 전체적 지식의 변화에 따라 규획 조정을 진행해야 하는데 그렇지 않으면 분산적 지식 차원에서 주도면밀한 규획을 편제하는 것이 불가능하다.

규획은 어떻게 동기부여 문제를 해결하는가? 구체적으로 보면 이 위탁대리 문제는 두 가지 유형의 대리인을 포함한다. 하나는 행정 체제 내의 규획 시행자(예를 들면, 지방 정부)인데 합리적으로 설계된 성과심사기제를 통해 동기부여를 할 수 있다. 관료권력은 대리인이 위탁인의 이익에 따라 행동하도록 유도하는 동기부여 기제를 수정할 수 있는 능력으로 볼 수 있다. 따라서 동기부여 설계는 조직 구성원들의 승진과 이익, 지위 획득 등에 직접적인 영향을 끼치며 상급 부문이 동기부여 기제를 설계하는 능력은 하급 부문이 집행에서 여러 문제를 극복하는 중요 요소이다. 다른 하나는 시장의 규획 시행자(예를 들면, 시장 주체)로 정보의 비대칭성을 낮추도록 설계된 기제를 통해 동기부여를 할 수 있다. 시장 주체는 주로 파악하고 있는 모든 정보를 분석함으로 행동에 나서고 정부는 규획에서 명확한 재정 보조나 세수 감면, 가격 조정,

정부 수매 등 여러 종류의 수단이나 중점 프로젝트를 추진하는 방식을 통해 동원과 자원배치를 집행한다. 시장주체를 위해 정확하고 충분하며 명확하고 믿을 만한 환경신호와 순방향의 경제 동기부여를 제공함으로써 시장 주체가 규획의 정보 구조 속에서 자신의 이익을 추구하는 행동을 전개하고 규획에 적극 호응하며 규획 시행을 추진하게 한다.

(2) 규획 편제: 개방식 편제와 과학식 편제

정보 획득 문제를 더 잘 해결하기 위해서 기존 연구들은 개방식 편제와 과학식 편제라는 두 종류의 방법을 제시했다. 개방식 편제는 규획 편제 과정에서 사회와 대중 참여를 중시하는 것을 일컫는데 광범위한 사람의 의견을 모아서 더 많은 정보를 얻을 수 있을 뿐만 아니라 규획의 가치 이성과 프로세스 이성을 실현할 수 있다. 가치 이성의 측면에서 보면 사회는 각각 다른 이익단체들로 구성되어 있다. 모든 이익단체는 서로 다른 이익을 추구하고 있으며 사회 구성원으로서 향유할 사회자원을 나눌 권리가 있고 규획 내용에 대해 요구와 의견을 제시할 수 있다. 프로세스 이성의 측면에서 보면 규획 편제는 민주참여 프로세스를 마땅히 도입해야 한다. 예를 들면 규획 공시나 대중 자문 등의 경로를 통해 대중참여 기제를 만들어 각 이익 관련자를 위해 대화와 변론의 플랫폼을 제공하고 각 방면의 의견을 적극 반영하고 존중하며 규획 내용에서 적극적으로 응답한다.

과학식 편제는 조사 등의 방식을 통해 가능한 많은 정보를 수집하는 것을 중시하는 규획 편제이다. 이는 수학 모델을 통해 그러한 정보를 과학적으로 계산하여 가장 이성적인 방안과 결과를 찾아내는 동시에 민첩하게 조정될 수 있다. 과학식 편제는 일반적으로 5개의 규획 편제 단계를 포함한다. (1) 규획이 해결해야 하는 주요 문제를 식별하고 조사 연구를 지도하여 가능한 많은 정보를 수집한다. 이와 동시에 규획이 해결해야 하는 문제를 자세하게 분석하고 해명함으로써 규획 문제에 대한 편제자들의 인식을 통일한다. (2) 규획 문제에 대한 인식에 근거하여 규획의 대상과 실현하려는 규획 목표를 확정한다. (3) 수학 모델을 통해 규획 문제를 해결하며 규획 목표를 실현하는데 채택할 수 있는 규획 방안이나 정책을 과학적으로 계산하고 식별한다. (4) 평가 기준과 틀을 만들고 각종 선택방안과 정책에 대해 평가를 진행한다. 중점은 각종 방안의 타당성과 목표 실현 정도, 자본, 이익 등을 과학적으로 대비하는데 있다. (5) 선택한 규획 방안을 시행하고 규획 시행 효과에 대한 추적, 평가, 감독을 진행하며 새로운 정보와 변화에 근거하여 적절한 시기에 규획 방안을 조정한다.

(3) 규획 집행: 목표 분해와 자아 통제

경영학의 시각에서 보면 규획 집행은 본질적으로 하나의 목표 관리 방식이다. 경영학자 피터 드러커Peter Drucker의 목표 관리Management of Objectives, MBO 이론은 목표 분해와 자아 통제를 통해 가장 효과적으로 목표 관리를 실현할 수 있으며 동기부여 부족의 문제를 더 잘 해결할 수 있다고 주장한다. 피터 드러커는 어떤 사람이 3명의 바쁜 석공에게 무엇을 하고 있는지 질문한 이야기를 들려준다. 첫번째 석공은 "저는 지금 가족을 부양하고 있습니다"라고 답했다. 두번째 석공은 돌을 쪼개면서 "저는 전국에서 가장 훌륭한 돌 다듬기 작업을 하고 있지요"라고 말했다. 세번째 석공은 눈에 상상의 빛이 비쳐 앞을 올려다보며 이야기했다. "저는 지금 하나의 큰 교회를 만들고 있습니다." 드러커는 가장 효과적인 목표 관리는 관리자가 세번째 석공이 되게 하는 것이라고 보았다. 이를테면 목표 관리는 조직이나 집단의 목표를 각 사람의 목표로 분해하는 것으로 각 사람은 자신의 목표가 조직의 목표와 일치함을 명확하게 한다. 이렇게 한다면 각 사람은 자신의 성과에 대해 자아 통제를 할 수 있으며 자신의 성취감을 추구함으로써 조직의 목표가 실현되도록 각자에게 동기부여할 수 있다.

마찬가지로 국가 경제사회 발전 규획은 주로 중앙정부에서 편제하지만 지방정부와 시장 주체의 시행에 의지해야만 한다. 위탁대리 관계에서 중앙정부는 위탁인이며 지방정부와 시장 주체는 대리인이다. 정보 비대칭의 조건 속에서 대리인이 위탁인의 뜻에 따라 움직이며 전체로 효용을 최대화하는 경향이 있는지 어떻게 보증할 수 있을까? 목표관리 이론에 따르면 중앙정부는 전체 규획 목표의 분해하여 공공서비스, 환경오염 등 제약성 지표와 경제성장 등 예측성 지표로 나눈 이후 지방정부나 시장 주체의 목표 함수와 배합을 진행한다. 중앙정부는 지방정부가 중앙정부의 규획에 따라 자신의 규획을 편제하도록 요구하거나 기업이 중앙정부의 규획 틀에 따라 자신의 발전 전략을 제정하도록 독려한다. 이렇게 함으로써 지방정부나 시장주체의 목표는 각자의 실제와 부합하고 중앙의 예상과 제한도 실현할 수 있으며 중앙의 지지도 얻어낼 수 있다. 그리고 지방정부와 시장주체는 자신의 행동에 대해 자아 통제를 실현하며 동기부여 포용의 기제 배치에서 중앙정부의 규획을 효과적으로 집행하도록 추진한다.

탐색 중의 5개년 규획

02

이 장의 주요 내용은 5개년 규획 탐색과 발전의 시기로 "제1차 5개년一五"부터 "제5차 5개년五五"까지 총 다섯 개의 5개년 규획을 포함하고 있다. 중화인민공화국 건국 이후 중국은 소련의 계획경제 모델을 거울로 삼아 5개년 규획을 편제하기 시작했다. 소련의 체제와 경험을 학습하여 중공업을 우선적으로 발전시키고 독립적이며 완전한 공업체계를 만들어 국민경제의 신속한 발전을 실현하고자 했다. 이 시기의 중국은 경제가 낙후된 농업 국가에서 사회주의 공업화의 길로 올라섰으며 거의 30년의 시간을 사용하여 비교적 독립적이고 완전한 공업 체계를 기본적으로 확립했다. 이와 동시에 강대한 국방 공업을 신속하게 만들었고 거대한 영향을 준 수많은 중대한 프로젝트를 완성하여 국가와 인민의 안전을 강력하게 보장했다. 한가지 짚고 넘어갈 점은 이 시기의 5개년 규획들이 전체적으로 탐색하면서 발전하였다는 것으로 특히 두번째 5개년 규획부터 다섯 번째 5개년 규획까지의 편제와 실행 과정은 시행착오를 많이 겪었다. 그러나 귀중한 경험을 많이 축적한 시기이기도 했다.

1. 1953년 이전 중국공산당의 국가건설에 대한 규획과 준비

일찍이 항일전쟁시기에 마오쩌둥을 대표로 하는 제1대 중앙지도부는 마르크스주의와 중국 혁명의 구체적인 실천을 어떻게 결합할 것인지를 체계적으로 사고하면서 항일전쟁 시국 및 당시 중국의 민주 혁명 그리고 미래 신중국新中國건설 등에 관한 일련의 근본적인 질문에 체계적으로 답했다. 이 가운데에는 어떻게 중국의 "경제 혁명"을 위해 분투할 것인지, 어떻게 "중화민족의 신사회新社會와 신국가新國家를 건설"할 것인지에 대한 질문이 포함되어 있었다.

1) 새로운 국가의 위대한 청사진에서의 규획과 준비

1940년 1월, 마오쩌둥은 『신민주주의론新民主主義論』을 발표하며 "신민주주의공화국新民主主義共和國"의 청사진을 처음으로 규획했다. 그는 "신민주주의공화국"의 경제 건설에는 다음과 같은 특징이 있다고 생각했다. 첫째, 대규모의 은행과 공업, 상업은 국가소유로 귀속된다. 이와 동시에 기타 자본주의의 사유 재산은 몰수하지 않으며 "국민 생계를 조종할 수 없는不能操縱國民生計" 자본주의의 생산 발전은 금지하지 않는다. 둘째, "경작하는 자가 토지를 갖고耕者有其田", 농촌의 봉건 관계를 해소하여 토지를 농민의 사유재산으로 변화시킨다. 이와 동시에 농촌 부농 경제의 존재 또한 용인한다. 마지막으로 "자본절제節制資本"와 "평균지권平均地權"의 길을 걸으며 "소수의 사람들이 획득한 것을 사유물로 삼는 것少數人所得而私"은 절대 불가능하고 소수의 자본가와 지주는 절대 "국민 생계를 조종操縱國民生計"할 수 없다. 마오쩌둥은 중국의 생산력이 낮을 때 도시와 농촌의 자본주의가 중국의 생산력 발전에 긍정적으로 작용하였다고 생각했다. 그래서 그는 매우 전략적인 통찰력으로 중국 혁명의 "두단계雙階段" 이론을 제시하였다. "중국혁명의 역사적 과정은 반드시 두 단계로 나뉜다. 그 첫 단계는 민주주의 혁명이며 두번째 단계는 사회주의 혁명이다. 이것은 성격이 서로 다른 두가지 혁명 과정이다."

1945년 마오쩌둥은 중국공산당 제7차 전국대표대회에서 『연합정부를 논하다論聯合政府』라는 제목의 서면 정치보고서를 제출하며 중국의 "공업 문제工業問題"를 전문적으로 다루었다. 마오쩌둥은 "중국 인민과 그 정부는 반드시 적절한 절차를 채택하고 몇 년 내에 중공업과 경공업을 점차 건립하여 중국을 농업 국가에서 공업 국가로 바꾸어야 한다"라고 의견을 제시했다. 이러한 공업국가는 현재보다 진보적으로 훨씬 발달한 농업과 전국적인 경제에서 차지하는 비중이 매우 큰 대규모 공업을 갖추고 있으며 또한 공업과 서로 부응하는 교통, 무역, 금융 등 사업事業의 기초를 가지고 있다. 이러한 국면이 더 이른 시기에 도래할 수 있도록 마오쩌둥은 외국 자본을 받아들이는 문제에 대해서도 전문적으로 이야기했다. "공업을 발전시키기 위해서는 대규모 자본이 필요하다. 어디에서 자본이 나오는가? 두 가지 경로밖에 없다. 주로 중국 인민이 스스로 축적한 자본에 의지하고 이와 동시에 외부 원조의 도움을 빌리는 것이다. 중국 법령을 따르고 중국 경제에 유익하다는 전제 하에 외국 투자는 우리가 환영하는 것이다. 중국 인민과 외국 인민 모두에게 유익한 사업은 중국으로 하여금 공고한 대내외 평화를 얻게 하며 철저한 정치개혁과 토지개혁 이후에 대규모 경공업과 중공업 그리고 근대화된 농업을 힘차게 발전시킬 것이다. 이러한 기초 위에서 외국투자의 수용량은 매우 광범할 것이다. 정치적으로 후퇴하고 경제적으로 빈곤한 중국은 중국인민에게 매우 불리할 뿐만 아니라 외국 인민에게도 불리하다."

1949년 중공 제7기 중앙위원회 제2차 전체회의는 허베이성河北省 시바이포西柏坡에서 개최되었다. 마오쩌둥은 회의에서 큰 영향을 준 보고를 진행하며, "중국 경제 부흥中國經濟復興"을 실현해야 한다고 주장했다. "중국의 현대적 공업 생산액은 비록 국민 경제 총생산액의 10% 정도만 차지하고 있지만 그것은 대단히 집중되어 있으며 가장 크고 중요한 자본은 제국주의자 및 그들의 주구走狗인 중국 관료자산계급의 손안에 집중되어 있다. 이러한 자본을 몰수하여 무산계급이 영도하는 인민공화국의 소유로 귀속함으로써 인민공화국이 국가의 경제 명맥을 장악하고 국영경제가 전체 국민경제의 영도적 요소가 되게 한다. 이 부분의 경제는 자본주의 성격의 경제가 아닌 사회주의 성격의 경제이다." 마오쩌둥의 선언은 중화인민공화국 건국 이후 국민경제의 회복과 발전에 따라서 국영경제의 수요는 틀림없이 급속하게 커질 것임을 명백히 보여주었다. 국영경제는 중국 공업화의 주도적인 선봉대, 전체 국민 경제 건설과 개조의 중요한 지지 역량, 국가 재정과 경제 정세의 안정적인 초석, 중국 공업화의 주도 역량이 되어야 했다. 마오쩌둥은 농업경제와 수공업 경제가 현대화와 집단화의 방향으로 발전해 나가도록 신중하고 점진적이면서도 적극적으로 인도해야 한다고 주장했다. 이밖에 그는 보고에서 "신민주주의경제新民主主義經濟"와 "공업화의 길工業化道路", "경제 건설을 중심으로以經濟建設爲中心", "도농통합발전城鄕統籌發展" 등 중요 사상을 제시했다.

국영경제와 개인 자본주의경제 등 여러 종류의 경제 요소가 병존하였기 때문에 신민주주의경제에는 계획 요소가 있었을 것이며 시장 요소도 있었을 것이다. 계획과 시장 가운데 어느 것이 주도적인 위치를 차지할 것인가에 대한 문제는 신민주주의 건국 방안이 완성되고 구체화되는 과정에서 논의되었다. 마오쩌둥과 류사오치劉少奇 등 중공 지도부는 신민주주의 경제는 계획이 있는 경제이고 완전한 자유무역과 자유경쟁은 반대하는 것으로 의견을 일치하였으며 "큰 계획大計劃, 작은 시장小市場"의 경제 건설 경로로 나아가야 한다고 주장했다.

1948년 해방 전장에서의 끊임없는 승리에 힘입어 중공 지도부는 신민주주의 사회의 경제체제 문제를 더욱 구체적이며 심도 깊게 숙고하기 시작했다. 6월 저우언라이는 『신민주주의의 경제 건설新民主主義的經濟建設』에서 신민주주의 경제와 구舊민주주의 경제의 차이점을 열거하였는데 그 중 네 번째에서 신민주주의 경제는 기본적으로 계획경제임을 지적하며 두가지 경제 체제가 서로 다름을 나타냈다. 이와 동시에 비교적 많은 도시와 공업기업을 보유한 둥베이 해방구東北解放區는 이미 계획경제 실행을 준비하기 시작했다. 8월 하얼빈에서는 제6차 전국노동대회가 개최되었다. 회의는 우선 해방구의 국영기업이 계 경제를 실행하자고 요구하였는데 "이러한 지방적地方性이고 국소적局部性인 계획 경제가 현재의 사회 생산력 특히 공업 생산력을 발전시킬 수 있으며 전쟁 수요에 적합할 것이다. 그리고 향후 전국적全國性이고 전면적全面性인 계획 경제를 점진적으로 실현해 나가기 위한 경험을 얻게 하며 몇 가지 전제 조건을 만들어 낼 수 있을 것이다"라고 주장했다.

　　1948년 가을 장원톈張聞天은『둥베이 경제 구성 및 경제 건설 기본 방침에 관한 제강關於東北經濟構成及經濟建設基本方針的提綱』(이하『제강』)의 기초를 주관했다.『제강』은 장원톈이 같은 해 8월 중공중앙 동북국 도시업무회의에서 진행한 총결보고의 세번째 부분인『도시 생산 발전에 관한 방향關於發展城市生產的方向』을 기초로 하여 보충 및 완성된 것이다. 장원톈은『제강』에서 역사 유물주의를 분석 방법으로 삼고 중국의 국가 상황을 근거로 하여 둥베이와 나아가 전국의 경제 요소들을 분석했다. 그리고 신민주주의 사회는 반드시 계획 경제를 실행해야 한다는 주장을 정식으로 제시했다.

　　『제강』에서 장원톈은 신민주주의 국가에서 계획 경제를 실행하는 근거와 방식 및 신민주주의 사회 단계에서 계획경제의 지위와 역할 등 일련의 문제들에 대해서도 상세히 논술했다. 그는 신민주주의 시기에 국가가 어느 정도의 계획 경제를 실시할 것이며 자본주의 경제 요소는 어느 한도 내에서 발전이 이루어질 수 있는지 등의 문제들을 세밀하게 탐구하였다.

　　『제강』이 중공중앙에 보고된 이후 마오쩌둥과 류사오치 등 중공 지도부는 이를 매우 중시했다. 류샤오치와 마오쩌둥은『제강』을 차례로 수정했다. 류샤오치는 신민주주의 경제와 계획경제의 관계를 특별히 덧붙여 서술하였다. "신민주주의 경제가 자본주의 경제와 다른 부분은 신민주주의에서의 국민경제가 일정 수준에서 조직적이며 계획적인 경제라는 점이다." 류샤오치는 국가의 모든 경제 명맥 예를 들어 대규모 공업이나 운수업, 상업 그리고 은행이나 신용기관과 대외무역 등이 모두 국가의 수중에 장악되어 국민경제가 조직적이며 계획적으로 실행되어야 한다고 생각했다. 이와 동시에 그는 계획경제의 범위 또한 제한해야 한다고 주장했다. "가능하고 필요한 한도 내에서 엄격하게 제한되어야 하며 반드시 점진적으로 실현해 나가야 한다. 이 한도를 결코 벗어날 수 없으며 전부 혹은 너무 높거나 넓은 범위의 계획경제는 절대 실현될 수 없다." 1949년 1월, 마오쩌둥 역시 중앙정치국 회의에서 다음을 강조했다. "한편으로 신민주주의 경제가 계획 경제가 아니며 사회주의 발전으로 향하는 것이 아니라고 생각해서는 안 된다. 그러나 그것이 자유무역과 자유경쟁이며 자본주의 발전으로 향하는 것이라는 생각은 지극히 잘못되었다. …… 다른 한편으로 반드시 주의하고 신중해야 하며 사회주의화를 서두르지 말아야 한다."

류샤오치와 마오쩌둥의 수정을 거친 이후 『제강』의 기본적인 내용은 중공 제7기 중앙위원회 제2차 전체회의에서 채택되었으며 『중국인민정치협상회의 공동강령中國人民政治協商會議共同綱領』에서 경제 정책의 기초를 형성했다. 중공 제7기 중앙위원회 제2차 전체회의는 향후 자유경쟁과 자유무역을 제한해야 하며 개인 자본주의 경제를 "경제 계획의 궤도"에 올리는 것이 자본을 통제 관할하는 중요 내용임을 나타냈다.

중화인민공화국 건국 직전 중국인민정치협상회의 제1기 전체회의는 신민주주의의 성격을 담은 『중국인민정치협상회의 공동강령』을 통과시켰다. 『중국인민정치협상회의 공동강령』 경제 정책 부분의 많은 곳에서 경제를 계획적으로 발전해 나가야 한다고 언급한다. 이 가운데 제33조는 다음과 같이 규정하고 있다. "중앙인민정부는 전국 공사 경제全國公私經濟 주요 부문이 회복 및 발전하는 총계획을 빠른 시일 내에 제정하며 경제건설에 있어서 중앙과 지방의 분업과 협력 범위를 규정하고 중앙과 지방 각 경제 부문의 상호 연계를 통일하여 조절하는데 노력해야 한다." 저우언라이는 회의에서 다음의 내용도 강조했다. "계획경제의 점진적인 실행 요구에 사회 전체가 각자의 역할을 수행하며 분업과 협력의 효과를 거둘 수 있게 하는 것은 어렵고 힘든 일이지만 반드시 실현해야만 하는 임무이다."

이상에서 볼 수 있듯이 중공은 중화인민공화국 건국 이전에 계획경제와 관련된 신민주주의 국가 경제체제 구상을 제시했다. 이 구상은 중국공산당 신민주주의 건국 강령의 중요 구성 부분이 되었을 뿐만 아니라 중화인민공화국이 실현에 힘써야 하는 중요 목표이기도 했다.

2) 계획 경제를 위한 준비:
국영 경제 조직과 상공업 조정, 계획관리기제 건립

1949년 10월 중화인민공화국이 건국되었다. 신생 인민정권에게는 사회주의 성격의 국영 경제를 신속하게 편성하고 중국 현대 공업의 주도권을 통제하며 국민 경제 명맥을 장악하는 것이 신민주주의 경제를 발전시키는 중요한 절차이자 관건이었다.

중공 제7기 중앙위원회 제2차 전체회의가 확정한 방침에 근거하여 중화인민공화국 국영경제의 건립은 주로 도시를 접수관리接管하는 과정 중에 몰수한 관료자본 기업을 입수入手하는 것이었다. 이렇게 몰수된 관료자본은 국영경제의 가장 중요한 물질적 전제 조건이며 가장 주된 구성 부분이었다. 중공은 관료자본의 기구를 때려 부수지 않고 기존의 조직기구와 생산기구를 유지하며 "기존의 직무와 급여, 제도"를 바꾸지 않는 등 구체적인 방법을 결정했다. 먼저 완전하게 접수하고 생산의 정상적인 가동을 보장하며 그 감독을 실행한 후 점진적으로 민주개혁과 생산개혁을 진행하여 관료자본 기업을 사회주의 성격의 국영기업으로 개조하고자 했다.

상술한 정책과 방침 지도 하에 관료자본을 몰수하는 업무가 전국에서 순차적으로 진행되었으며 절대 다수의 관료자본이 국영기업으로 변모되어 생산을 진행하기 시작했다. 국영으로 귀속된 관료자본 기업 가운데 금융 계통에는 총 2,400여 개 은행(중소형 민족자본의 출자는 관련되어 있지 않음), 공업 및 광공업 계통에는 전국의 자원과 중공업 생산을 장악했던 국민당정부의 자원위원회 및 전국 방직업을 독점한 중국방직건설공사中國紡織建設公司 등 2,858개 회사가 속해 있었으며 여기에는 직원과 노동자 129만 명, 산업노동자 75만 명이 있었다. 이외에도 교통운수와 초상국招商局계통 소속 기업 그리고 국내외 무역을 독점하는 10여 개의 대규모 회사도 있었다. 1951년 초 인민정부는 다시 전국적인 범위에서 개인 자본주의 기업 가운데 감춰진 관료자본 주식을 청산하고 몰수했다. 이렇게 관료자본을 몰수하여 국영 경제를 건립하는 업무는 모두 끝났다. 1952년까지의 통계수치는 당시 전국 국영 기업의 고정 자산 원가 240.6억 위안 가운데 대부분이 몰수된 관료자본 기업의 자산이었음을 보여준다(토지 가격은 포함되지 않음).

관료자본을 몰수하고 국영경제를 건립함으로써 인민정부는 전국의 경제 명맥을 통제하였고 국민경제의 대부분인 사회화된 생산력을 장악하여 전제 국민경제의 발전에 있어서 주도적인 역할을 담당했다. 이러한 기초 위에서 전쟁의 상처를 복구하고자 1950년 1월 중공중앙은 재정 수지의 균형을 노력하고 전국 재정을 통일하며 새로운 재정과 경제질서를 건립하는 업무에 착수하기 시작했다. 2월 13일부터 25일까지 중공 재정경제위원회는 베이징에서 중화인민공화국 건국 이후 첫 전국재경회의를 개최했다. 회의의 주제는 지출을 절약하고 수입을 정돈하며 전국 재정경제 업무를 통일 관리함으로 국가 재정 수지 균형과 물자 공급 균형 그리고 금융 물가 안정을 실현하는 것이었다.

이 회의에서 천윈陳雲은 재정과 경제의 기본 상황을 다음과 같이 분석했다. 지출이 견적을 초과하며 수입을 다 거둬들이지 못한다. 현물세公糧와 세수는 지방의 수중에 있는데 중앙은 단지 지출만 하고 수입은 없다. 중앙 지출의 60%는 발행에 의지하고 있다. 그는 상황을 낙관하지 않으며 "3개월 동안 계속되면 천하가 크게 혼란할 것이다"라고 생각했다. 이러한 상황에 맞춰 회의는 천윈의 의견에 따라 다음을 제시했다. 재정 수지를 중앙으로 통일하고 집중한다. 현물세를 통일하는데 5%에서 15%까지를 지방부가세地方附加로 하는 것을 제외한 나머지 모두는 중앙에서 통일하여 장악한다. 세수를 통일하는데 관세와 염세鹽稅, 화물세貨物稅, 상공업세工商業稅를 중앙으로 통일하고 집중하며 매월 결산하여 국고로 환수한다. 편제를 통일하여 방대하고 일에 비해 사람이 많은 상황을 바꾼다. 무역을 통일하는데 각지 무역공사의 자금과 업무 계획 및 상품 조달을 중앙무역부에서 통일하고 장악하며 지방은 간여할 수 없다. 은행을 통일하는데 현금의 유동성은 인민은행에서 통일한다.

회의가 종료된 이후 1950년 3월 정무원은 『국가 재정 경제 업무 통일에 관한 결정關於統一國家財政經濟工作的決定』을 발표했다. 이 결정은 집중 통일을 기초로 하는 재정 관리 체제의 초기 형태雛形를 만들었다. 중공중앙은 곧 통지문을 내고 각급 당 위원회가 이 결정의 완전한 실시를 결연히 보장해야 한다고 요구했다. 각급 정부와 당원, 대중이 다같이 노력함으로써 재경 통일 업무는 신속하게 뚜렷한 성과를 거두었다. 재정 수지는 1950년 3분기와 4분기 각각 9.8%와 6.4%로 낮아졌는데 이는 1분기와 2분기의 43%와 40%보다 크게 낮은 수치이다. 또한 연간 수입과 지출은 각각 65.2억 위안과 68.1억 위안으로 수지가 균형에 근접했다.

중화인민공화국 건국 초기의 전쟁이 아직 완전히 끝나지 않은 상황 속에서 안정적인 물가와 균형에 가까운 재정 수지 그리고 경제 명맥을 장악하여 국영경제를 건립한 것은 "화이하이전투에 뒤지지 않는不下於淮海戰役" 중대한 승리였다. 이와 동시에 중공 제7기 중앙위원회 제2차 전체회의에서 확정한 국가가 각종 사유 경제 요소를 조절하고 생산 사업 회복을 조직한다는 것을 관철하기 위한 물질적 수단과 필요 조건을 제공했다.

상공업 가운데 있는 개인 자본주의에 대하여 중공 제7기 중앙위원회 제2차 전체회의는 "그 적극성을 이용"하고 "그 존재와 발전을 용인"하며 "적절하고도 신축적으로 제한"한다의 정책 기조를 결정했다. 1950년 물가를 안정시키고 재경을 통일하는 조치를 시행한 후 투기활동은 억제되었으며 수많은 중요 소비품의 공급이 수요를 초과하는 현상이 나타났다. 그러나 사영 상공업은 보편적으로 어려움을 맞닥뜨리기 시작했고 영업손실이 증가했으며 점포가 문을 닫고 휴업하는 사례가 늘어나면서 중국경제에 새로운 상황과 문제가 발생했다. 1950년 첫 4개월 동안 14개 도시의 2,945개 공장이 문을 닫았으며 16개 도시의 9,347개 상점이 휴업했다. 특히 3~4월 동안 전국 실업 인구는 총 117만 명에 달했다. 엄중한 경제문제는 사회안정에 영향을 주었다. 3~4월 상하이 한 곳에서만 무전취식, 공장과 상점 쪼개기, 음식물 강탈, 경찰

폭행, 군중 청원, 회의장 소란 등 엄중한 치안 사건이 수없이 발생했다.

사영 상공업이 마주한 엄중한 어려움을 감안하여 중공중앙과 중앙인민정부는 상공업을 조정하는 중대 정책을 내놓았다. 1950년 4월, 마오쩌둥은 "향후 몇 개월 동안 정부 재경기관은 업무 중점을 공영기업과 사영기업 및 공사 기업 각 부문의 상호 관계 방면에 두고 무정부 상태 극복에 힘써야 한다"고 지시했다. 마오쩌둥은 "전체 인민경제의 회복과 발전"을 반드시 충분하게 실현해야 한다고 특별히 강조하였다.

마오쩌둥의 지시에 따라 천원은 유관 부문을 조직하고 역량을 집중하여 경제 문제에 대한 연구를 진행했다. 당면한 상공업의 어려움을 어떻게 해결할 것인가? 천원은 다음 다섯 가지 방법을 제시했다. 생산을 중점적으로 유지한다. 공업품의 판로를 개척한다. 공사 역량과 연합하고 자금 회전을 조직한다. 사영 공장을 돕고 경영 관리를 개선한다. 실업 구제를 중점적으로 다룬다. 이밖에 천원은 "공업 생산에서 어떤 것이 이미 과잉이고 포화점에 도달했는지를 적당한 방법으로 전국에 공고하여 재차 그 방면으로의 맹목적인 투자를 방지해야 한다"고 말했다. 1950년 6월 중공중앙은 제7기 중앙위원회 제3차 전체회의를 개최하여 개인 자본주의를 어떻게 청산하고 정확하게 대처할 것인지의 문제를 전문적으로 연구했다.

제7기 중앙위원회 제3차 전체회의의 중심 의제는 국민 경제 회복 시기에서 당의 주요 임무 및 이를 위해 반드시 진행해야 하는 각 항목의 업무와 마땅히 채택해야 할 전략 방침을 확정하는 것이었다. 전체회의는 재정과 경제 상황을 기본적으로 호전시키는 중요한 조건 가운데 하나로 상공업의 합리적인 조정을 거론했다. 천원은 전체회의에서 재경 문제를 보고하면서 상공업의 합리적인 조정을 구체적으로 배치했다. 그는 다섯 종류의 경제 요소를 통일적으로 계획하고 돌보는 것이 인민에게 좋다고 지적했다. 통일적으로 계획하고 돌보며 각자 자기가 있을 자리에 있는 방법 하에서만 모두가 함께 걸으며 신민주주의를 추진하고 훗날 사회주의로 나아갈 수 있다. 그러나 다섯 종류 경제 요소의 지위가 다른 점은 국영 경제 지도 하에 있는 통일적으로 계획하고 돌본다는 것에 있다. 공사 관계를 조정하는 측면에서는 가공 주문을 통해 단계적으로 사영 공장의 생산과 판매를 조직해야 한다. 가격을 적절하게 조정하고 농산품 및 부업생산품 수매의 분업을 통해 사영 상인이 이윤을 도모하고 농민이 수입을 일부 증대시킬 수 있다. 세수를 정돈하는 측면에서는 일반적으로 3~5년 동안 세율을 높이지 않고 일부 상품의 세율은 더 낮출 수 있는데 이렇게 하면 인민의 부담을 경감시킬 수 있을 것이다. 생산이 회복되고 세수 면적이 넓어지면 국가 세수는 줄어들 수 없을 뿐만 아니라 오히려 틀림없이 늘어날 것이다.

마지막으로 중심 임무의 순조로운 완성을 보장하기 위해서 제7기 중앙위원회 제3차 전체회의는 중국이 현 단계에서 응당 채택해야 할 전략방침 즉 "사면을 공격하지 않는다不要四面出擊"를 확정했다. 구체적으로 개인 자본주의에 대하여 마오쩌둥은 다음을 강조한다. 민족자산계급과 지식분자 가운데 절대 다수가 우리를 반대하지 않도록 하고 …… 민족자산계급에 대해서는 상공업과 세수를 합리적으로 조정함으로 그들과의 관계가 과도하게 긴장되지 않도록 개선한다. 이와 동시에 제7기 중앙위원회 제3차 전체회의는 "자본주의 소멸을 앞당겨 사회주의를 실현하자"는 중공 당내 일부 인사의 "좌"편향을 분명하게 반대했다. 마오쩌둥은 "이러한 사상은 잘못된 것으로 중국의 상황에 적합하지 않다"고 하거나 "민족자산계급은 장차 소멸되야 하지만 지금은 그들을 우리 곁으로 단결시키고 그들을 밀쳐내서는 안 된다"고 설명했다.

중공중앙의 새로운 방침이 확정된 후 천윈은 중앙재경위원회를 지도하여 공사관계公私關係와 노사관계勞資關係, 생산판매 관계産銷關係 조정에 착수하고 사영 공업에 대한 가공 주문을 강화했다. 이와 동시에 사영 상공업에 대한 대출을 강화하고 농산물 및 부업생산물을 수매하며 도농 교류를 확대하였다. 이러한 조치들이 공식적으로 실시된 후 개인 상공업자들은 마치 "진정제"를 먹은 것과 같게 되었다. 조치들은 사영 공업에 비교적 안정적인 생산

주문서 및 필요한 원료를 제공하였고 사영 상업에게는 시장 일부와 판매 이윤을 내놓았다. 또한 가격과 이윤, 세율을 조정하는 등의 경제적 수단을 통해 국가경제와 국민생활에 유익한 사영 상공업의 회복과 발전을 촉진했다.

제7기 중앙위원회 제3차 전체회의가 개최되고 몇 개월 후 전국 각지의 시장 경제 상황에 뚜렷한 변화가 나타났다. 공업생산은 위축된 상태에서 성장세로 돌아섰으며 사영 상공업자의 개업이 늘어나고 휴업이 줄어들었다. 시장은 활기를 띠기 시작했고 거래량은 늘어났으며 도농의 물자 교류가 긴밀했다. 요컨대 전국 경제상황이 크게 바뀌었고 대도시에서 꺼졌던 네온사인이 밝아지기 시작했다. 이후에 천원은 1950년의 업무를 회고하며 매우 감개무량하게 말했다. "작년 우리는 매우 많은 업무를 했지만 단지 두가지만 가장 중요했다. 첫째는 통일이고, 둘째는 조정이었다. 통일은 재경 관리를 통일하는 것이었고 조정은 상공업을 조정하는 것이었다. 재경 통일 이후에 물가는 안정되었지만 물건들이 팔려 나가지 못했다. 그 후 상공업을 조정하고 나서야 비로소 상공업이 호전되었다. 6월 이전에는 통일을 했고 6월 이후에는 조정을 했다. 단지 이 두가지 일로 천하가 안정되었다."

1950년의 기초 위에 1951년의 경제형세는 더욱 호전되었다. 사영 공업 생산총액은 39%, 사영 상업(순수 상업과 음식업의 점포 상인, 행상인, 노점상인을 포함) 매출액은 38.7% 증가했다. 개인 자본주의의 자본가들은 상공업을 조정하는 정책이 가져온 시장 번영과 넉넉한 이윤에 고양되었다. 우한의 일부 자본가들은 "홍기에 내걸린 다섯 번째 별이 이제 안정되었으니 모내기 춤을 추며 착실하게 전진하자掛紅旗五心已定, 扭秧歌穩步前進"고 흥분하여 말했다.

사영 상공업의 상황 호전은 도시 경제의 발전을 자극하여 국가경제와 국민생활의 기본 수요를 보장하였고 다른 한편으로는 사영 상공업이 점차 국가 계획 관리의 궤도에 들어오게 만들었다. 대다수 사영기업은 국영기업의 가공 주문에 의존하기 시작했는데 이는 국영경제의 지도적 지위를 더욱 공고히 했다. 1952년 전국 각 대도시에서 가공 주문과 수매, 전매 등을 받아들이는 사영 공업 기업의 생산액은 해당 지역의 사영 공업 상품 총액 비중을 기준으로 상하이 58%, 우한 65.5%, 시안 70.3%, 항저우 63.7%를 각각 나타냈다. 당시 중공중앙 통일전선부 부장으로 재직 중이던 리웨이한李維漢은 다음을 지적했다. "사영 기업의 대다수는 …… 자본주의 기업의 생산 관계를 이미 다른 수준으로 변화시켰다. 더 이상 순수한 개인 자본주의 성격이 아니며, 인민정부 관리 하에 있고 사회주의 경제와 서로 연계되어 있으며 노동자의 감독을 받는 국가 자본주의 기업인 것이다."

국민 경제 회복 시기에 전국적으로 통일된 경제 관리 기구를 만드는 일은 신 정권이 경제업무를 조직하고 지도하는데 중요한 단계였다. 중화인민공화국 건국 이전의 중공 제7기 중앙위원회 제2차 전체회의에서 중공중앙은 경제 업무에 대하여 통일적으로 지도하는 기구를 만들었다. 1949년 3월 중공중앙은 『재정 경제 업무 및 총무 업무에 관한 약간의 문제에 대한 결정關於財政經濟工作及後方勤務工作若干問題的決定』을 내려 보냈다. 문건은 재정 경제 업무 및 총무 업무의 통일 문제는 구역을 나눠서 경영하는 것을 기초로 하고 가능하고 필수적인 조건 하에서 중점적이고 순차적으로 통일되어야 한다. …… 중앙위원회는 즉시 재정경제위원회를 만들어야 한다 …… 등을 지적했다.

중국공산당 중앙위원회의 지시에 따라 1949년 5월 천원은 둥베이에서 베이징으로 이동하여 중앙재정경제위원회 건립을 준비했다. 7월 중앙재정경제위원회(이하 중재위로 약칭)가 만들어졌으며 천원과 보이보가 각각 주임과 부주임을 맡고 중앙군사위원회의 관할로 예속되었다. 천원은 중앙 재경 업무를 주재하였는데 이는 저우언라이의 추천을 거쳐 중공중앙과 마오쩌둥이 결정한 것이었다. 보이보는 다음과 같이 회고했다. "중앙이 전체 재경 업무를 천원 동지에게 위탁하는 일에는 저우언라이 총리가 중요한 역할을 했다. 총리는 나와 수차례 이야기를 나누며 '재경 업무에 관해서 우리는 천원 동지에게 의지하자'고 말했다. 이것은 총리가 천원 동지를 완전히 신임하며 의지하고 있었음을 충분히 드러낸다. 천원 동지와 같은 인재를 신임한 일에 총리의 역할이 중요했다."

중재위 산하에는 계획국計劃局, 인사국人事局, 기술국技術局, 사영기업사무국私營企業事務局, 합작사업관리국合作事業管理局, 외자기업관리국外資企業管理局 등 6개의 국局과 비서처祕書處 등 1개의 처處를 설치했다. 천원의 이후 보고에 따라 건립 초기의 중재위는 주로 다음의 3가지 사무를 담당했다. 첫째, 재정과 물자를 전선에 지원했다. 둘째, 물자를 조달하고 구매하여 대도시(상하이를 우선적으로 하고, 그 다음을 톈진과 우한으로 함)에 공급한다. 물가의 상승폭이 너무 가파르지 않도록 힘쓴다. 셋째, 간부를 물색하고 건물을 찾아 임대하여 중재위 및 각 부처 기구의 건립을 준비한다.

1949년 중앙정부가 만들어진 후 천원은 정무원 부총리 겸 중재위의 주임으로, 보이보와 마인추는 부주임으로 각각 임명되었다 중재위 내에 설치된 재경계획국財經計劃局은 중화인민공화국의 첫번째 전국적 계획 관리 기구였다. 주요 임무는 경제 운영 중 종합적 균형 문제를 해결하고 국민 경제 계획를 편제하는 것이었다. 이와 동시에 중앙정부의 재경 각 부처와 각 대행정구 및 성(시)자치구 인민정부의 재정경제위원회 또한 점차 이와 상응하는 계획 업무 담당 국局과 처處를 설립하였으며 유관 업종의 계획 통제 수치와 업종 발전 계획을 책임지고 편제했다. 이때부터 국가 계획 관리 기구의 구조가 형성되기 시작했다.

중재위는 국민 경제 회복 시기에 계획 관리를 경제 관리의 중요 방법으로 삼고 국민 경제의 안정과 회복 업무에 활용하였다. "신민주주의 경제는 계획이 있는 경제다新民主主義經濟是有計劃的經濟"라는 인식에 기초하여 중재위는 서로 다른 성격의 경제에 대해 차별화된 관리 방식을 실행했다. 국영 중대형大中型기업과 국가 기본 건설에 대하여 중재위는 지령형 계획 관리指令性計劃管理를 실행하였다. 즉 기업의 생산(수량과 질량, 품종) 증대와 노동 생산성 제고 원가 절감 등의 임무를 규정하고 그것의 실현을 촉진하는 엄격한 검사 제도를 건립함으로써 계획관리는 국영기업의 생산 활동에 결정적인 역할을 했다. 광범위한 개인경제와 사영경제, 합작사 경제에 대해서 중재위는 지도형 계획 관리指導性計劃管理를 실행하여 그 생산 경영 활동이 국가의 수요에 가능한 한 부합되도록 유도했다. 그리고 중재위는 신민주주의 경제 강령의 관철을 매우 중요시하여 사영 상공업을 보호하고 발전시키는 여러 종류의 조치를 채택하는데 노력함으로써 시장이 번영하고 시장의 역할이 발휘되어 경제가 회복하는데 공헌하도록 독려했다. 예를 들어 국내 무역 자유 정책의 관철은 상인들이 이윤을 얻게 허용하였다. 각지에서 임의로 가격을 제한하거나 수출을 금지하는 것, 사영 상인의 물품 구매를 불허하는 등의 현상을 금지했다. 통행증과 구매증명서 등 제도를 취소했다. 세수를 정돈하였으며 중복 징수를 금지했다. 합리적인 가격을 제정했다.

국민 경제 회복 시기에는 중재위가 "대계획大計劃 소시장小市場"의 계획 업무 원칙을 관철하고 국민경제에서 국유와 국영 부분에 계획 관리를 실행하여 시장이 일정한 범위 내에서 중요한 조절 작용을 발휘하는 것을 제한하지 않았기 때문에 반계획 반시장半計劃半市場의 경제체제와 시장 조절을 기초로 정부 계획 관리를 강화하는 경제 운영 기제가 점진적으로 형성되었다. 이러한 일시적인 경제체제 기제는 당시 역사적 조건과 국영경제의 지도 하에 여러 경제 요소가 병존하여 발전하는 소유제 구조에 적응하여 중국의 국가 상황에 비교적 적절한 경제 모델로서 각 경제 주체의 적극성을 움직여 국민경제의 회복을 촉진하는데 유리했다. 1952년까지 국가의 공업과 농업 주요 생산품의 생산량 대부분은 과거 가장 좋았던 수준을 이미 회복하였거나 초과하였고 공업과 농업 총생산액은 1949년과 비교하였을 때 73.8% 증대하여 평균적으로 매년 20% 성장율을 기록했다. 농업 방면에서 1952년 농업 총생산액은 1949년 보다 48.4% 증가하였고 식량 총생산량은 1952년에 3,278억 근의 기록을 달성했다. 공업 방면에서는 1952년 공업 총생산액이 항일전쟁 이전의 수준을 초과하여 1936년에 비해 23% 증가했다.

3) 국민경제계획 편성 업무의 모색과 진전

중화인민공화국 건국 초기의 중재위는 국민경제의 안정과 회복에 힘쓰는 한편 다른 한편으로는 전국의 경제 계획 편성 업무를 모색하기 시작했다.

1949년의 『중국인민정치협상회의 공동강령』은 "중앙인민정부는 전국 공사 경제 각 주요 부문의 총계획을 조기에 회복하고 발전시켜야 한다"는 구상을 제시했다. 통일된 경제관리와 계획관리 기구의 설립에 따라 중국의 계획 편성 업무는 중재위의 지도 하에 첫걸음을 시작했다.

1950년 『국민경제계획 편성 방법國民經濟計劃編制辦法』 반포 이후, 중재위는 1950-1952년 3년간의 국민 경제 분투 목표를 제정하였을 뿐만 아니라 1950년과 1951년, 1952년 등 3개의 "연도별 통제 수치年度控制數字"를 제정하여 해당 연도의 식량, 면화, 방추, 철강 등의 생산량과 철도 개통 거리, 대외무역수출을 통한 외화 창출액, 재정 지수와 기본 건설 투자 등 대략적인 계획 요구를 나타냈다. 이와 동시에 중재위는 중화인민공화국 건국 이후 첫 전국적 국민경제종합계획이었던 1950년 연도계획의 편성을 모색하기 시작했다.

당시의 규정에 근거하여 1950년 연도계획은 가장 먼저 중앙 주관 부문과 각 대행정구 두 계통에서 나누어 편성하고 중재위는 그것을 한데 모아 전국적인 경제계획의 초안으로 편제했다. 중재위는 연도계획에 공업, 농업, 교통운수 및 우정 통신, 기본 건설, 노동, 원가, 소매상품 회전, 문화 건설, 보건 및 체육 등 9가지 방면의 내용이 포함되어야 한다고 지시했다. 중재위 재경계획국은 이러한 지시에 근거하여 각 부문과 각 지역의 편성 업무에 다음의 3가지 사항을 요구했다. 첫째, 경제 건설은 "만성병慢性病"도 반대해야 하며, "급성병急性病"도 반대해야 한다. 둘째, 계획을 제정하는 방법은 실제에서 출발하는 한편, 또한 장래의 청사진을 고려해야 하고 반드시 중요한 것과 그렇지 않은 것 그리고 시급한 것과 시급하지 않은 것을 분명히 구분해야 한다. 셋째, 생산 계획과 기본 건설 계획은 엄격하게 분리되어야 하며 기본 건설 계획에는 반드시 앞선 기간前期의 설계와 시공 계획이 있어야 한다.

　　1950년 연도계획의 제정 업무는 구체적인 실천 과정 중에서 객관적인 조건의 제한 때문에 기본적으로 자발적인 상황에 놓이게 되었다. 각 부문과 각 지역의 업무 진전이 일치하지 않았으며 일부 부문과 지역은 제정조차 하지 못했다. 제정된 수많은 계획에서 각 항목의 회복 업무는 많은 정력을 필요로 했고 경제 계획 업무는 자료와 경험이 부족하였으며 시간이 촉박한 등의 원인 때문에 품질이 높지 않고 실행성이 강하지 않아 일시적으로 완성하기 어려웠다. 이로 인해 중재위는 1951년 연초의 총결 때 "하향식의 수치 통제와 상향식의 구체적 계획이 서로 결합되어야만 비로소 정책적이고 방침적이며 실행가능하고 현실적인 계획이 제정될 수 있다"라고 지적했다.

　　끊임없는 모색을 통해, 1952년 1월 중재위는『국민경제계획 편제임시방법國民經濟計劃編制暫時辦法』을 반포하였다. 이 방법은 계획 경제 편성 업무의 프로세스를 다음과 같이 제시한다. 계획 경제 관리의 조직 계통에는 중앙 경제 각 부문과 지방정부, 기층의 기업 및 사업단위가 포함된다. 계획경제 관리의 기본 원칙은 통일 계획, 분급 관리分級管理, 지령형 계획, 지도형 계획이 서로 결합되는 것이다. 계획의 프로세스는 우선 위에서 아래로 계획 통제 수치를 하달하고 이후에 아래에서 위로 계획 초안을 편성하여 보고하며, 다시 위에서 아래로 한단계 한단계씩 계획 임무를 비준하고 하달하여 종합적인 균형을 실현한다. 얼마 지나지 않아 중재위는 경제계획의 "양상양하兩上兩下" 편제 프로세스를 명확히 제시했다. 즉 지방 혹은 기층에서 편성된 계획이 건의한 수치를 아래부터 위로 제시하면 중재위가 편성된 계획이 통제하는 수치를 아래로 내려 보낸다. 다시 지방은 통제 수치에 따라 편성한 계획초안을 아래부터 위로 보고하면 마지막으로 중앙정부는 계획을 위에서부터 아래로 비준하고 반포한다.

　　국민경제 회복 시기의 중재위는 매년 재정 수지 계획, 물자 조달 운송 계획, 공업과 농업 생산 및 교통 운수 회복 계획 등의 제정 업무를 직접 지도하여 국민경제의 회복 업무를 지원하고 협조했다. 1952년 11월 국가계획위원회가 정식으로 만들어지고 전국적인 계획 업무의 제정과 조직적인 실시를 담당했다.

4) 둥베이東北지역 계획경제의 첫 실현

1948년 11월 둥베이 지역은 전국에서 가장 먼저 완전하게 해방된 지역 가운데 하나였다. 둥베이 전역이 해방되고 난 후 풍부한 공업 기초와 광산 자원, 양호한 농업 조건, 편리한 교통 시설들을 감안하여 중공중앙은 "둥베이 업무를 앞서 나가게 한다讓東北工作先走一步"는 방침을 제시하, 전국과 전당이 힘을 모아 3년 동안 둥베이의 휴식과 정돈, 건설을 돕는 결정을 내렸다. 당시 중공중앙은 해방전쟁이 앞으로 3년 더 진행될 것으로 예측하고 휴식과 정돈, 건설 이후의 둥베이가 해방전쟁 승리 이후 전국 경제건설의 견고한 뒷받침이 될 수 있을 것으로 보았다. 그래서 둥베이 지역은 국영 공업의 전면적인 회복과 계획적인 건설 전개 등의 업무가 즉시 진행되기 시작했다.

1945년 일본이 투항한 이후 둥베이 공업은 수차례 약탈과 파괴를 겪었으며 대부분의 공장과 광산은 생산을 멈췄다. 국민당 정부의 "접수接收"는 "겁탈적 접수劫收"를 위한 것으로 바뀌어 생산을 전혀 중시하지 않고 공장과 광산 기업의 기계 설비를 함부로 훔쳐 팔아 둥베이 공업을 만신창이로 만들어 버렸다. 둥베이 해방 후 인민정권은 일본 제국주의와 만주국, 국민당 관료자본이 둥베이에서 소유하고 있던 공장, 광산, 철도, 은행, 기타 기업을 접수하여 사회주의 성격의 국영기업으로 만들었다. 이와 동시에 교통 운수 보장, 동력 원료 공급 등의 문제를 중점적으로 해결하였다.

공업건설이 둥베이 중심 임무가 된 큰 배경 하에서 둥베이 국영 제 비중이 비교적 높고 전시 특징이 명확하며 발전 임무가 힘들고 긴박했던 것 때문에 중공중앙 동북국과 동북행정위원회는 둥베이 경제건설에 계획관리의 실행이 필요하다고 생각했다. 덧붙여 선양瀋陽해방 이후 400여 개의 공장과 광산이 인민정권에 접수되면서 계획 업무 전개의 조건이 대체적으로 갖춰졌다. 따라서 둥베이 공업부는 먼저 국영 공업을 과거 지역에 따라 관리하던 방법에서 전문 계통 관리에 따르는 것으로 바꾸었다. 당시 둥베이의 국영 공업은 전기, 석탄 광산, 기계, 비철금속, 금광, 임업, 방직, 기업 관리 등 8개의 관리국 및 안산철강鞍山鋼鐵, 번시석탄광산本溪煤礦 등 2개 회사로 나뉘어져 있었다.

1949년 1월 중공중앙 동북국과 동북행정위원회는 『동북경제계획위원회 및 각급 계획 기관 설립에 관한 결정關於成立東北經濟計劃委員會及各級計劃機關的決定』을 발표하고 다음을 규정하였다. 동북경제계획위원회 내에 계획위원회를 만들어 1949년 전체 둥베이 지역 국민경제 건설의 초보적인 계획 제정을 담당하고 전 지역의 계획경제 지도 기관으로 삼는다. 둥베이 행정구 등급의 공업, 농업, 군수, 철도, 교통, 상업, 재정, 은행 등 각 부문 및 소속 계통 내에 계획처 혹은 계획과를 설치하여 계획업무를 전문적으로 담당한다. 각 성 및 대행정구 직할시의 재정경제위원회 내에 계획처를 설치하여 해당 성과 시 지역 내 경제 건설의 계획 업무 전체를 전문적으로 담당한다.

둥베이의 국민경제계획위원회 주임은 리푸춘李富春이 맡았다. 곧이어 중공 제7기 중앙위원회 제2차 전체회의에서 리푸춘은 "전면적인 계획이 없다면 도시 업무의 정규화도 없다"라고 말했다. 회의 이후 그는 전체회의 정신을 전달하며 다음을 강조했다. "현재 상황은 복잡하고 임무는 과중하다. 우리는 세밀한 공업건설 업무를 진행해 나가야 하며 대략적인 예측과 일반적인 지도에 만족할 수 없다. 업무를 깊이 연구하는 것이 필요하며 정확한 계획과 구체적인 지도, 세밀한 조직 업무가 요구된다. 정책과 계획이 확정된 후 그것의 실현을 보장하려면 모든 집행 과정을 엄밀하게 조직하고 집행 중의 문제를 구체적으로 연구하며 해결 방법을 제시할 뿐만 아니라 적절한 때에 경험을 총결하고 업무를 추진해야 한다."

국민경제계획위원회는 설립 이후 리푸춘의 지도를 받으며 1949년 국영공업 계획 제정의 업무를 시작했다. 3월 국민경제계획위원회는 1949년 국영공업 계획 대강大綱 및 생산 계획, 수리 건설 계획, 경영관리 계획을 제시했다. 5월 중공중앙동북국과 중재위는 중공업을 중점으로 하는 국영공업 생산과 건설 계획을 비준했다.

둥베이 지역의 1949년 국민 경제 계획은 중공의 지도 하에 있는 해방 지역의 첫번째 국민경제 계획이었으며 또한 중화인민공화국 건국 이후 실행된 첫번째 지역적 국민경제 계획이었다. 리푸춘 등 관련 인사들은 편제 과정에서 대규모 조사 연구 업무를 진행하여 둥베이의 경제상황을 이해하고 계획 편제의 확실하며 적절한 근거를 파악했다. 리푸춘은 국외의 국민경제 계획 편제 경험들도 주의하며 학습했고 경제와 기술 전문가 각각의 의견과 건의를 청취했다. 이 계획은 회복을 위주로 하고 중공업 건설을 중점으로 하여 국민경제를 발전시키는 연도 계획이었으며 예상 투자 가치는 식량 200만 톤의 자금(국민당 통치 시기가 남겨 놓은 엄중한 통화 팽창 때문에 당시 물가는 부득이하게 실물로 환산됨)에 해당했다. 계획이 실시된 후 리푸춘은 국민경제 회복 계획은 둥베이 지역의 업무 중심重心을 농촌에서 도시로 전환시킨 "중요 관건重要關鍵"이었으며, "중요한 이정표重要標誌"였다고 감격해 했다.

각 분야에서 공동의 노력으로 1949년 8월까지 둥베이 지역의 공장과 광산 절대 다수는 생산과 복구 계획을 완성하거나 초과하여 완성했다. 전체 연도 주요 생산품의 생산량 계획이 집행된 결과는 다음과 같다. 선철生鐵 183.5%, 평로강平爐鋼錠 128.4%, 전기로강電爐鋼錠 157%, 전기동電銅 125%, 전기알루미늄電鋁 103%, 원탄原煤 124%, 발전과 전력 구매량 103%, 공작기계 114%, 시멘트 109.4% 등이다. 노동자의 임금은 1947년과 비교하여 75% 높아졌다.

둥베이 지역은 1949년의 실천과 모색을 거쳐 1950년에 중앙정부의 비준을 받아 『둥북인민정부 인민계획위원회 조직 조례東北人民政府人民計劃委員會組織條例』와 『동북구 각성(시) 인민계획위원회 조직 조례東北區各省市人民計劃委員會組織條例』를 반포하여 계획관리 체제를 한 단계 더 보완했다. 둥베이 지역 국민경제 계획의 원만한 집행과 계획관리 체제의 건립으로 전국 계획 업무의 건립과 발전에 풍부한 경험이 축적되었다.

2. "제1차 5개년" 계획 –
  농업국가에서 공업국가로 전환의 중요한 시작

　　국민경제 회복과 대규모 경제건설을 진행하는 준비 업무에 상당한 기초를 마련한 이후 중공은 전국적인 범위에서 대규모 계획경제 건설의 임무를 진행하는 의사일정을 제안했다. 국가통계국의 통계에 근거하여 1952년과 1949년을 서로 비교해 보면 상공업 총생산액은 77.5% 늘어나 연평균 21.1% 증가했으며 상공업 총생산액과 주요 생산품의 생산량 모두 중화인민공화국 건국 이전의 가장 높은 수준을 넘어섰다. 그럼에도 불구하고 중국의 국민경제 상황은 여전히 낙후되었으며 현대 공업은 상공업 총생산액에서 26.6%, 중공업은 공업 총생산액에서 35.5%만을 차지하여 공업 수준은 영국과 미국 등 국가보다 매우 뒤떨어져 있었다. 1953년부터 중공의 지도로 중국은 국민경제를 발전시키는 제1차 5개년 계획을 중심으로 대규모 경제 건설을 시작하였는데 이는 농업국가에서 공업국가로 전환하는 중요한 시작이었다.

1) 마오쩌둥의 중공업 우선 발전전략은 "대인정大仁政"이었다

　　중공의 역사에서는 1953년부터 1956년까지를 과도시기過渡時期로 칭하는데 곧 사회주의 개조를 완성하여 사회주의로 이행하는 시기였다. 1953년 마오쩌둥은 정식으로 과도시기의 총노선을 다음과 같이 설명했다. "중화인민공화국 건국부터 사회주의 개조가 기본적으로 완성되는 것은 하나의 과도시기이다. 당은 이 과도시기의 총노선과 총임무를 상당히 긴 시간 동안 점진적으로 국가의 사회주의 공업화를 실현해 나가고 또한 농업과 수공업, 자본주의 상공업에 대한 사회주의 개조를 점차 실현해 나가야 한다. 이러한 총노선은 우리 각 항목 업무의 등대를 밝게 비추는 것으로 각 항목의 업무가 이것에서 벗어난다면 곧 우경 혹은 '좌'경의 착오를 범할 것이다." 총노선의 제시는 중공중앙이 객관적인 환경의 새로운 변화에 따라 만들어진 중대한 결정이며 제7기 중앙위원회 제2차 전체회의에서 확정된 원칙이 한 단계 명확하게 구체화된 것으로 당시 중국의 실제 상황 및 사회발전 규율에 부합했다. 1954년 중공 제7기 중앙위원회 제4차 전체회의는 결의를 통과시키고 과도시기의 총노선을 정식으로 비준하여, 전 당의 총 행동강령으로 삼았다. 같은 해 9월 제1기 전국인민대표대회 제1차 회의에서는 과도시기의 총노선 내용이『중화인민공화국 헌법』에 수록되어 국가 전체의 통일 의지가 되었다.

과도시기의 총노선은 "일화삼개一化三改"나 "일체양익一體兩翼"으로 요약할 수 있다. 그 주요 부분主體의 임무는 사회주의 공업화를 점진적으로 실현하는 것이며 "두 날개兩翼"는 각각 개인 농업과 수공업에 대한 사회주의 개조 및 자본주의 상공업에 대한 사회주의 개조를 나타낸다. 이 가운데 사회주의 공업화는 국가가 독립적이고 부강하는데 필연적인 요구 사항이며 필요 조건이다. 또한 중공 제7차 전국대표대회 당시 제시되었던 분투 목표 즉 공업이 없다면 공고한 국방과 인민의 복리, 국가의 부강함이 없다는 것이기도 했다. 이로 인해 조건이 성숙한 상황 속에서 중공중앙이 과도시기의 총노선을 제시한 것은 계획적인 대규모 경제건설을 진행하여 국가 사회주의 공업화의 역사적 요구를 실현하는데 근본적으로 부합했다.

"국가 사회주의 공업화를 실현한다"는 목표가 확정된 이후 구체적으로 어떠한 발전 경로를 걸으며 어떠한 발전 전략을 채택할 것인지는 중국의 실제 상황 특, 역사적 조건과 국제환경에 따라 신중하게 선택되어야 하는 것이었다.

세계 공업 발전의 역사로 보면 경로는 주로 세 종류로 나뉜다. 첫째는 영국과 미국의 방식으로 먼저 경공업을 발전시켜 대량의 자본을 축적한 후 중공업을 발전시킨다. 둘째는 독일과 일본의 방식으로 정부는 중공업에 투자하고 민간은 경공업에 투자하여 양자를 모두 중시한다. 셋째는 소련의 방식으로 중공업을 우선적으로 발전시켜 단기간 내 독립적이고 완전한 공업체계를 만든다. 당시 미 제국주의의 전쟁 위협과 서방 자본주의 국가의 경제 봉쇄, 중국의 소련으로 향한 "일변도一邊倒" 정책과 사회주의 진영에 투입된 외교 현실을 고려하여 중공 지도부는 소련의 경험을 참고하고 소련의 원조를 얻어내서 중공업을 우선적으로 발전시키는 전략을 확정하고 공업화를 신속하게 실현하여 종합적인 국력과 군사 역량을 증강함으로써 외부 적의 위협을 방어하려 했다. 마오쩌둥은 모든 방법을 사용하여 자금을 짜내 중공업과 국방 공업을 건설하는 것이 이러한 전략의 중점이라고 요약한다. 그는 중국 공업의 현재 상황을 생동감 있게 묘사했다. "현재 우리가 만들 수 있는 것은 무엇인가? 탁자와 의자를 만들 수 있고 찻잔과 찻주전자를 만들 수 있으며 식량을 재배할 수 있고 면분을 찧으며 종이를 만들 수 있다. 그러나 차 한대, 비행기 한대, 탱크 한대, 트랙터 한대도 만들 수 없다." 그는 중공업을 우선적으로 발전시키는 전략이 인민에게 장기적인 이익이 되는 "대인정大仁政"을 칭찬하면서 현재 우리의 중점은 마땅히 중공업을 건설하는데 두어야 한다고 지적했다. 건설에는 곧 자금이 필요했다. 따라서 인민의 생활은 비록 개선되어야 했지만 일시적으로는 많은 것을 바꿀 수 없었다. 다시 말해 돌보지 않는 것이 아니라 많이 돌보지 못하는 것이었다. 소인정小仁政을 돌보지 못하는 것은 대인정을 방해하는 것과 같았다. 이상에서 볼 수 있듯이 당시의 역사적인 조건 속에서 매우 낙후된 상황과 뒤처질까 앞다투는 국제적인 환경에 직면하여, 중국은 영수領袖에서부터 보통의 대중에 이르기까지 낙후된 모습을 바꾸는 것을 절실하게 요구하였으며 세계 선진국을 초월하는 마음을 절실하게 요구했다.

2) 소련 방문과 협정 체결

계획적인 대규모 경제건설을 진행하여 국가 사회주의 공업화를 실현하는데 계획의 과학적 제정은 없어서는 안될 선결 조건이었다. "제1차 5개년" 계획은 중국의 첫번째 중장기 계획이었으며 중공이 처음 편성한 전국적인 대규모 건설 계획이기도 했다. 그 제정에 착수하여 정식으로 통과하는 데에는 3년 반의 시간이 필요했다. 당시 경험과 자료, 인재가 부족한 조건에서 "제1차 5개년" 계획의 제정은 어려움과 도전으로 가득차 있을 수 밖에 없었다.

1951년 중공중앙정치국 확대회의에서 마오쩌둥은 "3년의 준비, 10년의 계획 경제 건설三年準備, 十年計劃經濟建設"이라는 방침을 제기하고 1953년부터 첫번째 5개년 계획을 실시하며 즉시 계획 편성 업무를 시작하자고 요구했다. 회의는 5개년 계획 편성 업무 지도소조의 성립을 결정하였는데 구성원으로 저우언라이, 천윈, 보이보, 리푸춘, 송샤오원宋劭文 등이 있었으며 구체적인 업무는 중재위 계획국에서 담당했다. 회의 이후 중재위는 "제1차 5개년" 계획의 예비 편성 업무를 시작했다.

1952년 6월 『1953년부터 1957년까지 계획 윤곽(초안)』편제가 마무리되었다. 주요 내용에는 철강, 비철금속, 기기, 자동차, 선박, 전자 기구, 화학, 건축 재료, 전력, 탄광, 석유, 방직, 경공업, 교통, 우정 통신 등 업종별 건설 계획이 포함되었다. 7월 편제 업무를 맡은 천윈은 마오쩌둥에게 서신을 보내 편제 업무 진행을 설명했다. 이번에 작성되는 5개년 계획의 요점은 향후 5개년 동안 어떤 새로운 공장들을 만들 것인가에 있었기 때문에 이러한 방면으로 노력을 비교적 많이 기울였다. 기존 공장의 생산 측면에 대해서도 작성하였는데 예상되는 생산수치가 일반적으로 낮아서 초과생산이 가능할 것으로 예측되었지만 향후에 다시 토론을 해 봐야 했다. 따라서 먼저 역량을 집중하여 향후 5개년 동안 새로 만들 공장을 연구했는데 이는 7~8월 사이에 소련에게 첫 5개년 동안 중국에 공급할 장비의 요구 사항를 전달하기 위함이었다.

중재위가 제출한 초안을 받은 이후 중앙정치국은 토론을 진행하였고 이 초안을 소련 측에 전달하여 의견을 구함으로써 소련의 원조를 더 잘 받아내고자 했다. 7월 10일 저우언라이는 마오쩌둥, 류샤오치, 주더朱德, 천윈 등에게 장문의 서신을 보냈다. "7월에 우리는 업무 중심을 5개년 계획과 외교 업무 방면을 연구하는데 둘 것이며 기타 업무는 가능한 한 미루어 둔다. 예상하는 업무 분담 계획은 다음과 같다. 5개년 계획에 대해서 종합적인 업무에 중점을 두고 중앙정부에 전면적인 의견을 제시하여 교섭 자료를 준비할 수 있도록 해야 한다." 마오쩌둥은 서신을 받은 당일에 동의의 뜻을 나타냈다.

8월 저우언라이, 천윈, 리푸춘은 정부대표단을 이끌고 『5개년 계획 편성 윤곽에 관한 방침關於編制五年計劃輪廓的方針』, 『중국 경제 상황과 5개년 건설의 임무中國經濟狀況和五年建設的任務草案(초안)』, 『지난 3년간 중국 국내 주요 정황 및 향후 5개년 건설 방침의 보고 제강三年來中國國內主要情況及今後五年建設方針的報告提綱』 등의 문건을 가지고 소련으로 건너갔다. 대표단 구성원에는 공업, 농업, 임업, 군사 등 각 부문의 주요 책임자들이 포함되어 있었다. 당시 동북공업부 계획처 처장에 재임했던 위안바오화袁寶華는 다음과 같이 회고했다. "우리의 많은 이들이 처음 외국으로 나가는 것이었기 때문에 우리에 대한 요구가 매우 엄격했다. 출국하기 이전 천윈 동지는 우리를 소집하여 기율 요구 사항을 나타냈다. 첫째, 직권을 넘어서는 발언을 하지 않아야 하고, 언급하지 말아야 할 것은 이야기하지 않는다. 반드시 언급해야 할 내용은 또한 먼저 지시를 구한 이후에 상대방에게 답을 준다. 둘째, 행동하는 것과 관련하여 외출할 때 반드시 보고를 하고 비준 이후에 비로소 움직일 수 있다. 만약 방문하여 손님을 만나야 한다면 반드시 정식으로 수속을 해야 한다. 셋째, 풍속 습관과 관련하여 입국한 나라의 풍속을 물어봐야 하며 그 나라의 규범에 따라 일을 처리한다. 넷째, 질서없이 술을 권할 수 없으며 취하도록 술을 마셔서는 안 된다. 왜냐하면 소련 사람들은 술 마시는 것을 좋아해서 한번 술을 마시기 시작하면 취해야 끝이 나기 때문이다. 다섯째, 외출하여 차를 탈 때는 소련 측이 마련해 준 것에 따르도록 한다."

8월 하순, 소련의 지도자 스탈린은 상술한 문건들을 열람하였고 다음과 같은 내용을 기록했다. "향후 5년은 중국을 장기간 건설해 나가는 첫번째 단계이다. 그 주요 임무는 국가 공업화를 위해 기초를 다지고 국방을 공고히 하며 인민의 물질생활과 문화생활을 점진적으로 제고하여 중국 경제가 사회주의로 전진해 가는 것을 보장하는 것이다." 문건에는 "우리가 제출한 5개년 계획 윤곽의 방침, 임무 및 주요 지표들을 심의해 줄 것을 소련 정부에 요청하여 중국에서 이렇게 건설할 수 있는지, 중국의 건설이 어떻게 소련 및 신민주주의 국가의 건설계획과 협력할 수 있는지를 알아보고자 했다. 그리고 소련 국가계획위원회와 관련 부서에 우리의 건설 규모, 시기 및 관련 문제에 대한 구체적인 검토도 요청했다"고 기록되어 있다. 이와 동시에 소련 정부에 설계, 공업 설비, 전문가, 기술 자료 등의 원조 제공을 요청했다.

스탈린은 문건을 열람한 뒤 9월 3일에 저우언라이, 천윈, 리푸춘, 장원톈, 쑤위粟裕등 중국대표단 구성원들을 접견했다. 회담에서 저우언라이는 중국의 첫번째 5개년 계획 실현이 중국 인민의 노력과 소련의 원조에 달려 있음을 강조했다. 저우언라이는 중국 "제1차 5개년" 계획의 규모를 이야기하며 처음에 입안했던 151개 공장(항공 공업, 탱크 제조, 선박 제조 등의 기업은 포함되지 않음)의 건설을 147개로 압축했다. 이후 스탈린은 아래의 3가지 의견을 말했다. 첫째, 3년간 중국의 경제 회복 시기 업무는 "우리에게 좋은 인상을 심어주었다". 제1차 5개년 계획을 거치고 나면 중국은 자동차, 비행기, 군함을 틀림없이 제조할 수 있을 것이다. 둘째, 중국 공업 발전의 속도는 확실히 매우 빠르다. 5개년 계획이 규정한 공업 총생산액이 매년 누적증가하는 속도가 20%로 너무 높은데 15%로 낮추는 것이 적합하다. 계획에는 여지와 예비 역량을 남겨 두어야 한다. 셋째, 소련은 중국이 5개년 건설 계획을 실현하기 위해 필요한 모든 설비, 기술, 차관 등의 원조 제공과 전문가를 파견하여 중국을 돕는 것을 희망한다. 스탈린은 저우언라이에게 다음과 같이 이야기했다.

하지만 현재 우리는 최종적인 긍정적 의견을 이야기할 수 없다. 2개월의 시간 동안 계산을 해보고 난 이후에 비로소 당신들에게 무엇을 줄 수 있고 무엇을 줄 수 없는지를 말할 수 있다. 당신은 아마 오래 기다릴 수 없을 것이다. 저우언라이는 이에 대답했다. 우리가 이곳에 올 때, 나와 천원은 9월 중순에 귀국하고 리푸춘과 일부 동지는 남게 될 것으로 예상했다.

9월 22일 저우언라이, 천원, 쑤위 등 일행 17명은 모스크바를 떠나 귀국했다. 출발 전 저우언라이는 리푸춘을 대표단의 단장대리로 지정하고 각 소조를 지도하여 원조 프로젝트의 구체적인 세부 사항을 소련과 계속해서 협상하게 하며, 다른 한편으로 계획관리의 경험을 학습하게 했다. 대표단 구성원이었던 위안바오화는 다음을 회고한다. "거의 1개월의 시간 동안 소련 계획위원회 14명의 부주석과 주요 위원이 각각 우리에게 강의를 했는데 총 20여 차례였다. 우리 10여 명은 각각 수업에서 들은 내용을 상세하게 기록하고 정리하여 한권의 책으로 편집했다. 이것이 훗날 국가계획위원회가 출간하는 『경제 계획에 관한 문제關於經濟計劃問題』였다. 소련 전문가가 강의한 주요 제목은 다음과 같다. 국민경제 계획 업무의 조직과 국민경제 계획의 균형 방법, 공업생산 계획, 흑철금속黑色冶金계획 업무, 연료 공업 계획, 전력, 기기 제조, 기본 건설 계획, 노동 계획, 간부 교육 및 기술 인원과 업무의 분배, 인민 재정 수지 계획, 상품 회전 계획, 생산 비용과 회전 비용 계획, 농업 계획, 재무 계획, 물자 기술 공급과 물자 균형 계획, 통계 업무, 신기술 계획 등이다."

3개월 여의 긴박한 준비를 거쳐 1953년 1월 5일 소련 국가계획위원회와 중국 대표단은 첫 소조小組회담을 개최하고 중국의 건설 계획을 전면적으로 연구했다. 긴 시간의 토론을 통해 소련 측은 중국의 "제1차 5개년" 계획 초안에서 제시하고 있는 상공업 발전 속도, 철도 운수 증가 속도, 기본 건설 지표 등이 모두 과도하게 높아 도달하지 못할 것으로 보고 반드시 목표치를 낮춰야 한다고 생각했다. 이밖에 소련 측은 철강, 비철금속, 화학공업, 건축재료, 탄광, 석유, 전력, 기기 제조, 군수공업 등 공업의 신규 건설, 확장 건설 규모 및 공장 예정 부지 등에 대해서도 구체적이고 적절하며 건설적인 의견을 제시했다. 이 기간 동안 한 가지 사례가 중국의 경험과 지식이 부족했음을 비교적 잘 반영하고 있다. "제1차 5개년" 계획 초안에서는 5년 동안 1만 km의 철도를 건설한다고 제안한다. 당시 중국은 1만 km의 철도를 건설하는데 얼마나 많은 작업량이 필요한지, 얼마나 많은 자금이 투입되어야 하는지, 얼마의 인력과 자재가 소모되는지를 결코 잘 이해하지 못했다. 소련 측은 즉각 중국의 당시 국력을 근거로 5년 동안 1만 km의 철도를 건설하는 것이 기술과 재정 여력이 뒷받침되지 못하여 불가능하다고 보고 매년 2천 km의 철도를 건설하는 것 또한 어렵다고 주장했다. 이로 인해 소련 측은 중국이 이 지표를 크게 낮추는 것을 건의했다.

1953년 5월 13일 중소 양측의 협상을 거쳐 『소비에트사회주의공화국연맹 정부가 중화인민공화국 중앙인민정부의 중국 국민경제 발전을 원조하는 것에 관한 협정關於蘇維埃社會主義共和國聯盟政府援助中華人民共和國中央人民政府發展中國國民經濟的協定』의 체결식이 정식으로 거행되었다. 리푸춘은 중공중앙의 위탁을 받아 중국 정부를 대표하여 서명했다. 이 협정은 소련이 중국 공업 프로젝트의 신규 건설과 재건을 원조한다고 규정한다. 이러한 프로젝트는 훗날 "156개 항목의 프로젝트(156項工程)"로 통칭되는데, 철강, 비철금속, 탄광, 석유 정유, 중형 기계, 자동차, 트랙터 제조와 약간의 국방 공업을 포함했다. 이들의 건설 착공은 중국 공업 건설의 핵심과 골격을 형성했다.

3) 전국 계획 시스템의 "양하일하兩下一上" 업무 프로세스 확립

저우언라이, 천윈 등은 귀국한 후 가장 먼저 중공중앙정치국에 보고를 했다. 그 후 중공중앙은 반드시 중공업 발전에 제한된 자금과 건설 역량을 집중하기로 결정했다. 중공업과 국방 공업의 기본 건설을 보장하는데 특히 국가에 결정적으로 작용하며 국가 공업기초와 국방역량을 신속하게 증강하는 주요 프로젝트를 확실히 보증하는 등의 지도사상을 나타냈다.

중공업 발전을 관철시키기 위한 기존 정책은 계획업무에 대한 지도를 강화하였고 "제1차 5개년" 계획의 편성 과정을 가속화했다. 1952년 11월 15일 중앙인민정부위원회 제19차 회의는 결의를 통과시키고 국가계획위원회(이하 국가계위)를 증설했다. 국가계위의 임무는 중앙인민정부의 지도 아래 중국의 장기 및 연도별 국민경제 계획을 책임지고 편성하는 것이었다. 국가계위 주석은 가오강高崗, 부주석은 덩즈후이鄧子恢였다. 국가계위는 당시 "경제내각"으로 불렸으며 국가계위에 관한 업무는 중공중앙이 전문적으로 논의했다. 마오쩌둥은 때마침 한국전쟁이 진행되고 있던 점을 고려하여 "전쟁을 하는 동시에 안정시키며 건설한다"는 방침을 제시했다. 그는 계획업무 부문이 소련의 경험을 학습하고 중국의 실제 상황에 따라 업무를 진행할 것을 요구했다. 국가계위가 만들어지고 얼마 지나지 않아 마오쩌둥은 중난하이 이녠탕中南海頤年堂에서 국가계위의 지도간부들을 접견하였다. 그는 계획을 제정할 때 깊숙한 사무실에 앉아서 만들지 말 것과 주관주의를 반대할 것을 재차 요구했다.

국가계위가 설치된 후 중공중앙은 지시를 통해 각급 계획 기구의 체계적인 건립과 완비를 요구했다. 중앙 각 부처 및 소속 전문국專業局, 성(시)과 성 직속시 이상의 계획 기구는 1954년 6월말 이전에 건립되고 완비되어야 했다. 각 기층 기업 단위의 계획 기구 및 현(기) 계획 기구의 건립과 완비는 늦어도 1954년 연말까지였다. 지시는 다음을 규정했다. 중앙인민정부 소속 각 국민경제 부문과 문교 부문 및 그 소속 각급 계획 기구의 주요 임무는 "정확한 통계 자료와 선진적 기술 경제 정액定額에 따라 잠재력을 발굴하고 연도별(분기 계획을 포함하며 기층 기업 단위는 월별 계획을 편성해야 함) 생산 계획, 장기 생산 계획, 기본 건설 계획, 농업과 재무 및 기타 방면의 계획을 정확하게 편성한다. 계획의 집행 상황을 자주 검사하고 문제를 발견하면 즉시 상급에 계획 집행 상황에 관해 보고하며 계획 완성을 보장하는 조치를 건의한다"였다. 각 대행정구, 각 성(시), 성 직속시 및 현(기) 인민정부 계획 기관의 주요 임무는 "중앙이 하달한 통제 수치에 따라 해당 지역의 경제, 문화, 교육 부문이 편성한 계획 초안에 대해 균형적인 계산을 진행하고 해당 지역 국민경제의 종합적인 연도별 계획과 장기 계획을 편성한다"였다.

전국 계획 기구를 건립하고 완비하는 동시에 계획 편성과 관련된 프로세스와 방법 또한 점차 개선되었다. 1952년 12월 중공중앙은 『1953년 계획 및 5개년 건설 계획 강요에 관한 지시關於1953年計劃及五年建設計劃綱要的指示』를 발표하고 아래의 사항을 요구했다. 첫째, "전쟁을 하는 동시에 안정시키며 건설한다"는 방침으로 국가 건설 업무를 지도하며 항미원조抗美援朝와 경제건설을 함께 돌보는 것이 우리가 계획을 제정하는 출발점이다. 둘째, 반드시 중공업 발전을 건설의 중점으로 삼아야 하며 국가의 제한적인 자금과 건설 역량을 집중적으로 사용하여 중공업과 국방공업의 기본건설을 보장해야 한다. 셋째, 계획을 편성할 때 반드시 현존 기업의 잠재 역량이 충분히 발휘되게 하고 보수주의를 반대하며 평균적인 선진 기술 경제 정액을 계획 제정의 표준으로 삼아야 한다. 넷째, 반드시 과학적인 태도로 계획 업무에 종사하여 계획이 객관적인 경제발전의 법칙을 정확하게 반영할 수 있게 하고 이를 위해 세밀한 조사통계를 강화한다. 다섯째, 각 부문과 지방은 계획을 제정할 때 반드시 대중노선을 걸어야 하며 대중 특히 선진인물이 계획의 편성에 참여하고 토론하게 하여 그 의견을 적극적으로 받아들여야 한다. 여섯째, 각 부문과 지역은 계획을 편성할 때 반드시 최고지도자 책임제首長負責制를 실행하여 편성 임무의 기한 내 완성을 확보하도록 한다.

1953년 8월 5일 중공중앙은 국가계위가 제정한 『국민 경제 연도별 계획 편제 임시 시행에 관한 방법關於編制國民經濟年度計劃暫行辦法草案(초안)』의 시범 실행을 비준했다. 이는 계획 편성 업무에 관한 비교적 구체적인 첫번째 전국적 조례였으며 계획 편성의 주요 원칙과 요구사항을 분명하게 나타냈다. 이것의 구체적인 내용은 다음과 같다.

1. 국민 경제 계획은 중국 사회 경제 상황과 국가 전체의 방침, 정책, 기본 임무에 근거하여 제정되어야 하며 중국의 기본 경제법칙과 국민경제의 계획적이고 비례적인 발전 방침을 가능한 반영해야 한다.
2. 국민경제 계획은 적극적이고 확실해야 하며, 각종 계획들은 밀접하게 호응하여 상호 연결되어야 한다.
3. 서로 다른 경제 요소들에 대한 서로 다른 계획들이 있어야 하며 국영경제에 대해 직접 계획을 실행하는 것을 제외하면 기타 경제 요소들은 간접 계획을 실행한다.
4. 서로 다른 경제 요소들과 서로 다른 규모의 기업 및 사업들에 대해서 서로 다른 요구가 있어야 하며 중앙 각 부처 소속의 국영기업에 대한 비교적 완전하고 전면적인 계획을 만들어 내야 한다. 지방 국영기업에 대해서는 단지 몇 가지 항목의 주요 지표만 요구한다. 합영 기업과 합작사의 계획은 더 간소화한다. 개인 자본주의 공업에는 성(시)이 예측하는 총생산액과 주요 생산품의 생산량만 요구한다. 개인 수공업에 대해서는 성(시)이 예측하는 총생산액만 요구하며 개인 농업에 대해서는 방향성의 통제 지표만 규정할 수 있다.
5. 국민경제 계획은 기본적으로 중앙 주관 부문과 지역 두 가지 계통에 따라 편제하며 내용적으로 각기 치중하는 부분이 있어야 하고 마지막으로 국가계위에서 종합과 편제를 진행한다.
6. 연도별 계획을 확정한 후 중앙 각 부처, 대행정구, 성(시) 및 그 소속 각급 계획 부문은 모두 분기별 계획을 제정해야 한다. 그러나 그 내용은 국영, 합영, 합작사의 공업과 상업, 교통운수업에만 국한된다.
7. 국민경제 계획 편제 프로세스는 "양하일상" 즉 위에서 아래로 통제 수치와 지표를 하달하면 아래에서 위로 계획 초안을 편제하고 다시 위에서 아래로 계획을 비준하고 하달하는 방식이다.

8. 계획 확정 이후 일련의 특수한 상황에 놓이면 일정한 비준 수속을 거쳐 계획에 일부 수정을 진행할 수 있다.

    1954년까지 하향식과 상향식 양방향이 결합하는 원칙에 따라 전국 계획 편성 업무의 "양하일상" 업무 프로세스는 한층 더 개선되었다.

    첫째, 통제 수치를 제시하고 하달한다. 국가계위는 각 단위에서 계획을 편제하기 이전에 먼저 조사 연구를 진행하여 각 방면의 의견을 광범위하게 청취하고 국민경제와 사회발전의 주요 지표에 대한 경제 예측 및 초보적인 종합 균형을 진행한다. 이러한 기초 위에 통제 수치를 제시하고 국무원의 심사와 비준을 거친 후에 각 부문과 성, 시, 자치구에 하달하여 그들의 편성 계획을 지도한다. 통제 수치에는 기준 시기基期계획 집행 상황에 대한 예상, 계획 기간 경제와 사회 발전의 방침, 임무, 중점, 채택이 필요한 중대 조치, 국민 경제 발전 속도, 상공업의 주요 생산품과 생산량, 건설 규모와 투자 방향, 인민 생활 수준 제고 변동폭, 기타 주요 지표의 초보적인 구상 등이 주로 포함된다.

    둘째, 계획 초안을 편성하고 상부에 보고한다. 각 성, 시, 자치구, 국무원 각 부문은 국가가 하달한 계획 통제 수치를 접한 후 해당 지역과 부문의 실제 상황과 결합하여 연구를 진행하고 그것을 분해하여 기층 계획 단위까지 한 단계씩 하달한다. 각 계획 기층 단위는 국가가 하달한 통제 수치에 의거하여 해당 단위의 실제 상황과 결합한 단위의 계획 초안을 제정하고 상급 주관 단위에 보고한다. 각 성, 시, 자치구 계획위원회와 국무원 각 부문은 해당 지역과 부문 소속 단위가 보고한 계획 초안을 한데 모아 균형 있게 한 후 해당 지역과 부문의 계획 초안을 제정하여 국가계획위원회로 보내 보고한다. 이와 동시에 각 성, 시, 자치구는 그 계획 초안의 관련 부분 사본을 국무원 각 부문에 보내고 국무원 각 부문은 그 계획 초안의 관련 부분 사본을 성, 시, 자치구에 보낸다.

셋째, 정식 계획을 비준하고 하달한다. 국가계획위원회는 국무원 각 부문과 각 성, 시, 자치구 계획위원회가 보고한 계획 초안을 기초로 전국적인 종합 균형을 진행하고 총괄하여 배치한다. 전국의 국민경제와 사회발전 계획 초안을 제정하여 국무원에 제출하고 심의를 거친 후 전국인민대표대회에 보고하여 심의와 비준을 요청한다. 계획 초안은 인민대표대회의 비준을 거친 후 정식 계획으로서 예속 관계에 따라 기층 단위까지 한 단계씩 하달하여 집행한다.

4) "5년의 계획, 계획의 5년五年計劃, 計劃五年"

중공중앙의 지시에 따라 1953년 초 천원은 "제1차 5개년" 계획 의 세 번째 편성 업무를 지도했다. 3월 장기간 과부하된 업무 때문에 천원은 병으로 쓰러졌고 부득이하게 잠시 업무 위치에서 벗어나 외지로 휴양을 갔다. 세번째 편성 업무는 주로 이전의 『1953년부터 1957년까지 계획 윤곽(초안)』(약칭 『5개년 계획 윤곽(초안)』)을 수정 및 보완하여 5개년의 기본 건설 투자에 대한 각 부문의 분배를 조정하는 것이었다. 당시 소련이 원조하는 프로젝트가 최종적으로 확정되지 않았기 때문에 완전한 계획 초안은 여전히 내놓지 못하고 있었다. "제1차 5개년" 계획이 정해지지 않았지만 중공중앙은 일찍이 1953년부터 "제1차 5개년" 계획 실시를 결정했고 이로 인해 첫 번째 해에는 단지 연도 계획만을 통과하여 구현할 수 밖에 없었다. "제1차 5개년" 계획은 한편으로는 편성하고 다른 한편으로는 실시하는 상황에 놓였는데 이는 당시 자료와 경험, 인재가 부족한 특수한 역사적 조건이 만든 것이었다. 어떤 사람들은 이러한 탐색의 색채가 농후한 편성 과정의 형상을 "5년의 계획, 계획의 5년"이라고 칭했다.

천원이 병으로 휴식하게 된 이후 국가계위의 다른 책임자가 편성 업무를 인계받았다. 1953년 봄 중국 대표단을 따라 소련을 방문했던 송샤오원은 귀국하면서 리푸춘의 서신, 중국 대표단과 소련 지도자의 담화 기록, 5개년 계획의 프로젝트 협의 초안, 스탈린 등 인사들의 5개년 계획 초안 구조 의견 등의 문건을 가지고 돌아왔다. 6월 리푸춘은 귀국한 후 중공중앙에『소련에서 중국 5개년 계획의 방침을 의논한 임무에 대한 의견在蘇聯商談我國五年計劃的方針任務的意見』을 제출했다. 계획의 과학성과 실행가능성을 제고하기 위하여 국가계위는 중공중앙의 요구에 근거하고 소련의 건의를 참조하면서 "제1차 5개년" 계획에 대한 네 번째 편성을 진행했다. 이번 편성에서는 지난번 계획 초안을 비교적 크게 조정하여 농업과 교통운수업을 빠르게 발전시켰다. 그렇지만 여러 가지 문제들이 노출되면서 이번 편성 업무 또한 중공중앙과 마오쩌둥을 만족시키지는 못했다.

1954년 초 마오쩌둥은 "제1차 5개년" 계획의 재 편성을 요구했다. 2월 중공중앙정치국 확대회의는 천원이 주재하는 8명의 업무 소조가 만들어지고 "제1차 5개년" 계획의 다섯 번째 편성을 결정했다. 천원은 지시를 받은 이후 2월 19일 중앙의 재정과 문교 각 부처 부장을 소집하여 회의를 개최하고 편성 업무를 배치했다. 회의에서 천원은 마오쩌둥의 지시를 전달하며 사람들을 독려했다. 규정된 시간이 매우 긴박했지만 현재 "제1차 5개년" 계획을 편성하는 것에 유리한 조건도 매우 많았다. 먼우선 소련이 원조하는 프로젝트 141개는 이미 확정되었으며 설계와 설비 설치의 시간 또한 이미 배정이 끝났다. 둘째, 한국전쟁이 이미 멈춘 상황으로 군비와 의외의 지출이 줄어들었다. 셋째, 총노선이 이미 선포되었고 광범위한 선전을 통해 사람들의 마음 속에 깊숙이 자리잡았다. 마지막으로, 주요 책임자들은 이미 여러 차례 계획을 편성한 경험이 있었다. 이로 인해 단시간 내 임무를 완성하는 것이 가능했다.

6월 30일, 천원은 "제1차 5개년" 계획을 편성하는 것과 관련된 상황을 중공중앙정치국 확대회의에서 보고했다. 보고에서 천원은 계획을 제정하면서 중요한 것과 그렇지 않은 것 그리고 시급한 것과 시급하지 않은 것을 구분해야 하며 어떤 일을 할 수 있고 어떤 일은 할 수 없는지를 조금이라도 대충대충 해서는 안 된다고 명확하게 밝혔다. 그는 재정 방면에서 두 가지 경향을 반대해야 한다고 주장했다. 하나는 무모하게 돌진하는 것 즉 재정 수입 전부를 사용하여 중도에 재정을 파탄내는 것이다. 다른 하나는 보수적인 것 즉 자금이 있지만 사용하지 않아서 건설을 방해하는 것이다. 이러한 두 가지 경향을 피하기 위해서 일정 금액의 예비비를 보유하고 있어야 하며 다른 한편으로는 연도별 계획에서 증가할 수 있는 투자를 준비해야 했다.

주의할 점은 이번 보고에서 천원이 종합적 균형법 "네 가지 비율과 세 가지 균형"의 구체적인 요구 사항을 제시했다는 것이다. 이른바 종합적 균형은 농업과 공업, 경공업과 중공업, 중공업 각 부문 사이, 공업발전과 철도운수 사이 등이 비율에 따라 발전해야 하고 재정 수지, 구매력과 상업 공급, 주요 물자의 공급과 수요 사이에 반드시 균형이 이루어져야 한다는 것이다. 그는 비례에 의해 발전하는 법칙은 반드시 준수되어야 하는 것으로, …… 모든 비례는 곧 균형적인 것이고 균형이 맞는 것은 대체적으로 모두 비율에 부합하는 것이다라고 강조했다.

8월, 천원과 리푸춘의 주재로 8인의 소조는 17차례의 회의를 연속해서 개최하고 "제1차 5개년" 계획 초고의 장절章節에 대한 토론과 수정을 진행했다. 10월 마오쩌둥, 류샤오치, 저우언라이 등은 광저우에 모여 1개월 동안 초안의 초고를 함께 심의했다. 11월, 중공중앙정치국 또한 11일 동안 "제1차 5개년" 계획의 방침 임무, 발전 속도, 투자 규모, 공업과 농업의 관계, 건설 중점, 지역 분포를 자세하게 토론하였고 많은 수정 의견을 제시했다.

1955년 3월, 중국공산당은 전국대표회의를 거행하여 『중화인민공화국 국민경제 발전의 제1차 5개년 계획中華人民共和國發展國民經濟的第一個五年計劃 草案(초안)』을 통과시켰다. 7월, 제1기 전국인민대표대회 제2차 회의가 개최되었을 당시 국가계위 주임에 재직하던 리푸춘은 『국민경제 발전의 제1차 5개년 계획에 관한 보고』를 진행하여 "제1차 5개년" 계획의 편성 경과, 기본 임무, 기본 요구를 보고했다.

　　리푸춘은 보고에서 "제1차 5개년" 계획의 중심 임무를 "국가의 사회주의 공업화를 위해 기초를 놓는 것"으로 설명했다. 이밖에 그는 구체적인 임무를 상세히 해석했다. "소련이 중국을 도와 설계한 156개 단위를 중심으로 하며 투자기준액 이상의 694개 건설 단위로 구성된 공업 건설을 주요 역량을 집중하여 진행하고 중국 사회주의 공업화의 초보적인 기초를 만든다. 부분적인 집단소유제의 농업생산합작사와 수공업생산합작사를 발전시켜 농업과 수공업에 대한 사회주의 개조의 초보적인 기초를 만든다. 기본적으로 자본주의 상공업을 각종 형식의 국가자본주의 궤도에 분배하여 사영 상공업에 대한 사회주의 개조의 기초를 만든다."

　　이어서 리푸춘은 "제1차 5개년" 계획의 배치에 대한 설명도 진행했다. 5년 내 전국 경제건설과 문화건설의 지출 총액 766.4억 위안 가운데 기본건설에 속하는 투자는 427.4억 위안으로 55.8%를 차지했으며 5년 내 공업 총생산액은 매년 14.7%씩, 농업 총생산액은 매년 4.2%씩 증가한다. 상공업 발전의 기초 위에 1957년 전국 사회상품 소매 총액은 498억 위안에 달해 1952년보다 80% 정도 늘어났다. 5년 내 문화, 교육, 과학연구 사업에도 비교적 큰 발전이 있었다. 5개년 계획은 인민 물질 문화 생활 수준 제고에 적절한 배치를 했는데 5년 내 직원과 노동자들의 평균 임금은 약 33% 증가했으며 농촌 인민의 생활이 점진적으로 개선되었다. 생산의 발전과 상품화 정도의 제고에 따라 구매력도 2배 가까이 늘어났다.

　　그밖에 리푸춘은 "제1차 5개년" 계획의 몇가지 중대 문제들 예를 들어 기본 건설 규모, 경공업과 중공업의 투자 비중 문제, 대중소형 공업 기업의 협력 문제, 공업 지역 분포 문제, 공업 건설의 표준 문제, 기업 경영 관리 수준 제고, 농업 증산, 시장 안정 보장, 간부 양성 및 절약 단행 등의 문제들에 대해서도 일일히 설명했다. 보고의 마지막 부분에서 그는 다음과 같이 말했다. "중국의 제1차 5개년 계획은 하나의 위대한 승리이다. 이것은 중국이 지난 백년 동안 경제가 낙후된 역사를 바꾸기 시작하여 중국을 공업화된 사회주의의 사회 목표로 나아가게 할 것이다." 대회는 리푸춘이 작성한 보고에 동의하며 "제1차 5개년" 계획을 심사하고 비준했다.

"제1차 5개년" 계획은 서론緖言과 11개 장을 포함하여 총 11만 자에 달한다. 각 장의 표제는 다음과 같이 나뉘어져 있다.

1. 제1차 5개년 계획의 임무
2. 제1차 5개년 계획의 투자 분배와 생산 지표
3. 공업
4. 농업
5. 운수와 우정 통신
6. 상업
7. 노동 생산율 제고와 원가 절감의 계획 지표
8. 건설 간부 양성, 과학 연구 업무 강화
9. 인민의 물질 생활과 문화 생활의 수준 제고
10. 지방 계획 문제
11. 절약 단행, 낭비 반대

이상으로 중화인민공화국의 첫 번째 경제건설 청사진이 마침내 완전하게 작성되었다. 중국은 지난 백년 동안 경제가 낙후된 굴욕의 역사를 바꾸기 시작하여 공업화된 사회주의의 사회 목표를 향해 부단히 나아갔다. 당시, 중국이 5개년 계획을 실시한 행동은 국제사회의 많은 관심을 끌었다. 『런던데일리워커倫敦工人日報』는 "(제1차 5개년 계획은) 중국에 대한 짐작조차 하지 못할 정도로 중대한 의의가 있는 일이며 전체 인류에게도 예상하지 못할 중대한 의의가 있는 일이다. 왜냐하면 중국은 하나의 평화적 역량이기 때문이다"라고 평론했다.

5) 중국 역사상 전대미문의 투자 행동

"제1차 5개년" 계획은 1951년부터 제정되기 시작했다. 중화인민공화국 건국 이전에 남아 있던 경제 통계 자료가 완전하지 못했고 국내 자원 상황을 명확하게 파악하지 못했으며 기존 기업의 생산능력 예측이 정확하지 못했다. 게다가 중앙에서부터 지방에 이르기까지 각급 부문의 경제건설 계획 편성의 경험이 부족하였기 때문에 계획 초안은 4년의 수정, 조정, 보충을 거쳐 여러 개의 안이 나온 뒤 마침내 1955년에 확정되었다. 그러나 "제1차 5개년" 계획의 건설 임무는 실질적으로 1953년 계획의 편성 과정 중에 이미 집행되고 실행되기 시작했다.

"제1차 5개년" 계획은 5년 내 국가가 경제건설에 766억 위안의 투자총액을 사용한다고 규정했다. 이는 중국 역사에서 전례 없던 투자 행동이었다. 공업 기본 건설에 사용되는 투자는 기본 건설 전체 투자의 58.2%를 차지했고 그 가운데 88.8%은 중공업 건설 특히 "156개 항목의 프로젝트"에 활용되었다. 전술한 바와 같이 소련이 건설 원조하는 "156개 항목의 프로젝트"는 중국 공업건설의 핵심과 골격이 되었다. "제1차 5개년" 계획에서 공업화 건설 부분은 사실상 "156개 항목의 프로젝트"를 핵심으로 하여 전개되었다. "156개 항목의 프로젝트" 특징은 다음과 같다. 첫째, 중공업과 기초 공업에 초점을 두는데 국방, 기계, 전자, 야금, 화학, 에너지 등 방면을 포함한다. 둘째, 중국의 입장에서 대부분 선진적인 기술들로 공업의 공백을 채운다. 셋째, 지역 간 불균형을 완화하는데 중서부에 많은 기업을 건설하여 중서부 지역의 공업화를 가속화한다.

"156개 항목의 프로젝트"는 아래의 내용을 포함했다. 7개 대형 철강연합공장, 14개 비철금속 제련가공공장, 32개 기기제조공장, 18개 동력 및 전력기기설비 제조공장, 26개 국방공업 공장, 27개 탄갱 및 세탄공장, 24개 발전소, 1개 정유공장, 3개 제약공장, 1개 제지공장 및 기타 등등이었다. 1955

년 3월, 중국과 소련은 새로운 협의를 체결하여 새로운 프로젝트를 추가했다. 그리고 프로젝트를 합치거나 축소하는 등 절충을 통해 소련의 건설 원조 프로젝트는 총 166개가 되었다. 그러나 습관적으로 계속해서 "156개 항목의 프로젝트"라고 칭했다. "156개 항목의 프로젝트"에서 첫 번째 일련의 프로젝트들인 푸신하이저우노천광산阜新海州露天礦과 랴오위안중앙수직갱遼源中央立井 등은 1950년에 이미 착공되었다. 절대 다수의 프로젝트는 1952년 후 시공되기 시작했다. 1953년 착공한 창춘제1자동차제조공장長春第一汽車製造工廠은 중국의 첫 번째 현대화된 자동차 제조 공장이었다. 3년의 건설 기간을 거쳐 창춘제1자동차제조공장은 1956년 7월 첫 번째 해방표解放牌자동차를 생산하여 중국이 자동차를 생산하지 못하던 역사를 종식시켰다. 허난 뤄양에 위치한 뤄양트랙터제조공장洛陽拖拉機制造廠과 뤄양볼베어링공장洛陽滾珠軸承廠또한 국가의 관련 분야 공백을 메꾸었다. 1954년 착공한 국내 최대의 의약연합기업 화베이제약공장華北製藥廠은 생산에 들어가면서 국내 페니실린 수요를 기본적으로 충족시켰고 페니실린을 수입에 의존하던 상황을 근본적으로 바꾸었다. 1955년, 쑹화강 북쪽 황무지에는 시공 인원의 어려운 분투 끝에 국내 최대의 염료공장, 화학비료공장, 아시아 최대의 탄화칼슘 가열로가 만들어져 중국 최대의 화학공업기지인 지린화학공업구吉林化工區가 조성됐다. "제1차 5개년" 계획 기간에는 국내 최대의 철강기지 안산철강공사鞍山鋼鐵公司(대형 압연공장, 심리스강관공장, 7호 제철로가 신규 추가됨)가 확장 건설되었으며 두 곳의 새로운 철강기지 우한철강공사武漢鋼鐵公司와 바오터우철강공사包頭鋼鐵公司가 건설되어 전국 철강 공업의 진일보한 발전을 위해 기초를 놓았다. 상술한 공업의 성과는 당시 중국의 입장에서는 사람들을 고무시키고 분발시키는 소식이었다.

비록 매우 큰 성과를 얻었음에도 부인할 수 없는 것은 "제1차 5개년" 계획의 집행 과정에서 농업의 발전이 공업 발전의 수요보다 크게 뒤떨어지는 등 일련의 문제들이 나타났다는 사실이다. 이와 동시에 에너지, 교통 운수,

원자재 공업 생산품의 생산 또한 공업 건설의 수요를 만족시킬 수 없었다. 기술, 장비, 자금, 설비 등 방면에서는 소련의 도움에 과도하게 의존했다. 1953년과 1956년 두차례 나타난 무모한 돌진과 과열 현상은 건설 규모와 발전 속도에서 국가경제가 감당할 수 있는 능력을 벗어나는 것이었다. 그러나 중공 중앙은 이러한 문제들을 대부분 즉각적으로 발견하였고 일정한 조치를 취해 완화하거나 해결했다.

6) "중국 계획 역사의 봄날들"

5년의 험난한 분투를 거쳐 1957년 연말까지 "제1차 5개년" 계획은 소련이 건설 원조한 "156개 항목의 프로젝트"를 중심으로 투자기준액 이상의 공업 및 광산 프로젝트 921개(이 가운데 생산에 전부 투입된 것은 428개, 일부 투입된 것은 109개임)가 시공 건설되었다. 국가 기본 건설 투자는 총 493억 위안으로 기존 계획의 5.3%를 초과했다. 여기에 기업과 지방이 스스로 마련한 부분을 더하면 사실상 전국에서 588억 위안을 달성했다. 새로 늘어난 고정자산은 492억 위안으로 1952년 전국 전체 고정 자산 원가의 1.9배에 이르렀다.

"제1차 5개년" 계획의 각 항목 지표는 모두 큰 폭으로 초과 완성되어 사람들이 주목할 만한 휘황찬란한 성과를 거두었다. 이에 대하여 국무원 전 부총리 저우자화鄒家華는 다음과 같이 평가했다. "50년대 우리의 경제 기초가 매우 박약한 상황에서 역량을 모아 156개 항목을 골격으로 하여 야금, 기계와 전기, 국방 군수공업, 수리 등 방면에 대규모 중점 건설을 진행하였다. …… 이러한 중점 프로젝트의 건설과 생산 투입은 신중국 공업화에 초보적인 기초를 놓았을 뿐만 아니라 이후 진행되는 대규모 건설과 기업관리를 위해 간부를 양성하였으며 경험을 축적하게 했다."

공업의 고속 성장은 중국 공업과 농업 총생산액이 농업 위주이던 국면을

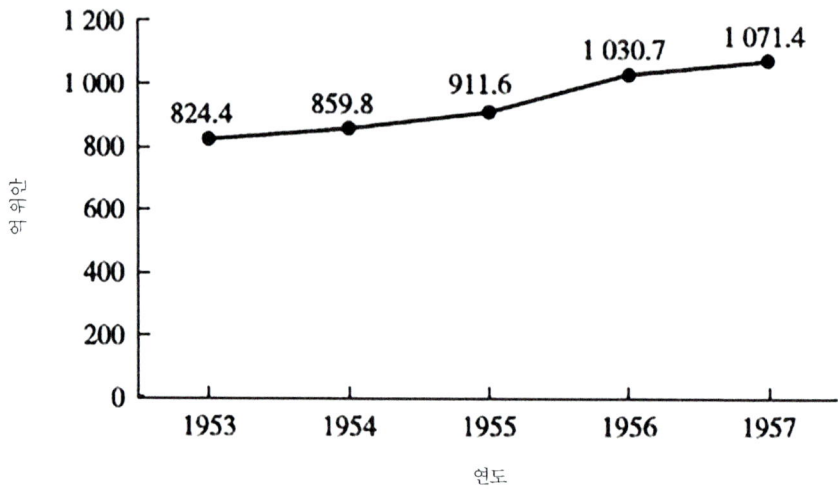

그림 2-1 "제1차 5개년" 계획 시기 국내 생산총액

초보적으로 바꾸어 놓았다. 1957년 공업 총생산액은 공업과 농업 총생산액의 비중에서 56.8%를 차지했다. 공업 총생산액 가운데 경공업과 중공업 비율에 변화가 나타났으며 중공업 생산액이 차지하는 비중은 45%로 상승했다. 1957년 전국 철강 생산량은 535만 톤으로 1952년의 3.96배, 석탄 생산량은 1.31억 톤으로 1952년의 1.96배, 발전량은 193.4억 kw로 1952년의 2.66배, 공작 기계는 2.8만 대로 1952년의 2.04배였다. "제1차 5개년" 계획 기간 동안 비행기, 자동차, 발전 설비, 중형 기기, 신식 공작기계, 정밀 계기, 전해알루미늄, 심리스강관, 합금강, 플라스틱, 유무선 제품 등 공백을 채우는 기초 공업 부문의 공장들이 계속해서 만들어졌다.

    신흥 공업이 계속해서 만들어지면서 중국 공업 부문의 불완전한 모습이 초보적으로 바뀌었고 국가의 독립적이고 완전한 공업체계 건설과 국민경제의 기술 개조 실현에 기초가 마련되었다. 중서부에 투자 시공된 대량의 공업과 광산 기업은 중국 공업이 과도하게 동부 연안에 분포되어 있던 상황을 개선했다. 중공업의 선도로 농업과 경공업 또한 발전하였다. 인민의 생활 수준, 평균 소비 수준, 취업률 역시 점차 올라갔으며 문화교육에 비교적 큰 발전이 있었고 도농 환경 위생과 개인 위생 상황에 명확한 개선이 있었다. 5년 동안 국가 사회 총생산액은 연평균 11.3%, 공업과 농업 총생산액은 연평균 10.9%, 국민 수입은 연평균 8.9% 증가했다. 물가는 기본적으로 안정되었으며 재정 수지는 균형을 이루고 조금의 여분이 남았다(그림 2-1 참고).

"제1차 5개년" 계획은 중국 경제 발전을 가속화하는데 결정적으로 작용했다. 다시 말해 "제1차 5개년" 계획 시기 중국이 얻은 공업 생산 성과는 이전 100년을 크게 뛰어넘는 것이었다. 이 시기는 또한 1978년 이전 중국 경제에서 효율과 이익이 가장 좋았던 때였고 따라서 사람들은 이 때를 "중국 계획 역사의 봄날"이라고 불렀다. 『케임브리지 중화인민공화국사』는 다음과 같이 평가한다. "경제 성장의 수치로 보았을 때, '제1차 5개년 계획'은 매우 성공적이었다. 국민 수입 연평균 증가율은 8.9%(불변 가격으로 계산함), 농업 생산품과 공업 생산품은 각각 매년 3.8%와 18.7% 속도로 누적 증가했다. 인구 연평균 증가율은 2.4%였지만 1인당 생산성은 6.5%로 이는 11년마다 국민 수입이 2배로 늘어음을 의미했다. 20세기 상반기 중국 경제의 성장 국면 즉 당시 생산성이 인구 증가와 비슷했던 것을 고려한다면 제1차 5개년 계획은 신속하게 성장하는데 결정적인 역할을 수행했다. 새로 독립하여 1인당 생산성이 2.9%였던 1950년대 대다수의 개발도상국과 비교한다면 중국의 경험은 성공적이었다. 예를 들어 인도 또한 대륙형 농업 경제 국가로 초기의 경제상황은 중국과 비슷하였지만 1950년대" 1인당 생산성은 2%에 이르지 못했다."

3. 기복이 심했던 "제2차 5개년" 계획

1955년 8월, "제1차 5개년" 계획이 정식으로 반포되고 1개월이 채 되지 않았을 때 중공중앙은 "제2차 5개년" 계획 제정을 고려하기 시작했다. 10월 11일 확대된 중공 제7기 중앙위원회 제6차 전체회의는 당의 제8차 전국대표대회 개최에 관한 결의를 나타내면서 "국민경제를 발전시키는 제2차 5개년 계획에 관한 지시"를 대회의 네 가지 의제 가운데 하나로 정했다.

당시 "제1차 5개년" 계획의 진행은 매우 순조로웠으며 지도자에서부터 대중에 이르기까지 국가 전체가 의기양양하고 투지가 드높았다. 국제적으로 보면 제2차 세계대전 이후 국제형세가 상대적으로 완화되, 각국이 모두 경제발전을 가속화할 시기였다. 1957년 소련은 20년 내 미국을 따라잡고 공산주의에 진입하겠다는 뜻을 나타냈다. 같은 해 11월, 마오쩌둥 또한 모스크바에서 중국 유학생을 접견하면서 중국의 철강과 주요 경제 지표가 15년 내 영국에 근접하거나 넘어설 것이라고 주장했다.

그렇지만 사람들이 생각하지 못했던 것은 "제1차 5개년" 계획이 거대한 성과를 거두면서 당 내에 연구나 경제발전 규율을 파악하려는 것을 소홀히 하는 현상과 나아가 경제건설에서 "좌"로 치우쳐 무모하게 돌진하는 현상이 나타났다는 점이다. 이러한 배경 하에서 "제2차 5개년" 계획은 제정에서 실시까지 수많은 우여곡절을 겪었으며 결국 정식으로 반포되지도 못했다. 더 심각한 것은 "제2차 5개년" 계획 시기의 중국에 중대한 좌절과 거대한 경제적 어려움이 나타났다는 사실이다.

1) "각 분야의 천군만마가 내달리다"

1955년 8월, 국무원은 베이다이허北戴河에서 회의를 열었고 각 부처 위원회는 "제2차 5개년" 계획의 각 항목 지표를 제시했다. 이 같은 기초 위에 국가계위는 "제2차 5개년" 계획을 편성하기 시작했으며 초보적인 구상 또한 나타냈다. 1962년까지 공업과 농업 총생산액은 2,700억 위안, 식량 생산량은 4,600억 근斤, 면화 생산량은 4,300만 단擔에 달했으, 연평균 생산율은 각각 9.9%, 3.6%, 3.5%를 기록했다. 이러한 증가 속도는 기본적으로 당시의 객관적인 상황과 부합하는 것이다. 10월 국가계위는 이 같은 구상을 중공중앙과 국무원에 보고했다. 12월 초, 국가계위 주임 리푸춘은 중공중앙과 마오쩌둥에게 별도로 보고를 진행했다.

그러나 이 기간 동안 당 내부에서는 농업합작화 속도 문제에 관한 한 차례 논쟁이 발생했다. 그 결과 농업, 수공업, 자본주의 상공업의 개조를 모두 가속화하여 진행하고 다급하게 재촉하여 완성해야 했다. 이는 마오쩌둥으로 하여금 다른 방면의 업무와 건설 또한 신속하게 완성할 수 있다고 생각하게 했다. 1955년 12월 마오쩌둥은 "이번 일은 우리에게 중국의 공업화 규모와 속도 그리고 과학, 문화, 교육, 위생 등 항목의 사업 발전 규모와 속도 등이 이미 기존의 생각했던 것과 다를 수 있다. 이 지표들은 모두 적절하게 확대되고 가속화되어야 한다"고 주장했다. 이는 마오쩌둥이 10월 국가계위가 제출한 보고에 불만족했다는 것을 알 수 있다. 마오쩌둥의 지시 정신에 근거하여 1956년 1월 1일 『인민일보』는 새해 첫날 사설을 발표하여 "많고, 빠르며, 좋고, 아끼는" 방침을 명확하게 제시했다.

"많고, 빠르며, 좋고, 아끼는 것"은 경제건설에 대한 일종의 이상적 요구 사항으로 비교적 빠른 속도, 비교적 좋은 품질, 비교적 낮은 원가로 더 많은 건설 성과의 획득을 희망하는 것이었다. 그 취지는 좋은 것이다. 그러나 방침이 제시된 후 곧장 단편적으로 이해하여 집행하는 일들 즉 많은 사람들이 단지 "많고, 빠른 것"만 중요시하고 "좋고, 아끼는 것"은 소홀히 하는 현상이 나타나 수량과 속도만 따지고 품질과 원가는 고려하지 않았다.

성공을 서두르는 마음가짐은 신속하게 공업화를 실현하고자 했던 사람들의 기대, 열정, 열의와 겹쳐져 경제건설의 각 영역으로 빠르게 확산되었다. 1956년 초 국무원 각 경제 부문은 다시 회의를 개최했다. 회의는 "공업화를 조기에 실현하자" 등의 구호 아래에 놓였다. 각 부문은 잇달아 계획을 가능한 한 앞으로 당기고 생산 능력을 많이 마련하며 기본 건설 프로젝트를 조기에 많이 착수하겠다고 제안했다. 보이보薄一波는 당시의 상황에 대하여 다음과 같이 회고했다. "건설 프로젝트는 745개로 추가되었고 준공된 프로젝트는 477개로 추가되었다. 몇 개월 이후, 다시 건설 프로젝트는 800개로 추가되었으며 준공된 프로젝트는 500여 개로 추가되었다. 마침 저우언라이 총리가 말한 것처럼 '각 분야의 천군만마가 내달리고 있는데', '기본 건설은 많아지면 곧 어지러워지고 각 방면이 불안해진다'와 같았다."

이러한 상황 속에서 국가계위는 "제2차 5개년" 계획에 대한 수정을 진행하여 건설규모를 확대하고 생산지표를 올려 잡았다. 수정 후의 지표가 요구하는 것은 다음과 같았다. 1962년까지 철강 생산량 1,200만 톤, 석탄 2.4억 톤, 발전량 500억 kW, 화학비료 450만 톤 등이었다. 그러나 이렇게 상향된 지표는 여전히 각 방면의 요구치를 만족시키지 못하는 것이었다. 1956년 4월까, 상술한 지표는 다시 상향되었는데 새로운 지표가 요구하는 것은 다음과 같았다. 1962년까지 철강 생산량 1,400만 톤, 석탄 2.45억 톤, 발전량 550억 kW, 화학비료 600만 톤 등이었다. 공업 총생산액은 1,960.5억 위안으로 1952년에 비해 4.7배 늘어났다.

이상에서 볼 수 있듯이 1956년 봄 중국 경제 건설 영역에서 조급하게 무모하게 돌진하는 분위기는 갈수록 더 짙어졌다.

2) 저우언라이周恩来의 근심:
"계획은 반드시 실사구시實事求是적이어야 합니다"

1956년 봄, 경제건설에서 조급하게 무모하게 돌진하는 경향은 곧장 좋지 못한 반응들을 초래했다. "재정이 비교적 빠듯하게 되었을 뿐만 아니라 철강재, 시멘트, 목재 등 각종 건축재료의 엄중한 부족 현상이 나타났다. 이로 인해 국가의 비축 물자가 과도하게 동원되었고 국민경제 각 방면에 상당한 긴장 국면이 조성되었다." 사람들이 맹목적으로 프로젝트를 요구하고 투자를 다투는 기세는 조금도 꺾이지 않았다. 저우언라이는 이를 매우 중시하였으며 나아가 긴장된 국면을 완화시키고자 할 수 있는 업무를 생각하기 시작했다.

1956년 2월 6일, 저우언라이는 국가계위 주임 리푸춘, 재정부 부장 리셴녠李先念과 함께 어떻게 계획회의와 재정회의에서 지표를 압축할 것인지의 문제를 연구했다. 저우언라이는 이미 존재하는 "조심하여 신중하게 일처리하지 않고 무모하게 돌진하며 조급해 하는"의 상황을 국가계위와 재정부가 "억제壓一壓"해야 한다고 주장했다. 이후 계획회의와 재정회의의 노력을 통해 연도별 기본 건설 투자액은 147억 위안으로 억제되었다. 2월 8일, 저우언라이는 국무원 회의에서 경제업무는 실사구시적이어야 한다고 강조했다. "현재의 조급한 모습은 주의가 필요하다. 사회주의 적극성을 해쳐서는 안 되지만 현실을 넘어서 가능성과 근거가 없는 일을 함부로 제기하거나 속도를 내어서는 안 된다. 그렇지 않으면 매우 위험하다." "공업화를 조기에 완성하자는 구호는 절대 제시해선 안 된다. 냉정하게 하나씩 계산해 보면 확실히 제안할 수 없는 것이다." 4월 10일 저우언라이는 국무원 상무회의에서 "계획을 할 때에는 반드시 실사구시에 주의해야 하고", "생산을 할 때에는 균형과 연계해야 한다"고 말했다.

1956년 6월 저우언라이는 중공 제8차 전국대표대회에서 "제2차 5개년" 계획을 제출하고자 편성 업무에 정력적으로 관여하던 것에서 직접적으로 주관하는 방향으로 전환하기 시작했다. 당시 제8차 전국대표대회 개막까지 2개월 반 정도의 시간이 있었고 국가계위의 편성 업무는 아무런 대책도 없는 어려움에 빠져 있었다. "보수적인 것을 반대하고 무모하게 돌진하는 것도 반대하며 종합적인 균형 가운데 안정적으로 전진을 견지해 나가는" 방침에 부합하는 계획 초안은 머뭇거리며 내놓지 못했다.

이러한 어려움에 대하여 리푸춘은 다음과 같이 설명했다. 현재 각 부처가 여전히 투자와 기본건설 사업 프로젝트 증가를 요구하는 것은 국가가 "제2차 5개년" 계획에서 계발할 수 있는 인력, 물자, 재원과 모순되는 것이다. 그것들을 증가시킬 수 없을 뿐만 아니라 기존에 중앙에 보고한 규모와 속도에 비추어 더 줄여야만 한다고 우리는 생각한다. 이전에 각 부처는 줄곧 어떻게 증가시킬 것인가의 문제를 고려하였다면 오늘 이후부터 각 부처는 어떻게 줄일 것인가의 문제를 주의 깊게 연구해 주기를 요구한다. 만약 각 부처가 이 방면에서 준비를 하지 않는다면 제2차 5개년 계획은 곧 제정되기 어려우며 균형을 맞추기 힘들 것이다.

저우언라이는 매우 조급했다. 1956년 7월 그는 국무원 상무회의를 연속해서 개최하고 국가계위가 보고한 2개의 "제2차 5개년" 계획 초안을 논의했다. 저우언라이는 회의에서 다음을 지적했다. "첫 번째 방안은 무모하게 돌진하는 것이다. 오늘 토론하는 두 번째 방안에 대해서 면밀하게 따져보아 비교적 실행 가능한 방안을 만들어서 제8차 전국대표대회에 건의하는 것으로 삼는다. 이것은 타당하고 믿을 수 있는 기초 위에서 대체로 정확해야 한다." 그는 식량 생산량 지표에 대해서 "1962년 식량 생산량을 5,500억 근으로 제시한 것은 매우 허위적이며 신뢰할 만하지 못하다"고 지적했으며 공업 생산량 지표에 대해서는 "1967년 철강 생산량을 2,700만에서 3,000만 톤으로 구상한 것은 너무 높은 예상치다. 중국 공업화의 관건은 철강이 이 수치에 도달할 수 있는지 여부가 아니라 중국의 수준에 달려 있다"고 말했다. 그리고 그는 재정 수지 지표에 대해서 "매년 16%의 속도로 성장하는 것은 우리에게 어려운 일이다. 마땅히 2,350억 위안까지 낮추어 12% 누적 증가로 해야 한다"고 의견을 나타냈다. 회의에서 저우언라이는 "제2차 5개년" 계획 편성의 건의를 전력으로 지지하고 국가계위가 "제1차 5개년" 계획의 경험에 근거하여 각 항목의 균형 업무를 잘 진행하고 여지를 남겨두도록 지시했다. 즉 공업과 농업 생산의 생산 증가 속도와 국민수입 총액을 정확하게 예측하고 이러한 기초 위에 저축과 소비의 비율을 안배하여 농업, 경공업, 중공업의 비례 관계를 적절히 처리하여 타당한 투자 총액을 제시함으로 실행 가능한 방안을 편성해야 했다.

회의 이후 저우언라이는 국가계위를 도와 다시 한 번 "제2차 5개년" 계획의 조정을 건의했다. 7월 하순 새로운 방안의 편성이 완성되었다. 8월 3일부터 16일까지, 저우언라이와 천윈은 국무원 상무회의에 출석하여 새로 편성된 방안을 심사하고 다시 일부 지표의 조정을 진행했다. 그는 베이징으로 돌아 국가계위 관련 인사들을 소집하여 방안을 다듬은 이후 중공중앙에 제출했다. 17일 저녁, 그는 중공중앙정치국 확대회의에 출석하였고 회의는 『국민경제 발전의 제2차 5개년 계획에 관한 건의(제3차 원고)(关于发展国民经济的第二次五年计划的建议第三次稿)』를 주로 토론했다.

3) 중공 제8차 전국대표대회에 제출된 "제2차 5개년二五" 계획 건의

1956년 9월, 『국민경제 발전의 제2차 5개년 계획에 관한 건의(제3차 원고)』가 중공중앙에 제출되고 얼마 지나지 않아 소련 측이 "제2차 5개년" 계획 초안에 관한 의견을 보내 왔다.

5개년 계획에 관한 소련의 의견은 당시 중국에게 매우 중요했다. 소련의 의견을 구하기 위해서 1956년 6월 19일 리푸춘은 중국 대표단을 인솔하여 모스크바로 건너갔고 "제2차 5개년" 계획의 윤곽 초안 및 소련의 중국 원조 등의 문제를 협의했다. 8월 17일 소련 국가계위의 바우킨巴鳥金과 바예바코프巴亦巴可夫는 리푸춘에게 계획 윤곽 초안에 대한 피드백을 진행했다.

바우킨은 초안이 규정하고 있는 국민경제 발전의 방침, 임무, 기본경로에 대해 별도의 의견은 없으나 이 계획이 상당히 긴박해 보인다고 지적하며 초안이 규정하는 "제2차 5개년" 계획 시기의 저축률을 "제1차 5개년" 계획 시기의 20%에서 26%로 높이고 동시에 주민 수입을 1/3 늘리는 것과 이러한 긴박한 상황에서 성장속도가 빠른 것이 매우 큰 어려움을 초래하지는 않을지 의문을 제기했다. 농업 계획 특히 농업의 수확률 측면에서 초과 달성하는 것은 매우 어려운 일이며 물자 균형에 매우 큰 차액이 발생하여 일부 중요 물자의 균형에 적자가 나타날 것으로 예상했다. 그리고 "제1차 5개년" 계획 시기와 비교하여 기본 건설 투자가 거의 3배로 늘어나는데 이러한 증가 비율은 너무 크기 때문에 투자액을 줄여 전체 계획의 긴장 국면을 완화할 것을 건의했다. 바예바코프는 먼저 소련이 성심성의껏 중국을 도울 것이라면서도 소련이 가지고 있는 어려움을 설명했다. 그는 계획 윤곽 초안에 대해 "비록 제2차 5개년 계획의 농업 지표가 높게 설정되었지만 너무 낮게 잡아서도 안 된다. …… 현재의 지표가 비록 불안해 보이지만, 우리의 뜻은 그것을 급격하게 줄여야 한다는 것이 아니다"라고 말했다. 소련 측 의견은 일정 부분 합리적이었다. 리푸춘은 개별적인 문제를 제외한 99% 부분에서 소련 측이 동의했다고 중공중앙에 보고했다. 그는 다음과 같이 말했다. "제2차 5개년 계획의 윤곽 초안에 대해서 우리 스스로도 각 방면이 매우 불안하다고 느낀다. 생산 지표, 발전 속도, 기본 건설 투자, 건설 규모, 물자 균형, 재정 균형 등 여러 방면에서 살펴볼 때 바우킨 동지의 의견은 매우 옳은 것이다. 국민 수입 가운데 저축의 비율, 노동 생산성 제고, 원가 절감, 인민 생활 제고 등의 지표를 연계하여 다시 생각해 볼 필요가 있다. …… 이 윤곽 초안은 반드시 수정되어야 하며 수정의 결과는 지표를 낮추는 것이다."

9월 1일, 소련공산당 중앙위원회는 중공중앙에 정식으로 답신을 보내 중국 측의 "제2차 5개년" 계획 초안이 예정하고 있는 국민경제 발전 속도는 긴박한 것으로 보이며 비교적 정확한 방법은 현실적 가능성을 고려하는 것으로 국민경제의 발전 속도를 신중하게 확정해야 한다고 주장했다. 서신은 다음과 같은 의견을 명확히 전달했다. 중국은 소련에게 "제2차 5개년" 계획 기간 동안 109개 신규 건설 기업에 기술 원조 제공을 요청하였는데 소련은 이를 만족시키기 위해 노력할 것이지만 필요한 모든 설비는 1961년부터 비로소 공급(일부 프로젝트는 1960년부터 공급 개시)이 가능할 것이며 더 일찍 공급하는 것은 불가능하다.

소련의 답신은 저우언라이가 "제2차 5개년" 계획 초안의 수정을 주재하는데 긍정적으로 작용했다. 9월 9일, 『국민경제 발전의 제2차 5개년 계획에 관한 건의(초안)』 원고가 최종 확정되어 중공 제8차 전국대표대회에 보고할 준비를 끝마쳤다. 7월 초부터 9월 상순까지 저우언라이는 "제2차 5개년" 계획 수정과 관련된 총 20여 차례의 회의와 협의를 주재하면서 여러 차례 마오쩌둥에게 수정 상황을 보고했다. 마오쩌둥은 3차례 서신에서 "제2차 5개년" 계획의 수정에 대해 의견을 제시했다.

1956년 9월, 저우언라이는 중공 제8차 전국대표대회에서 『국민경제 발전의 제2차 5개년 계획에 관한 건의』 보고關於發展國民經濟的第二次五年計劃的建議的報告』를 진행하였다. 이 보고는 제1차 5개년 계획의 경험과 교훈을 총결하고 제2차 5개년 계획의 다섯 항목의 기본 임무와 12개의 주요 문제를 제시했다. 대회는 『국민경제 발전의 제2차 5개년 계획에 관한 건의』를 통과시켜 "제2차 5개년" 계획 시기 국민경제 발전과 개조가 채택하는 방침 및 배치, 공업과 농업 주요 생산품의 계획 수치 등에 대한 건의를 나타냈다. 즉 공업 총생산액은 2배 가량, 농업 총생산액은 35%, 기본 건설 투자는 "제1차 5개년" 계획 시기의 2배 정도로 증가하는 것이었다. 이같은 건의는 보수적인 것을 반대하고 무모하게 돌진하는 것도 반대한다는 지도사상에 따라 제시된 것으로 "제2차 5개년" 계획 시기의 경제건설 총규모와 중대한 비율 관계에 대해 종합적 균형을 이루었고 거시적인 정책 결정에서 5개년 계획에 안전하고 확실한 기초와 과학적 근거가 마련되었다. 이에 대해 천윈은 1957년 초 건설 경험을 총결하면서 다음과 같이 말했다. "건설규모의 크기는 반드시 국가의 재원과 물자와 상응해야 한다. 상응하느냐 상응하지 못하느냐는 경제 안정 혹은 경제 불안정의 경계이다. 우리처럼 6억 인구를 가진 대국의 경제 안정은 지극히 중요하다. 건설의 규모가 국가 재원과 물자가 감당할 수 있는 것을 넘어선다면 그것은 곧 무모한 것이며 경제 혼란이 나타날 것이다. 두 요소가 적당하면 경제는 곧 안정된다."

1957년 2월 국무원은 중공 제8차 전국대표대회가 제시한 『국민경제 발전의 제2차 5개년 계획에 관한 건의』를 정식으로 받아들이고 국가계위가 구체적으로 수행하도록 일임했다.

4) 급변한 정세: 건강한 발전 경로에서 이탈한 국가 경제건설

중공 제8차 전국대표대회 이후 국가계위는 중공중앙의 건의 정신에 따라 역량을 집중하여 "제2차 5개년" 계획 편성을 구체화하기 시작했다. 당시 국가계위에서 일하던 경제학자 쉐무챠오薛暮橋는 『제1차 5개년 계획의 총결과 제2차 5개년 계획에 관한 배치第一個五年計劃的總結和關於第二個五年計劃的安排』 보고에서 다음을 지적했다. "우리의 제2차 5개년 계획은 반드시 가능한 것에서 출발하여 전체 건설 계획을 배치해야 한다. 왜냐하면 제2차 5개년 계획과 제1차 5개년 계획은 서로 다르기 때문이다. 제1차 5개년 계획 때 우리의 중공업은 매우 낙후되어 있었다. 기본적으로 백지에 그림을 그리는 것이어서 그림을 여기저기에 그려도 괜찮았고 배치가 비교적 용이했다. 제2차 5개년 계획은 다르다. 제1차 5개년 계획에서 설치한 몇 가지 기둥이 있기 때문에 제2차 5개년 계획은 그것과 잘 호응해야만 한다. 제1차 5개년 계획의 첫 1~2년은 주로 준비 업무였고 탐사, 설계, 자료 준비는 지금까지도 전부 착수되지 못했다. 이로 인해 어려움에 부딪히면 곧바로 그만두기 십상이었고 역량이 있으면 많이 착수하고 역량이 없으면 적게 착수했다. 제2차 5개년 계획에서는 156개 항목이 모두 착수되고 여기에 수십 개의 새로운 항목이 추가되는데 이때는 멈추기가 매우 어려워진다. 왜냐하면 하나의 중공업 프로젝트를 하는데 5~6년이 필요하기 때문이다. 만약 2~3년 동안 하다가 하지 않는 것, 곧 반만 하다가 포기해 버린다면 손실은 너무 크다. 때문에 제2차 5개년 계획은 반드시 더욱 신중해야 하며 우리의 국력과 국민 수입에 근거하여 적절하게 배치되어야 한다."

"제2차 5개년" 계획이 긴박한 절차대로 편성되는 가운데 1957년 겨울부터 마오쩌둥은 1956년 경제 업무에서 무모하게 돌진하는 것을 반대한 데 대해 비판을 하고 중공 제8차 전국대표대회가 확정한 보수적인 것을 반대하고 무모하게 돌진하는 것을 반대하는 지도사상을 바꿔버렸다. 이처럼 중공 제8차 전국대표대회 정신에 따라 진행된 "제2차 5개년" 계획 편성 업무는 기존의 궤도에 따라 진행되는 것이 어려워졌다. 이에 대해 쉐무챠오는 다음과 같이 회고한다. "우리는 적극적이고 타당한 정신에 따라 '제2차 5개년 계획' 시기의 국민 수입을 4,000억 위안으로 추산하고 저축률 25%에 따라 5개년 투자총액을 1,000억 위안으로 보았다. 이러한 건의는 당의 제8차 전국대표대회 제1차 회의에서 토론하고 통과한 것이다. 리푸춘 동지 또한 귀국한 이후 무모하게 돌진하는 것을 반대하는 업무에 참여했다. 1957년 상반기 반복된 토론을 통해 100억 위안의 총투자액을 950억 위안 혹은 900억 위안으로 낮추는 것이 고려되었다. 이러한 정신에 따라 1958년의 철강 생산량은 624만 톤(1957년은 535만 톤)으로 배치되었다. 그러나 1957년 겨울 뜻밖에도 마오쩌둥 주석은 '무모하게 돌진하는 것을 반대하는 것'을 크게 비판했다."

1958년 2월 2일, 『인민일보』는 사설 『우리의 행동 구호 - 낭비를 반대하고 절약하며 건국한다』를 발표하고, "전국대약진全國大躍進"의 구호를 제시했다. 2월 3일, 『인민일보』는 "힘을 모아 반드시 발전하자"라는 제목의 사설을 잇달아 발표하고 "무모하게 돌진하는 것을 반대한다"는 사상을 비판했다. "대약진"과 인민공사화운동의 발동에 따라 전체 경제건설과 기타 각 항목의 건설은 모두 건강한 발전의 궤도에서 이탈했다. 같은 해 봄에 열린 난닝회의南寧會議와 청두회의成都會議는 중공 제8차 전국대표대회가 확정한 "우경 보수 혹은 '좌'경 모험의 경향을 수시로 주의하여 방지하고 바로잡으며 국민경제의 발전을 적극적이고 타당하게 추진해야 한다"는 정확한 경제건설 방침도 바꾸었다. 이후 전국에서 이러한 분위기의 선동 하에 각 지역과 부문은 잇달아 계획을 수정하고 지표를 높여 잡았다. 일부 성省들은 "3년의 악전고투로 모습을 바꾸고 10년의 계획을 5년만에 완성한다"는 목표를 제시하였고 일부 부문은 "영국을 넘어서고 미국을 따라잡는다"는 기간 진도표를 연이어 제출했다.

각 지역과 부문이 잇달아 계획을 수정하고 지표를 높여 잡았기 때문에 앞서 정했던 "제2차 5개년" 계획 초안의 윤곽은 끊임없이 타파되었고 경제부문을 종합하는 국가계위는 각 지역과 부문의 거대한 압력에 직면하게 되었다. "대약진"의 발걸음을 쫓아가기 위해 국가계위는 각 지역과 부문이 다시 정한 계획을 한데 모은 것을 기초로 "제2차 5개년" 계획 초안의 기존 지표에 대해 조정을 진행했다. 그렇지만 "대약진" 운동이 신속하게 발전했기 때문에 국가계위가 조정하려는 발걸음은 각 지역과 부문이 지표를 높여 잡는 속도를 시종일관 따라잡지 못했다. 이 때문에 국가계위는 "2개의 장부兩本賬"라는 초보적인 구상을 제시할 수 밖에 없었다. 즉 전체 "제2차 5개년" 계획 기간 동안 기본 건설 총투자액의 첫번째 장부는 1,500억 위안, 두번째 장부는 1,600억 위안이었으며 철강 생산량은 각각 2,500만 톤과 3,000만 톤, 원탄은 각각 3.8억 톤과 4.2억 톤, 원유는 각각 1,000만 톤과 1,500만 톤, 발전량은 각각 850억에서 900억 kW와 1,100억 kW, 식량은 각각 6,000억 근과 7,000억 근, 면화는 각각 6,500만 단과 7,500만 단으로 하는 것이었다. 이러한 구상이 제시하는 지표는 중공 제8차 전국대표대회가 건의한 지표보다 모두 크게 높은 것이었다.

1958년 5월, 중공 제8차 전국대표대회 제2차 회의가 개최되었다. 회의는 "열의를 북돋우고 앞으로 나아가는데 힘써 많고 빠르며 좋고 아끼는 사회주의를 건설한다"는 총노선과 다시 수정된 "제2차 5개년" 계획의 지표를 통과시켰다. 이러한 지표는 각 지역과 부문이 다시 추가한 결과로 경제발전의 객관적인 실제 상황과 엄중하게 괴리되어 실현하기 어려운 것이었다. 이처럼 중공 제8차 전국대표대회 제2차 회의는 국민경제 발전의 제2차 5개년 계획을 "대약진"의 궤도에 올렸다. 이는 전면적으로 "대약진"을 발동하는 회의였다. 회의 이후 "대약진" 운동은 전국적인 범위에서 각 방면으로 전개되었고 또한 절정에 달했다. 당시 병환으로 잠시 입원해 있던 국가계위 주임 리푸춘은 실제 상황과 괴리된 지표 수치를 알게 된 후 "산 속에서 7일을 보냈을 뿐인데 세상은 이미 천년을 앞서갔다"라며 놀라워했다.

8월 베이다이허에서 거행된 중공중앙정치국 확대회의는 『1959년 계획과 제2차 5개년 계획 문제에 관한 결정』을 논의하고 통과시켰다. 주요 내용은 제2차 5개년 계획의 기본 목표는 식량 생산량 15,000억 근 이상, 철강 생산량 8,000만 톤에서 1억 톤, 12년 과학 규획의 5년 조기 실현, 주요 과학 기술 부문이 세계 선진 수준을 따라잡는 것, 중국이 현대 공업과 현대 농업 그리고 현대 과학 문화의 위대한 사회주의 국가로 조기에 건설되는 것, 공산주의 이행을 향한 조건 창조 등이었다. 이는 높은 지표, 터무니없는 지휘, 허풍과 "공산주의적 바람共産風"을 주요 상징으로 삼는 무모하게 돌진하는 사상이 이미 범람했음을 나타낸다.

국민경제 계획이 중국 경제의 현실 상황에서 이탈하고 3년 동안의 자연재해와 소련의 원조 계약 파기 등의 영향 때문에 국민경제는 균형을 심각하게 잃어버렸다. 이는 "제2차 5개년" 계획 각 항목의 지표 완성을 더 어렵게 만들었다. 이 시기는 중국 경제 파동의 폭이 가장 컸던 때로 공업 생산액 증

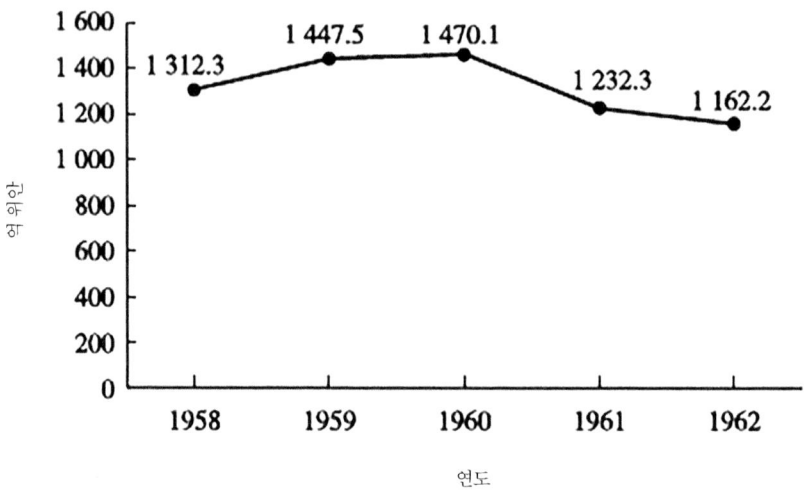

그림 2-2 "제2차 5개년" 계획 시기 국내 생산총액

가 속도가 가장 높았을 때는 최고 55%에 이르렀고 가장 낮았을 때는 38%까지 떨어졌다. 1960년은 중화인민공화국 건국 이후 경제 하강이 가장 엄중했던 해였다. 1962년까지의 국민경제를 1956년 "제2차 5개년" 계획이 가장 처음 제시되었을 때와 비교해 보면 원탄, 석유, 발전량이 규정된 지표에 이른 것을 제외하고 철강, 시멘트, 식량, 면화 등 수많은 중요 공업과 농업의 생산품과 생산량 모두가 규정된 지표보다 한참 낮았다.

전체 "제2차 5개년" 계획 기간 동안 중국의 사회 총생산액과 국민수입의 연평균 증가율은 마이너스성장을 나타냈다(그림 2-2 참고). 3년의 "대약진" 운동은 경제발전을 가속화하지 못했으며 오히려 엄중한 손기실을 초래했다. 농업은 매우 크게 파괴되었고 식량공급은 이전에 없던 부족 현상을 겪었으며 국민경제에는 중화인민공화국 이래로 가장 엄중한 어려움이 나타났다. 1961년부터 중화인민공화국의 역사는 국민경제 조정기에 진입하기 시작했다.

4. "제2차 5개년" 계획 이후의 조정과 "8자 방침"

1960년대에 들어서서 중국의 경제 형세는 매우 가혹한 처지에 놓였다. "대약진"이 조성한 긴장 국면에서 중공중앙은 조사 연구를 진지하게 전개하여 잘못을 바로잡고 정책을 조정하기로 결정했다. 중공중앙과 국무원은 "제2차 5개년" 계획 시기의 마지막 2년(1961-1962)에 국민 경제에 대한 조정을 진행하고 이후 다시 3년의 기간(1963-1965)에 조정을 계속하기로 결정하여 "제2차 5개년" 계획을 "제3차 5개년" 계획의 과도 단계로 삼았다.

1) "우리의 잘못을 감추지 말자. 총결을 잘해야만 곧바로 지도할 수 있다"

1960년 6월, 중공중앙은 상하이에서 정치국 확대회의를 개최하고 "제2차 5개년 계획"의 마지막 3년(1960-1962)의 보충 계획을 논의했다. 회의에서 중공중앙정치국은 공업 지표가 여전히 높게 치우쳐 있다고 보았다. "대약진"에서 "많고 빠른"것만 강조하고 "좋고 아끼는"것은 소홀히 한 문제에 대하여 리푸춘은 다음과 같이 지적했다. "우리의 이전 관점인 많고, 빠르며, 좋고, 아끼는 것은 곧 조금 더 많이 조금 더 빠르게였다. 그러나 실제 경험이 보여주듯이 많이 하고 빠르게 하는 것이 많고 빠르며 좋고 아끼는 것을 할 수 있게 하는 것은 아니었다. 아마도 일부 방면에서 우리는 잘 해내지 못했으, 오히려 적고 느리며 뒤떨어지고 낭비했다." 리푸춘은 계획 업무에 대해서 "여지와 탄력성, 예비를 남겨두어야 한다"고 강조했다. 덩샤오핑은 리푸춘의 의견에 찬성하며 다음과 같이 말했다. "과학을 존중하지 않고 일정한 규정 제도를 필요로 하지 않는 것은 맹목적인 것이며 돈과 시간을 소모하게 한다."

마오쩌둥은 이번 회의에서 "건설 기간이 여전히 너무 짧고 인식이 부족하다. 자주 총결을 하여 우리의 인식을 더욱 전면적으로 발전시켜야 한다. 우리의 잘못을 감추지 말고 총결을 잘해야만 곧바로 지도할 수 있다"고 말했다. 마지막 3년의 계획에 대해 그는 다음과 같이 말했다. "차라리 지표를 조금 낮춰 놓고 연도 중간에 초과하는 것이 낫다. 너무 높게 설정하여 초과하지 못하는 일이 있어서는 결코 안 된다." 그는 공업 지표에 대해서도 의견을 나타냈다. "과거 어느 시기의 나를 포함한 사람들은 큰 숫자만을 생각했다. 예를 들어 1억 톤의 철강은 정말로 멋있어 보였다. 몇 년 후 우리에게 1억 톤의 철강이 있어 미국에 근접한다면 얼마나 좋겠는가! 내가 보기에 지금은 그 숫자에 치중하지 말, 모든 종류의 것이 다 있으며 철강과 철강재의 규격을 높이는 것을 중시해야 한다", "요컨대 이번 회의는 이 문제를 반드시 해결해야만 한다."

마오쩌둥의 발언은 당시 허황되어 실제 상황과 괴리된 문제를 바로 잡으려는 것에 대한 마음이 조급했음을 보여준다. 회의 기간 그는 『10년의 총결 十年總結』을 서술하며 중화인민공화국 건국 이후 특히 "대약진" 이후 경제건설에서의 경험과 교훈을 총결했다. "중국의 사회주의 혁명과 건설에 대하여 우리는 이미 10년의 경험을 가지고 있으며 적지 않은 경험을 축적했다. 그러나 우리는 사회주의 시기의 혁명과 건설에 대하여 여전히 매우 크게 맹목적이며 여전히 인식하지 못한 필연의 왕국을 가지고 있다. 우리는 그것을 아직 깊게 인식하고 있지 못한다. 우리는 두번째 10년의 시간으로 그것을 조사하고 연구하여 그 중에 있는 사회주의의 혁명과 건설 복무에 이용하기 위한 고유의 규율을 찾아내야 한다." 마오쩌둥의 분석과 총결 및 실사구시 원칙에 대한 강조는 경제 영역의 조정에서 소홀히 할 수 없는 의의를 가지고 있었다. 따라서 상하이에서 열린 정치국 회의는 "제2차 5개년" 계획 마지막 3년(1960-1962)의 보충 계획 가운데 지표에 대한 축소를 진행했다. 이와 동시에 회의는 두 가지 문제에 대하여 명확한 인식을 나타냈다. 첫째, 농업을 기초로 하는 방침을 견지하고 농업을 강화한다. 둘째, 계획을 제정할 때 여지를 남겨둔다.

2) "여러분은 생각하는 대로 하겠다고 하지 말고, 계획에 따라 일을 처리해야 합니다"

상하이에서 열린 정치국 회의가 끝나고 얼마 지나지 않은 1960년 7월, 중공중앙은 베이다이허에서 업무회의를 개최하였다. 주로 국제 형세를 토론하였는데 이와 동시에 국내 경제문제에 대해서도 논의하여 국민경제 계획을 구체화하고 배치했다.

리푸춘은 회의에서 국내경제 문제에 대해 보고했다. 그는 "대약진"의 문제에 대해 총결과 반성을 진행하며 다음의 5가지 의견을 제기했다. 첫째, 자력갱생, 근검건국의 방침을 결연하게 관철시킨다. 둘째, 농업을 기초로 하고 공업을 중심으로 하여 공업과 농업의 병행을 진정으로 만들어 나간다. 셋째, 소수의 대형 기업을 주요 골격으로 하되 중소기업을 위주로 하여 사업이 곳곳에서 발전하게 한다. 넷째, 기본 건설 전략을 단호하게 축소하고 중점과 품질을 보증하며 품질과 수량을 병행해 나간다. 다섯째, 전국의 전반적인 국면을 결연히 관철시키며 중앙과 협력구協作區, 성시省市등 3급이 결합하여 전국 통일의 계획을 공동으로 제정한다. 리푸춘은 또한 다음도 지적했다. 상하이 회의 이전 사람들은 기본 건설의 전선이 길게 늘어졌다고 느꼈다. 그 결과 기본 건설의 프로젝트는 층층이 확대되었고 생산도 층층이 지표가 높아질 수밖에 없었다. 우리는 반드시 교훈을 받아들여 기본 건설의 전선을 축소하고 3급의 결합이 잘 이루어지도록 계획을 통일해야 한다.

회의 기간에는 국무원 각 공업부 부장과 각 성시 공업서기회의工業書記會議도 개최되었다. 리푸춘은 회의에서 다시 한번 발언을 통해 일부 부문과 지방이 지표를 층층이 높이는데 열중하는 현상을 엄중하게 비판하고 "종합적이고 전면적인 연구와 배치에 대한 고려가 불충분하다"는 기본적인 교훈을 총결했다. 그는 또한 아래의 내용을 명확하게 선포했다. 내년에는 이러한 기초 위에 반드시 전국의 전반적인 국면과 하나의 장부를 관철시킬 것이다. 첫째, 계획은 단 하나의 장부만 만들고 두번째 장부를 만들어서는 안 된다. 둘째, 각 성과 시는 계획을 제정한 후 계획에서 나오지 않은 것을 제외한 것에 대해서는 여러분이 생각하는 대로 하겠다고 하지 말고 계획에 따라 일을 처리해야 한다.

국가경제는 엄중한 국면에 마주쳤고 형세 악화 억제는 잠시도 늦춰질 수 없었다. 경제 업무 지도자로서 리푸춘의 그 초조한 마음은 가히 짐작될 수 있었다. 회의 기간 리푸춘은 경제 조정의 건의를 제안했다. 당시 공업생산의 실제 상황에 대하여 그는 공업에 대한 정돈, 공고, 제고를 실행해야 하며 국민경제에 대해서도 이처럼 필요한 정돈과 균형 보충, 공고 및 제고 등을 반드시 진행해야 한다고 주장했다. "정돈, 공고, 제고"는 향후 국민 경제를 조정하는 팔자 방침의 초기 형태였다. 국제 형세의 변화 때문에 회의는 조정 문제에 대한 심도 깊은 토론으로 진행되지는 못했다.

그러나 리푸춘의 일부 의견은 중공중앙의 찬성을 얻었다. 1960년 8월, 중공중앙은 연속으로 지시를 내보내고 승리로 전진하는 과정에서 마주한 어려움들을 나타냈다. 그 가운데 가장 뚜렷한 문제는 식량, 철강의 증산이었고 식량과 철강의 공급과 수요 관계는 긴박했다. 중공중앙은 식량과 철강을 보증한다는 전제 하에 기본 건설의 전선을 축소하고 농업 전선을 강화했다. 또한 이후 국민경제 계획에서 두개의 장부를 만들지 않고 계획 밖의 어떤 것을 만들거나 빈틈을 남겨두지 않는 다는 원칙을 결정했다.

3) "지금은 잘못을 바로잡을 결심을 할 때입니다"

베이다이허 회의 기간 리푸춘은 국민경제 조정 문제를 놓고 덩샤오핑과 의견을 교환했다. 덩샤오핑은 이에 대해 동의와 지지를 표시했고 그것을 국민경제 계획 편성의 지도사상으로 삼아야 한다고 건의했다.

1960년 8월 중하순, 국가계위에서 1961년 국민경제 계획의 통제 수치를 연구하고 논의할 때 리푸춘은 다시 한 번 명확하게 의견을 제시했다. 국민경제 계획을 제정하는 방침은 "정돈, 공고, 제고를 위주로 하고 새로운 생산능력의 증대를 보조로 해야 한다. 하나의 유기체로 만들고 부족한 부문을 보충하며 전후좌우와 품종 질량의 문제를 해결하는데 치중해야 한다." 뒤이어 국가계위는 중앙 각 재경 부처 및 각 지역에 리푸춘의 의견을 통보하고 "내년 계획을 편성하는 방침은 정돈, 공고, 제고를 위주로 해야 한다"고 강조했다.

　　리푸춘의 의견은 저우언라이의 큰 지지를 받았다. 8월 30일부터 9월 5일까지 국가계위는 저우언라이에게 업무 보고를 하면서『1961년 국민경제 계획 통제 수치에 관한 보고關於一九六一年國民經濟計劃控制數字的報告』를 제출했다. 보고에는 다음 내용이 제시되었다. 1961년 국민경제 계획의 방침은 정돈, 공고, 제고를 위주로 하며 새로운 생산능력의 증대를 보조로 해야 한다. 중공업 생산 지표를 축소하고 기본건설 전선을 단축하며 농업과 경공업의 생산건설을 강화하여 인민 생활을 개선한다. 저우언라이는 보고서를 본 후 "방침에 대한 제기 방식과 그것이 말하는 정돈은 조정을 제시하는 것만 못하다"고 생각했다. 이와 동시에 그는 "'보충' 두 글자를 추가할 것을 건의하였고 이로 인해 '조정, 공고, 충실, 제고'의 8자 방침이 만들어졌다." 8자 방침의 기본 내용은 다음과 같다. 조정을 중심으로 하여 국민 경제 각 부문 간 불균형의 비례 관계를 조정하고 생산 건설을 공고히 하여 성과를 얻어내며 신흥 산업과 부족한 생산품의 항목을 충실하게 하여 생산품의 질량과 경제적 효익을 제고한다.

　　9월 30일 저우언라이의 서명을 거쳐 중공중앙은 국가계위의『1961년 국민경제 계획 통제 수치에 관한 보고』에 회답하고, 이를 다른 기관들로 전달했다. 중공중앙은 국가계위의 의견에 기본적으로 동의하였으며 각 부문과 지역이 보고의 내용에 따라 각각 계획 초안을 편성하도록 요구했다. 이 보고는 "조정, 공고, 충실, 제고"의 8자 방침을 처음으로 완전하게 제시하였다. 8자

방침은 또한 국민경제 조정기의 중요 지도방침이 되었고 중국 경제 건설 역사에 중요한 페이지를 열었다.

이후 상황은 점차 좋은 방향으로 발전해 나갔다. 11월 3일, 중공중앙은 저우언라이이게『농촌인민공사의 당면한 정책 문제에 관한 긴급 지시 서신』을 주관하여 제정하도록 위탁하고 마오쩌둥의 검토 및 수정을 거친 후에 이를 발표했다. 그 핵심 내용은 중공 전체가 최대한 노력하여 "공산주의적 바람"을 결연히 바로 잡아야 한다는 것이었다. 11월 15일, 마오쩌둥은『다섯 가지 '바람'을 철저히 바로 잡는 것에 관한 중공중앙의 지시 中共中央關於徹底糾正五風問題的指示』를 기초하고 각 지역의 당 위원회에 "반드시 몇 개월 내 매우 잘못된 공산주의적 '바람', 과장된 태도浮誇風, 명령적 태도命令風, 간부는 특수하다는 태도幹部特殊風, 생산에 대한 터무니없는 지시 태도生産瞎指揮風를 철저히 바로 잡겠다고 다짐해야 한다. 공산주의적 '바람'을 바로 잡는 것을 중점으로 하여 나머지 4가지 비뚤어진 태도를 바로 잡아야 한다"고 요구했다. 그는 또한 중공중앙이 기초한 문건에 다음과 같은 의견을 남겼다. 마오쩌둥 동지는 "잘못을 고치려는 모든 동지들과 운명을 같이하며 함께 호흡한다. 그는 자신도 잘못을 저질렀으니 반드시 고치겠다고 말했다. 예를 들어 오류 중 하나로 베이다이허 결의에서 공사 소유제 전환 과정의 시기를 기록하였는데 너무 빨리 착상했다는 것이었다." 마오쩌둥의 이러한 자아비판은 많은 간부들이 "지금은 잘못을 바로잡을 결심을 할 때"인 것을 충분히 인식시키고자 함이었다. 마오쩌둥은 전당에 호소하여 조사 연구의 태도를 크게 일으키고 모든 것이 실제 상황에서 출발하여 1961년이 실사구시의 해와 조사연구의 해가 되야 한다고 주장했다.

경제적 어려움의 국면을 시정하기 위해 저우언라이와 리푸춘 등은 국민경제 조정의 구상을 제시하였고 마오쩌둥 역시 잘못을 바로잡고자 결심했다. 엄혹한 사실 또한 사람들을 가르쳤다. 즉 반드시 객관적으로 형세를 예측해야 하며 전당의 역량이 집중하고 결심하여 문제를 직시하고 실수와 잘못을 시정해야 했다. 그래서 제8기 중앙위원회 제9차 전체회의에서 당의 지도 방침에 중요한 전환이 나타났다.

1961년 1월, 중공 제8기 중앙위원회 제9차 전체회의가 열렸다. 회의는 리푸춘이 작성한 국민경제 상황에 관한 보고를 중점적으로 논의했다. 보고는 국민경제 가운데 존재하는 엄중한 어려움과 문제점 및 발생 원인을 지적했다. 당시의 경제 상황과 존재하는 어려움과 문제들을 근거로 리푸춘은 3년의 "대약진"을 겪으면서 국민경제에 새로운 불균형과 새로운 문제가 나타났다고 지적했다. 이에 1961년부터 2-3년 내 조정, 공고, 충실, 제고의 방침을 실행해야 했다. 즉 각 부문 간에 이미 변화된 상호 관계를 조정하고 생산력과 생산 관계를 공고히 하여 발전과 변혁 가운데서 풍성한 성과를 얻으며 새롭게 발전하기 시작한 일련의 사업 내용을 충실히 하여 한 단계 더 개선이 필요한 새로운 사물의 질량을 제고하는 것이었다. 리푸춘은 "조정"의 실질적인 내용에 대한 서술에 치중하며 다음의 세 가지 관점을 나타냈다. 첫째, 농업, 경공업, 중공업의 순서로 배치된 경제 생활에 따라 농업은 국민경제의 가장 중요한 지위에 놓인다. 둘째, 종합적인 균형 업무를 강화하고 부문 간의 비례 관계를 조정하여 중공업 특히 철강 공업의 발전속도를 적당하게 통제하며 기본 건설 규모를 적절히 축소한다. 셋째, 전국의 전반적인 국면을 실행하고 집중 지도를 강화하며 기업을 정돈하여, 기업 관리 업무를 개진한다.

중공 제8기 중앙위원회 제9차 전체회의는 리푸춘의 보고를 통과시키고 회의 공보에 리푸춘의 건의를 받아들여 1961년부터 국민경제에 대한 조정, 공고, 충실, 제고의 8자 방침을 전당과 전국 인민에게 정식으로 선포했다. 전체회의는 전국 각 대구大區에 다시 6개의 중앙국 즉 중공중앙 화북국, 동북국, 화동국, 화남국, 서남국, 서북국을 만들기로 결정했다. 전체회의는 경제 관리권을 중앙, 중앙국, 성(시, 자치구) 3급에 집중시키고 2-3년 내 더 많은 것을 중앙, 중앙국에 집중시켜 각 대구의 각 항목별 업무에 대한 통일 지도와 전면적인 배치를 강화하고자 했다.

중공 제8기 중앙위원회 제9차 전체회의에서 지도 방침의 중요한 전환은 국민경제 건설이 정식으로 조정의 궤도에 올랐음을 나타낸다.

4) "지금은 농업이든 공업이든 모두 회복이 필요한 때입니다"

제8기 중앙위원회 제9차 전체회의 이후 중공중앙은 인식론의 관점에서 "조사하지 않으면 발언권이 없다"는 중요성을 크게 강조하고 또한 전당에서 조사 연구의 바람을 일으켰다. 당의 지도자는 먼저 솔선수범하여 조사조를 조직하거나 직접 일선의 조사 연구 진행에 깊이 개입했다. 마오쩌둥은 3개의 조사조를 조직하였는데 그의 비서 텐쟈잉田家英, 후챠오무, 천보다陳伯達가 각각 소조를 안솔하여 저장, 후난, 광둥의 농촌에서 조사를 진행했다. 마오쩌둥 본인 또한 얼마 지나지 않아 베이징을 떠나 광저우로 향했는데 도중에 허베이, 산둥, 장쑤, 저장, 장시, 후난, 광둥 등 성 위원회 책임자들과 심도 있는 이야기를 주고 받으며 보고를 청취했다. 류샤오치는 후난에서 현지 조사를 진행하였고 저우언라이는 허베이 한단邯鄲지역과 우안현武安縣, 텐진天津 등에서 조사 연구를 진행했다. 주더는 상하이, 저장, 푸젠, 장시, 광둥 등 성시를 잇따라 방문하고 조사 연구를 진행했으며 천윈은 상하이 칭푸현青浦縣의 샤오정공사小蒸公社에서 조사 연구를 진행했다. 덩샤오핑과 펑전은 직접 5개 조사조를 지도하고 베이징의 순이와 화이러우 2곳의 현에서 조사를 진행했다. 중공중앙과 각 중앙국, 국무원 각 부문 및 각 성과 시, 자치구 당정 책임자들 또한 계속해서 기층으로 내려가서 현과 사社, 대隊에 깊게 들어가 중점 조사를 진행했다.

조사 연구의 바람은 전당의 경제정책 조정 발걸음을 힘있게 추동했다. 조사 연구의 과정 가운데 사람들은 점차 냉정해지기 시작했고 어떻게 어려움과 가장 현실적인 문제를 해결할 것인지를 사고하기 시작했다. 1961년 봄,

중공중앙은 광저우에서 업무 회의를 열었다. 마오쩌둥은 회의에서 『농촌인민공사 업무 조례農村人民公社工作條例草案(초안)』(약칭 "농업 60조")의 기초를 주재하고 생산대대 내부 생산대와 생산대 간의 평균주의와 생산대 내부 사원社員과 사원 간의 평균주의 등 2가지 중대한 문제를 한층 더 체계적으로 해결하고자 시도했다. "농업 60조"는 인민공사의 기본채산단위를 생산대(초급사 규모에 해당)로 내려 보내고 공공식당 운영을 중단하며 자류지를 회복하고 가정부업과 수공업의 발전을 허용하여 농촌집단교역시장 개방을 규정했다. 또한 1961년 식량 수매를 줄이고 농산물과 부업생산물 수매 가격을 인상하여 기본 건설 투자에서 농업 기계 생산의 비중을 늘리도록 규정했다. 그러나 일부 지도간부들은 우경으로 몰리는 것을 두려워하여 감히 대담하게 조정하지 못했고 이로 인해 당해 연도의 경제 조정에 불리한 영향을 끼쳤다.

공업 방면으로는 1961년 5-6월 사이의 중앙업무회의에서 철강 생산량 지표를 다시 낮추자는 리푸춘의 건의에 동의했다. 같은 해 가을, 『당면한 공업 문제에 관한 중공중앙의 지시』가 하달되었는데 이 지시는 더 이상 주저해서는 안 되며 반드시 제 때에 즉시 결단해야 하고 물러나야 한다면 단호하게 물러나야 한다고 설명했다. 그리고 만약 결심하지 않고 실제와 부합하지 않는 지표들을 여전히 견지한다면 올라갈 수도 없고 내려가기는 원치 않기 때문에 공업과 전체 국민경제는 곧 더욱 수동적이며 엄중한 국면에 빠져들 것이라고 경고했다. 이 지시의 정신에 근거하여 국가계위는 제8기 중앙위원회 제9차 전체회의에서 정한 계획지표에 대하여 비교적 큰 조정을 실시했다. 1961년의 계획 지표에 따르면 철강은 850만 톤, 석탄은 2.74억 톤으로 낮아졌으며, 1962년의 계획 지표에 따르면 철강과 석탄, 기본 건설 투자는 각각 750만 톤, 2.5억 톤, 42.3억 위안으로 조정되었다. 7월, 덩샤오핑의 주관 아래에서 리푸춘과 보이보가 담당한 광범위한 조사 연구를 통해 『국영공업기업 업무 조례國營工業企業工作條例草案(초안)』(약칭 "공업70조")가 만들어졌다. 9월, "공업70조"는 중공중앙 업무회의 토론을 거쳐 통과되었으며 시범 시행이 발표되었다. "농업 60조"와 "공업 70조"의 실시는 경제를 조정하고 각 방면의 적극성을 높이는데 강력하게 작용했다.

1962년 연초, 각 방면의 조정이 이미 1년 남짓이 진행되어 경제의 엄중한 어려운 국면이 전환되기 시작했다. 그러나 경제 전체의 형세는 여전히 심각하여 비교적 심각한 문제들이 점차 나타나고 있었고 또한 지속적으로 영향을 주었다. 농업, 중공업, 경공업의 총생산액과 식량 생산량은 여전히 감소하고 있었다. 전국 도시와 농촌의 1인당 식량, 기름, 면포 소비량은 3년 연속 감소했으며 인민 생활은 중화인민공화국 건국 이래 가장 어려운 시기에 처해 있었다. 이러한 형세에 직면하여 당 안팎의 사상인식에는 여전히 여러 가지 의문과 이견이 존재했다. 8자 방침에 대하여 일부 간부들은 사상적으로 여전히 의심을 품고 그 필요성에 대한 깊은 인식이 결여되어 있었으며 다른 일부는 믿음이 부족하여 하늘을 원망하고 남을 탓했다. 또 다른 일부 간부들은 관망하는 태도를 가지고 주저했다. 이런 현상들은 당 전체가 여전히 진지하게 경험을 총결하고 인식을 통일할 필요가 있음을 보여주었다.

이를 위해 1962년 1월부터 2월까지 중공중앙은 확대된 중앙업무회의를 개최하였다. 회의에 참석한 인원은 중앙, 성, 지地, 현 위원회 등 4급 주요 책임자 및 일부 대규모 공장, 광산과 군대의 책임자로 총 7,118명이었다. 역사적으로도 이번 회의를 "7천인 대회七千人大會"라고 칭했다. 이번 회의는 "대약진" 이후 경제건설 업무의 기 경험과 교훈을 비교적 체계적이며 초보적으로 총결하였으며 사회주의 건설의 성과를 열거한 후 업무에서의 결점과 잘못을 지적했다. 마오쩌둥은 회의에서 사회주의 건설에 우리는 여전히 매우 큰 맹목성을 가지고 있으며 사회주의 경제에는 우리에게 아직 인식되지 않은 필연의 왕국이 많다고 지적했다. 회의는 당시의 역사적 조건 하에서 얻을 수 있는 중요한 성과를 거두었으며 국민경제의 전면적인 조정을 촉진하는데 긍정적인 역할을 하였다.

"7천인 대회"가 종료된 후 중공중앙은 중앙정치국 상무위원회 확대회의

(즉, "서루회의西樓會議")와 중앙업무회의(즉, "오월회의五月會議")를 잇달아 소집했다. 경제상황을 진지하게 분석하고 연구한 기초 위에서 중공중앙은 다시 중앙재경소조를 만들기로 결정하고 천윈을 조장, 리푸춘과 리셴녠을 부조장으로 하여 경제문제를 심화 연구했다. 천윈은 회의에서 "지금은 농업이든 공업이든 회복의 시기가 필요하다. 농업 회복에는 3~5년 정도 공업은 3~5년 내 속도만 늦출 수 있어 조정과 회복에 전념해야 한다"고 말했다. 중앙재경소조는 1962년의 국민경제 계획을 다시 수정하였으며 또한 국민경제 조정에 관한 조치 - 공업 생산 건설 전선을 단호히 단축하고, 직원과 노동자, 도시 인구를 단호히 감소시키며, 농촌인민공사 생산대의 지도를 강화 - 를 연구하고 제시했다.

서루회의와 오월회의가 끝난 후 중공중앙의 배치에 따라 국민경제의 조정이 과감하게 진행되기 시작했다. 첫째, 직원과 노동자를 크게 간소화하고 도시인구를 줄였다. 1962년 실제 도시인구는 1,048만 명, 직원과 노동자는 850만 명 감소했으며 1961년부터 1963년 6월까지 전국의 도시인구는 2,600만 명, 직원과 노동자는 1,887만 명 줄어들었다. 이에 대해 저우언라이는 "이렇게 많은 사람이 내려가는 것은 하나의 중진국이 집을 옮기는 것과 같고 전례가 없는 일이다"고 평했다. 둘째, 기본 건설 규모를 줄이고 많은 기본 건설 프로젝트를 중단하거나 지연시켰다. 1962년, 기본 건설 투자는 1960년의 388.69억 위안에서 71.26억 위안으로 감소했다. 셋째, 공업 전선을 단축하였다. 1962년, 전국 공업 기업 수가 1959년에 비해 38% 감소했고 공업 총생산액은 비교 가능한 가격으로 계산하여 1960년에 비해 48.48% 낮아졌다. 넷째, 대량의 물자, 인력, 재원을 투자하여 농업을 지원했다. 이와 동시에 국가는 식량 수매량을 줄였다. 다섯째, 재정 관리를 강화하고 시장을 안정시켰으며 화폐를 회수하여 통화팽창을 억제했다.

일련의 정확하고 과감한 조치들을 거치면서 국민경제의 조정 업무는 비교적 빠르게 효과를 만들어냈다. 1962년 말, 국민 경제가 점차 회복되고 농업생산이 반등하기 시작하여 농업 총생산액이 3년 연속 하락하는 국면과 국가재정이 4년 연속 적자이던 국면이 종료되었다. 그 후 국민 경제는 안정적으로 성장하기 시작하고 1965년 말에 이르러 국민경제를 조정하는 임무가 전면적으로 완성되면서 공업과 농업의 총생산액이 사상 최고 수준을 넘어섰다. 공업과 농업 생산에서 농업, 경공업, 중공업의 비례관계는 새로운 기초 위에 조화로운 발전을 실현했으며 "철강을 기간 산업으로 한다以鋼爲綱"는 것이 만든 비례 불균형의 상황을 반전시켜 저축과 소비의 비례관계가 기본적으로 정상 회복되어 재정 수지 균형과 시장 안정, 인민 생활수준이 향상되었다. 공업 생산 능력이 대폭 향상되어 전자, 원자력, 우주 등 신흥 공업 부문이 무에서 유로 혹은 작은 것에서 큰 것으로 점차 발전하였다. 석유공업의 발전은 획기적인 성과를 거두었는데 1965년 국내에서 필요로 하는 석유는 전부 자급했다. 교통운수업 역시 장족의 발전을 이루어 시짱(티베트)자치구를 제외한 각 성(자치구, 직할시)에 철도가 생겼다. 교육, 위생, 문화, 체육 등 사업 분야의 성과도 매우 대단했으며 인민건강을 심각하게 위협하는 천연두, 콜레라, 한센병 등의 질병이 없어지거나 효과적으로 예방 치료되었다.

5. "제3차 5개년" 계획 – "먹고 입고 쓰는 것"에서 전쟁 준비 중심으로

　국민경제 조정 임무 완료를 앞둔 1964년 12월부터 이듬해 1월까지 제3기 전국인민대표대회 제1차 회의가 개최되었다. 회의는 중국 인민을 매우 고무시키는 역사적 임무 즉 국가의 "4대 현대화四個現代化" 실현을 제시했는데 이는 그리 길지 않은 역사 기간 내에 중국을 현대 농업, 현대 공업, 현대 국방, 현대 과학 기술을 갖춘 사회주의 강국으로 건설하여 세계 선진수준을 따라잡고 뛰어넘는 것을 목표로 했다.

　"4대 현대화"의 총목표를 제시한 것은 중국공산당이 사회주의 건설의 길을 깊이 탐색하고 중국과 외국의 발전 경험을 전면적으로 총결한 후 반복적인 평가, 비교, 사고를 통해 최종적으로 확정한 것이다. 마오쩌둥은 특별히 이 임무에 대해 다음과 같이 설명했다. "우리는 세계 각국 기술 발전의 낡은 길을 걸으며 다른 사람의 뒤를 쫓아 한 걸음 한 걸음 따라갈 수 없다. 우리는 반드시 관행을 타파하고 가능한 한 선진 기술을 채택하여 그리 길지 않은 역사 기간 내에 중국을 사회주의 현대화 강국으로 건설해야 한다."

　그러면 어떻게 "4대 현대화"의 총 목표를 실현할 수 있는가? 중공중앙은 두 단계로 나누어 접근한다. 즉 제3차 5개년 계획부터 시작하는데 첫 단계는 제3차 5개년 계획 시기를 거쳐 독립적이고 비교적 완전한 공업체계와 국민경제 체계를 만든다. 두 번째 단계는 전국이 농업, 공업, 국방, 과학기술의 현대화를 실현하여 중국 경제를 세계 선두에 올려 놓는다. 그러나 아름다운 기대와 세심한 배치에도 불구하고 역사의 발전이 항상 예상하는 것처럼 순조로운 것은 아니었다. 이후의 역사는 국제 정세의 변화가 중국으로 하여금 어쩔 수 없이 건설의 전략적 중점을 바꾸게 하고 중국의 "제3차 5개년" 계획과 "4대 현대화" 건설의 초기 구상 또한 방해를 받았음을 보여준다.

1) "먹고 입고 쓰는 계획"

1963년부터 중국은 "제3차 5개년" 계획의 편성 문제를 고려하기 시작했다. 2월 국가계위 영도소조회의에서 리푸춘은 중국은 "첫째 빈궁하고 둘째 공백 상태―窮二白"이기 때문에 6억 명이 먹고 입고 쓰는 것은 큰 문제인데 인민 생활을 잘 안배해야만 비로소 건설을 더 잘 해낼 수 있다고 지적했다. 이로 인해 그는 인민의 먹고 입고 쓰는 문제를 해결하는데 역량을 집중하는 것으로 제3차 5개년 계획의 목표를 제안했다.

7월, 덩샤오핑은 공업문제 좌담회에서 중공중앙의 지시를 전달했다. 3년의 조정을 진행하는데 중점은 공고, 충실, 제고에 있었으며 조건을 조성하여 제3차 5개년 계획을 잘 준비하고자 했다. 이러한 기본적인 내용이 확정된 1966년이 바로 "제3차 5개년" 계획이 시작된 해였다. 이와 동시에 각 방면 또한 기본적인 사안들을 확정했다. 즉 먹고 입고 쓰는 문제의 기본적인 해결을 "제3차 5개년" 계획의 가장 중요한 임무로 삼았으며 국방건설을 함께 고려하여 농업과 국방공업에 대한 기초공업의 지원을 강화했다.

따라서 긴장된 초기 준비를 거쳐 1964년 국가계위 당조黨組는 중공중앙 서기처에 『제3차 5개년 계획(1966~1970)의 초보적 구상(보고 제강)』을 제출했다. 이 문건은 가장 먼저 "제3차 5개년" 계획의 기본 임무를 기안했다. 첫째, 농업을 크게 발전시켜 인민의 먹고 입고 쓰는 문제를 기본적으로 해결한다. 둘째, 국방건설을 적절하게 강화하고 첨단 기술 방면에 새로운 진전을 이루는데 노력한다. 셋째, 농업과 국방을 강화하는 것과 서로 호응하여 기초 공업을 강화하고 생산품의 질량을 계속해서 제고하며 생산 품종과 생산량을 늘려 국민경제 건설이 자력갱생의 기초 위에 한 단계 더 올라서게 한다. 교통운수업, 상업, 문화, 교육, 과학 연구 사업 등을 상응하여 발전시킴으로 국민경제를 중점적으로 비례에 따라 발전해 나가게 한다.

문건은 또한 기본 임무와 서로 호응하여 농업에 기초하는 궤도 위에 계획 업무를 올려놓아야 한다고 주장했다. 따라서 초보적 구상인 "제3차 5개년" 계획의 각 항목 지표들은 먼저 농업의 수요를 비교적 충분히 고려했으며 그 후 국방의 수요를 아울러 살폈는데, 이상의 두 가지 측면에서 중공업인 기초공업을 배치했다.

『제3차 5개년 계획(1966~1970)의 초보적 구상(보고 제강)』은 중공업 발전을 중심으로 삼고 중공업의 우선적 발전을 계획의 지도사상으로 배치하여 농업을 크게 발전시켜 인민의 먹고 입고 쓰는 문제의 기본적 해결을 국민 경제의 가장 중요한 임무로 교체했다. 때문에 이 초보적 구상은 훗날 "먹고 입고 쓰는 계획"으로 일컬어졌다. 중앙서기처가 국가계위 당조의 보고를 청취한 후 덩샤오핑은 "이번 계획은 새로운 방법으로 만든 것이지만 여전히 농업을 기초로 하고 공업이 주도하게 했다. 공업을 잘 해내지 못한다면 농업과 국방 역시 올라가지 못한다. 그러므로 공업은 가장 먼저 농업을 위해 복무하고 먹고 입고 쓰는 것에 복무하며 국방을 아울러 고려하는데 복무해야 한다. 방침이 잘 제시되었다"고 평가했다.

2) 마오쩌둥의 고려: "제3차 5개년三五" 계획의 출발점은 전쟁 준비였다

중앙서기처에 보고하고 덩샤오핑의 긍정적인 의견을 얻은 이후 1964년 5월 국가계위 당조는 『제3차 5개년 계획(1966~1970)의 초보적 구상』을 중공중앙 업무회의 토론에 제출했다. 회의 이전 국가계위 영도소조의 각 구성원들은 마오저둥에게 "제3차 5개년" 계획에 관한 초보적 구상을 보고했다. 보고는 리푸춘이 주로 발표했으며 리셴녠, 탄전린譚震林, 보이보, 천보다 등이 보충했다. 마오쩌둥은 보고를 청취하며 중간중간 자신의 생각을 나타냈다. "제3차 5개년" 계획에 대한 마오쩌둥의 구체적 생각은 "제3차 5개년" 계획의 원래 지도사상을 철저히 바꾸어 놓았다.

제3차 5개년 계획 기간의 철도 교통에 대하여 긴 시간 보고할 때 마오쩌둥은 중간에 다음의 의견을 나타냈다. 주취안酒泉과 판즈화攀枝花의 철강공장은 그래도 해야 한다. 그렇지 않으면 내 마음이 놓이지 않는데 전쟁이 나기라도 하면 어떻게 하는가?

기초공업과 교통이 각 분야와 서로 호응하지 못하는 것을 보고할 때도 마오쩌둥은 다음과 같이 중간에 의견을 드러냈다. 안정적으로 앉지도 서지도 못한다면 넘어질 것이다. 두 개의 주먹인 농업과 국방 공업 그리고 하나의 엉덩이인 기초공업을 잘 배치해야 한다. 기초공업을 적절히 발전시켜야 하고 다른 방면이 너무 많아서는 안 되며 서로 호응해야 한다.

마오쩌둥은 다음과 같은 의견을 발표했다. "그러나 규모가 작지만 다 갖추지 못한 것이 규모가 크지만 다 갖추지 못한 것보다 좋다. 규모가 크지만 다 갖추지 못한 것은 낭비인데 규모가 작으면 비교적 갖춰줘 있다. …… 전쟁에서 나는 여전히 보병에 희망을 걸고 있다. 원자폭탄은 있어야 한다. 만들기 시작할 때는 많을 수 없겠지만 만들기 시작하면 사람들이 놀랄 것이다. TNT와 대포는 매우 유용한데 제국주의가 매우 두려워하는 것들이다."

마오쩌둥이 말하는 "전쟁"은 곧 "전쟁 준비"였다. 당시 국제형세는 다시 출렁이고 있었다. 중국 주변의 형세가 점차 긴장되기 시작했으며 미국은 북베트남에 대한 전쟁을 점차 확대해 나갔다. 이러한 상황에서 경제업무 가운데 전쟁 준비 문제가 대두되기 시작했다. 때문에 마오쩌둥은 "제3차 5개년" 계획을 고려하면서 이미 그 출발점을 어떻게 하면 전쟁을 더 잘 준비할 것인가로 옮겨 놓았다. 그는 농업과 국방 공업을 함께 놓고 논하면서 기초공업을 "엉덩이"로 강조하고 "기초 공업을 적절히 발전시켜야 한다"고 말하며 특별히 주취안과 판즈화의 철강공장을 주목해야 한다고 언급했다. 이상에서 볼 수 있듯이 마오쩌둥의 마음 속에는 이미 삼선건설三線建設의 초기 형태가 나타나고 있었던 것이다.

3) "판즈화攀枝花가 잘 되지 않으면 잠을 이루지 못할 것이다"

중앙업무회의 기간인 5월 27일, 마오쩌둥은 중앙정치국에서 회의 조별 토론 상황에 대한 보고를 청취할 때 삼선건설의 임무를 한 단계 더 명확하게 제시했다. 그는 먼저 앞선 시기에 기존의 연해 기지 이용을 경시하다가 이후에 깨닫고 주의했던 것처럼 최근 몇 년간 엉덩이와 후방을 소홀히 했다고 비판했다. 그리고 원자폭탄 시기에는 후방이 없어서는 안 된다고 의견을 나냈다. "제3차 5개년" 계획은 전국 공업 분포의 불균형 문제 해결을 고려해야 하며 1~3선을 전략적으로 배치하고 삼선건설을 강화하여 적의 침입을 방비해야 한다고 주장했다.

마오쩌둥이 말한 "1~3선"은 중국을 지리 구역에 따라 나눈 것이다. 둥베이 및 연해 지역을 1선으로 윈난과 구이저우, 쓰촨, 산시陝西, 간쑤, 닝샤, 칭하이, 산시山西, 허난 서쪽豫西, 후베이 서쪽鄂西, 후난 서쪽湘西등 지역을 3선으로 1선과 3선 사이의 지역을 2선으로 한다. 마오쩌둥은 이때 쓰촨의 판즈화에 철강 생산 기지를 건설해야 한다고 특별히 강조하였다. 주취안 또한 언급하였지만 첫번째에 놓이지 않았으며 첫째는 판즈화였다. 마오쩌둥은 시창西昌이나 청두成都에서 회의를 열자고 제안하며 심지어 본인의 급여를 지원해 판즈화를 만들어야 한다고 말했다.

마오쩌둥이 보고를 들은 이튿날인 5월 28일, 중공중앙정치국 상무위원회와 서기처 서기, 각 중앙국의 책임자은 즉각 회의를 열고 "제3차 5개년" 계획에 대한 마오쩌둥의 의견을 연구하고 토론했다. 회의 참석자들은 농업생산을 강화하여 인민의 먹고 입고 쓰는 문제를 해결하는 동시에 삼선건설을 신속하게 전개하여 전쟁준비를 강화하기로 사상을 통일하고 의견을 일치시켰다.

6월 6일, 마오쩌둥은 중앙업무회의에서 담화를 통해 입장을 표명하고 명확한 지시를 나타냈다. 우선 그는 계획 업무의 교훈을 총결하였다. 과거 계획을 제정하는 방법은 기본적으로 소련에게 배운 것으로 먼저 얼마의 철강을 정하고 난 후 그것에 따라 얼마의 석탄과 전력, 운송 역량을 계산하며 여기에 다시 얼마의 도농 인구와 복리를 더하는 방식이었다. 따라서 철강의 생산량이 줄어들면 다른 것들도 똑같이 감소했는데 이러한 계산기를 두드리는 방법은 실제와 부합하지 않고 통하지 않았다. 이러한 계산에는 하느님의 계산이 들어가 있지 않았기 때문에 천재지변이 발생하면 사람들에게 식량을 줄 수 없었고 도시인구는 늘어날 수 없었으며 다른 것들 역시 물거품이 되어 버렸다. 그리고 전쟁 계획이나 국가 원조 또한 계획에 들어가 있지 않았다. 이로 인해 마오쩌둥은 계획 방법을 바꿔야 한다고 강하게 요구했다.

이어서 마오쩌둥은 전쟁 준비의 중요 의의를 설명하기 시작했다. 제국주의가 존재하는 한 전쟁의 위험은 항상 존재한다. 우리는 제국주의의 참모장이 아니기 때문에 그들이 언제 전쟁을 할 지 알 수 없다. 전쟁의 최후 승리를 결정하는 것은 원자폭탄이 아니라 정규화된 무기다. 그는 다음을 명확하게 요구했다. 삼선 공업 기지를 건설할 때 1~2선 또한 군사공업을 일부 만들어야 한다. 각 성에 군사 공업이 있어야 하며 소총이나 돌격소총, 경기관총, 중기관총, 박격포, 탄약, 폭약을 스스로 만들 수 있어야 한다. 이러한 무기가 있어야 안심할 수 있다. 판즈화 철강 공업기지의 건설은 빨라야 하지만 조잡해서는 안 된다. 판즈화가 잘 되지 않으면 잠을 이루지 못할 것이다. 판즈화의 중요성을 강조하기 위해 마오쩌둥은 심지어 흥분하며 다음과 같이 말했다. 당신들이 판즈화를 만들지 않으면 나는 곧 작은 당나귀를 타고 거기에서 회의를 할 것이다. 돈이 없다면 내 원고료를 가지고 가서 만들어도 좋다.

마오쩌둥이 이렇게 전쟁준비와 삼선건설을 강조한 이유는 전쟁의 위험이 여전히 존재했기 때문이다. 당시 온화했던 국제형세는 긴장 국면으로 흘러 갔으며 중국 주변 환경에도 긴장된 분위기가 나타났다. 중소 양국 이데올로기의 이견이 노출되었고 소련은 심지어 중국 신장에서 여러 차례 무장 충돌을 야기했다. 인도 군대는 수차례 중국 국경을 침입하여 국경 충돌을 일으켰으며 1962년 중국 군대가 자위반격을 진행하여 승리를 얻을 때까지 상황이 이어졌다. 미국은 타이완의 국민당 무장세력이 중국 동남쪽과 광둥 연해를 침범하는 것을 지지하고 군대를 베트남으로 파견함으로써 전쟁을 한층 더 증폭시켰다. 이 같은 상황은 마오쩌둥으로 하여금 전쟁 위험이 이미 눈 앞에 임박하여 반드시 전쟁 준비를 강화해야 하고 국내 건설의 중점을 삼선건설로 전환해야만 미연의 상황을 방지할 수 있다고 판단하게 만들었다.

4) 마오쩌둥의 요구에 따른 "제3차 5개년" 계획과 삼선건설三線建設문제 연구

마오쩌둥이 수 차례 입장을 명확하게 나타나며 "제3차 5개년" 계획 지도사상의 전환을 도모한 후 국가계위는 논리를 조정하며 마오쩌둥의 주장을 적극적으로 관철시키고자 노력했다. 5월 28일, 리푸춘은 중공중앙정치국 상무위원회와 서기처 서기, 각 중앙국 책임자 회의에서 "제3차 5개년" 계획의 배치 문제에 대한 의견을 말했다. 그는 "계획을 잘 하기 위해서 반드시 두 가지를 철저히 이해해야 한다. 하나는 주석의 사상과 중앙의 방침, 정책으로 가령 전략적 분포나 엉덩이를 안정적으로 놓기 많고 빠르며 좋고 아끼기 등이다. 다른 하나는 조사 연구다. 농업과 공업의 생산 및 기본 건설에는 잠재력이 매우 많기 때문에 국가계위는 가장 먼저 그곳으로 내려가 3개월간 조사하고 각 지역과 함께 계획을 연구해야 한다"고 말했다. 그는 또한 자신 스스로를 반성하며 다음과 같이 말했다. "농업과 경공업, 중공업의 차례에 따라 먼저 농업 발전을 노력하여 먹고 입고 사용하는 것을 기본적으로 해결한다. 이 전략 배치는 이번 장기 계획의 구상 가운데 비교적 주목한 것이지만 두 가지 전략 분포 문제는 우리가 계획에서 충분히 주목하지 못한 것이다. 하나는 공업 분포의 종심 배치 문제이다. …… 다른 하나는 장자커우張家口에서 바이청즈白城

子까지의 철도이다. …… 만약 조기에 배치를 하지 않는다면 훗날 일이 생겨도 둥베이의 물자는 운반되지 못할 것이다."

6월 6일, 마오쩌둥이 중앙업무회의에서 입장을 표명한 후 국가계위와 리푸춘은 즉시 삼선건설에 관한 마오쩌둥의 지시를 관철시켰다. 업무조工作組를 각 대구에 파견하고 현지 조사를 실시함으로써 삼선건설과 "삼선" 계획의 진일보한 연구를 준비했다. 그렇지만 현지 조사 과정에서 판즈화 지역의 공장 건설에 대한 문제에 이견이 생겨났다. 서남국과 쓰촨성 위원회는 해당 지역의 교통이 불편하고 인구가 적으며 농업 기초가 낙후되어 공장 부지로 적합하지 않다고 판단하고 러산樂山을 선택할 것을 건의했다. 중앙의 유관 부문 위원회 책임자와 전문가들은 오히려 판즈화에 공장 건설을 주장하며 석탄과 철, 용수 등 자원을 충분히 이용할 수 있고 장소를 은폐할 수 있는 이점이 있다고 판단했다. 양측이 각자의 의견을 고수하면서 방안은 계속해서 마무리되지 못했다. 저우언라이는 고심 끝에 마오쩌둥에게 문제에 대한 지시를 요청하기로 결정했다.

보이보의 회고에 따르면 마오쩌둥은 보고를 청취한 후 매우 불만족스러워 했다. 러산은 비록 지역이 넓지만 철과 석탄이 없는데 어떻게 철강을 만든다는 것인가? 판즈화는 철과 석탄이 있는데 왜 그곳에 공장을 만들지 않는 것인가? 못은 판즈화에 박혀야 한다!

이후 베트남 전쟁이 확대되고 형세가 변화하면서 마오쩌둥은 삼선건설 추진력에 불만을 드러냈다. 8월 중순, 그는 리푸춘에게 삼선건설이 왜 이렇게 지체되는지를 질의했다. 리푸춘은 판즈화 지역의 지리적 조건이 복잡하고 탐사에 시간이 소모되며 자금이 부족하여 삼선건설을 준비하는 투자 계획에는 회의를 열어 연구가 필요하다고 설명했다. 마오쩌둥은 즉각 돈이 없으면 내 급여를 사용하라고 말했다. 그는 또한 삼선건설의 발걸음이 너무 느린 책임은 국가계위에 있으며 국가계위의 계획 방법이 적절하지 못하고 업무에 진력하지 않는다고 비판했다. 그리고 즉시 삼선건설을 잘 해내려면 대형 공장과 과학연구기관을 이전해야 한다고 생각했다.

마오쩌둥의 독촉은 구체적인 집행의 책임자였던 리푸춘을 몹시 조급하게 만들었다. 그는 곧 유관 분야와 함께 재차 연구를 진행하였고 8월 19일 보이보, 뤄루이칭羅瑞卿과 연명으로 중공중앙과 마오쩌둥에게 보고서를 제출하여 삼선건설에 관한 약간의 배치와 실시 의견을 초보적으로 제시했다. 이와 동시에 중앙서기처는 삼선건설 문제를 전문적으로 토론하는 회의를 개최하였다. 마오쩌둥은 회의에서 "전쟁 준비"를 다시 한번 강조하며 현재의 공장을 하나에서 둘로 나눌 수 있으며 시간을 다퉈 내지로 옮겨야 하고 각 성은 이전을 하여 자신만의 전략적 후방을 만들어야 한다고 주장했다. 회의는 아래의 사항을 결정했다. 우선 역량을 집중하여 삼선을 건설하는데, 인력, 물자, 재원을 보증한다. 신규 건설 프로젝트 모두 삼선에 위치해야 한다. 1선의 이전이 가능한 프로젝트는 옮기도록 하며 단기간에 효과를 보기 어려운 추가 건설 프로젝트는 건설규모를 일률적으로 축소한다. 생산에 방해되지 않는 조건 아래 계획적이고 단계적으로 1선을 조정한다. 이러한 결정은 경제 건설의 전략적 중점이 농업을 크게 발전시켜 인민 생활의 제고를 중심으로 하던 것에서 삼선건설을 가속화하고 국방실력의 증강을 중심으로 하는 전쟁 준비 궤도로 전환되었음을 상징한다.

5) 삼선건설의 전면적인 전개 및 "제3차 5개년三五" 계획의 제정

삼선건설에 관한 마오쩌둥과 중앙서기처의 정책 결정을 신속하게 수행하기 위해 국가계위와 국가건위國家建委, 국가경위國家經委는 업무를 분담했다. 그리고 서남과 서북 삼선건설 지휘부를 각각 만들어 삼선지역의 신규 건설, 확장 건설, 이전 건설 프로젝트의 계획 협조와 물자 공급을 담당하게 했다.

1964년 10월, 중공중앙은 『1965년 계획 강요―九六五年計劃綱要草案(초안)』

을 비준하고 하달하여 삼선건설의 총목표를 확정했다. 즉 많고 빠르며 좋고 아끼는 방법을 채택하여 종심 지역에 농업과 공업이 결합하고 국방과 농업을 위해 복무하는 비교적 완전한 전략적 후방기지를 만들고자 했다. 1965년 초부터 전국 각지의 건설 대오와 물자가 연이어 삼선지역에 집중되었다. 같은 해 여름, 삼선건설은 실질적으로 실시 단계에 진입하였으며 건설의 작은 고조가 나타났다.

삼선건설이 계속해서 전개되던 1965년 초, 마오쩌둥은 위추리 등 5명으로 구성된 "작은 계획위원회小計委"를 지명하여 국가계위의 업무를 실질적으로 주재하게 하고 전쟁 준비를 중심으로 하는 "제3차 5개년" 계획의 편제와 조정을 담당하게 했다. "작은 계획위원회"는 다음의 "제3차 5개년" 계획 방침을 제시했다. "전쟁에 입각하여 전쟁을 준비하는 것에서 출발하고 국방 강화를 제1순위에 놓는다. 삼선건설을 가속화하고 공업 분포를 바꾸며 농업을 발전시켜 먹고 입고 쓰는 문제를 대부분 해결한다. 기초공업과 교통운수를 강화하고 엉덩이를 안정적으로 놓으며 1선과 2선의 생산 잠재력이 발휘되게 한다. 목표와 중점이 있는 신기술을 적극적으로 발전시킨다."

마오쩌둥은 새로운 "제3차 5개년" 계획 방침에 비교적 만족스러워 했다. 6월, 그는 "제3차 5개년" 계획 편제 보고를 청취할 때 전쟁 준비를 강화하고 삼선건설의 수요를 가속화하는 것에서 출발하여 농업과 경공업, 중공업의 순서를 위배하고 먹고 입고 사용하는 것은 매년 조금만 늘리면 좋다고 제시했다. 다른 한편으로 그는 첫째가 사람이라면서 민심을 잃지 않도록 사람들을 너무 조여서는 안 된다고 강조했다. 둘째는 전쟁이고 셋째는 기근으로 계획은 이러한 3가지 요소를 고려해야 했다. 이전의 경험과 교훈에 근거하여 마오쩌둥은 말했다. 과거의 경험을 비추어 보면 빨리 하려고 하면 오히려 도달하지 못하므로 차라리 조금 적게 천천히 도달하는 것이 낫다. 객관적인 가능성에 근거하여 일을 처리해야 하며 절대 객관적인 가능성을 넘어서는 안 되고 객관적인 가능성에 따르더라도 여지는 남겨두어야 한다.

"작은 계획위원회"는 마오쩌둥의 지시에 따라 다시 한번 계획 방안을 수정하였다. 9월 "작은 계획위원회"는 『제3차 5개년 계획 배치 상황에 관한 보고 제강關於第三個五年計劃安排情況的彙報提綱』(약칭 『보고제강彙報提綱』) 및 3개의 첨부 문건을 중공중앙업무회의에 제출했다. 『보고 제강』은 1966년부터 1970년까지 "제3차 5개년" 계획의 방침과 임무를 아래와 같이 제시했다. 제3차 5개년 계획은 반드시 전쟁에 입각하여 대규모 타격 및 조기 타격을 준비하는 것에서 출발하고 적극적으로 전쟁을 준비한다. 국방건설을 제1순위에 놓고 삼선건설에 박차를 가하며 공업 분포를 점진적으로 변화시킨다. 농업 생산을 발전시키고 경공업을 상응하게 발전시켜 인민생활을 점진적으로 개선한다. 기초공업과 교통운수의 건설을 강화하고 1~2선의 생산 잠재력을 충분히 발휘하게 한다. 적극적이며 목표와 중점이 있는 신기술을 발전시켜 세계 선진 수준을 따라잡고 넘어서도록 노력한다.

『보고 제강』은 삼선의 국방건설을 뚜렷하게 강조하여 공업 분포를 바꾸는 데 중점을 두는 동시에 마오쩌둥의 여러 차례 지시에 따라 국민 경제를 발전시키는데 제시된 각종 주요 지표들에 비교적 커다란 여지를 남겨두었다.

"제3차 5개년" 계획의 주요 지표는 다음과 같다. 1970년 농업과 공업의 총생산액은 2,700억 위안에서 2,750억 위안으로, 1965년과 비교하여 55%에서 58% 늘어났으며 평균적으로 매년 9% 정도씩 증가했다. 이 가운데 농업 총생산액은 약 700억 위안에서 750억 위안으로 1965년과 비교하여 26%에서 35% 늘어났고 평균적으로 매년 5%에서 6%씩 증가했다. 공업 총생산액은 2,000억 위안으로 1965년보다 69% 증가했으며 평균적으로 매년 11%씩 증가했다.

1970년 농업과 공업 주요 생산품의 생산량 지표는 아래와 같다. 식량 4,400억에서 4,800억 근, 면화 4,400만에서 4,800만 단, 면사 900만 건件, 면포 75억 미터, 철강 1,600만 톤, 원탄 2.8억에서 2.9억 톤, 발전량 1,100억 kW, 원유 1,850만 톤, 화학비료 1,800만 톤, 농약 36만 톤, 공작 기계 6.5만

대, 자동차 8만에서 9만 대, 트랙터 2.36만 대였다.

이로써 8개월의 고된 노력을 거쳐 마침내 "제3차 5개년" 계획이 정식으로 공포되었다. "제3차 5개년" 계획은 기본적으로 당시의 국내외 정세에 적절히 대응하여 생산력 분포를 전면적으로 조정하고자 했다. 역사적 경험을 총결하는 것에서 출발하여 경제건설과 인민생활, 공업과 농업, 저축과 소비 등의 관계를 비교적 잘 처리하여 "4대 현대화"의 실현을 가속화하는 중요한 조치를 제시했다. 이에 대해 저우언라이는 "이 계획은 비교적 좀 더 구체적이고 실제적으로 만들어졌다. 이와 동시에 지난 10여 년 동안의 건설을 초보적으로 총결하였다. 그래서 비교적 좋은 계획이다"라고 평가했다.

6) "제3차 5개년" 계획의 달성

1966년은 본래 "제3차 5개년" 계획이 시작되는 해였지만 갑자기 닥쳐온 "문화대혁명"이 국가의 정치와 경제, 문화 생활의 각 방면에 맹렬한 충격을 가하여 사회 전체가 출렁이였으며 경제 운영이 매우 어렵게 되었다.

1967년과 1968년 공업생산이 연속 하락하여 국가는 극한의 어려움에 빠졌을 뿐만 아니라 "제3차 5개년" 계획 또한 완전히 물거품이 될 위험에 처했다. 저우언라이 등은 이러한 국면을 바로 잡겠다고 결심했다. 1969년 2월부터 3월까지 저우언라이의 지시에 따라 2년간 중단되었던 전국계획회의가 개최되었다. 회의에서는 "국방 공업, 기초 공업, 내지 공업內地工業의 건설을 대대적으로 강화해야 한다"고 강조하며 "제3차 5개년" 계획의 삼선건설에 대한 배치를 재천명했다.

중공중앙이 생산질서를 바로잡는 강력한 조치를 취하고 각지의 지도부와 경제 계획 부서가 복원되고 강화되며 심지어 군대가 파견되어 접관에 참여하여 기한 내에 정지된 "제3차 5개년" 계획의 중점 공정을 완성하도록 엄명하였기 때문에 경제 영역의 어려운 국면이 완화되었다. 그 후 중점 프로젝트 역시 다시 가동되었다.

1969년부터 국민경제가 완만하게 회복되기 시작하여 공업생산이 연속 하락하는 불리한 국면이 전환되었다. 1970년 국민경제는 계속해서 비교적 빠른 속도로 발전했다. "제3차 5개년" 계획 기간의 경제 성장은 그림 1-3에서 볼 수 있다. 1969년과 1970년 국민경제의 비교적 빠른 발전으로 "제3차 5개년" 계획이 규정한 각 항목의 지표 대부분이 달성되었다. 식량 생산량은 4,850억 근으로, "제3차 5개년" 계획 지표를 50억에서 450억 근까지 초과했다. 공업 생산품의 생산량도 대부분 계획을 달성했다. 원유 생산량은 3,000만 톤을 돌파하여 계획 지표를 60% 이상 초과했다. 공업과 농업의 총생산액은 계획 지표를 10.4%에서 14% 초과했다. 재정 수지는 5년 중 4년 동안 잉여금이 있었으며 5년 합계 잉여금은 10.5억 위안이었다.

"제3차 5개년" 계획이 배치한 삼선건설과 기타 중점 건설 프로젝트 또한 괄목할 만한 성과를 거뒀다. 1967년 첫 수소폭탄이 성공적으로 폭발했다.

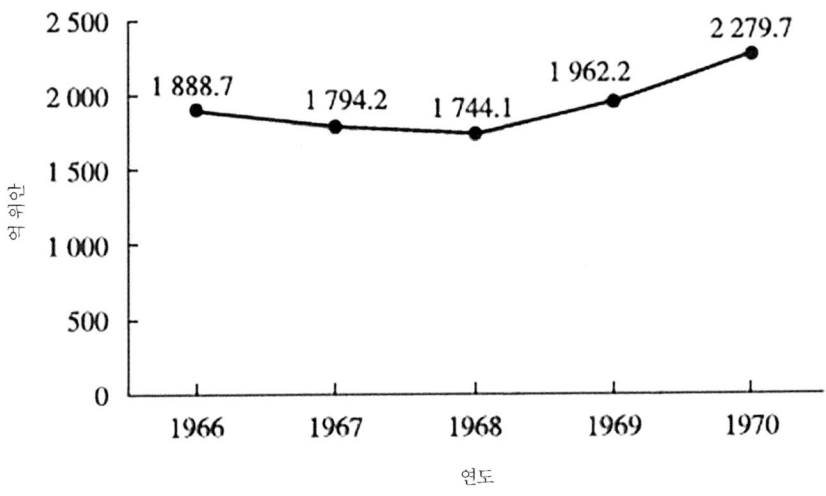

그림 2-3 "제3차 5개년" 계획 시기 국내 생산총액

1968년 성리유전勝利油田이 건설되어 생산에 들어갔고 난징창장대교南京長江大橋가 개통되었다. 1969년 바오청철도寶成鐵路 전철화 공정이 전개되었다. 1970년 인공위성이 우주로 보내졌으며 창장거저우댐長江葛洲壩 수리 시설 공정이 착공되었다. 5년 동안 삼선건설의 국방, 철강, 비철금속, 연료, 전력, 기계, 화학 등 공업 기지는 이미 대강의 규모를 갖추었으며 청쿤철도成昆鐵路, 샹첸철도湘黔鐵路, 샹위철도湘渝鐵路 등이 개통되었다.

엄중한 어려운 환경에서 "제3차 5개년" 계획이 이러한 성과를 거둘 수 있었던 이유는 다음과 같다. 첫째, 1960년대 초기의 경제 조정이 일정한 기초를 다졌다. 둘째, "제3차 5개년" 계획이 이전의 교훈을 받아들여 계획 지표가 비교적 합리적으로 배치되었다. 셋째, 저우언라이를 대표로 한 많은 간부들과 대중들이 끊임없이 노력하고 항쟁하였다.

6. "제4차 5개년" 계획 –
 "3개 돌파三個突破"와 두 차례 조정

매우 어려운 상황에서 중국 인민은 각고의 분투를 거쳐 "제3차 5개년" 계획을 완성했다. 1969년과 1970년의 경제 회복은 한편으로 인심을 진작시켰으나 다른 한편으로는 당시 역사적 조건에서 이러한 회복의 성격과 실제 상황에 대한 분명한 인식을 사람들에게 심어주지 못했다. 많은 사람들은 "혁명을 붙잡기抓革命"만 하면 "생산 촉진"이 가능하고 경제건설에 "새로운 약진"이 나타날 수 있다고 오해했다. 그들은 심지어 "공업과 농업 생산의 새로운 고조가 나타나고 있다"며, "문화대혁명"에 경제 회복의 공을 돌렸다.

이러한 국내외 배경 아래 "제4차 5개년" 계획이 편성되고 실행되면서 또다시 빠른 속도와 높은 지표를 맹목적으로 추구하는 현상이 나타났다.

1) 높은 속도와 지표의 맹목적 추구로 초래된 "3개 돌파三個突破"

1970년 2월 15일부터 3월 21일까지 전국계획회의가 개최되었다. 각 지역과 부문 및 11개 군구軍區의 대표들이 회의에 참가했다. 회의는 『1970년 국민경제 계획과 제4차 5개년 계획 국민 경제 계획 강요年國民經濟計劃和第四個五年計劃國民經濟計劃綱要草案(초안)』를 토론하고 기안하였으며 군수공업과 노동 임금, 기본 건설, 체제 개혁 등을 전문적으로 논의했다.

회의는 "제4차 5개년" 계획 기간의 국민 경제 발전 임무를 다음과 같이 제시했다. 전쟁 준비를 엄격하게 관리하고 역량을 집중하여 대삼선大三線의 막강한 전략적 후방을 건설하여 분포를 개선한다. 농업을 크게 발전시키고 농업 기계화 진전을 가속화한다. 철강, 군수 공업, 기초 공업, 교통 운수의 건설을 엄격하게 관리한다. 협력을 강화하고 대대적이고 종합적으로 이용하여 경공업과 방직공업을 적극 발전시킨다. 경제협력구經濟協作區와 특징적이며 서로 다른 수준을 갖춘 각각의 경제 체계를 만들어 각자 전투를 위해 힘껏 협력한다. 신기술을 힘껏 발전시켜 세계 선진 수준을 따라잡는다. 중국의 독립적이며 비교적 완전한 공업체계와 국민경제 체계를 초보적으로 건립하여 국민경제의 새로운 비약을 촉진한다.

회의와 "제4차 5개년" 계획의 강요(초안)는 3가지 특징을 나타냈다. 첫째, 많은 투자를 통해 빠른 속도와 높은 지표를 맹목적으로 추구했다. 5개년 합계 기본 건설 투자액은 1,200억에서 1,300억 위안으로 "제3차 5개년" 계획의 850억 위안보다 월등히 많았으며 공업의 연평균 성장속도는 12.8%로 규정되었다. 이러한 높은 계획 지표는 또 다시 각 지역과 부문으로 하여금 층층이 지표를 높게 수정하고 경쟁을 가중시켰다. 석탄 부문은 1975년 석탄 생산량 세계 1위로 도약하기 위해 노력할 것과 경공업 부문은 주요 경공업 생산품이 5년 내 2배로 늘어날 것을 다짐했다. 전력 부문은 1975년 발전 능력이 영국과 서독을 넘어설 것과 중공업 부문은 1975년 철강 생산량 4,000만 톤과 생산 능력 5,000만 톤을 제시했다. 하지만 1969년 전국의 철강 생산량은 단지 1,330만 톤에 불과했다. 이러한 지표와 목표는 당시 역사적 조건에서 명백하게 현실과 부합하지 않는 것이었으며 도달하기 어려운 것이었다. 둘째, 모든 재원과 물자를 아끼지 않고 전략적 후방을 건설하여 군사공업으로 국가 전체의 공업화를 이끌려고 시도했다. 셋째, 지역 공업 분포에 엄중한 불균형이 나타났다. 강요(초안)에서 대삼선의 건설 투자와 중대형 건설 프로젝트에 활용된 계획은 전국 계획 내 투자와 중대형 프로젝트의 절반 이상을 차지했다. 삼선 지역의 국방 과학기술 공업 투자는 연평균 25억 위안으로 계획되었고 "제3차 5개년" 계획 시기와 비교하여 48% 증가했다.

이밖에 이번 회의는 각 지역의 "작지만 갖춰진" 경제 체계를 발전시키고 관리 권한을 전면적으로 내려 보낼 것下放을 요구하며 지방 공업과 "다섯 가지 작은五小" 공업을 힘껏 발전시킬 것을 권장했다. 이번 회의 이후 각 지역과 부문이 집행 과정에서 무모하게 돌진하는 모습이 다시 나타나기 시작했다. 사람들은 앞다투어 프로젝트에 참가하였고 서로를 비교하기 시작했으며 국가 기본 건설 계획은 다시 한번 새로운 진전을 맞았다. 이러한 행동의 결과 1970년 생산 지표는 비록 증가했지만 결코 작지 않은 맹목성을 불러왔으며 숨겨진 폐해가 많이 발생했다.

1971년의 상황은 여전히 바뀌지 않고 있었다. "제4차 5개년" 계획 강요(초안)의 첫 해인 1971년의 주요 경제 지표는 모두 달성되었지만 높은 지표와 빠른 속도를 맹목적으로 추구하는 것은 국민경제 비례에 불균형 문제를 초래했으며 이러한 모순은 완전히 폭로되고 악화되었다.

이 시기의 국민경제에는 "3개 돌파"의 엄중한 국면이 나타났다. 즉, 직공職工 인원수 5,000만 명, 임금 지출 300억 위안, 식량 소비량 800억 근 등이 돌파된 것으로 이는 예정된 계획을 크게 초과하여 일련의 문제들을 유발했다. 1970년과 1971년의 기존 계획은 직공이 306만 명 늘어나는 것이었지만 실제는 983만 명 증가했다. 1972년 말 직공 인원수는 또다시 계획을 초과하여 183만 명을 모집했다.

"3개 돌파"가 가져온 문제는 아래와 같았다. 첫째, 국가 재원과 물자가 매우 부족해졌다. 둘째, 목표를 초과하여 모집한 직공은 농업 노동력 감소를 불러일으켰고 식량공급의 부족을 초래했다. 1972년 전국의 식량 부족 상황이 매우 심각해지자 부득이하게 비축 식량을 동원하고 식량 수입을 늘렸다. 셋째, 목표를 초과하여 직공을 모집하고 그들에게 임금을 지급해야 했기 때문에 화폐 발행량이 크게 늘어났다. 1971년과 1972년의 늘어난 화폐 발행 총액은 27.6억 위안으로 계획을 12.6억 위안 초과했으며 이는 물가에 매우 큰 압력으로 작용했다. 이에 대해 저우언라이는 "지폐 발행이 너무 많아 최대 경계선에 도달했다. 3개 돌파는 이 돌파만 못하다"고 엄숙하게 비판했다.

"3개 돌파"는 또한 경제의 엄중한 무질서와 효익 하락을 가져다 주었다. 고투자 고저축에 의존하여 중공업의 고속 성장을 보장하던 방법은 농업과 경공업의 발전 부족을 초래하였으며 인민 생활수준의 제고에 영향을 주었다. 단기간 내 대량의 주요 기업 관리권을 지방으로 너무 많이 그리고 빠르게 내려 보낸 것이 기존의 협력관계와 생산질서를 어지럽혔으며 새로운 질서가 제 때 만들어지지 않음으로 고투자로 얻는 것이 아니라 오히려 낮은 경제 효익과 투자 효과를 초래했다.

2) "과거에 할 수 있었던 것을 지금은 해내지 못하는가? 나는 이것이 참 괴롭다"

1971년 7~8월, 마오쩌둥은 남방 지역을 시찰하던 도중에 측근을 길거리로 보내 사회조사를 진행시켜 기층의 실제 상황을 이해할 기회를 얻었다. 파견되었던 실무자들은 힘들게 반나절 줄을 선 뒤에야 비로소 확실하게 양호한 바지 하나를 살 수 있었다고 보고했다. 마오쩌둥은 어떻게 바지 하나를 사는데 반나절 동안 줄을 설 수 있냐며 놀라워했다. 마오쩌둥은 저우언라이에게 왜 생산을 많이 할 수 없는지를 물었고 저우언라이는 우리는 그렇게 할 수 있는 기술이 없어서 생산을 할 수 없다고 답했다. 마오쩌둥은 재차 하나를 사는 것은 가능한지 물었고 저우언라이는 당연히 가능하다고 대답했다. 그렇지만 당시 정치적 환경에서 마오쩌둥이 주동적으로 제안하지 않았다면 다른 어떤 누구도 서방 선진 국가에서 플랜트 기술 설비를 수입해 오자고 결정할 수 없었다.

1971년 9월 린뱌오林彪가 도주한 "9·13" 사건 발생 이후 저우언라이는 중공중앙의 업무를 주재했다. 그는 극"좌" 사조 비판을 착안점으로 하여 기업 내 무정부주의 사조의 엄중함, 기율의 느슨함, 관리 혼란, 생산설비의 수리 등한시, 지식분자 차별, 각급 지도부의 생산관리에 대한 염려 등의 문제에 관하여 경제 정돈을 실시하고 통일 지도를 강화하며 규정 및 제도를 건전하게 하여 시장 발전을 촉진하고자 했다.

"9·13" 사건 전후, 국제 형세에도 새로운 변화가 발생했다. 1971년 7월 9일, 미국 국가안보보좌관 헨리 키신저는 비밀리에 중국을 방문하였는데 그는 미국 정부를 대표하여 미국은 더 이상 중국을 적으로 보지 않을 뿐만 아니라 고립시키지도 않을 것이라는 뜻을 나타냈다. 1972년 2월 21일 미국 닉슨 대통령이 중국을 방문하였고 미중은 『상하이 코뮈니케上海公報』에 공동으로 서명함으로써 25년의 상호 단절된 상황이 종식되고 양측의 관계 정상화가 실현됐다. 이와 동시에 중소 관계 또한 완화되기 시작했다. 상술한 외교 사건들은 중국의 전쟁 준비를 완화하는 방향으로 이끌었다.

1971년 12월 저우언라이는 전국 계획 회의에서 국가계위 및 위추리의 보고를 청취했다. 그는 중국의 기업이 매우 어지러운 상황이기 때문에 정돈을 해야 한다고 명확하게 지적했다. 또한 그는 "3개 돌파"가 국민경제의 각 방면에 가져온 일련의 문제를 주의하여 해결하지 않는 것은 잘못을 범하는 것이다"라고 말했다. 기업정돈과 관련된 저우언라이의 지시를 관철시키기 위하여 위추리 등은 『1972년 전국 계획 회의 기요(1972年全國計劃會議紀要)』를 기초하였으며 다음을 명확히 규정했다. 계획 통일을 강화하고 기업 관리를 정돈하며 간부와 노동자, 기술 인원의 정책을 구체화하여 무정부주의를 반대함으로써 생산품 품질을 제1순위에 놓는다. 기업관리에서 직책 책임, 근태, 기술 조작 규정, 품질 검사, 설비 관리와 유지 보수, 안전 생산, 경제 채산 등 7개 항목의 제도를 회복하고 건전하게 하며 생산량, 품종, 품질, 원자재와 연료 및 동력의 소모, 노동 생산성, 원가, 이윤 등 7개 항목의 지표를 잘 관리한다. 이번 회의는 생산회복과 경제발전을 요구한 절대 다수의 간부와 대중의 절박한 희망을 반영하였으며 생산의 회복과 발전 그리고 경제업무에서의 무정부주의를 반대하는데 힘써온 저우언라이의 오랜 염원이 구현되어 공업과 광업 기업이 정돈 업무를 심도 깊게 전개하는 근거가 되었다.

이후 저우언라이는 더 나아가 생산품 품질을 관리하는 것부터 시작하여 누구도 책임지지 않고 규정과 제도가 없는 경제 영역의 혼란한 국면을 전환시키고자 노력했다. 1971년 12월 그는 항공 공업 생산품 품질에 관한 보고를 청취할 때 항공 계통의 각급 주요 지도부가 직접 생산품 품질을 관리하고 합리적인 규정 및 제도를 회복할 것을 요구했다. 그는 비행기 한대의 품질이 좋지 못하면 내 마음 또한 불안하다. 나는 책임이 있기 때문에 그것을 짊어져야 한다고 흥분하며 말했다. 또한 그는 무릇 자본주의 국가의 물건이 모두 좋지 않다고 생각되지는 않는데 왜냐하면 그 물건들 역시 노동자 인민이 창조한 것이기 때문이다. 우리가 뭐든지 할 수 있다고 생각해서는 안되며 외국의 물건을 비판적으로 학습해야 한다고 말했다. 이후 저우언라이는 비행기와 자동차 등 생산품의 품질 문제에 대하여 여러 차례 의견을 나타내고 지시를 내려 유관 기업이 경계심을 갖고 문제를 해결하도록 경고했다.

저우언라이는 비행기와 자동차 등 "대형" 공업 생산품 이외에, 캔, 셔츠, 카메라 등 "소형" 생산품의 품질도 늘 염두에 두고 있었다. 1972년 봄, 일용품을 생산하는 일부 국내 공업기업에서 품질 문제가 나타났을 때 저우언라이는 매우 불안해하며 다음과 같이 비판했다. "우리 수출량은 많지 않은 반면 품질은 너무 뒤떨어진다. 이것을 어떻게 국가와 인민 그리고 영수에게 설명하겠는가?", "왜 타이완은 할 수 있는데 우리는 할 수 없는가? 과거에 할 수 있었던 것을 지금은 해내지 못하는가? 나는 이것이 참 괴롭다", "우리는 기본적인 것만 자급할 수 있을 뿐이지 완전히 자급한다고 말할 수 있는가? 수입이 필요한 것은 수입을 해야 한다!", "생산품의 품질이 안정적이지 못한 것은 규정 및 제도의 집행이 나쁘기 때문이다. 규정과 제도, 공예 과정을 잘 준수해야만 한다", "지금은 감히 관여할 수 없을 정도로 무정부주의가 범람하여 지도기관이 말도 감히 할 수 없다."

국민경제 영역의 기타 문제들에 대하여 저우언라이는 조사를 지도했다. 1972년 6월 국무원이 내놓은 문건은 직공 증가를 엄격하게 통제하고 임금 및 기금 관리를 강화할 것을 요구하며 다음을 규정했다. 국무원의 비준을 거치지 않은 직공의 신규 증원은 계획을 초과할 수 없다. 무릇 비준을 거치지 않고 계획을 초과하여 직공을 모집하고 임금이 증가하여 정책을 위배하였다면 은행은 지불을 거절한 권리가 있으며 이를 상급에 보고한다. 이와 동시에 국가는 목표를 초과하여 모집된 직공의 일부를 농촌으로 되돌려 보낸다. 8월 국가계위 당조는 중공중앙에 『당면한 국민 경제의 몇가지 문제에 관한 보고 關於當前國民經濟中幾個問題的報告』를 송달하였다. 보고는 전쟁 준비를 국민 경제의 제1순위에 두었던 과거의 제시 방법을 바꾸고 농업을 최우선 순위에 두었으며 또한 삼선 지원을 1~2선의 "주요 임무"로 제시했던 것을 "중요 임무"로 바꾸었다. 보고는 기본 건설 전선이 너무 길고 직공 인원수가 과다 증가하는 당면 문제에 대해 아래의 조치를 채택할 것을 건의했다. 농업을 국민경제의 최우선 순위에 놓고 1972년의 기본 건설 계획을 재검토한다. 직공 인원수를 엄격하게 통제하고 생산품의 품질 제고를 노력한다. 물자 소비를 낮추고 당의 정책을 서둘러 실행한다.

1년 여의 힘들고 어려운 업무 기초 위에서 1973년 2월 저우언라이의 지시 정신에 따라 국가계위는 식량 소비량과 임금 총액, 직공 인원수가 국가계획을 넘어서는 엄중한 문제를 해결하고자 구체적 조치를 연구하고 제정했다. 첫째, 농업을 힘껏 강화하고 식량 비축을 늘린다. 농업에 대한 공업의 지원이 잘 이루어지게 하고 농업 기계화의 속도를 가속화한다. 농업을 지원하는 철강재는 반드시 실행되어야 하며 강제로 점용되어서는 안 된다. 둘째, 기본 건설 전선을 단축한다. 1973년 기본 건설 투자는 예산 내에서 원래 281억 위안으로 배정되었으나 270억 위안으로 11억 위안이 줄어들었다. 셋째, 국방과 행정 지출을 줄인다. 넷째, 직공을 간소화한다. 1973년에는 인원을 모집하지 않고 단 하나의 노동지표 또한 제시하지 않는다. 이직, 제대 군인, 전문대학 졸업생만 배정한다. 기본 건설의 농민공과 현급 이하 기업의 직공은 줄일 수 있는 만큼 줄인다. 며칠 후 국가계위는 관련 상황을 저우언라이에게 보고했고 저우언라이는 흥분하며 다음과 같이 말했다. "국민경제는 비례에 맞게 발전해야 하는데 현재는 어떤 비례조차도 없다!", "직공 인원수, 임금 총액, 식량 소비량 등 3개 항목 모두 계획 수치를 넘어섰다. 작년에 내가 이 문제를 이야기했는데 관리되지 못했다. 확실히 제멋대로인 상황이다", "3개 돌파 뿐만 아니라 화폐 발행량 또한 계획을 넘어섰다."

조치가 효과가 있었기 때문에 일정 기간의 노력을 거쳐 "3개 돌파" 문제는 마침내 점진적으로 해결되었다. 1973년 기본 건설 투자 규모 및 직공 인원수, 임금 총액, 화폐 발행을 엄격하게 통제하였기 때문에 국민 경제 계획의 각 항목 주요 지표들은 모두 달성되거나 초과 달성되었다. 농업 총생산액은 1972년보다 8.4% 늘어났으며 공업 총생산액은 9.5% 증가했다. 공업과 농업의 비례 관계가 불균형했던 엄중한 상황은 완화되었고 재정 수지가 균형을 이루어 약간의 잉여액이 있었다.

3) "사회주의 건설은 생산과 기술을 잘 해내야 한다"

저우언라이가 지도한 극"좌" 사조 비판과 경제질서를 정돈하는 조치는 광범위한 대중의 옹호와 지지를 받았지만 장칭江靑의 반혁명집단으로부터 질투와 원망, 공격을 받았다. 1974년 초 장칭의 반혁명집단은 "우경 재고조 右傾回潮"를 반격하고 "비림비공批林批孔"운동을 일으켜 저우언라이 등이 직접 지도하여 막 안정된 국면에 또다시 혼란이 발생했고 전국 경제는 엄중한 하락세를 나타냈다. 1974년 1월부터 5월까지 석탄 생산량은 1973년 동기 대비 6.2% 감소했으며 철도 화물 운송량은 2.5%, 철강 생산량은 9.4%, 화학 비료는 3.7% 줄어들었다. 1974년 전국 공업과 농업의 총생산액은 1973년과 비교하면 단지 1.4% 증가했다. 이 가운데 공업 총생산액은 0.3%만 늘어났으며 생산 증가속도는 확연히 낮아졌다. 재정 수지는 1973년과 비교하여 5억 위안 감소하였고 지출은 25억 위안 늘어났다. 인민생활은 심각한 영향을 받았으며 상품 공급은 나날이 부족했다. 부식품, 면포, 과자류 심지어 성냥의 공급량까지 모두 낮아졌다.

이때 마오쩌둥은 국민경제를 발전시키고자 하는 강렬한 희망을 분명히 나타냈다. 1974년 그는 외빈을 접견한 후 국민경제 상황에 관한 리셴녠의 보고를 청취하는 중간에 "국민경제를 끌어올려야 한다"고 당부했다. 그후 리셴녠은 중공중앙정치국 회의에서 마오쩌둥의 의사를 전달했다. 안정적으로 단결하고 국민경제를 끌어올리는 것과 관련된 마오쩌둥의 지시에 따라 1975년 1월 개최된 제4기 전국인민대표대회 제1차 회의는 국민경제의 발전과 현대화 건설 목표를 비교적 두드러지게 제시했다. 회의는 "4대 현대화"의 위대한 목표를 다시 명확히 하였으며 "우리는 1975년 제4차 5개년 계획을 완성 혹은 초과 달성하고" "다시 20여 년의 시간을 사용하여" "이번 세기 내에 중국을 사회주의 현대화 강국으로 건설해야 한다"고 제시했다.

1974년 말부터 1975년 초까지 또 다른 중요한 일은 바로 마오쩌둥의 제의를 거쳐 덩샤오핑이 국무원 제1부총리와 중공중앙 군사위원회 부주석 겸 해방군 총참모장, 중공중앙정치국 상무위원, 중공중앙 부주석을 차례로 맡은 것이다. 제4기 전국인민대표대회 제1차 회의는 저우언라이와 덩샤오핑을 핵심으로 하는 국무원 지도부 인선을 확정했다. 이들 인사의 임명은 덩샤오핑이 국무원의 업무를 주재하기 위한 조직 기초를 다진 것이었다.

1975년 2월 저우언라이는 병세가 가중되었다. 마오쩌둥의 동의를 거쳐 덩샤오핑은 국무원의 업무를 주재하기 시작했다. 위험하고 어려운 상황에서 임명된 덩샤오핑은 안정적으로 단결하고 국민경제를 끌어올리는 것과 관련된 마오쩌둥의 지시에 근거하고 마오쩌둥과 저우언라이의 지지와 예젠잉葉劍英, 리셴녠 등의 협력으로 동란에서 벗어나 경제회복과 발전을 가속화하는 것과 관련된 일련의 조치를 제시하여 당시 역사적 조건에서 진행할 수 있는 모든 노력을 기울였다. 그는 마오쩌둥의 지시에서 언급된 "요점編"의 관점으로 각종 회의에서 수차례 전당이 대국大局을 논해야 한다고 강조하며 다음을 분명하게 나타냈다. "전당은 현재의 대국을 많이 이야기해야 한다. …… 중국을 현대 농업, 현대 공업, 현대 국방, 현대 과학 기술을 갖춘 사회주의 강국으로 건설한다. 전당과 전국은 이러한 위대한 목표를 위해 분투해야만 한다. 이것이 바로 대국이다." 그는 또한 확고하게 말했다. "현재 일부 동지들이 혁명만 붙들려 하고 생산은 붙들려 하지 않으며 '혁명은 붙들면 보험이지만 생산은 붙들면 위험하다'고 말한다고 한다. 이것은 크게 틀린 것이다. …… 당면한 문제에는 명확한 정책이 있어야 한다. 대국에서 출발하고 문제 해결을 미뤄서는 안 된다. 어느 해까지 미뤄둘 것인가? 사회주의를 하는데 어떻게 기다릴 수 있겠는가?"

덩샤오핑은 경제 영역의 정돈에서 먼저 철도 부문의 정돈을 혼란스러운 국면 전환의 돌파구로 삼았다. 중공중앙이 철도운수 문제 해결을 위해 개최한 회의에서 그는 다음과 같이 말했다. "현재 생산의 형세는 어떠한가? …… 작년 한 해의 공업생산 상황은 좋지 못했다. 올해는 제4차 5개년 계획의 마지막 1년으로 생산이 다시 좋지 못한다면 틀림없이 제5차 5개년 계획의 실행에 영향을 줄 것이다. 우리는 반드시 이러한 형세를 예견하고 이 문제를 진지하게 다잡아야 한다." 어떻게 국민 경제를 끌어올릴 것인지를 이야기하면서, 그는 다음을 강조했다. "분석 결과 현재 박약한 고리는 철도이다. 철도운수 문제가 해결되지 않으면 생산배치가 모조리 혼란에 빠지고 전체 계획이 물거품이 될 것이다." 철도 문제를 해결하기 위하여 그는 집중 통일 영도를 강화하고 필요한 규정과 제고를 만들며 조직성組織性과 기율성紀律性을 증강하고 파벌성派性을 반대해야 한다고 주장했다. 덩샤오핑의 지시 정신에 따라 철도부 부장 완리万里는 "안전과 정시, 장애 없는 원활함, 사통팔달, 선행역할 이행"의 요구 사항을 제안하고 철도 계통의 대대적 정돈을 단행했다. 1975년 4월말까지 철도 부문의 정돈이 효과를 보기 시작했고 전국 20개 철도국이 19개의 계획을 초과 달성했다. 전국 철도의 일평균 적재차량은 53,700여 량에 달했으며 이는 2월과 비교하여 10,000여 량 더 많은 것이었다. 석탄의 일일

적재차량은 17,800여 량으로 5년 중 처음으로 생산계획을 달성했다.

철도 정돈의 초기 성과 이후 덩샤오핑은 그 시선을 다른 계통으로 옮겼다. 그는 철도운수가 신속하게 호전된 것이 각 업종에 매우 크게 영향을 주고 움직이게 할 것이라고 생각했다. 그리고 그는 국무원 회의에서 철도가 통하고 나니 야금과 전력 등 각 업종의 문제가 나타났으며 각 부문은 어떻게 업무를 진행하여 오래되고 커다란 문제를 해결할 것인지 스스로 생각해 보아야 하고, 다음 중심 업무는 철강 문제를 해결해야 한다고 강조했다.

1975년 첫 4개월 동안 전국 철강 생산은 임무를 완성하지 못하여 195만 톤의 철강 생산이 미달되었다. 5월 덩샤오핑이 주재한 국무원 판공회의에서는 철강 정돈 문제가 토론되었다. 덩샤오핑은 "나는 철강 생산 문제를 해결할 때가 되었고 해결할 수 있는 조건도 마련되었다고 본다. 각 업종이 모두 그것을 지지해야만 한다. 현재 문제는 대담하게 중앙의 지지를 받아들일 수 있는가, 중앙의 이번 지시 요구에 따라 일을 처리할 수 있는가 하는 것이다. …… 대담하게 당의 원칙을 견지하고 타도되는 것을 두려워하지 않는 정신을 가지며 대담하게 책임을 감당하여 투쟁하는 사람들이 지도부에 들어와야 한다. …… 대담한 것을 최우선 신조로 삼아야 한다. …… 사회주의 건설을 하려면 생산도 하고 기술도 있어야 한다"고 주장했다. 며칠 후 덩샤오핑은 철강 문제를 해결하기 위한 4가지 조치를 추가로 제시하였다. 6월부터 중공중앙은 철강 공업을 확실히 끌어올리기 위해 철강부문에 대한 지도력을 위에서부터 아래까지 강화했다. 정돈을 거쳐 안산철강공사, 우한철강공사, 타이위안철강공사 등 중점 기업의 생산 상황이 호전되기 시작했다. 6월에 이르러 전국 철강의 일평균 생산량은 72,400톤에 달했으며 연간 2,600만 톤 철강 계획의 일평균 생산 수준을 초과하여 부족한 생산 부분을 보충하기 시작하였다. 다른 공업 부문 또한 정돈을 시작했고 생산 상황이 분명하게 호전되었다.

재정 정돈은 철도 정돈과 철강 정돈이 맞물려 작용하는 것으로 경제상황을 전반적으로 바로 잡는 중요한 분야였다. 1975년 초부터 신임 재정부 부장

장징푸張勁夫는 재정 정돈에 착수하여 유관 기구와 제도를 회복하고 대량의 업무 인원을 소환하기 시작했다. 4월, 재정부는 전국세무업무회의를 개최하여 세수 작용을 발휘하고 세수 관리를 강화하며 납세 기율을 엄중히 하여 빈틈을 결연히 막고 국가 재정수입을 수호할 것을 강조했다. 8월, 재정부와 중국인민은행은 국무원의 요구에 따라 『재정 금융 정돈에 관한 의견』을 기초하기 시작하여 공업과 농업 생산의 발전 촉진, 재정 수입 조정, 재정 지출 절약, 기업 손실의 신속한 전환, 기본 건설 지출 관리 강화, 신용 관리 강화, 화폐 발행 통제, 재정과 신용 관리 체제 개선, 엄격한 재정 기율 등의 문제를 강조했다. 『재정 금융 정돈에 관한 의견』은 당시 생산이 파괴되고 자금이 지나치게 분산된 상황에 대하여 재정자금의 적절한 집중을 요구하고 국가의 재정 방침 정책, 국가 예산, 세법 세율, 전국적인 지출 기준, 기업 기금의 유보금 비율, 생산 원가와 상품 유통 비용의 지출 범위 등을 모두 중앙에서 통일적으로 규정한다고 강조했다. 그리고 1976년부터 성, 시, 자치구의 재정 수지 권리와 책임을 강화하여 "수입과 지출을 확정하고 수입과 지출을 연동시켜 총액을 나누는데 1년에 1차례 제정"하는 재정 체제의 실행을 제안하였다. 재정 정돈의 효과는 뚜렷하여 수 많은 공업 부문과 상업 부문이 사회주의는 저축하고 기업은 경제 효익을 중시해야 한다는 관념을 세우기 시작했으며 많은 기업이 잇달아 관리를 중시하고 손실을 이윤으로 전환하고자 노력했다.

덩샤오핑의 지도와 지원 아래 국방 과학 기술의 정돈도 동시에 진행되었다. 신임 국방과학기술위원회 주임 장아이핑張愛萍은 정돈 업무를 확고히 전개하고 각급 업무 기구를 복원하여 계속해서 8년간 심각한 혼란에 빠졌던 국방과학기술위원회의 과학연구와 생산을 몇 개월 내에 모두 정상 궤도에 올려놓았다. 군사공업에서는 400여 개의 중점 기업이 지도부 조정과 생산품 품질 대검사를 실시하여 과학 연구, 생산 질서가 호전되었다. 특기할 만한 것은 1975년 하반기부터 국방과학기술 전선이 연속해서 좋은 성과를 거두기 시작했다는 것이다. 7월 첫 인공위성이 성공적으로 발사되었고 11월 회수식 원격

인공위성을 성공적으로 발사하여 중국이 미국과 소련에 이어 3번째로 위성을 회수하는 기술을 가진 국가가 되었으며 12월에도 인공위성을 성공적으로 발사했다.

덩샤오핑이 지도한 철도 정돈, 철강 정돈, 재경 정돈, 국방과학기술 정돈은 경제 영역의 혼란한 국면을 바로 잡았으며 많은 간부들과 대중들이 대담하게 생산과 업무를 장악하도록 하여 좋은 제도와 조치가 많이 회복되고 국민경제에 양호한 발전의 추세가 나타내도록 만들었다. 1975년 하반기에는 덩샤오핑이 경제발전 문제를 전반적으로 연구할 것을 제안하기도 했다. 전체 공업이 존재하는 분산되고 혼란스러운 문제에 대하여 7월 중순 국무원은 『공업 발전을 가속화하는 것에 관한 몇가지 문제關於加快工業發展的若干問題』 (약칭 "공업 20조工業二十條")의 기초를 국가계위에 위탁했다. 8월 "공업 20조" 문건을 토론할 때 덩샤오핑은 7가지 지도적 의견을 제시하였다. 첫째, 농업을 기초로 하며 농업에 봉사하는 사상을 확립한다. 둘째, 새로운 기술과 설비를 도입하여 수출입을 확대한다. 셋째, 기업의 과학연구 업무를 강화한다. 넷째, 기업 관리 질서를 정돈한다. 다섯째, 생산품 품질을 관리한다. 여섯째, 규칙과 제도를 회복하고 건전하게 한다. 일곱째, 노동에 따른 분배 원칙을 견지한다. "공업 20조"는 비록 마지막에 공식적으로 내려지지는 못했지만 그 주요 정신은 점차 전면적인 정돈에서 관철되어 공업 정돈에 매우 긍정적인 영향을 미쳤다.

4) 우여곡절 끝에 달성한 "제4차 5개년四五" 계획

1975년 덩샤오핑이 지도한 전면적인 정돈은 뚜렷한 성과를 거두었고 국민경제는 침체와 하락에서 신속하게 반등했다.

1975년 전국 공업 및 농업 총생산액은 비교 가능한 가격으로 계산하여

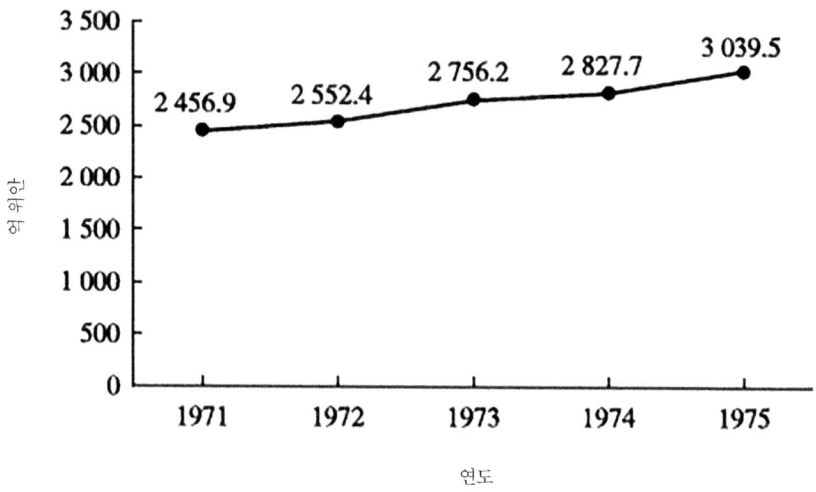

그림 2-4 "제4차 5개년" 계획 시기 국내 생산총액

전년 대비 11.9% 증가했다. 식량 생산량은 5,690억 근으로 전년보다 3.36% 늘어나 사상 최고 수준을 기록하였다. 철강 생산량은 2,390만 톤으로 전년보다 13.16%, 원탄 생산량은 4.82억 톤으로 전년보다 16.71% 증가했다. 원유 생산량은 7,706만 톤으로 전년보다 18.83%, 발전량은 1,958억 kw에 달하여 전년보다 17.39% 늘어났다. 철도 화물 운송량은 8.9억 톤으로 전년보다 12.9%, 수입은 815.6억 위안으로 전년 대비 32.5억 위안 증가했다.

1975년은 "제4차 5개년" 계획을 완성하는 마지막 해였다. 이 연도의 공업과 농업 총생산액은 "제4차 5개년" 계획에서 요구한 101.7%를 달성했으며 그 중 농업은 104.5%, 공업은 100.6%를 달성했다. 주요 생산품의 생산량은 식량 103.5%, 면화 96.5%, 철강 79.7%, 원탄 109.5%, 원유 110.1%, 발전량 103.1%였다. 예산 내 기본 건설 투자는 101.6%, 재정수입은 98%를 달성했다.

"제4차 5개년" 계획 시기는 국민경제 발전이 우여곡절을 겪었지만 각 방면의 정돈을 거치며 일부 중요 영역에서 사회주의 건설의 일정한 진전을 이루었고 독립적이고 비교적 완전한 공업체계와 국민경제 체계를 만드는데 중요한 역할을 했다(그림 2-4 참조). 1975년 공업과 농업의 총생산량은 1970년에 비해 42.7% 증가했다. 미중 양국 관계는 정상화를 향해 나아가기 시작했으며 유엔에서 중화인민공화국의 모든 합법적 권리가 회복되었다.

　이 시기에 시공된 중대형 건설 프로젝트는 2,579개였으며 이 중 700여 개가 모두 건설되었다. 이와 동시에 국무원은 국가계위의 『설비 수입 증대와 경제 교류 확대에 관한 요청 보고』를 비준하여 플랜트 설비와 단일기기를 국외에서 대규모로 도입하고 우한철강공사의 1.7m 압연기, 베이징석유화학총공장, 랴오양석유화학섬유공장 등 다수의 중점 프로젝트 시공 및 건설에 착수하기로 확정했다. 청쿤철도, 샹첸철도, 샹위철도, 판즈화철강공장, 중국제2자동차제조공장中國二汽, 류자샤수력발전소劉家峽水電站 등 주요 프로젝트는 괄목할 만한 성과를 거두었다. 대륙간 로켓의 첫 비행 실험은 기본적으로 성공적이었으며 많은 수확을 가져다 주는 인디카 잡종 벼의 실험 성공과 남부 13개 성 보급 등 주요 과학 기술 성과는 광범위한 영향을 끼쳤다.

　"제4차 5개년" 계획이 완성될 수 있었던 것은 1972년 저우언라이周來來가 지도한 극"좌" 사조 비판과 1975년 덩샤오핑主持小平이 주재한 전면적인 정돈과 매우 밀접한 관계가 있다. 1972년을 전후하여 저우언라이의 지도 하에 경제 조정을 거치면서 "3개 돌파"로 인한 불리한 영향은 거의 해소되었다. 1975년 덩샤오핑의 대대적인 정돈 업무 전개로 파괴되었던 사회경제 질서는 점차 회복되었다.

7. 위대한 역사적 전환점을 경험한 "제5차 5개년" 계획

"제5차 5개년" 계획의 제정은 1974년 시작됐다. 연초, 국가계위는 국무원에 장기적인 계획 수립에 관한 보고를 제출하였다. 1975년 국민경제를 전면적으로 정돈하는 과정에서 덩샤오핑은 멀리 앞을 내다보고 장기적인 계획을 세우는 업무를 시작했다. 11월, 전국계획회의는 국가계위가 기안한 『국민경제 발전 10년 규획 요점發展國民經濟十年規劃要點』을 논의했다. 12월, 중공중앙정치국과 국무원의 토론과 수정을 거쳐 『국민 경제 발전 10년 규획 강요發展國民經濟十年規劃綱要草案(초안)』(약칭 "10년 강요")가 만들어졌다. "제5차 5개년" 계획은 독자적인 텍스트가 없었고 전체 내용이 "10년 강요"에 포함되어 있었다. "10년 강요"는 당시의 역사적 조건에서 동란으로 고통을 겪은 절대 다수의 간부와 대중이 "4대 현대화"를 실현하고자 하는 결의와 미래상을 반영했다. 그러나 "우경 복권 풍조 반격反擊右傾翻案風" 운동과 1976년 장칭 반혁명집단을 분쇄하기 위한 투쟁으로 인해 "10년 강요"와 "제5차 5개년" 계획은 모두 정식으로 하달 및 집행되지 못했다.

1) 엄중한 경제적 충격을 받은 1976년

1975년 말에 제정된 "10년 강요"는 "제5차 5개년" 계획에 다음의 사항들을 요구했다. 비교적 안정되고 견고한 농업 기반을 만들어 식량 생산량을 1975년과 비교하여 16%~25%, 면화 생산량을 18%~24% 늘린다. 비교적 풍부하고 다채로우며 국내시장과 대외무역 수요에 알맞은 경공업을 만들어 면사 생산량을 1975년과 비교하여 26% 늘린다. 비교적 발달된 중공업을 건설하여 철강 생산량을 1975년보다 58%, 석탄을 30%, 석유를 95%, 발전량을 60% 늘린다. "제5차 5개년" 계획 기간 공업과 농업의 총생산량은 연평균

7.5%~8.1% 늘린다. 1980년까지 독립적이고 비교적 완전한 공업체계와 국민경제 체계를 만든다.

1976년은 본래 "10년 강요"가 집행되는 첫 해였다. 그러나 연초 "우경 복권 풍조 반격" 운동이 더욱 거세지고 그 창끝이 덩샤오핑을 가리키게 되면서 더 이상 중공중앙의 업무를 주재할 수 없게 되었다. 1월 28일, 마오쩌둥은 화궈펑華國鋒에게 중공중앙의 일상 업무 주재를 제의하였다. 2월 2일, 중공중앙의 통지에 따라 화궈펑은 국무원 총리대리代總理에 임명되었다. 이때부터 화궈펑은 중공중앙과 국무원의 일상 업무를 동시에 주재했다

당시 "4인방"의 고취와 추동으로 "우경 복권 풍조 반격" 운동이 전국적에서 강행되었고 1976년은 생산 건설의 파괴가 극심했던 한 해가 되었다. 당시 국무원 부총리로 국가계위 업무를 주재하던 구무谷牧는 1976년 5월 31일자 일기에 "4인방"이 경제업무에 충격을 주는 행위에 대하여 다음의 세부 내용을 기록했다. 그날 밤 중공중앙정치국이 구무의 계획 조정 업무 보고를 청취할 때 구무는 회의장에 일찍 도착해 있었다. 장칭은 그를 보자마자 "왜 수입한 화학비료 설비를 다칭大慶에 두는가? 그건 헐어 버려야 한다!"라고 도발했다. 구무는 "그건 내가 정한 것이 아니다. 헐어 버리려면 정치국에서 결정해 달라고 요청해라!"라고 응수했다. 장칭은 계속 떠들어대면서 구무에게 외국을 추종하는 사상洋奴思想이 있는 것이 아닌지 따졌고 구무는 이를 엄숙하게 부인했다. 이때 이미 총리대리를 맡고 있던 화궈펑이 회의장에 들어와 상황을 보고 다가와 "무슨 말다툼을 하느냐?"고 물었다. 구무가 상황을 설명하자 화궈펑은 "이건 마오 주석이 승인한 것이다!"라고 말했다. 그러자 장칭은 비로소 말을 멈추었다. 뒤이어 장춘챠오張春橋가 장칭을 대신하여 말했다. "나는 당신들의 이 방법을 반대한다. 걸핏하면 마오 주석으로 우리를 압박한다!"

1976년 "우경 복권 풍조 반격" 운동의 충격으로 수많은 지역의 교통 체증이 심각했고 공업 및 광업 기업 다수의 생산 질서가 재차 혼란스러워 계획 지표는 달성되기 어려워졌다. 연간 공업 및 농업 총생산량은 전년 대비 1.7%

증가에 머물렀고 계획이 요구한 7%~7.5%보다 훨씬 낮았다. 이 가운데 농업은 2.5% 증가하여 계획보다 4%, 공업은 1.3% 늘어나 계획보다 8.2%~9% 낮았다. 절대다수 주요 생산품의 생산량이 계획을 완성하지 못했다. 식량 생산량은 5,726억 근으로 계획의 99%, 면화는 4,111만 단으로 계획의 79%에 머물렀으며 철강은 2,046만 톤으로 계획의 79%에 그쳤고 심지어 1971년 수준보다 낮았다. 원탄은 48,300만 톤으로 계획의 101%, 원유는 8,710만 톤으로 계획의 하한 지표를 달성했다. 발전량은 2,031억 kW로 계획의 96%, 면사는 1,080만 건으로 계획의 88%, 철도 화물량은 82,116만 톤으로 계획의 91%에 그쳤다.

1976년 기본 건설 투자는 총 359.5억 위안으로 전년보다 32.8억 위안 감소하였고 건설 프로젝트의 생산 투입률은 5.7%에 불과하여 역사상 투자 효과가 가장 나쁜 연도 중 한 해였다. 연간 재정적자는 29.62억 위안이었다. 전국 공업, 교통운수업, 상업 기업의 손실액은 113억 위안, 식량 손실액은 50억 위안에 달했다. 전국 1인당 곡물 소비량은 380.56근에 불과하여 1952년 395.34근 수준보다 훨씬 낮았다.

지역적으로 볼 때 국가의 중요한 공업 기지였던 상하이의 공업 설비 양호율은 겨우 60% 정도에 불과했다. 정저우鄭州철도국에는 연중 12건의 대정체가 발생하여 연중 1,100만 톤에 가까운 석탄을 적게 운반했고 이는 12개 성시에 석탄과 전기 부족, 공장 조업 중단을 초래하였다. "천혜의 지역天府之國"인 쓰촨과 "수산물과 식량이 풍부한 지역魚米之鄕"인 저장 모두 식량을 많이 생산하는 성에서 국가가 대량의 곡물을 되팔아야 하는 성으로 바뀌었다.

1976년의 경제 혼란은 1975년의 정돈 성과를 하루아침에 무너뜨렸다. 예젠잉은 일찍이 구무를 집으로 불러놓고 라디오를 틀어 엄호하면서 경제형세에 관한 보고를 들은 적이 있었다. 이를 청취한 예젠잉은 우려하며 "문제가 심각하다! 손실을 가능한 최소화하는 수 밖에 없다. 당신의 책임이 막중하다!"고 말했다. 상술한 내용을 통해 "4인방"과 "우경 복권 풍조 반격" 운동이 국민경제에 얼마나 심각한 파괴를 초래했는지 알 수 있다. 각 항목의 업무가 모두 정상 궤도에 오르지 못하면서 "10년 강요"와 "제5차 5개년" 계획을 수정하는 업무 또한 잠정 중단됐다.

2) "4인방" 분쇄와 새로운 "약진" 계획의 형성

1976년 9월, 마오쩌둥毛澤東의 사망은 온 나라를 비통에 빠뜨렸다. 이때, "4인방"은 오히려 당과 국가의 최고 지도권을 탈취하려는 음모 활동을 서둘렀다. 위급한 상황에서 화궈펑, 예젠잉, 리셴녠, 왕둥싱汪東興 등은 신중하게 고려하며 반복적으로 상의하고 중앙정치국 구성원 다수의 동의를 얻어 "4인방"에 대한 격리 심사 조치를 과감하게 채택하여 일거에 장칭 반혁명집단을 분쇄했다.

"4인방"의 몰락과 "문화대혁명"의 종식에 따라 중국 인민의 오랫동안 억눌려온 생산 적극성과 "4대 현대화"를 실현하기 위해 분투하겠다는 의지는 마침내 풀려났으며 조업을 중단한 수 많은 공장들이 잇달아 생산을 회복하였다. 중공중앙은 국내 정치 국면을 안정시키는 동시에 생산 정돈과 회복에도 진력했다. 1977년과 1978년 중국은 국민경제와 사회발전이 혼란에서 양호한 상황으로 바뀌는 전환기에 접어들었다.

"문화대혁명"이 막 끝났을 때 "4인방"이 조성한 경제질서 혼란과 탕산대지진唐山大地震의 파괴 때문에 공업 생산, 교통운수, 재정 수입이 모두 큰 영향을 받았고 국가 재정 상황은 매우 어려웠다. 이로 인해 중공중앙과 국무원은 먼저 지출을 줄이고 투자를 축소하며 자금과 물자의 압력을 경감하고 제한된 자금이 생산 건설 영역에 투입되는 것을 보장하는데 전념했다. 1977년 3월 국무원은 국가계위 등 부문에 사회 집단 구매력의 단호한 감축과 엄격한 통제에 관한 요청 보고를 전달했다. 이와 동시에 전당은 경제 건설에 크게 힘쓰고 생산력 발전을 가속화한다는 통일된 인식을 형성하고 중공중앙은 제2차 전국농업다자이학습회의全國農業學大寨會議와 전국공업다칭학습회의全國工業學大慶會議를 잇달아 개최하여 전국 인민에게 "혁명을 붙잡고 생산을 촉진한다"는 고조를 일으켜 국민경제를 끌어올리기 위해 노력할 것을 호소했다.

1977년부터 국민경제의 계획 업무도 점차 정상 궤도에 올라섰다. 1977년 경제발전 목표와 방안을 확립하기 위하여 3월 국무원은 전국계획회의를 개최했다. 회의의 지도 사상은 다음과 같았다. 혁명을 붙잡고 생산과 업무 전쟁 준비를 촉진한다. 전쟁 준비, 기근 대비는 인민을 위하고, "4인방"의 간섭과 파괴로 인한 손실을 되찾는다. 공업다칭학습과 농업다자이학습의 대중운동을 광범위하고 심도있게 전개한다. 회의는 1977년의 계획에서 3가지 두드러진 문제의 해결에 주력해야 한다고 주장했다. 첫째, 농업과 경공업이 생산 건설과 인민 생활의 수요에 적합하지 않다는 것으로 이는 당시 국민경제의 주요 문제였다. 둘째, 연료 동력 공업과 원자재 공업의 발전이 전체 국민경제 발전의 수요를 따라가지 못한다는 것이다. 셋째, 이미 펼쳐진 기본 건설 규모가 현재의 재원과 물자의 가능 한도를 초과했다는 것이다. 회의의 토론과 의견에 따라 국가계위는 『1977년 국민 경제 계획의 몇가지 문제에 관한 보고 제강關於1977年國民經濟計劃幾個問題的彙報提綱』을 기초했다. 이와 동시에 농업 총생산액과 공업 총생산액을 각각 4.6%, 8% 늘리고 국가의 기본 건설 직접 투자는 전년 대비 23% 줄인 1977년 주요 생산 지표도 마련하였다.

1977년 한 해의 노력을 통해 국민경제는 일정 수준 회복되었다. 공업 총생산액은 14.4% 증가했으며 기본 건설 투자는 330억 위안을 달성했다. 그러나 농업은 계획을 달성하지 못하여 식량은 전년 대비 71억 근, 면화는 13만 단 적게 생산되었다. 인민 생활과 밀접한 직공 주택, 도시 공용 사업, 상업 서비스 등에는 여전히 문제가 뚜렷했다

경제 회복의 이면에서는 지표가 지나치게 높고 목표를 달성하는데 급급한 현상이 다시 고개를 들고 있었다. 4월 전국공업다칭학습예비회의에서 화

귀펑은 지질 탐사 결과의 논증을 받지 못한 채 석유부 책임자에게 석유부는 하나의 다칭으로만 연생산량 5,000만 톤의 석유를 만족시킬 수 없으니 10여 개의 다칭을 반드시 2000년 이전에 만들어내야 한다고 제시했다. 4월 19일, 『인민일보』는 『원칙을 확고히 잡고 나라를 다스려 국민경제의 새로운 약진을 추동한다抓綱治國推動國民經濟新躍進』를 발표하여 "약진" 구호를 다시 제안했으며 "먼저 해당 단위의 사상 최고 수준에 도달하고 초과한 후 전국 동종 업계의 최고 수준을 따라잡으며 나아가 세계 선진 수준을 따라잡는다"의 소위 "'3가지 수준'을 따라잡고 뛰어넘자"를 요구했다. 5월 화궈펑은 전국공업다칭학습회의에서 "석유부문은 10여 개의 다칭 유전을 건설하기 위해 투쟁해야 한다. 모든 기업은 다칭을 본받아 노력해야 한다"고 분명하게 말했다. 9월 중앙정치국에서 전력문제를 논의했을 때 국가계위는 1977년 전력생산이 "연간 10% 성장해야만 연간 계획 지표의 8%를 초과한다"고 보고했다. 화궈펑은 즉각 왜 10%밖에 안 되는가? 올해 10%를 달성했다고 자만해서는 안 된다. 12%는 되어야 한다. "소매를 걷어붙이고 힘차게 일하라"고 말했다. 또한 "원칙을 확고히 잡고 나라를 다스리며" 올해 초에 성과를 보였으니 좀 더 크게 바라보고 "4인방"이 무너져 천하를 크게 다스리면 속도가 빠를 수 있으니 국가계위에서 어떻게 속도를 끌어올릴 수 있는지 준비해 보라고 말했다. 화궈펑은 그리고 국가계위에 국민경제 발전 속도를 가속화하는 23년 구상의 제정과 이 구상에 근거한 10년 계획의 제정을 요구하였다. 주로 "제5차 5개년" 계획의 마지막 3년과 제6차 5개년 계획에 해당된 내용들은 전국인민대표대회에 제출되었고 논의를 거쳐 통과되었다.

　이러한 분위기 속에서 1977년 11월 국가계위는 중공중앙에 『경제 계획에 관한 보고 요점關於經濟計劃的彙報要點』을 제출하고 "제5차 5개년" 계획 마지막 3년간의 주요 임무를 양대 전역戰役을 잘 하는 것이라고 제시했다. 첫째, 농업을 발전시켜 매년 4~5%의 속도로 성장시키고 1980년까지 기본적으로 농업 기계화를 실현하며 식량 생산량을 6,700억 근에 이르게 한다. 둘째, 연료, 동력, 원자재 공업을 발전시켜 공업 총생산액의 연평균 성장 속도를 10% 이상에 도달시킨다. 1980년 철강 생산량은 3,600만 톤, 원탄은 6.5억 톤, 원유는 1.3~1.5억 톤, 발전량은 3,000억 kW에 도달한다. 국가 예산 내 기본 건설 투자액은 "제5차 5개년" 계획 마지막 3년에 1,200억 위안, 5년 합계 1,780억 위안을 배정한다. 『경제 계획에 관한 보고 요점』은 또한 향후 8년 즉 1985년 이전까지 기본 건설 방면에서는 전국적으로 120개의 대형 프로젝트가 신규 혹은 추가 건설되어야 하며 기본 건설 투자는 과거 28년의 총합에 근접할 것이라고 언급했다. 이를 통해 2000년 이전까지 농업, 공업, 국방과 과학기술의 현대화를 전면적으로 실현하고자 했다. 중앙정치국은 논의 끝에 계획이 긍정적이며 노력한다면 실현 가능하다고 판단하여 전국계획회의에 제출하기로 결정했다.

『경제 계획에 관한 보고 요점』에 따라 1977년 11월 24일부터 12월 11일까지 개최된 전국계획회의에서 『1976년부터 1985년까지 국민 경제 발전 계획 10년 규획 강요一九七六年至一九八五年發展國民經濟計劃十年規劃綱要草案(초안)』가 만들어졌다. 1978년 중공중앙과 국무원은 이 초안을 비준하고 하달했다. 이 문건에서 적지 않은 지표가 또다시 향상되었는데 1985년까지 식량 생산량은 8,000억 근, 철강 생산량은 6,000만 톤, 원유 생산량은 2.5억 톤에 달할 것이라고 규정되었다. 1976년부터 1985년까지 공업과 농업 생산의 10년간 평균 성장률은 8.7%였으며 그 중 공업 성장률은 10%였다. 재정수입의 10년 합계는 12,800억 위안, 가본 건설 투자액의 10년 합계는 4,580억 위안이었다.

『경제 계획에 관한 보고 요점』과 『1976년부터 1985년까지 국민 경제 발전 계획 10년 규획 강요(초안)』이 제시한 지표는 모두 너무 높았고 국가의 재원과 물자가 감당할 수 있는 한도를 초과하여 새로운 "약진" 계획이었음이 사실로 증명되었다. 당시 일부 지도자들은 다른 의견을 나타냈다. 위추리는 장기적으로 보았을 때 석유 지표는 가능하다고 생각했는데 문제는 최근 3년간 비축량이 적고 석유는 통관되지 않았으며 3선 지역에서 대형 유전을 발견하지 못했다는 것을 지적했다. 계획이 제시한 지표에 대해 당시 경제 업무를 주관하던 리셴녠은 이 규획은 논의 중이고 제시된 이런저런 지표와 프로젝트가 괜찮지만 아직 명확하게 연구되지 못했으니 전국인민대표대회로 가져가 통과시키지 말라고 말했다.

화궈펑은 지표가 너무 높은 것이 분명한 이 계획에 대해 오히려 긍정적이었으며 이 구상은 적극적이고 웅장한 이상과 포부를 지닌 것으로 노력을 통해 실현될 수 있다고 생각했다. 충분한 토론과 과학적 논증을 거치지 않은 상태에서 제5기 전국인민대표대회는 이 초안을 통과시켰다. 이러한 국면을 초래한 원인은 다음과 같다. 첫째, 농업다자이학습과 공업다칭학습 등 대중운동의 작용을 지나치게 중시하여 경제건설의 객관적인 법칙을 무시하였기 때문이다. 둘째, 선진국이 현대화를 실현한 경험과 적극적으로 중국에 투자하는 유리한 형세를 너무 간단하게 보고 국내 상황을 소홀히 했기 때문이다.

『1976년부터 1985년까지 국민경제 발전 계획 10년 규획 강요(초안)』이 제시한 목표와 임무는 국가 상황과 심각하게 동떨어져 있었고 구체적인 지표는 매우 높게 설정되었다. 예를 들어 20세기 말까지 수많은 성의 공업이 유럽 선진국을 따라잡고 추월해야 했다. 각종 주요 경제 지표는 세계 선진 수준에 근접하거나 따라잡고 초과해야 하며 원유 생산량은 2.5억 톤에 도달해야 했다. 쉐무챠오는 이러한 지표들을 청취하고 집으로 돌아와 화가 나서 의자 팔걸이를 치며 울음을 터뜨렸다. 그는 국민경제가 이미 붕괴 직전까지 왔는데 이 보고는 아직도 돈과 물자를 나누는데 빠져있고 정책을 논하거나 지도방침을 바꾸려 하지 않는다고 말했다.

『1976년부터 1985년까지 국민 경제 발전 계획 10년 규획 강요(초안)』의 높은 지표를 완성하기 위해 1978년의 경제건설은 2가지 중요한 특징을 보였다. 첫째, 과도한 저축 비중은 경제구조의 불균형을 초래했다. 1978년의 기본 건설 투자 총액은 연초 계획한 322억 위안에서 500.99억 위안으로 1977

년과 비교하여 31% 늘어났다. 그 해의 투자 프로젝트 총규모와 연간 투자액을 비교하면 향후 어떠한 신규 프로젝트도 진행하지 않는 상황에서 전체 투자액을 달성하는데 8년의 시간이 필요했다. 막대한 규모의 기본 건설을 지원하기 위해 연간 저축률이 36.5%에 이르렀는데 이는 1953년 이래 세 번째로 높은 것으로 1959년과 1960년의 저축률 다음에 해당되었다. 둘째, 도입되는 프로젝트의 규모가 너무 크고 시행이 너무 급했다. "신약진" 사상의 지도 하에 1978년 3월 국가계위는 향후 8년(1978~1985년)의 도입 규모를 65억 달러에서 180억 달러로 늘리고 그 중 1978년 내에 60억 달러 체결을 제시했다. 중공중앙이 이 방안을 비준한 후 각 방면에서에서도 계속해서 도입 프로젝트를 제안했다. 그해 9월까지 10년간 도입하겠다고 제시된 총규모는 800억 달러로 늘어났다. 이러한 상황에서 도착한 설비 대금을 지불하기 위해 중국은행은 해외 예금을 인출하고 유럽 금융시장에서 대출을 조달하는 방법으로 총 51억 달러를 마련했는데 이 중 유럽 금융시장의 대출 금리는 연 15~16%에 달했다. 이로 인해 국가의 재정 부하가 극심했고 또한 오랫동안 존재해 온 경제구조의 불균형 문제가 심화되었다.

    당시 경제구조의 불균형 정도를 설명해 주는 한 사례가 있다. 1978년 당시 국가계위 부주임이던 캉스언康世恩은 시장에서 머리핀을 살 수 없는 어려움을 하소연하며 그가 관심을 갖고 관여해 줄 것을 희망하는 편지를 받았다. 이 편지로 캉스언의 마음은 오랫동안 평온할 수 없었다. 그는 "작은 머리핀은 철강재를 많이 필요로 하지 않을뿐더러 복잡한 가공기술도 필요로 하지 않는데 이러한 여성들의 기본적인 수요조차도 충족시키지 못하니 정말 꼴이 말이 아니다"라고 말했다.

3) 위대한 역사적 전환을 실현한 중공 제11기 3중전회

1978년 12월, 충분한 준비를 거쳐 중공 제11기 중앙위원회 제3차 회의가 소집되었다. 회의에서 덩샤오핑은 『사상을 해방하고 실사구시하며 일치단결하여 앞을 바라본다解放思想, 實事求是, 團結一致向前看』는 제목의 강령성 연설을 하였다. 회의는 "문화대혁명" 과정과 그 이전 "좌"경의 잘못을 전면적으로 바로잡기 시작했으며 "양개 범시兩個凡是"의 잘못된 방침을 단호히 비판하였으며 당과 국가의 업무 중심을 경제건설로 옮겨 개혁개방을 실행하는 역사적 정책 결정을 내렸다. 회의에서 천윈은 국민경제에 조정이 필요하다고 제안했고 덩샤오핑의 지지를 얻었다. 회의에서 다음을 제시했다. 일부 중대한 비례 불균형 상황이 완전히 바뀌지 않았고 생산, 건설, 유통, 분배 중 일부 혼란 현상이 완전히 제거되지 않았으며 도시와 농촌 인민의 생활에 다년간 누적된 일련의 문제는 반드시 적절하게 해결되어야 한다. 우리는 반드시 몇 년 내에 점진적으로 이들 문제를 성실히 해결하고 종합 균형을 확실하게 이루어 신속한 발전을 위한 안정된 기초를 다져야 한다.

제11기 중앙위원회 제3차 전체회의 이후, 덩샤오핑과 천윈은 경제 정책 결정에서 서로 협조하고 지지함으로써 국민경제 계획을 조정했다. 1979년 1월 1일, 천윈은 『1979~1980년 2년간 경제 계획 하달에 관한 국무원의 배치 國務院關於下達一九七九, 一九八〇兩年經濟計劃的安排草案(초안)』에서 "국무원의 통지 가운데 '1979년의 일부 물자에 아직 부족한 부분이 있다'고 하는데 부족한 부분이 있다고 남겨두지 말고 차라리 지표를 낮추는 것이 나은 것 같다"고 의견을 나타냈다. 나흘 뒤 그는 또 물자 부족 문제를 반영한 신화통신사新華社 자료를 화궈펑, 덩샤오핑 등에게 전달하면서 "물자 부족이 있는 것은 진정으로 믿을 만한 계획이 아니라고 생각한다"고 지적했다. 이에 대해 덩샤오핑은 "우리는 총방침에서부터 조정하여 일부 철강공장과 대형 프로젝트를 줄여야 한다. 도입의 중점은 효과가 빠르고 돈을 많이 버는 프로젝트에 놓여야 한다.

금년 계획의 일부 지표들은 줄여야 하며 그렇지 않으면 건실하지 않고 믿을 수 없을 것이다"라며 지지의 뜻을 나타냈다.

1979년 3월 중공중앙정치국은 국가계위가 수정한 1979년 국민 경제 계획과 경제 조정 문제를 논의하였다. 천윈은 다음의 4가지 의견을 제시했다.

첫째, 우리는 4대 현대화를 진행하고 실사구시를 중시하며 먼저 "실사實事"를 명확히 해야 한다. 중국은 9억여 명의 인구가 있으며 80%가 농촌에 있는데 혁명 승리 후 30년이 지났는데도 먹을 것이 필요하고 생활을 개선해야 한다. 이것은 큰 문제다. 우리는 이러한 상황에서 4대 현대화를 진행하고 있다.

둘째, 비례에 따라 발전하는 것이 가장 빠른 속도이다. 단순히 철강을 강조하는 방법이 오래 지속되지 못한다는 것은 이미 증명되었다. 야금부는 외국인의 돈으로 철강의 발전을 모두 책임져야 한다고 제안했는데 이는 문제를 단순하게 고립적인 것으로 본 것이다. 비례에 따르지 않고 외채를 많이 빌리는 것에 의존하는 방법은 신뢰할 수 없다.

셋째, 2~3년의 조정 기간이 필요한, 가장 알맞은 것은 3년이다. 현재 국민경제의 비례 불균형은 1961년과 1962년에 비해 훨씬 심각하다. 기본 건설 프로젝트가 너무 많기 때문에 신속하게 일부를 없애기로 결심해야 한다. 만약 지방 공업과 인민공사가 운영하는 공업이 대규모 공업과 원자재, 전력 경쟁을 한다면 이들은 중단되어야 한다. 지난 10년 동안 빚을 졌다면 "뼈"를 만드느라 "살"에게 빚을 졌다고 할 수 있다. 조정의 목적은 곧 비례에 따라 전진하게 만드는 것이다.

넷째, 2000년 말까지 철강 지표를 너무 높게 설정할 수 없다. 8,000만 톤에 이르는 것이 나쁘지 않은데 1985년에도 6,000만 톤의 철강은 만들 수 없었다. 야금부는 철강의 품질과 품종에 중점을 두어야 하며 품질과 품종을 향상시키는 것이 진정으로 큰 성과다.

덩샤오핑도 의견을 나타냈다. 중심 임무는 3년의 조정이다. 이것은 대방침이며 대정책이다. …… 이번 조정은 매우 큰 결심이 없으면 이루어질 수 없다고 확실히 말할 수 있다. 먼저 결심을 해야 하는데 이것저것 살펴보지 않고 크게 결심해야 비로소 일을 해낼 수 있다. …… 과거 "식량을 기간 산업으로 한다"와 "철강을 기간 산업으로 한다"고 했던 것은 이제 총결할 때가 되었다. 덩샤오핑과 천윈의 추동으로 이번 정치국 회의는 국가계위가 수정하고 조정했던 1979년 국민경제 계획을 원칙적으로 동의하였고 3년의 기간 동안 국민경제를 조정하기로 결정했다.

4) "조정, 개혁, 정돈, 제고"의 팔자방침八字方針제시

1979년 4월 중공중앙은 업무회의를 개최하였고 리셴녠은 중앙을 대표하여 『국민경제 조정에 관한 문제關於國民經濟調整問題』라는 제목의 중요 연설을 하였다. 그는 향후 경제업무의 방침을 "조정, 개혁, 정돈, 제고"로 제시하며 조정을 중심으로 놓고 "조정하면서 전진해 나가고 조정 과정에서 개혁하고 정돈하며 제고한다"고 주장했다. 회의는 다음 사항을 결정했다. 1979년부터 3년의 기간 동안 조정을 진행하고 각 방면의 엄중한 불균형 비례관계를 기본적으로 조정한다. 기존 기업을 계속해서 정돈하며 공업관리와 경제관리 체제를 적극적이고 온당하게 개혁하여 전체 국민경제를 진정으로 계획적이고 비례적이며 건전한 발전의 궤도에 올려 놓는다. 조정은 2단계로 나뉘었다. 1979년부터 1980년 말까지의 제1단계에는 농업, 경공업, 중공업 및 저축과 소비의 비례 관계를 중점적으로 조정하고 도시와 농촌 주민의 수입을 늘린다. 1981년부터 1982년까지의 제2단계에는 기본 건설 규모를 삭감하고 소비를 억제하며 재정 수지의 균형을 맞추고 경제 정세를 안정시키는 데 중점을 둔다.

경제 조정 문제와 관련하여 당시 정책 결정 인사들은 지도사상에 있어서 조정이 필요하다는 의견과 정돈만 필요하다는 의견으로 엇갈린 상황에 놓여 있었다. 논쟁은 격렬했고 수많은 사람들은 경제가 고속 성장을 유지하기를 원했다. 팡웨이중房維中은 다음과 같이 회고한다. 일부 성, 시, 부문 지도자들은 생각이 통해 조정하지 않으면 안 된다고 생각했다. 일부 사람들은 아직 생각이 통하지 않아서 방금 "대약진"의 조직을 제안하여 3년 내 성과를 내야 하는데 어떻게 갑자기 또 조정을 하라고 하는지 정말 받아들일 수 없다고 말한다. 경제가 발달한 지역은 계속 전진하게 해달라고 요구하고 경제가 발달하지 않은 지역은 획일적으로 처리하지 말 것을 요구하며 일부 대형 프로젝트에 대하여 이것도 저것도 할 수 없다고 한다.

팡웨이중이 언급한 이러한 문제들에 대하여 덩샤오핑은 당시 중국을 현대화하려면 적어도 두 가지 주요 특징을 주의해야 한다고 강조했다. 하나는 기초가 얇은 것이고 다른 하나는 인구는 많은데 경작지가 적다는 것이다. 천윈 또한 중국 사회 경제의 주요 특징은 농촌 인구가 80%를 차지하며 인구는 많고 경작지가 적다는 것을 지적하며 이러한 상황에서 4대 현대화를 하고 있다는 것을 분명히 인식해야 한다고 말했다. 회의는 중화인민공화국 건국 이래 경제건설의 경험과 교훈을 총결하면서 경제건설은 반드시 중국의 국가 상황에서 출발하여 경제 규율과 자연 규율에 부합해야 하고 반드시 역량에 맞게 순차적이며 점진적으로 진행하고 논증을 통해 실효를 강구하여 생산의 발전을 인민 생활의 개선과 밀접하게 결합시켜야 하며 반드시 자주독립과 자력갱생을 견지하는 기초 위에서 대외 경제 협력과 기술 교류를 적극 전개해야 한다고 제시했다.

상술한 지도 방침에 따라 1979년 5월 국무원은 1979년 국민 경제 계획에 대한 조정을 정식으로 진행한다고 통지했다. 국가 예산 내에서 직접 배정한 기본 건설 투자액은 457억 위안에서 360억 위안으로 감소하였고 여기에 외화 차관을 이용하여 배정한 기본 건설 투자를 합하면 총 400억 위안으로 1978년과 같았다. 농업생산의 성장 속도는 5%~6%에서 4%로 공업생산의 성장 속도는 10~12%에서 8%로 조정되었다. 이 조정 계획에 대하여 리셴녠은 다음과 같이 평했다. 도대체 계획에 또 어떤 균형이 맞지 않는 것이 있는지 분명하지 않다. 문서상으로는 균형적이지만 실제로는 여전히 불균형이 있을 수 있다. 그러나 나는 기본적으로는 이 계획 문서에 동의한다. 지금 이미 한 분기가 지났기 때문에 다시 조정하면 더욱 불균형하게 될 수 있고 게다가 몇 개월 동안 조정하지 못할 수도 있다. 나는 브레이크 역할을 할 수 있는 이 문서가 하나의 기초로써 1980년에도 계속해서 조정을 진행해 나가는데 적당하다고 생각한다.

1980년 계획을 기안할 때 조정을 중심으로 하는 "조정, 개혁, 정돈, 제고" 8자방침은 계속해서 관철되었다. 그 기간에 천원은 2가지 관점을 설명했다. 하나는 왜 적자에 의존하여 건설할 수 없는가로 천원은 중국의 기본 건설 투자에는 반드시 적자가 없어야 한다고 생각했다. 자유 외환을 위안화로 환전하여 기본 건설 투자의 적자를 메꾸지 않아야 했고 결코 화폐발행에 의존해 기본 건설 투자 적자를 메워서도 안 되었다. 그는 반드시 1980년 기본 건설 투자에서 적자를 없애야 한다고 주장했다. 다른 하나는 외자 이용 가능 한도를 설명하는 것으로 천원은 기본적으로 외채에는 구매자 대출과 자유 외환 대출 두 가지 종류가 있다고 보았다. 구매자 대출은 연간 사용량이 주관적인 욕구가 아닌 국내에서 이를 맞추기 위해 필요한 투자 수량에 달려 있었다. 대출한 자유 외환은 소형 프로젝트나 효과가 빠르게 나타나는 프로젝트에만 사용될 수 있고 일부는 무기 구입에도 사용되었다. 대형 프로젝트 차관의 원리금 상환에 사용되는 믿을 만한 외환 공급원은 수출 증대로 인한 외화 수입으로만 가능했다. 따라서 바오산철강공사寶鋼, 펑궈알루미늄광산平果鋁礦, 산샤수력발전소三峽水電站 등과 같은 대형 프로젝트는 각 5개년 계획마다 대체로 1개만 건설할 수 있었다. 중국의 현대화는 몇 가지 대형 프로젝트 이외에 기존 국내 기업의 잠재력 발굴, 혁신, 개조에도 중점을 두었다. 먼저 생산하고 나중에 기본 건설을 하며 먼저 잠재력을 발굴하고 혁신하며 개조한 다음에 신규 건설을 진행해야 했다. 천원은 이러한 조건 하에서 발전 속도를 모색해야 한다고 역설했다.

천원의 지시 정신에 따라 계획 지표는 이후 다음과 같이 규정되었다. 1980년 공업 및 농업 총생산액은 전년 대비 5.5% 증가했는데 그 중 농업 총생산액은 3.8%, 공업 총생산액은 6% 늘어났다.

한편 1979년과 1980년 2년간의 조정은 적지 않은 성과를 거두었다. 일부 중대한 비례관계가 합리적인 방향으로 발전해 나갔으며 경제생활이 활발해지기 시작했고 인민생활이 다소 개선되었다. 특히 농산물 가격을 대폭 인상하고 경공업과 방직공업을 지원하는 일련의 조치를 취하여 인민생활을 개선하고 공업과 농산물의 협상 가격차를 줄였으며 농업과 경공업의 비중을 높여 농업, 경공업, 중공업의 비율 불균형을 일정 수준 완화하였다.

그러나 다른 한편으로 경제영역에서 두드러진 문제는 여전히 남아 있었다. 국민경제 비례의 불균형 상황은 근본적으로 바뀌지 않았고 저축과 소비의 분배는 국민수입의 총액을 초과하였다. 기본 건설 지출과 소비 지출은 재정수입을 초과하여 막대한 재정 적자가 발생했고 1979년의 재정 적자는 중화인민공화국 건국 이래 최고수준에 이르렀다. 기본 건설 규모는 여전히 너무 커서 계획 내의 중대형 프로젝트는 모두 건설하려면 여전히 1,500억 위안이 부족했다. 대외무역 적자 또한 컸고 1979년의 수입은 수출 31.1억 위안보다 컸다.

1980년 말 국민 경제의 형세는 다음과 같았다. 화폐 발행량은 132억 위안으로 화폐 유통량이 경제위기를 초래하는 임계점에 근접했다. 소매 물가 지수도 빠르게 올랐다. 조정을 중심으로 하는 8자방침은 이때만 해도 기대했던 효과를 만들어내지 못했다. 만약 큰 조정을 즉각 진행하지 않는다면 재정 적자는 계속해서 확대되고 통화량은 계속해서 증가하며 물가는 계속 상승하여 사회 혼란과 정국 불안이 불가피했다. 이러한 상황의 발생을 피하고자 중공중앙은 1981년에 재정과 신용의 균형을 실현하는 추가적인 조정을 실시하기로 결정했다. 그리고 5년 혹은 그 이상의 기간에 각종 조정 임무를 달성하

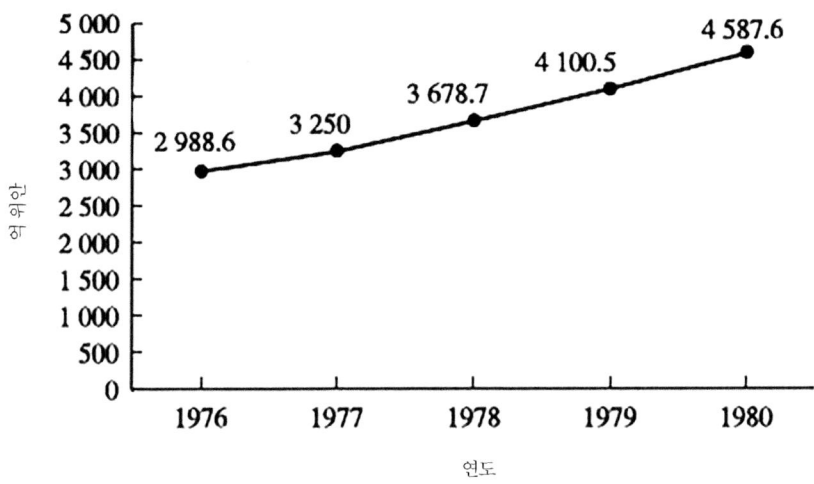

그림 2-5 "제5차 5개년" 계획 시기 국내 생산총액

여 경제구조와 관리체제를 합리화하고 국민경제를 건강한 발전 궤도 위에 올려놓고자 했다.

전반적으로 "제5차 5개년" 계획 시기의 국민경제는 일정한 성과를 거두었다. 국민경제는 연평균 7.84%(그림 2-5 참조)성장하였으며 가장 높았던 해에는 11.7%에 이르렀다. 공업과 농업의 총생산액은 연평균 8.1%, 농업 총생산액은 5.1%, 공업 총생산액은 9.2% 성장했다. 그 중 경공업은 연평균 11%, 중공업 7.8% 늘어났으며 5년간 신규 고정자산은 연평균 1,747.31억 위안 증가했다.

이 기간에는 농촌개혁의 서막이 열렸고 세대별 생산량 연동 도급 책임제가 초기 시행 단계에서 대규모 발전 단계로 진입했다. 기업의 자주 경영권을 확대하는 시범 개혁이 전개되고 도시 경제 체제 개혁이 초보적으로 펼쳐졌다. 외자유치 정책과 조치, 방법이 모색되었으며, 선전深圳, 주하이珠海, 산터우汕頭, 샤먼廈門의 4개 경제특구 설립이 결정되었다. "제5차 5개년" 계획 기간 말미에 대부분의 지표는 조정 후의 계획 지표를 달성하거나 초과 달성하여 국민경제의 중대한 비례 불균형 문제를 비교적 잘 해결하였다. 1차 산업 비중은 30.1%로 상승하여 1968년 이후 농업 비중이 낮아지던 추세를 바꾸었다. 중공업을 억누르고 경공업을 촉진하는 것이 성과를 나타냈고 공업 총생산액에서 경공업이 차지하는 비중은 47.2%로 상승하였다. 인민생활도 비교적 명확하게 개선되었다. 전민소유제단위全民所有制單位 직원과 노동자의 평균 실질 임금은 5년간 31.2% 증가하였고 도시와 농촌 인민의 평균 소비 수준은 26.8% 늘어났다. 교육과학기술전선의 모습 또한 뚜렷하게 변화했다. 지식과 지식분자가 다시 중시되었고 과학기술은 생산력임을 강조하였으며 대학 입시가 정식으로 부활했다.

개혁 중인 5개년 규획

03

이 장의 주요 내용은 5개년 규획의 개혁 발전 시기를 담고 있으며 제6차 5개년부터 제10차 5개년 규획까지 다섯 차례의 5개년 규획의 시기이다. 25년간 중국은 개혁개방과 중국 특색의 사회주의 현대화의 여정을 시작했고 계획경제체제에서 사회주의 시장경제체제로의 개혁과 전환을 추진했으며 최종적으로 국민총생산GDP을 20세기 말에 비해 1980년 두 배의 경제 규모로 성장했다. 이 시기 동안 중국은 기본적으로 전통적인 농업국가에서 산업국가로 전환하고 중국인의 의식주 문제를 완전히 해결했으며 중국 경제 발전 역사상 유례가 없는 "고속" 시대를 열었다. 이 시기 동안 5개년 규획 제도가 계속해서 성숙되었으며 표준화되고 개선되었다. 지령적 계획指令性計劃에서 지령성, 예측성, 지도성을 갖춘 계획으로 변화하여 국가전략 목표에 따라 수행하고 시장자원의 분배를 지도하며 정부의 거시적 관리의 중요한 작용을 발휘하였다.

1. "제6차 5개년" 계획 - 국민경제가 또 하나의 급속한 성장기를 맞이하다

"제6차 5개년"계획은 "1차 5개년" 계획에 이어 또 하나의 비교적 완전한 5개년 계획이었다. 이 시기 중국의 경제는 충분한 조정을 거친 후 급속하게 성장하기 시작했다. 농촌에서는 먼저 청부권 개혁承包權改革이 시작되었으며 광범위한 농민들의 생산 의욕이 매우 높아졌다. 따라서 오랜 시기동안 중국인에게 곤혹을 주었던 의식주 문제가 점진적으로 해결되었다.

1) 덩샤오핑은 "중요한 것은 조정에 집중해야 하며, 개혁은 조정에 따라야 하며, 조정에 유리해야 하며, 조정에 지장을 주어서는 안 된다"고 강조했다

"제6차 5개년" 계획은 1975년에 제정되었다. 당시 "제6차 5개년"은 "제5차 5개년" 계획과 같이 작성되었다. 아쉽게도 1976년에는 계획이 방치되어 계속 집행되지 않았다. 1978년 2월에 이르러 제5차 전국인민대표대회 제1차 회의에서 "제6차 5개년" 계획이 공식적으로 발표되었다. 그러나 이때의 "제6차 5개년" 계획은 지표가 지나치게 높게 책정되어 국가의 실제 상황과는 심각하게 달랐다. 1979년과 1980년의 2년간 조정을 거치면서 경제적 혼란이 개선되었다. 이에 따라 1980년 말, 중국 공산당 중앙위원회는 일련의 회의를 열어 전국 상황에 대한 실제 평가를 바탕으로 "경제적으로 추가 조정을 실시하고, 정치적으로 더욱 안정"을 실현하기로 결정했다. 회의에서 덩샤오핑, 천원陳雲과 리셴녠李先念은 "기본 건설은 후퇴하고, 1981년 계획을 줄여야 하며, 바오강寶鋼·22개 수입품목에 대해 안 될 경우 포기해야 한다, 경제 성장 5%가 어렵다면 4%로도 괜찮으며 이는 체면을 잃는게 아니다"고 강조했다. 천원은 "조정은 어느 방면의 후퇴를 의미하며 충분히 후퇴해야 한다"며 조정의 문제에 무게를 실었다. 그는 "이번 조정을 지체하면 안 되며 조정하지 않는다면 더 큰 지체를 할 것이다"고 밝히며 "우리의 이번 조정은 분명하고 건강한 조정이며 우리가 입지를 굳힌 이후에는 앞으로 나아갈 것"이라고 보았다.

덩샤오핑은 "천원 동지의 연설에 동의하며 이 연설은 지난 31년 동안 일련의 문제에 대한 중국 경제사업의 경험과 교훈을 정확하게 총결산하였으며 중국의 미래를 위한 장기적 지도방침"이라고 보았다. 그는 또 어떻게 "충분히 물러날 것인가"에 대해 "이번 조정은 어떤 방면에서는 후퇴해야 하고 또 충분히 물러나야 한다"며 "어떤 방면에서는 후퇴해야 비로소 전반적인 안정과 주동성을 얻을 수 있으며 전체 경제를 건전한 발전의 궤도에 올릴 수 있다"고 설명했다. 그는 "후퇴해야 할 부분은 주로 기본건설에서 후퇴해야 하는데 일부 생산조건이 부족한 기업은 생산을 폐쇄, 정지, 합병, 이전 또는 감소시켜야 하며 행정비용(국방지출과 일체의 기업 및 기관의 행정관리비용 포함)은 긴축하여 재정수지, 신용수지가 균형에 도달하도록 해야 한다. 생산건설, 행정시설, 인민생활의 개선은 모두 능력에 따라 행하고 수입에 맞게 지출해야 한다. 이것이 바로 실사구시이다. 그렇게 하기로 결정했다면 우리는 진정으로 사상을 해방하고 수년간 '좌'의 잘못된 지도 방침의 구속에서 벗어나야 한다"고 보았다. 이어 덩샤오핑은 "향후 일정 기간 동안 중요한 것은 조정에 집중해야 하며 개혁은 조정에 따라야 하며 조정에 유리해야 하며 조정에 지장을 주어서는 안 된다"고 확고히 밝혔다. "제6차 5개년" 계획 작성 문제에 대해 덩샤오핑은 반드시 현실에 맞지 않는 구상을 없애고 주관주의의 높은 지표를 없애야 한다고 강조했다. 조정을 통해 계속 모든 낡은 것과 새로운 틀의 속박에서 벗어나 중국의 국정과 경제활동에서 각종 요인의 상호관계를 정확히 파악하여 중국의 장기적인 계획을 정확하게 결정하는 원칙에 근거해 실용적이고 실현가능한 제6차 5개년 계획의 조정을 실행했다.

덩샤오핑과 천윈이 협력하여 추진한 이번 회의는 1981년의 계획 지표에 대해 현실적인 조정, 수정을 진행했다. 농공업의 총생산액은 5.5%에서 3.7%로 하향 조정될 것으로 예상되며 재정수입은 1,154억 5,000만 위안에서 1056억 6,000만 위안으로 감소하였고 인프라 건설투자는 550억 위안에서 300억 위안으로 1980년보다 40% 감소할 것으로 예상되었다. 이렇게 하여 "제6차 5개년" 계획이 잘 출발할 수 있는 토대가 마련되었고 "제6차 5개년" 계획 수립에 대한 올바른 지도원칙이 제시되었다. 회의에서는 "'제6차 5개년' 계획기간 내내 조정하여 과거 경제발전을 저해하는 각종 문제를 더욱 해결하여 재정경제의 근본적 호전을 도모하고 7차 5개년 계획의 양호한 토대를 마련하는데 목적이 있다"고 결정하였다.

2) 오랜만에 재회久別重逢한 5개년 계획:
"제6차 5개년" 계획을 전 사회에 공표하다

실제 상황을 조사하고 보다 과학적으로 "제6차 5개년" 계획을 편성하기 위해 1980년 말부터 국가계획위원회는 제3차 편성의 사전 준비작업을 시작했다. 지난 12월 국가계획위는 물론 국가계획위 업무를 주관했던 위추리余秋里는 1977~1980년의 업무를 종합적으로 정리·결산·점검했다. 리셴녠李先念은 보고를 듣고 위추리 본인의 문제가 아니라 모두가 서둘러 성공을 추구한데 있다고 했다. 그는 "(위)추리 동지의 품격이 높아 그가 모든 책임을 지게 되었다. 그가 심사숙고한 일이니 모두가 의견이 없다"고 말했다. 리셴녠은 "'좌'의 잘못을 철저하게 바로잡기 위해서는 모두가 성실하게 경험을 총결하고 향후 업무에서 조사연구를 확실하게 하여 실사구시의 원칙을 견지해야 한다. 계획과 예산을 편성하고 균형을 맞추기 위해서는 반드시 실제로부터 출발해야 한다. 허위로 문장을 만들거나 더욱이 주관적인 편견에 근거해서는 안 된다. 중국은 과거에 종종 이 방면에서 손해를 보았다. 물론 완벽하게 정확하기는 불가능하지만 현실과 부합되게 대체적으로 정확하도록 힘써야 한다. 경제부문 중에서 특히 기획부문은 경험과 교훈을 진지하게 총결산하여 교훈으로 삼아야 한다"고 말했다.

이어 국가계획위원회 당조 내부에서는 중국공산당 중앙의 지시를 어떻게 이행할 것인지에 대한 논의가 이어졌다. 토론 중 당 조직원인 팡웨이중房維中 부주임은 "장기간의 경제업무와 계획업무에서, 체제 외에 세 가지 문제가 있다고 생각한다. 첫째는 목적을 달성하기에 급급하고, 둘째는 조잡한 것으로 심도 있는 연구와 진정한 균형이 결여된 것, 셋째는 경제 효과에 대해 논하지 않는데 있다"고 보았다. 그는 또한 "급했다는 것에는 지도자와 국가계획위원회에 모두 책임이 있다. 1958년 대약진 계획은 사실 문제가 있었다. 1959년과 1960년에도 내려오지 않았다. 국가계획위원회는 책임을 져야 한다. 1970년 이후 국가계획위원회는 생산을 향상시키는 것도 좋지만 중국 인민의 생활에 대한 주의는 부족하지만 축적율이 지나치게 높았다. 1977년에는 23년의 구상에서 1978년에 1979년 계획을 세우니 그 지표가 너무 높고 건설의 규모가 커졌다. 국가계획위원회는 종합적인 부서로 어떠한 정신은 물론 위에서부터 내려오지만 국가계획위원회가 제시하는 방안을 거치면 또 지도자의 결정에 중대한 영향을 미치게 된다. 국가계획위원회가 냉정하고 진지하게 중앙에 근거 있는 건의를 한다면 중앙이 중시할 것"이라고 말했다.

1981년 3월 국가계획위원회는 "제6차 5개년" 계획과 10년 설계의 초안에 대한 예비 의견을 제출했다. 6월 국가계획위원회는 『제6차 5개년 계획 수립에 관한 고시』를 발표해 관련 부서에 농업, 생활소비재, 재정, 에너지, 기계 등 12개의 특별계획을 각각 연구하고 수립할 것을 요청했다. 동시에 국가계획위원회는 관련 부서와 함께 전국 각지에서 많은 조사, 연구 및 계산 작업을 수행하고 관련 전문가를 조직하여 계획된 지표에 대한 과학적 실증을 수행했다.

그 해 10월 중국공산당 중앙정치국은 "제6차 5개년" 계획에서 정책 지수를 다시 토론했다. 덩샤오핑은 앞으로 경제발전 속도가 전반적으로 느려지지는 않겠지만 처음 5년, 10년은 속도가 매우 높을 수 없다고 보았다. 그는 처음 몇 년 동안은 매우 신중해야 하며 중대한 일을 안정적으로 해야 한다고 보았다. "제6차 5개년" 계획 기간 동안의 공업 및 농업 총생산액의 증가 속도는 4%로 설정하지만 5%를 쟁취하도록 계획해야 한다. 국내 건설 자금은 중앙은 돈이 부족하지만 지방, 기업, 인민공사와 생산대대社隊에는 자금이 있다. 먼저 이 자금을 모아서 사용할 수 있다. 이번 회의에서는 경제효과의 향상을 경제사업의 중심과제로 삼고 또 향후 20년을 두 단계로 나누어 전 10년의 주요과업은 기초를 닦고 후의 10년은 부흥에 집중해야 한다고 확정했다.

중국공산당 중앙위원회의 의견에 따라 국가계획위원회는 계속해서 "제6차 5개년" 계획 초안을 작성했다. 덩샤오핑의 "보4쟁5保四爭五" 사상의 제시는 경제·계획 분야에서 사상을 해방시키고 속박에서 벗어나게 했다. 리셴녠도 4%의 속도에 동의하며 "32년 동안 경제를 발전시키는 데 있어서 도대체 우리가 저속성장으로 손해를 많이 보았는가, 아니면 고속성장으로 손해를 많이 보았는가? 경험으로 증명된 바는 고속 성장이 손해가 더 컸다. …배치 속도는 항상 합리적이고 실사구시적으로 해야 하며 도달할 수 있는 속도를 쟁취하지 않는 것은 옳지 않다. 그러나 현실과 동떨어져 일방적으로 높은 지표, 고속성장을 추구할 경우 위험이 더 크다. … 내년 경제의 성장속도가 4%가 되더라도 부정적인게 아니라 긍정적이다. 실행 과정에서 초과 성과를 쟁취할 수도 있다."라고 덩샤오핑의 의견을 지지했다. 이에 대해 팡웨이중房維中도 당시 "빠른 속도에 열중하고 건설규모를 추구하면 속도가 느리고 규모가 작아지면 큰일이 나는 것 같이 보인다. 경제효과가 어떠한가에 대해서는 거의 고려하지 않고 분석하거나 검증하지 않는다. 따라서 '고속도, 고축적, 저효율, 저소비'라는 비정상적이고 불합리한 현상이 발생한다. 경제기획의 변화를 논하려면 큰 변화가 있어야 한다"고 말했다.

이 "대전환"을 실현하기 위해서는 1982년 1월 국무원은 공식적으로 "제6차 5개년" 계획의 숫자 통제 통지를 하달했으며 각 성, 시, 자치구와 각 부서는 새로운 정신에 근거하여 각자의 실제상황에 비추어 "제6차 5개년" 계획의 초안을 진지하게 연구 제정하여 4월말까지 국가계획위원회에 제출을 요구했다. 그런 다음 국가계획위원회가 전국의 "제6차 5개년" 계획의 초안을 정리·편성했다.

그 해 4월부터 6월까지 중앙재경영도소조는 국가계획위원회의 "제6차 5개년" 계획에 관한 보고를 여러 차례 청취했고 농업, 에너지, 교통의 발전, 재력 집중, 외자 이용, 교육 강화 및 기업의 조정과 정비 등의 문제에 대하여 구체적인 지시를 했다.

9월, 국가계획위원회는 중앙재경영도소조에서 "제6차 5개년" 계획의 관련 문제를 재차 요청하여 "제6차 5개년" 계획의 재정 균형에 두 가지 문제가 있음을 제기했다. 첫째, "제6차 5개년" 계획 후 3년 동안 새로운 수입 감소 및 지출 증가 요인이 발생했다. 둘째, 200억 위안의 증가된 중점 건설 투자를 고려하여 자금 출처는 아직 구현되지 않았다. 이를 위해 중국공산당 중앙위원회는 즉시 회의를 소집하여 해결방법을 논의하였다. 회의에서 국무원 부총리이자 국가계획위원회 주임인 야오이린姚依林은 200억 위안의 자금을 집중시키는 4가지 방법을 제안했다. 첫째, 전 국민 소유 단위와 각 성, 시, 자치구 및 현에 속하는 대규모 기업의 예산 외 자금에서 10% 인출하여 3년간 총 120억 위안을 만든다. 둘째, 인민은행의 단기 대출금에서 일부 인출하여 3년간 총 30억 위안을 만든다. 셋째, 인민은행이 이윤을 더 상납하여 3년간 총 30억 위안을 만든다. 넷째, 국가재정이 기본건설 투자를 증액하여 3년간 총 20억 위안을 만든다. 원래 시행하던 국고채 발행, 지방 차입 방법이 계속 시행되었다. 회의는 만장일치로 야오이린이 제안한 방법에 동의했다. 이로써 "제6차 5개년" 계획의 제정 과정중의 중대한 어려움들이 해결되었다.

이로써 여러 차례의 조정·개정을 거친 "제6차 5개년" 계획이 마침내 대체적으로 구체화되었고 1982년 12월 10일 제5기 전국인민대표대회 제5차 회의에서 심의·의결되었다. 이때 "제6차 5개년"계획의 시기는 이미 2년이 지났다. 그러나 이것은 어디까지나 개혁개방의 새로운 시기에 편제·공포된 첫 번째 "5개년 계획"으로 중국의 경제건설이 건전한 발전의 궤도에 올랐음을 보여준다. 이 때문에 인민일보에 "제6차 5개년"계획이 공개 발표되자 "20여 년이 지났는데 5개년 계획을 신문에서 보니 정말 오랜만에 재회하는 것 같이 감회가 새롭다. 이 일 자체가 중국의 정치생활과 경제생활이 건강한 발전의 궤도에 다시 올라섰음을 말해준다"고 논했다.

3) 계획경제체제는 중요한 변화를 맞이했다 - 중국공산당 제12차 전국대표대회는 "계획경제를 우선으로 하고 시장조절을 보조로 한다"고 제안했다.

1982년 9월, 중국공산당 제12차 전국대표대회가 거행되었다. 회의는 사회주의 현대화 건설의 새로운 국면을 개척하기 위한 전면적인 배치를 하고 경제건설을 계속 추진하는 것을 전면적인 혁신 국면의 첫 번째 임무로 삼았다. 1981년부터 20세기 말까지 20년 동안 중국의 경제건설의 총체적인 분투 목표를 확정했다. 이 분투 목표는 2000년에 국내 생산총액이 2조 8천억 위안 정도까지 증가하고 인민 생활이 샤오캉小康사회 수준에 도달하는 것이다. 회의에서 중국의 현대화 실현의 장기성과 중대성을 충분히 고려하고 지도 사상적으로 경제건설분야의 장기간에 걸친 성급한 발전문제를 해결하였으며 전략배치에서 2단계로 나아갈 것을 제안하였다. 처음 10년은 주로 기초를 다지고 힘을 축적하며 조건을 창조한 후 그 다음 10년은 새로운 경제진흥시기에 진입해야 한다.

전국대표대회는 또한 천윈陳雲이 제안한 "첫째는 먹고 살아야 하며 둘째는 건설해야 한다", "계획경제를 위주로 하고 시장조절을 보조로 한다" 등의 주장을 경제건설을 지도하는 중요한 원칙으로 삼았다. 보고서는 "계획경제를 위주로 하고 시장조절을 보조로 하는 원칙을 정확하게 관철하는 것은 경제체제 개혁의 근본적인 문제"라 지적했다. 우리는 지령적 계획, 지도적 계획과 시장조절 각각의 범위와 한계를 정확히 구분하고 물가의 기본적 안정을 전제로 가격체계와 가격관리방법을 단계적으로 개혁하며 노동제도와 임금제도를 개혁하고 중국의 상황에 맞는 경제관리체제를 구축하여 국민경제의 건전한 발전을 보장해야 한다."

"계획경제를 위주로 하고 시장조절을 보조로 한다"는 제안은 중국공산당이 경제체제 개혁을 모색하는 과정에서 인식상 중요한 한 걸음을 내딛었다는 것을 보여준다. 이는 고도로 집중된 계획경제 체제를 돌파하고 경제발전에서 시장의 중요성에 대한 사람들의 인식을 높이는 데 큰 영향을 주었다. 두 달 후, 천윈陳雲은 계획과 시장 문제에 대한 연구를 계속하여 추가적인 사고와 견해를 제시했다. 그는 이 문제에 대해 역사적 유물주의와 변증법적 유물주의의 높은 시각에서 보아야 한다. 역사상의 생산은 지금까지 맹목적이고 '무정부'적이었으며 사회주의 사회에 진입한 후에 비로소 계획을 세웠다. 현재 계획경제와 시장조절은 모두 넓이와 깊이로 발전해야 하며, 넓이는 해외로, 깊이는 모든 사람의 노동에까지 이른다."

이후에 천윈은 계속해서 그의 사상을 발전시켜 국가의 총체적인 계획에서 벗어나는 어떤 잘못된 경향에 대하여 경고했다. 당시 제12차 전국대표대회가 끝난 후 일부 지역과 부문에서는 또 기본 건설 프로젝트에 난립한 문제가 발생할 조짐이 나타났고 어떤 사람들은 경제 활성화만을 강조하며 총체적인 전략 배치는 고려하지 않는 경향을 보였다. 이에 대해 천윈은 전략적인 절차에서 두 번의 십년을 구별해야 하며 처음 십 년은 반드시 안정적이어야 하며 만약 이 십 년 중에 인프라 건설 프로젝트가 혼란에 빠지면 경제에 또 혼란이 생길 것이라고 강조했다. 그는 또 적지 않은 지방에서 예산 외의 자금을 이용하여 프로젝트를 진행하는데 대해 "자신의 작은 건설, 작은 혁명에 매우 의욕적이며 큰 건설, 대혁명에 대해서는 의욕이 없다"며 비판했다. 그는 "새"와 "새장"의 비유를 활용해 "경제를 살려야 하는 것은 맞는 말이지만 계획의 지도 아래 활성화돼야 한다"며 계획과 시장의 관계를 설명했다. 이는 마치 새처럼 손에 쥐면 죽으니 날게 해야 하지만 적당한 새장 안에서 날게 할 뿐 새장이 없으면 날아가 버린다는 걸 의미한다. 새장의 크기는 적당해야 하지만 새장이 있어야 하는데 이것이 바로 계획경제이다. 시장조절은 계획적으로 허가할 수 있는 범위 내에서만 가능하다"고 전했다. 이때부터 "새"와 "새장"의 관계에 대한 논단은 신속하게 전국에 전해져 광범위한 영향을 끼쳤다.

4) "제6차 5개년 계획" 시기에 중대한 성과를 거두다

"제6차 5개년" 계획은 실제상황에 부합하고 집행도 비교적 단호했다. 또한 전기 경제조정과 중대한 비례관계가 조화되는 경향이 있기 때문에 국민경제는 "제6차 5개년" 계획 시기에 각 방면의 적극성을 동원하여 강력한 추진력을 형성하여 중대한 성과를 거두었다.

1980년과 비교하여 1985년 전국 공업 및 농업 총생산액은 1980년 불변가격으로 계산하여 연평균 11% 증가하였으며(그림 3-1 참조) 그 중 공업 총생산액은 연평균 12%, 농업 총생산액은 연평균 8.1% 증가했다. 국내 총생산은 연평균 9.7%씩 성장해 당초 계획했던 연간 4~5% 성장률을 훨씬 웃돌았다. "제6차 5개년" 계획 시기에는 국가경제와 민생과 관련된 중요한 생산품의 생산량도 대폭 증가하여 식량 연평균 생산량은 37,062만 톤으로 "제5차 5개년" 계획 시기의 30,530만 톤보다 많고 면화 생산량은 224만 톤으로 "제5차 5개년" 계획 시기의 132만 톤보다 훨씬 많다. 식량과 면화 생산량의 대폭 증가는 식량과 식량 문제를 해결하는 데 유리한 조건을 제공했으며 이 시

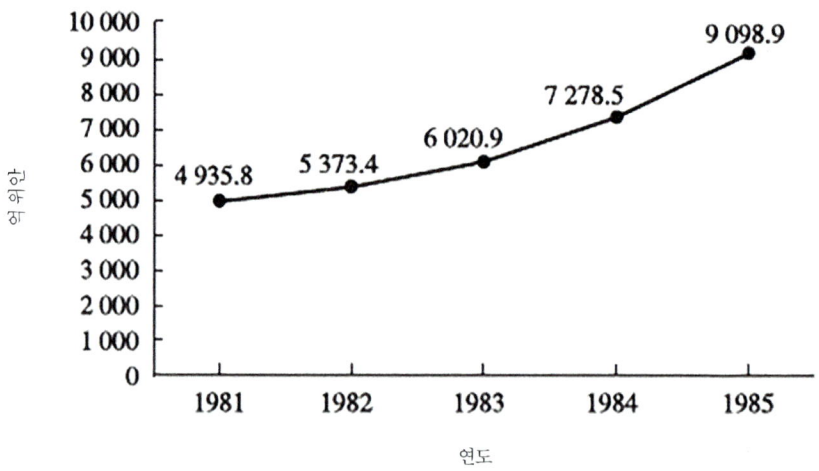

그림 3-1 "제6차 5개년" 시기의 국내 총생산량

기는 중화인민공화국 건국 이래 농업 발전이 가장 빠른 시기였다. 1985년 원탄 생산량, 원유 생산량, 발전량, 철강 생산량은 각각 85,000만 톤, 12,500만 톤, 4,073억 도, 4,666만 톤이었으나, 1980년의 생산량은 각각 62,000만 톤, 10,600만 톤, 3,000억 도, 3,700만 톤에 불과했다. 많은 경공업 제품 특히 모직물, TV, 세탁기, 냉장고 등 중고가 제품의 생산량이 급격히 증가했다. 기계 산업과 전자 산업이 국제적으로 비교적 선진적인 수준에 도달한 제품의 품종이 배로 증가했다.

"제6차 5개년" 시기에 전 중국인이 소유한 단위의 고정자산 투자 총액은 5,300억 위안에 달했고 고정자산 3,880억 위안을 신설하여 생산에 투입된 중대형 프로젝트 496개를 건설했다. 국가 재정수입은 "제5차 5개년" 계획 시기의 말기에 매년 하락에서 상승으로 전환하여 1985년에 이르러 약간의 수지 흑자를 실현했다. 대외개방은 기본국책이 되었다. 대외 경제무역과 기술 교류는 새로운 국면을 열어 수출입 무역 총액은 "제5차 5개년" 시기에 비해 2배가 되었다. 거저우바葛洲壩댐 수리공사 1차 공정, 상하이 바오강上海寶鋼 1차 공정, 베이징-친황다오京秦鐵路 노선 1차 공정, 란허灤河의 물을 톈진에 끌어들이는 공사 등의 대형 프로젝트가 잇달아 완공되었다. "제6차 5개년" 계획 시기는 중국의 급속한 경제발전과 중대한 성과를 거둔 시기이며 중화인민공화국 건국 이래 가장 빠르게 발전한 시기 중 하나이다.

"제6차 5개년" 계획의 성공 이면에도 약간의 문제와 실수가 숨어 있다는 것을 부인할 수 없다. 1984년 하반기부터 경기가 과열되고 화폐 발행량이 많아지고 국민 소득 과분배 등 현상이 나타났다. 공업생산의 속도가 너무 빨리 증가하고 고정자산 투자와 소비기금이 너무 빨리 증가하고 일부 상품의 가격이 너무 급격히 상승하여 국민경제에 많은 불안 요소가 추가되었다. 이러한 요인은 이후 몇 년 동안 점차 부각되어 경제발전에 큰 어려움을 초래했다.

특히 덩샤오핑은 "제6차 5개년" 계획 시기의 고도성장에 대해 고민과 우려를 나타냈다. 그는 "여기서 우리가 연간 계획을 낮게 잡았는데 실제 성장

속도가 훨씬 높으면 어떤 영향을 미칠까 하는 질문을 던졌다. 이 문제에 대해서는 서둘러 조사 연구하여 실제에 맞는 분석을 해야 한다"고 말했다. 또한 그는 "역사의 경험을 총결산하여 계획을 지나치게 높게 정하였다, 우리는 경솔했고 큰 교훈을 얻었다. 이 방면의 문제를 이미 주의했으므로 앞으로 더욱 주의하여야 한다고 건의했다. 현재 우리는 다른 방면의 문제에 주의해야 한다. 결국 계획을 세워서 따르는 원칙은 적극적이고 여지를 남겨두고 노력해서 도달할 수 있는 것이어야 한다." 이 말은 계획 작업을 개선하기 위한 중요한 사고의 방향을 제공했다.

2. "7차 5개년" 계획 - 개혁, 변화, 발전

1984년 중국공산당 제12기 3중전회는『경제체제 개혁에 관한 중국공산당 중앙위원회의 결정』을 채택하여 "계획적인 상품 경제"의 표현을 사용했다. 이때부터 중국은 전면적인 개혁의 새로운 발전 단계에 들어갔다. 전면적인 개혁은 경제의 발전을 가속화했으며 계획과 시장의 관계라는 중요한 이론과 실천 문제에 대한 논쟁이 가열되었다.

1) "계획적인 상품경제" 이후 이론의 지속적인 진전

제11기 3중전회 이후 개혁개방, 사상해방의 물결은 이론계의 끊임없는 탐구를 추진하여 새로운 진전을 이루었다. 계획과 시장 관계 문제에 있어서 "사회주의는 계획경제와 상품경제의 통일", "사회주의 경제는 계획조절과 시장조절의 결합을 실시해야 한다" 등의 관점이 제시되었다. 1982년 중국공산당 제12차 대표대회보고서에서는 공식적으로 "계획경제를 주로 하고 시장조절을 보조로 한다"고 제안했다.

제12차 전국대표대회 이후에도 이론에 대한 탐구가 계속되었다. 1984년 10월 중국공산당 제12기 3중전회에서 채택된『경제체제 개혁에 관한 결정』은 사회주의 경제가 "계획적인 상품경제"임을 명확히 제시함으로써 "계획경제를 위주로 하고 시장조절을 보조로 한다"는 제언을 대체하였다.『경제체제 개혁에 관한 결정』은 이론상의 중대한 돌파구를 마련하여 중국 개혁의 방향을 명확히 하고 개혁개방, 사상해방의 과정을 힘있게 추진했다.

그로부터 1년 후인 1985년 9월, 중국공산당 제12기 4중전회는 상품, 자본, 노무, 기술의 4대 시장 발전을 더욱 강조하고 시장조절 범위를 확대했다. 그럼에도 이론의 발전은 굴곡이 있었으며 논쟁은 여전했다. 일부 사람들은

"좌"의 관점에서 또 한 번 "사회社"와 "자본資"의 문제를 제기하여 심지어 비판 운동을 일으켰다.

    위와 같은 상황에 직면해 덩샤오핑은 시장경제의 개혁방향을 견지하며 여러 차례 계획과 시장에 관한 담화를 발표했다. 1985년 10월, 덩샤오핑은 외빈을 만나는 자리에서 사회주의와 시장경제 사이에 근본적인 모순이 존재하지 않는다고 언급했다. 문제는 어떤 방법으로 사회적 생산력을 더욱 강력하게 발전시킬 수 있느냐 하는데 있다. 중국은 과거에 줄곧 계획경제를 실시해 왔지만 수년간의 실천은 어떤 의미에서는 계획경제만 하면 생산력의 발전을 제한할 수 있다는 것이 증명 되었다. 계획경제와 시장경제를 결합하면 생산력을 더욱 해방시키고 경제발전을 가속화할 수 있다. 1987년 2월 덩샤오핑은 중국공산당 제13차 전국대표대회 준비와 보고서 초안 등의 문제에서 "왜 시장을 언급하면 자본주의라고 칭하고, 오직 계획만이 사회주의인가? 계획도 시장도 방법일 뿐이다. 생산력 발전에 도움이 되는 한 모두 이용할 수 있다. 그 방법이 사회주의를 위해 봉사하면 사회주의적이고, 자본주의를 위해 봉사하면 바로 자본주의적일 뿐이다. 계획이라는 단어를 언급하기만 하면 마치 사회주의적인 것 같은데 이런 견해 역시 잘못되었다. 일본에도 경제기획청Economic Planning Agency이 있다. 미국에도 계획이 있다. 중국은 이전에 소련을 배워 계획경제를 했다. 나중에는 '계획경제를 위주로 한다'고만 주장한다. 이젠 이런 종류의 논쟁을 그만하자"고 주장했다.

    1990년 말, 덩샤오핑은 장쩌민, 양상쿤楊尚昆, 리펑李鵬 등과 담화에서 자본주의와 사회주의의 구분이 계획인지 시장인가 문제가 아니라는 점을 이론적으로 이해해야 한다고 논했다. 사회주의에도 시장경제가 있고 자본주의에도 계획통제가 있다. 시장경제를 하는 것이 자본주의의 길이라고 생각하지 말아야 한다. 계획도 시장도 있어야 한다. 시장을 하지 않고 세상의 정보조차 모르는 것은 낙후된 것이다. 중국 제2세대 영도집단의 핵심으로서 덩샤오핑은 여러 차례 번거로움을 마다치 않고 계획 및 시장관계 문제에 대해 의견을 표명하였는데 이 문제에 관한 논쟁의 급진성을 이 부분을 통해 알 수 있다.

2) "힘"의 한계는 어디까지 인가 :
"제7차 5개년" 계획 중의 논쟁 중의 편성

중기계획과 시장관계 문제는 근본적으로 해결되지 않았고 직접적으로 "7차 5개년" 계획의 편성에 영향을 미쳤다. 또한 계획관리제도 개혁에 더욱 직접적인 영향을 미쳤다.

1983년부터 국무원은 "7차 5개년" 계획의 준비에 착수했고 관련 부서와 전문가를 조직하여 경제분야의 중대한 문제에 대해 토론하며 국가계획위원회에 "7차 5개년" 계획의 "종합적인 범위"를 상반기에 제출하라고 요구했다. 1984년 2월 국가계획위원회는 『"제7차 5개년" 계획 수립에 관한 지침 보고 자료』를 제출했다. 이 보고서에서는 현재 생산 상황은 양호하지만 재정난으로 인해 국민경제가 점진적인 인플레이션 위협에 직면해 있다고 지적했다. 국가계획위가 이 어려움을 반영한 이유는 당시 각 지역, 각 부처에서 두 배로 늘리기 위해 "7차 5개년" 계획 시기에 건설 규모를 확대하자는 요구가 빗발쳤기 때문이다.

국가계획위원회가 지시를 요청하는 문제에 대하여 리셴녠李先念은 "두 문장으로 말할 수 있다. '능력에 맞게 행하고, 최선을 다하라'. 건국 이래 건설 규모가 지나치게 확장했던 적이 몇 차례 나타났는데 그 원인은 바로 '힘'의 개념을 명확히 하지 않았기 때문이다.… '힘'의 한계는 어디에 있는가? 재정수지, 신용 예금과 대출, 물자수급의 균형을 맞추자는 것에 있다"고 말했다. 국가계획위원회 송핑宋平주임은 회고에서 "'7차 5개년' 계획 기간 동안 우리가 직면했던 큰 모순은 국가 투자 부족이었으며 과거처럼 너무 많은 자금을 장기간 투자만 되고 생산되지 않는 새로운 프로젝트에 사용한다면 한정된 자금으로는 경제의 지속적이고 안정적인 성장과 인민생활의 추가적인 개선을 보장하기 어렵다. 또한 장기적인 발전을 위해 필요한 준비를 하기 어렵다. …… 건설사업의 중점을 기존 기업의 기술 개조, 재건, 증축 방면에 둔다면, …… 자금 부족 속에서 '제7차 5개년' 계획 기간 동안 직면했던 임무를 비교적 잘 완수할 수 있다"고 말했다.

    1984년 9월 국무원 전체회의는 "제7차 5개년" 계획의 건설 방침을 논의하며 결정했다. 첫째, 기존 기업의 기술 개조, 재건 및 확장을 위주로 잠재력을 충분히 발굴하기로 결정했다. 투자의 초점은 기존 기업과 산업기지의 기술 개조, 재건 및 확장에 단호히 중점을 두고 기존 능력에서 재건 또는 확장하여 생산능력을 증가시킬 수 있는 경우 새로 건설하지 말아야 한다. 둘째, 소비재 생산을 적극 발전시키고 도시와 농촌 시장을 활성화하며 사회적 요구를 충족시켜야 한다. 셋째, 에너지, 교통, 통신, 원자재 등 핵심 건설을 계속 잘 수행한다. 넷째, 세계 신기술 발전 상황에 직면하여 경제발전 전략에서 상응하는 대책을 채택하고 산업구조를 적극적이고 합리적으로 조정한다. 다섯째, 대외개방은 임시방편이 아니라 중국의 국책이다.

    위와 같은 결정을 바탕으로 1985년 3월 "제7차 5개년"계획 기초 소조가 발족되었다. 기초 소조에는 다수의 중·청년 학자와 경제문제에 독창적 견해를 가진 경제 관리자들이 참여했다. 불과 몇 개월 만에 기초 소조는 연이어 네 개의 초안을 완성했다. 같은 해 7월 초, 중국공산당 중앙서기처는 "7차 5개년" 계획 네번째 안을 논의한 후 원칙적으로 가능하나 추가 수정이 필요하다고 판단했다. 10여 일 후, 중국공산당 중앙서기처와 국무원은 토론회를 열어 "7차 5개년" 계획의 다섯 번째 안에 대한 의견을 널리 구하였다.

    1985년 8월 기초 소조는 "제7차 5개년" 계획의 여섯 번째 안을 완성하였다. 그 안에는 기본 지도원칙을 추가하여 개혁을 최우선으로 하여 개혁과 건설을 서로 적응시키고 서로 촉진할 것을 강조했다. 이어 중앙정치국은 확대회의를 열어 여섯 번째 안을 논의하였고 원칙적 동의를 표함과 동시에 몇 가지 중요한 수정의견을 제시했다. 기초 소조는 이러한 수정의견에 근거하여 일곱 번째 안을 작성하였다. 8월 말, 중국공산당 중앙위원회 판공청은 『국가 경제사회발전 제7차 5개년 계획 수립에 관한 중국공산당 중앙위원회의 건의』에 대해 광범위한 의견을 구한다는 내용을 발표했다. 기초 소조는 의견수렴을 바탕으로 수정한 후 여덟 번째 초안을 작성했다.

1985년 9월 16일, 중국공산당 제12기 중앙위원회 제4차 전체회의가 열렸다. 전원회의는 9월 18일 중국공산당 전국대표회의를 열기로 했다. 중국공산당 전국대표자회의는 9월 18일부터 23일까지 『국민경제와 사회발전을 위한 제7차 5개년 계획 수립에 관한 건의』(이하 『건의』로 표시)를 통해 "이 문서는 중앙서기처와 국무원의 주관으로 1년여에 걸쳐 예비 토의와 논의를 거듭해 작성됐다"고 표현했다. 또한 "계획 자체가 아니라 어떻게 '7차 5개년' 계획을 세울 것인가에 대한 조언"이라고 표명했다. 이는 중국공산당 중앙위원회가 "제2차 5개년" 계획 기간 동안 시행한 5개년 계획 제안을 복원하기로 결정한 후 국가계획위원회가 제안에 따라 구체적인 준비 작업을 수행한다는 것을 보여준다.

『건의』에는 "제7차 5개년" 계획 기간 동안 경제사업의 기본 지도사상, 경제 사회 발전의 전반적인 상황과 방향과 관련된 일부 중요한 지표, 경제 사회 발전의 전략적 지침 및 주요 정책 조치, 경제 시스템 개혁의 구상 및 단계가 포함되었다. 『건의』는 계획과 시장의 관계에 대해 다음과 같이 제시했다. 중국의 사회주의 경제는 공유 시스템을 기반으로 하는 계획된 상품 경제이다. 국가계획은 거시적으로 경제활동을 관리, 조절, 통제하는 주요 근거가 되어야 하며 국민경제가 대체로 비례에 따라 조화롭게 발전하도록 보장해야 한다. 국가 계획에서는 반드시 가치 법칙을 충분히 중시하고 의식적으로 시장 메커니즘을 운용하여 경제생활을 생기와 활력으로 가득차게 해야 한다.

『건의』는 "7차 5개년" 계획 시기를 두 단계로 구분할 것을 제안했다. 처음 2년은 총수요를 중점적으로 통제하고 고정자산 투자는 대체로 1985년의 수준을 유지하며 주로 투자와 소비의 급격한 증가 문제를 해결하여 수급 균형을 실현한다. 다음 3년은 건설 투자를 적절하게 늘려야 한다. 『건의』은 또 "제7차 5개년" 계획시기 경제사회발전의 주요 분투목표를 다음과 같이 정하였다. 중국 특색의 신형사회주의 경제체제의 기초를 다지고 과학기술의 진보와 지적 개발을 대대적으로 촉진하여 경제효익을 지속적으로 향상시켜 1990년의 공업농업 총생산액과 국민총생산액을 1980년보다 2배 이상 증가시키고 도시와 농촌 주민의 1인당 실질소비수준을 매년 4~5%씩 증가시켜 인민의 삶의 질, 생활환경, 주거조건을 더욱 개선시킨다. 지난 5개년 계획과 비교해 볼 때 "제7차 5개년" 계획은 권고 지표가 많지 않고 발전전략과 지침 정책 수립이 주를 이루었다.

1985년 9월 23일, 제12기 4중전회의 마지막 날에 덩샤오핑, 천윈, 리셴녠이 차례로 회의에서 연설했다. 덩샤오핑은 이번 회의에서 통과된 "제7차 5개년" 계획의 제정은 방침과 정책이 정확하며 확정된 목표는 실제에 부합한 적절한 문서라고 말했다. "제7차 5개년" 계획은 매우 중요하다. 만약 이 5년을 거쳐 개혁이 기본적으로 준비되고 경제가 또 지속적이고 안정적이며 조화롭게 발전할 수 있다면 중국은 제12차 전국대표대회가 제시한 금세기 말의 목표를 실현하고 충분한 파악을 할 수 있을 것이다.

천윈은 경제 체제 개혁은 생산력을 발전시키고 인민생활을 점진적으로 개선하기 위한 것이라고 말했다. 농촌의 개혁은 이미 뚜렷한 효과를 거두었다. 도시의 경제체제 개혁은 전반적인 방향이 정확하며 구체적인 절차 조치는 현재 모색 중이다. 한 걸음 한 걸음 걸어가면서 수시로 경험을 총결산해야 한다. 개혁을 착실하게 추진해야 한다.

리셴녠은 이번 회의에서 "7차 5개년" 계획 수립을 위한 건의가 통과됐고 중앙 3개 위원회 일부 구성원을 조정한 것은 전당 업무가 신속하게 전진할 수 있는 이정표라 말했다. 앞으로 한 시기의 임무는 바로 우리가 "7차 5개년" 계획 기간에 건설하고 개혁하는 웅대한 공사의 시공을 조직하여 계획과 청사진을 현실로 바꾸는 것이다.

『건의』와 덩샤오핑, 천윈, 리셴녠 등의 지시 정신에 근거하여 국무원은 "7차 5개년" 계획의 배분에 대해 더욱 심도 있게 연구하여 계획의 실현을 보장하는 구체적인 방법을 제시했다. 이어 『중화인민공화국 국민경제사회발전 제7차 5개년 계획(초안)』이 공식적으로 발표됐다. 1986년 4월, 이 계획 초안은 제6차 전국인민대표대회 제4차 회의의 비준을 거쳐 시행되었다. 새로운 5년 계획 주기가 막 시작되었을 때 완전한 경제 사회 발전 계획을 제정해 냈는데 이것은 중국의 계획 사업 역사상 처음 있는 일이었다.

3) "제7차 5개년" 계획의 시작이 과열되자, 천윈은 "머리를 좀 맑게 하라頭腦要淸醒些"라 일깨웠다

"제7차 5개년" 계획에 따르면 5년 동안 전국 공업과 농업의 총생산액은 38% 증가하여 매년 평균 6.7%씩 증가했다. 그 중 농업은 4% 증가(마을공업을 6% 포함), 공업은 7.5% 증가(마을공업을 7% 제외), 국민경제 총생산액은 44% 증가하여 매년 평균 7.5%씩 증가했다. 특히 "제7차 5개년" 계획은 처음으로 지표체계에 "국민총생산"을 추가해 국민경제발전을 계획·통계·평가하는 주요 종합지표로 삼는 한편 산업구조 배분에서 국민총생산에서 1·2·3차 산업의 비중을 규정했다. 이는 모두 "제7차 5개년" 계획의 새로운 특징들이다.

1986년은 "제7차 5개년" 계획의 시작이었다. 연초 전국계획실무회의는 "견고·소화·보완·개선"이라는 8자방침八字方針을 집행하여 고정자산 투자와 소비기금의 과도한 성장 억제에 주력했다. 천윈은 회의에서 "더 많이 해야 애국이지만, 실사구시적으로 해야 진정한 애국이다. 동지들이여! 머리를 맑게 하라"고 주의를 주었다. 거시적 통제를 강화하고 개선하며 경제안정을 실현하는 정책을 채택했기 때문에 1986년의 경제상황은 전년에 비해 양호해졌다. 심각한 자연 재해를 입은 상황에서 농업 총생산액의 성장은 계획의 요구 사항을 초과하였고 공업생산은 전년의 초고속 성장에서 정상 성장으로 돌아섰으며 고정자산 투자와 소비 기금의 과도한 성장은 모두 억제되었다. 그러나 이 해 경제에서의 불안요인은 여전히 해소되지 않고 있으며 어떤 면에서는 더욱 심화될 위험에 처했다. 주요 문제는 사회 총수요는 여전히 크고 소비수요는 빠르게 증가한 것이었다. 또한 경제 효익이 낮고 일부 제품의 품질이 저하되었다. 생산과 투자구조가 불합리하며 고정자산 투자규모가 크고 경제의 구조적 모순이 두드러졌다. 이외에도 재정적자가 비교적 크고 통화공급량이 과대했다.

위에서 언급한 불안정 요인은 1987년에 더욱 심화되었다. 1987년 재정 신용이 모두 긴축되는 합리적인 정책을 제시하였으나 제대로 집행되지 못하여 문제가 집중적으로 발생했다. 인플레이션 심화, 사회생산과 소비총량의 불균형, 경제질서의 혼란스러운 상황이었다. 첫째, 화폐 공급의 증가, 소비재의 공급 부족, 일부 기업의 물가 상승 등으로 1987년의 물가가 급속히 상승(1월 5%, 12월 9.1%, 연중 평균 7.3%)하여 인민들의 실질 생활수준이 다소 하락하였다. 둘째, 1인당 곡물 생산량이 감소하고 산업 생산 속도가 여전히 너무 빨라 산업과 농업의 비율이 지속적으로 불균형한 상태였다. 셋째, 자본 건설에 대한 투자는 여전히 상대적으로 크고 계획 외 건설 프로젝트와 착공 프로젝트가 너무 많으며 건설 분야의 과도한 낭비와 불합리한 구조 및 열악한 이익과 같은 문제가 매우 두드러졌다.

1987년의 경제상황을 고려하여 중국공산당 중앙위원회는 그 해 전국계획공작회의를 9월로 앞당겨 개최했다. 회의에서는 1988년 계획 배분의 총 방침이 재정과 신용을 긴축하고 수요를 통제하며 물가를 안정시키고 경제의 균형과 안정적인 발전을 유지하는 것이라고 제시했다. 구체적인 목표는 통화 증자량을 억제하고 통화공급량의 증가속도는 경제성장률과 계획된 물가 상승률을 합친 것보다 낮으며 재정적자는 1987년 계획수준보다 낮아야 하며 시장소매가격지수는 반드시 1987년 수준보다 낮아야 하다. 국가외화 잔고는 1987년 말에 도달한 수준보다 약간 높아야 하며 농업생산은 4%의 증가폭을 유지하고 공업생산은 물질적인 소모를 줄이고 자금독점을 줄이며 제품의 품질을 향상시키며 시장적합성을 보장한다는 전제하에 8% 증가해야 한다. 도시와 농촌주민의 평균 실질소득은 1987년 수준보다 높아야 한다. 상술한 목표를 실현하기 위해 회의에서는 몇 년간 경제적으로 빈곤한 생활을 준비해야 하며 근본적인 조치를 취하여 3년 연속되는 장기적인 준비가 필요하며 확고부동하게 추진되어야 한다고 제안했다.

1988년 2월 중국공산당 중앙정치국은 전체회의를 열어 1987년 경제생활에서 두드러진 문제는 물가상승폭이 너무 크다는 점이며 1988년 경제사업을 전면적으로 이해하고 정확하게 파악하여 경제를 더욱 안정시키고 개혁을 더욱 심화하는 방침을 파악하여 개혁을 전면적으로 총괄해야 한다고 강조했다. 그 해 3월 전국인민대표대회 제7기 1차 회의에서 채택된 『정부 업무 보고서』에서는 1988년에 "방출, 조정 및 관리를 결합한 방법"을 채택하여 거시적인 통제 불가 문제를 해결하고 경제를 냉각시키기로 결정했다. 이번 인민대표대회에서 국무원 기구 개혁 방안을 통과시켜 새로운 기구 개혁을 시작했다. 새로운 기구의 개혁 정신에 따라 국가계획위원회는 경제 관리 부문으로서 직접 관리 위주에서 간접 관리 위주로 전환되었다. "큰 일에만 관여하고 작은 일은 관여하지 않는다"고 강조했다. 거시적인 관리 기능을 강화하고 미시 관리 기능을 약화시켰다. 6월에 새로운 국가계획위원회가 발족되었다. 야오이린姚依林은 설립 총회에서 "개괄적으로 말하면 새로운 국가계획위원회의 기능은 주로 거시적 통제, 균형, 조정, 서비스를 하는 것"이라 말했다.

1988년에 이르러 일련의 조치가 취해지기는 하였으나 계획의 실행 상황은 마찬가지로 이상적이지 않았다. 경제의 과열이 몇 년의 최고조에 달했으며 수급총량의 갈등과 구조갈등이 끊임없이 심화되어 화폐 투입량과 물가상승폭이 고공행진하여 이로 인해 인플레이션이 나타났다. 곡물, 면화, 기름의 생산량이 각각 감산되었고 농업총생산액이 전년보다 3.2% 증가하여 계획 성장률 4%의 요구에 도달하지 못했다. 공업총생산액은 전년보다 20.7% 증가하여 계획성장률 8%의 요구를 크게 초과했다. 사회상품 소매총생산액은 전년보다 27.8% 증가해 가격 요인을 제외하여 실제적으로 7.9% 성장했다. 1988년은 중화인민공화국 건국 이래 화폐 발행량이 가장 많았던 해가 되기도 했다.

이와 함께 1988년에는 "가격 돌파價格闖關" 개혁 및 전국적인 사재기 바람이 일어났다. 주민들이 물가 상승에 민감하게 반응해 "가격 돌파" 개혁이 좌절됐다. 리펑은 전국인민대표대회 제7기 제2차 회의에서 총결산하면서 "우리는 전체 경제체제 개혁에서 가격개혁의 중요한 위치를 인식했음에도 실제 업무에서 국가, 기업, 대중의 감당능력을 충분히 고려하지 못했다. 이미 인플레이션이 뚜렷한 상황에서도 금융을 안정시키고 물가를 통제하는 강력한 조치를 취하지 않았으며 또 일부 상품의 가격을 자유화 조정하여 대중의 물가상승에 대한 공황심리를 심화시켜 많은 곳에서 상품 사재기와 저축의 하락을 유발하였다." 경제의 지속적인 과열은 지속적이고 안정적이며 조화로운 발전에 영향을 미쳤을 뿐만 아니라 사회 문제를 야기했다. 국가는 1988년 9월부터 3년 연속으로 거버넌스의 조정을 진행할 것을 선포해야만 했다.

4) 거버넌스 및 정비가 성과를 보였고, "제7차 5개년" 계획이 순조롭게 완성되다

"제7차 5개년" 계획은 원래 2년 전에 경제 조정을 진행하고 3년 후에 일련의 개혁을 진행할 예정이었다. 그러나 계속되는 경제 과열, "가격 돌파" 개혁의 좌절, 주민들의 사재기 풍조로 전체적인 배치가 혼란스럽게 되었고 각 항목의 개혁이 더 심화될 수 없었다. 따라서 1988년 9월부터 시작된 3년간의 정비는 사실상 "제7차 5개년" 계획에 대한 중대한 조정이었다.

1988년 9월 12일 덩샤오핑은 일부 중국공산당 지도자들과 함께 물가 개혁 문제를 상의했다. 그는 "지금 국면이 어수선해 보이고 이런저런 문제가 생기고 있다. 인플레이션, 물가상승 등 조정이 필요하다. 그러나 인플레이션을 통제하고 가격을 올리는 것은 중국의 개혁개방 정책에 …… 적당한 발전 속도를 유지해야 한다.

당시 중앙고문위원회 주임을 맡았던 천원은 경제생활에서 나타난 엄중한 상황에 대하여 중앙의 관련 지도자를 찾아가서 다음과 같이 지적했다. "우리처럼 사회주의 국가에서 서방 시장경제의 방법을 배우는 것은 보기에 어려움이 적지 않다. 우리는 지금 모색하고 있다. 모색 과정에서 부딪히는 문제는 피할 수 없습니다. 계속 모색할 수 있고 언제든지 경험을 정리할 수 있습니다." 그는 경험과 교훈을 총결산하고 올바른 길을 갈 것을 요구하며 여덟 가지 의견을 제시했다. 천원은 연도 말 경제업무에 대해 비교적 포괄적인 대화를 했다. 이번 담화를 준비하기 위해서 그는 비교적 긴 시간 동안 고려를 했고 연설 요강을 썼다. 이야기할 때 천원은 원고를 읽으면서 이에 대해 해설을 했다. 이는 과거에 드물었던 것으로 천원은 당시 경제상황에 대한 불안과 이번 담화에 대한 중요성을 보여준다. 이번 담화는 중국공산당 중앙 지도부에 큰 영향을 일으켰다.

1988년 9월부터 중국공산당 중앙위원회와 국무원은 주민들의 앞다투어 구매와 물가상승을 통제하기 위해 최선을 다하는 한편 "경제 조건을 관리하고 경제 질서를 바로잡고 개혁을 심화한다"는 결정을 내렸다. 9월 26일부터 30일까지 중국공산당 13기 3중전회가 열렸다. 전체 회의에서 경제환경을 관리하고 경제질서를 바로잡으며 전면적으로 개혁을 심화하기 위한 지침과 정책 및 조치가 공식적으로 승인되었다. 전원 회의는 첫째, 1989년에 사회 전체의 고정자산 투자규모를 대폭 줄여서 대체로 1988년의 실제 투자규모의 20% 정도로 하고 소비기금의 과도한 성장을 억제하며 특히 사회집단의 구매력을 확고히 줄이고 금융을 안정시키고 화폐발행을 엄격히 통제하며 가치보존을 잘 해야 한다. 경제과열현상을 극복하고 1989년의 공업성장속도를 10% 혹은 더 낮은 수준으로 낮출 것을 요구했다. 둘째, 국가 규정을 위반하여 물가를 인상하는 모든 행위를 단호히 제지하고 회사를 바로잡고 행정과 기업을 분리하며 관리와 상인을 분리하고 "관다오官倒(자신의 권력 및 국가 지정가격과 시장가격 사이의 차이를 이용해 대량의 물자를 구입하여 폭리를 취하는 불법 경제행위 및 이 행위를 하는 간부나 공무원)"를 처벌하고 가능한 한 빨리 중요한 제품의 유통질서를 확립하고 거시 감독 체계를 강화하며 각 방면의 기업에 대한 할당, 차점 및 착취 행위를 제지한다. 셋째, 가격에 순응하지 않으면 진정으로 새로운 경제체제를 확립하는 기초는 말할 수 없지만 개혁을 심화시키는 것은 단지 하나의 가격 개혁 문제가 아니라 다방면의 종합적인 개혁이다. 가격 "쌍궤제 雙軌制(두 가지 체제를 병행하는 것)"는 중국의 일정한 역사적 조건하의 산물이며 절대 다수의 상품가격의 자유화는 장기적인 노력이 있어야만 실현할 수 있는 목표이다. 1989년의 물가 상승폭은 반드시 1988년보다 현저히 낮아야 하며 이후 몇 년 동안 매년 물가 상승폭은 반드시 10% 이내로 억제해야 한다.

중국공산당 중앙위원회의 확고한 시정 하에서 1989년 전국의 건설 중단 및 산업정책에 부합하지 않아 건설 조건이 충족되지 않으며 긴급하지 않은 각종 투자 프로젝트 18,000여 개에 약 675억 위안이 투자되었다. 그 중 2,500개의 건물 건설을 중단하고 대규모의 건조물을 연기하여 260억 위안 이상의 투자를 축소했다. 1990년은 경제 조건을 관리하고 경제질서를 바로잡는 중요한 해였다. 이 해에 전 사회의 고정 자산 투자는 4,451억 위안으로 전년 대비 4.5% 증가했다. 건설 중인 프로젝트는 통제를 받아 전 국민의 소유제 단위 기본 건설과 개조 공사 항목은 12만 3,000개로 전년 대비 3,536개 감소했다. 동시에 이 해에도 투자구조가 개선돼 생산성 투자 비중이 전년의 68.6%에서 72.2%로 상승했고 비생산적 투자 비중은 전년의 31.4%에서 27.8%로 낮아졌다.

중국공산당 중앙위원회의 단호한 지도 아래 3년간의 통치와 정비는 뚜렷한 성과를 거두었다. 국민총생산 증가율은 1988년의 11%부터 하락하기 시작했으나 여전히 일정한 성장속도를 유지하여 공업 과열현상이 완화되었다. 인플레이션이 효과적으로 억제되어 1990년의 마지막 분기의 소매가격지수의 증가폭이 0.6%로 떨어지게 되었다. 농업은 침체 국면에서 벗어나 전면적인 풍작을 이룩했으며 주민 1인당 순소득, 저축 예금 잔액이 증가하기 시작했다.

비록 경제의 기복이 있었지만 전반적으로 "7차 5개년" 계획에 규정된 국민경제와 사회발전의 각종 지표는 1990년 말에 대부분 완성되거나 초과 달성되었다. 5년간 국내총생산은 매년 평균 8.0%씩 성장했고(그림3-2 참조), 국민총소득은 매년 평균 8.0%씩 증가하여 계획규정지표를 초과하였으며 일부 중요 공업 및 농산물 생산량은 세계 선두에 올랐다. 개혁의 중점은 농촌에서 도시로 이동했으며 기업 활력 증강 중심으로 각 방면의 개혁을 추진했다. 또한 생산력 발전을 속박하는 체제구도를 바꾸어 계획적인 상품경제의 발전을

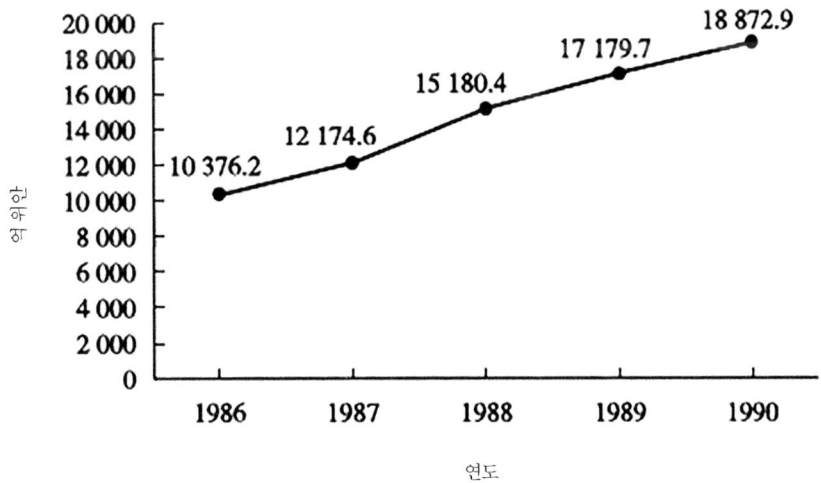

그림 3-2 "제7차 5개년" 시기의 국내 총생산량

촉진했다. 대외개방의 규모와 분야가 끊임없이 확대되어 수출입 무역총액이 대폭 증가했다. 외자와 신기술 도입이 비교적 큰 진전을 이루었으며 전국에서 점진적으로 추진되는 대외개방구도를 형성하였다.

"아시아 1호亞洲一號" 통신위성과 "창정 2호長征二號" 대추진 결속식 로켓 발사 성공, 북경전자-양전자 충돌기 성공 Beijing Electron-Positron Collider, 5메가와트MW 저온 핵난방 시험로 건설 및 정상운행, 다친선大秦線(산시성 다퉁 - 허베이성 친황다오) 1만 톤급 조합열차 운행시험 성공 등의 성과를 거두었다. 중국의 과학기술성과는 국제선진수준에 도달했으며 교육, 문화, 위생, 체육 등 각종 사회사업이 비교적 큰 발전을 이루었고, 인민생활수준이 향상되었다. 전국 절대다수 지역이 먹고사는 문제를 해결하여 샤오캉小康사회로 나아가기 시작했다. "7차 5개년" 계획 시기에 중국은 1990년에 제11회 아시안 게임을 성공적으로 개최하여 국제적 영향력을 높였다.

3. "제8차 5개년" 계획 - '연착륙'에서 고속 성장을 실현하다

"제7차 5개년" 계획 시기의 관리 정비는 뚜렷한 성과를 거두었지만 경제에는 여전히 시급히 해결해야 할 깊은 모순이 존재했다. 공업생산 중 전 국민이 소유한 공업 특히 대기업은 어려움이 많고 부담이 크며 생산 반등이 느리고 경제 순환이 원활하지 않았다. 그리고 일부 제품의 판매가 원활하지 않고 밀린 물자가 심각하며 경제 조정의 진전이 느리고 경제 효익이 일반적으로 비교적 열악하며 재정, 신용 형세가 엄중했다. 동시에 "7차 5개년" 계획의 수립과 집행에 영향을 미치는 계획과 시장 관계에 대한 이론적 문제는 여전히 근본적으로 해결되지 않았다. "제8차 5개년" 계획 시기에 들어서면서 중국은 반드시 이러한 문제들을 직시하고 어떻게 해결할 것인지를 적극적으로 생각해야 했다.

1) 한편으로는 경제 조건을 관리하고 경제 질서를 바로잡으면서, 다른 한편으로는 "지속적이고 안정적이며 조화롭게" 경제를 발전시키다

1989년의 정치적 파동이 가라앉은 후, 중국공산당 중앙위원회는 정치 안정에 힘을 쏟는 동시에 11월 11기 5중전회를 소집했다. 전체 회의는 거버넌스 및 시정 기간을 연장하고 원래 2년으로 예정된 기간을 "기본적으로 거버넌스 및 시정 작업을 완료하는 데 3년 이상 소요"로 변경하기로 결정했다. 전원회의는 또 "지배정비 기간이나 지배정비가 완료된 후에도 장기 지속, 안정, 조화로운 경제발전 방침을 일관되게 견지해야 한다"며, 이를 "제8차 5개년" 계획 편성의 기본 지도원칙으로 삼아야 한다고 강조했다.

국제 정세로 볼 때 1990년 전후의 세계 구도에 중대한 변화가 발생했다. "세상이 혼란스럽다. 동유럽의 격변, 소련의 동요, 남북의 갈등이 심화되어 해만海灣에는 심각한 위기가 발생했다. 낡은 세계 구도는 이미 깨졌고 새로운 구도는 아직 형성되지 않았다"고 보았다. 중국공산당 중앙위원회는 "우리는 풍운이 변화하고 있는 국제환경 속에서 여전히 많은 유리한 요인과 비교적 큰 회전의 여지가 있다. 현재 세계정세가 혼란스러운 가운데 중국은 여전히 비교적 주동적인 위치에 있다."

이러한 역사적 배경에서 중국은 1990년 초에 10년 계획과 "8차 5개년" 계획이 편성되기 시작했다. 총체적인 구상을 토론할 때 당시 국무원 총리였던 리펑은 두 가지 요구를 분명히 제기했다. 첫째는 5년 계획과 10년 계획을 결합하는 것이다. 즉 제2차 전략목표 10년의 두 배 증가의 요구에 근거하여 10년에서 5년을 고려해야 한다. 왜냐하면 경제와 사회 발전의 많은 문제는 연속성이 있기 때문에 비교적 긴 시간의 고려가 필요하다. 또한 일부 중대한 건설 프로젝트, 과학기술 연구 과제 및 인재양성 등도 5년 계획 기간에 완성할 수 있는 것이 아니다. 만약 10년 경제발전의 총동향과 분투목표에 근거하여 5년 계획을 확정한다면 더욱 멀리 볼 수 있다. 둘째, 먼저 10년 계획과 "제8차 5개년" 계획의 기본 아이디어를 연구한 이후 국제 국내 총체적인 정세를 명확히 보고 큰 방면에서 건설과 개혁의 방향, 방침, 정책을 확정해야 한다. 그리고 10년 계획과 "제8차 5개년" 계획을 구체적으로 제정해야 한다. 10년 계획 부분은 개괄적으로 구상하여 주로 국민경제와 사회발전의 주요 목표, 기본과업과 중대방침 정책을 제시하고 "제8차 5개년" 계획 부분은 구체적이며 중점적으로 국민경제와 사회발전의 방향, 임무, 정책과 개혁개방의 총체적인 배치에 중점을 두어야 했다.

국무원 저우자화鄒家華 부총리는 "제8차 5개년" 계획 및 10개년 계획의 목표는 명확하다고 밝혔다. 그것은 바로 덩샤오핑이 금세기 말까지 달성하기로 말한 두 가지 조항이다. 첫째는, 국민총생산을 다시 두 배로 늘리는 것이고 다른 하나는 인민생활이 샤오캉小康수준에 도달하는 것이다. 지난 10년 동안 이미 완성한 성적을 보면 첫 번째 목표에 도달하는 것은 충분히 할 수 있다. 두 번째 조항인 샤오캉小康수준에 대해서는 어떻게 하면 인민 생활수준을 향상시킬 수 있는지, 어느 정도까지 높일 수 있는지, 속도가 얼마나 빠른지 연구해야 한다. 저우자화는 첫째, "지속적이고 안정적이며 조화로운" 6자 정책을 일관되게 시행해야 한다. 둘째, 계획은 여지를 남겨야 한다. 셋째, 계획을 자력갱생을 위주로 하는 기초 위에 세워야 한다는 세 가지 방안을 세웠다.

상술한 바와 같이, 국가계획위원회는 12개 주제를 나열하고 국민경제와 사회발전에 대한 진지한 연구와 계산을 수행했으며 각 부서와 지역도 향후 10년과 "제8차 5개년" 계획 기간의 주요 문제를 연구하고 정책 제안을 제시했다. 이와 함께 장쩌민은 오랜 기간 경제 업무에 종사해 온 오랜 동지, 경제 부문의 책임자, 경제 이론계의 전문가 학자와 공장장 매니저를 초청해 함께 토론하고 경제 업무 및 10년 계획과 "8차 5개년" 계획 수립에 대한 그들의 의견을 청취했다. 모든 의견을 종합하면, 1990년 여름과 가을이 바뀔 무렵, 국가계획위원회는 24,000여 자의 『10년 계획과 "제8차 5개년" 계획의 기본 사상』을 정리하여 중국공산당 중앙위원회에 제출했다. 이 문서는 1980년대 중국 경제 사회 발전의 거대한 성과와 주요 문제를 열거하고 향후 10년과 "제8차 5개년" 계획 시기에 반드시 해결해야 할 중대한 문제를 논하며 개혁을 심화하는 주요 방향과 조치를 제시하였다.

『10년 계획과 "제8차 5개년" 계획의 기본 사상』을 기초로 중앙기초소조는 『중국공산당 중앙의 국민경제사회발전 10년 계획과 "제8차 5개년" 계획의 제정에 관한 건의』의 초안을 작성했고 1990년 12월 중국공산당 제13기 7중전회 심의를 통과했다.

중국공산당 중앙위원회의 건의에 따라 국무원은 『중화인민공화국 국민경제사회발전 10년계획과 제8차 5개년계획개요(초안)』를 제정하고 1991년 3

월부터 4월까지 개최된 제7기 전국인민대표대회 4차 회의의 비준을 거쳐 실행에 옮겼다. 인민대표대회 회의에서 리펑은 "제8차 5개년" 계획 편성의 기반을 설명했다. 그는 1980년대 중국의 경제와 사회발전은 위대한 성과를 거두면서도 동시에 약간의 결점과 실수가 발생하였다고 지적했다. 주로 "사상 정치교육을 소홀히 하여 물질문명건설과 정신문명건설의 '한 손은 단단하고 다른 한손은 나약한' 현상이 존재했으며, 경제 발전과 개혁에 있어서 모두 지나치게 성급하여 한때 경제과열과 인플레이션을 야기되었다. 국민경제의 어떤 방면은 너무 분산되어 국가의 거시적 통제능력이 약화되었다"고 하였다. "현재 사회경제생활에는 여전히 많은 모순과 문제가 존재한다. 완성품의 적체가 비교적 많고 경제순환이 원활하지 않은 문제는 아직 완전히 해결되지 않았다. 경제 효익이 나쁘고 산업구조가 불합리한 상황은 근본적으로 반전되지 않았다. 국가재정이 어렵고 수지모순이 두드러진다. 경제체제는 아직 여러 방면에서 정리되지 않았다. 안정과 단결의 정치국면에는 여전히 어떤 불안정한 요소가 존재한다." "8차 5개년" 계획 기간 동안 "중국은 반드시 이러한 문제들을 직시하고 진지하게 해결해야 한다"고 말했다.

계획 개요에 따르면 "8차 5개년" 계획의 기본 과제는 첫째, 경제총량의 기본균형을 유지하기 위해 노력하고 인플레이션을 억제하는 전제하에 경제효율을 높이고 경제의 적정성장을 촉진하는 데 힘쓴다. 둘째, 산업구조를 대대적으로 조정하여 그 합리화를 촉진하고 점차 현대화를 촉진한다. 셋째, 지역경제의 합리적인 분업과 조화발전을 촉진한다. 넷째, 시종 경제효율을 높이는 것을 전체 경제사업의 중심으로 삼는다. 다섯째, 과학기술, 교육사업을 더욱 발전시키고 나아가 구조를 조정하고 경제 품질과 효익을 높이기 위한 서비스를 제공한다. 여섯째, 경제건설을 잘 하는 동시에 각종 사회사업을 적극 발전시킨다. 기본 요구 사항은 사회주의 계획 상품 경제의 새로운 시스템을 초보적으로 구축하는 것이다. 해결해야 할 문제는 다음과 같다. 첫째, 계획경제와 시장조절을 결합하는 구체적인 경로와 형식을 지속하여 모색한다. 둘째, 전 국민이 소유한 중대형 기업의 활력을 더욱 증강한다. 셋째, 주택제도와 사회보장제도의 개혁을 적극 추진한다. 넷째, 가격개혁을 적극적이고 타당하게 추진하여 통일된 시장체계를 확립하고 건전하게 한다. 다섯째, 국가의 거시적 통제능력을 증강하고 중앙과 지방의 관계를 정확하게 처리한다. 주요 계획 지표는 1990년 가격으로 계산하면 1995년 국민총생산액은 23,250억 위안에 달하여 1990년 대비 33.6%, 연평균 6% 증가하며, 농업총생산액은 8,780억 위안으로 1990년 대비 18.9%, 연평균 3.5% 증가하며, 공업총생산액은 32,700억 위안으로 1990년 대비 37.1%, 연평균 6.5% 증가하며, 제3차 산업은 1990년 대비 53.9%, 연평균 9% 증가하게 되었다.

이전 5개년 계획과 비교하면 "제8차 5개년" 계획은 지면이 3만여 자 정도였으나 내용이 매우 풍부했다. 이 계획은 주로 방향과 정책 방면에서 사회경제의 발전을 이끌어 내려고 힘썼던 반면 지나치게 많은 구체적인 지표를 규정하지 않았다. "제8차 5개년" 계획이 국민총생산액의 연평균 성장률을 6%로 정한 것은 중요한 출발점으로 모든 방면의 주요 관심을 경제적 자질과 경제적 이익을 향상시키는 데로 이끌어야 한다는 것이다. "제8차 5개년" 계획은 또한 국가 전체와 관련이 있고 규모가 큰 투자이며 주기가 길었다. 또한 여러 단계가 있고 내부와 외부 협력 관계가 복잡한 중점 건설을 중요한 내용으로 잘 배치해야 한다. 이전 "제1차 5개년" 계획 시기와 유사한 "156개 프로젝트"의 국가 중점 프로젝트를 확정할 준비를 해야 한다고 강조했다.

2) "정확하게 판단한 것은 과감히 시도하고 대담하게 돌파하라"

중국의 개혁개방 총설계사인 덩샤오핑은 줄곧 "제8차 5개년" 계획에 대해 깊이 고민해 왔다. 한편 그는 새로운 중앙 지도부가 개혁개방 정책을 고수할 수 있는 "제8차 5개년" 계획을 제안할 수 있다고 충분히 확신했다. "이번 통일 사상에 대해 본다면 새로운 5개년 계획과 10개년 규획을 제정한 바에 찬성한다. 보아하니 중국의 농업의 잠재력은 매우 크기에 앞으로도 계속 중시해야 한다. 강철은 1억에서 1억 2천만 톤은 있어야 충분히 쓸 수 있으며 이는 발전 전략의 문제이다. 원자력 발전소도 여전히 발전해야 하며 가스전 개발, 철도 도로 건설, 자연환경 보호 등도 모두 매우 중요하다. 금세기 말에 경제총량을 네 배로 늘리기 위해서 확실히 일을 추진해 나가야 한다." 한편 덩샤오핑의 마음속에는 여전히 의구심이 남아 있었는데 특히 경제 발전 속도 하락 문제에 대한 의구심이었다. 1990년 3월, 그는 경제 성장 속도의 "하락"에 대한 우려를 표명했다. 그는 "지금은 특히 경제 발전 속도의 하락에 주의해야 하는데 나는 하락이 걱정된다. 1~2년간 4%, 5%의 속도는 문제가 없다. 그러나 만약 장기간 이렇게 된다면 세계에서 특히 동아시아, 동남아시아 국가들과 비교해서도 하락이라고 할 수 있다." "무엇이 적당한 것인가? 적당한 요구는 이 10년 동안 두 배로 늘릴 수 있다는 것을 확실히 보장하는데 있다. 1980년 고정가격에 따라 과장하지 않고 인구증가 요인을 포함하여 계산해야 한다. 이렇게 계산하면 도대체 매년 성장 속도가 얼마나 되는가? 중국의 현재 계산법은 과연 정확한가? 연간 6%의 증가 속도가 정말 두 번째로 두 배로 증가할 수 있는가? 이것은 성실하게 계산해서 최종적으로 인민 생활수준에 반영해야 한다"고 말했다. "어쨌든 경제 하락을 피할 수 있는지 두 배로 늘릴 수 있는지 없는지는 큰 문제인데 중국으로 하여금 정말 잠을 이루지 못하게 하는 것은 아마도 장기적으로 이 문제일 것이다. 이는 적어도 10년은 걸릴 것이다."

덩샤오핑은 경제 조건을 관리하고 경제 질서를 바로잡는 시기에 반드시 경제의 지속적이고 건강한 성장을 보장해야 한다고 생각했다. 그가 보기에 경제문제인 동시에 정치안정과 개혁개방 사업의 앞날이 걸린 큰 문제다. 1991년 8월 20일, 소련의 해체 선언 전후로 덩샤오핑은 장쩌민, 양상쿤, 리펑, 첸치천과 담화했다. 덩샤오핑은 국내 정세에 대해 개혁개방을 견지하는 것은 중국의 운명을 결정하는 관건이라 했다. 이 방면의 이치도 충분히 설명해야 한다. 경제 업무의 경험을 총결산하는 이 단락의 초점은 역시 개혁개방을 견지하는 데 있다. 개혁개방 없이 10년 동안 경제발전의 그 비약이 순조로운 조정을 얻는 것은 불가능했다. 안정을 강조하는 것은 맞지만 지나치게 강조하면 시기를 놓칠 수도 있다. 아마도 중국의 경제발전의 법칙은 여전히 파상적으로 전진하고 있었을 수도 있다. 몇 년 후에 한 가지 비약이 있는데 한 단계 도약한 후에 문제를 발견하면 제때에 조정하여 다시 전진한다. 경험을 총결산하여 안정은 필요하지만 이는 모든 문제를 해결할 수는 없다. 특히 주의해야 하는 부분은 근본적으로 개혁개방을 버려서는 안 된다는데 있다. 개혁개방을 견지해야만 기회를 포착하여 단계를 밟아갈 수 있다. 지금 세계에 대전환이 일어난 것은 바로 기회이다. 우리가 경제를 한 단계 끌어올릴 기회를 잡지 않는다면 다른 사람들은 우리보다 훨씬 빨리 뛰어오를 것이고 우리는 바로 뒤쳐질 것이다.

계획과 시장의 관계는 장기적으로 사람들의 생각을 혼란스럽게 하며 구속하는 하나의 중대한 문제였다. "제7차 5개년" 계획 시기에 이 문제는 근본적으로 해결되지 않았고 이는 계획의 편성과 집행에 영향을 주었다. 1989년 이후 한동안 계획과 시장에 대한 인식이 반복되면서 '사회' '자본'의 논쟁이 벌어졌다. 계획과 시장에 대한 논리 논쟁은 개혁의 성패와 직결된다. 이를 위해 1990년 말부터 1992년 초까지 덩샤오핑은 여러 차례 계획과 시장에 대한 담화를 발표했다. 특히 1992년 초에는 우창武昌, 선전深圳, 주하이珠海, 상하이上海등을 차례로 시찰하며, 유명한 남방 담화南方談話를 발표했다.

남방담화에서 덩샤오핑은 계획과 시장의 관계 문제를 정교하게 설명했다. 그는 "계획이 좀 많든 시장이 많든 사회주의와 자본주의의 본질적인 차이가 아니다"라 말했다. 계획경제가 곧 사회주의를 의미하는 것은 아니고 자본주의에도 계획이 있다. 시장경제는 자본주의와 같지 않다. 사회주의에도 시장이 있다. 계획과 시장은 모두 경제적 수단일 뿐이다. 사회주의의 본질은 생산력을 해방하고 생산력을 발전시키며 착취를 소멸하고 양극화를 제거하여 궁극적으로 공동부유에 도달하는 것이다. 사회주의가 자본주의와 비교되는 우세를 얻으려면 인류사회가 창조한 모든 문명의 성과를 대담하게 흡수하고 참고해야 하며 오늘날 세계 각국에서 자본주의 선진국을 포함한 모든 것을 현대 사회화 생산법칙을 반영하는 선진 경영방식과 관리방법을 흡수하고 참고해야 한다. 덩샤오핑의 중요한 사상은 근본적으로 계획경제와 시장경제를 사회기본제도의 범주에 속하는 사상적 속박에서 벗어나서 사람들의 계획과 시장관계 문제에 대한 인식에 새로운 중대한 돌파구를 마련했다.

남방담화에서 "제8차 5개년" 계획에 대하여 1991년 경제 성장의 잠재력과 추세는 보수적이고 국제환경에 대한 평가가 심각하게 부족한 상황에 대해 덩샤오핑은 반드시 유리한 시기를 충분히 이용하여 발전 보폭을 가속화하는 문제를 다시 고려해야 한다고 생각했다. 그래서 개혁개방은 용기를 내서 과감하게 실험해야 한다고 호소했다. 그는 정확하게 판단한 것은 과감히 시도하고 대담하게 돌파하라고 했다. 돌파하는 정신이 조금도 없고 "위험을 무릅쓰는冒" 정신이 없다면 새로운 사업을 할 수 없다. …… 기회를 잡고 자신을 발전시키는 것이 경제를 발전시키는 것이다. 발전할 수 있으면 가로막지 말고 조건이 있는 곳은 가능한 한 빨리 해야 한다. 다만 효익을 중시하고 품질을 중시하며 외향적인 경제를 한다면 걱정할 것이 없다. 낮은 속도는 정지하는 것과 같고 심지어는 후퇴하는 것과 같다. 기회를 잡으려면 지금이 바로 좋은 기회다. 기회를 놓칠까 봐 걱정이 된다. 중국의 경제발전은 어쨌든 몇 년 간격으로 한 단계 도약하기 위해 힘써야 한다. 물론 실제에 맞지 않는 빠른 속도를 장려하는 것이 아니라 착실하게 효익을 중시하고 안정적이고 조화롭게 발전해야 한다. …… 발전이야 말로 굳은 이치이다.

3) 남방담화南方談話후 중앙 정부는 "제8차 5개년" 계획을 조정하다

덩샤오핑이 남방을 시찰하여 중요한 담화를 발표한 지 얼마 지나지 않아 중국공산당 중앙위원회는 1992년 2월 28일에 『덩샤오핑 동지의 중요한 담화를 학습하는 것에 관한 통지』(이하 『통지』)를 발표했다. 『통지』에서 올해 1월 18일부터 2월 21일까지 덩샤오핑 동지가 차례로 우창, 선전, 주하이, 상해 등지에서 중요한 담화를 발표했다고 밝혔다. 중국 사회주의 현대화 건설의 중요한 시기에 덩샤오핑 동지는 당의 "하나의 중심, 두 개의 기본점"의 기본 노선을 확고히 관철하여 집행하고 중국 특색의 사회주의 길을 견지하며 특히 현재의 유리한 기회를 포착하여 개혁개방의 보폭을 가속화하고 경제건설 등 일련의 중대한 문제에 집중하여 매우 중요한 의견을 발표했다. 덩샤오핑의 중요한 담화는 현재의 개혁과 건설에 대하여 당의 제14차 전국대표대회를 잘 개최하는데 있어서 매우 중요한 지도 작용을 가지고 있을 뿐만 아니라 전체 사회주의 현대화 건설 사업에 대하여 매우 중대하고도 심원한 의의를 가지고 있다. 『통지』에서 모든 당원들이 덩샤오핑의 남방담화를 진지하게 학습고 담화의 정신적 본질을 전면적이고 깊이 이해하며 긴밀히 실제와 결부하여 성실히 관철할 것을 요구했다.

3월, 중국공산당 중앙정치국은 회의를 열어 덩샤오핑의 남방담화에서 개혁개방 보폭을 가속화하는 등의 관점을 만장일치로 합의하고 이를 중국공산당 제14차 전국대표대회의 핵심내용으로 삼기로 동의했다. 6월, 당시 중국공산당 총서기였던 장쩌민은 중앙당교 성부급 생도들의 졸업식에서 "덩샤오핑 동지의 연설의 중요한 정신을 깊이 이해하고 전면적으로 실천하며 경제건설과 개혁개방을 더욱 빠르고 좋게 한다"는 제목의 연설을 발표하여 덩샤오핑의 개혁개방에 대한 역사적 공헌을 전면적으로 총결산하고 덩샤오핑의 남방담화 정신을 관철하기 위한 구체적인 조치를 설명했다. 장쩌민은 개혁의 보폭을 빠르게 하여 성장 목표를 9~10%로 높여야 하며 자본주의 국가의 선진 경험을 과감히 배워야 하며 개혁의 성姓이 "자본주의資"인지 "사회주의社" 인지 토론할 필요가 없다고 밝혔다.

　　1992년 10월 12일, 중국공산당 제14차 전국대표대회가 열렸다. 이번 대회는 덩샤오핑의 중국 특색 사회주의 건설 이론을 지도 사상으로 확립하고 기회를 포착하여 개혁개방과 현대화 건설을 가속화가 제안되었다. 대회는 현재 국내 여건이 갖추어져 있고 국제 환경이 유리하며 도전이 존재하는 동시에 기회의 요소도 크기 때문에 발전을 가속화할 수 있는 좋은 시기라고 제안했다. 유리한 기회를 포착하여 역량을 집중하여 경제를 발전시키고 국민경제가 효익을 중시하는 전제하에 비교적 높은 성장속도를 가지도록 노력하는 것은 완전히 정확하고 가능한 일이었다. 따라서 총회는 중국의 1990년대 경제발전속도를 조정하여 본래의 국민총생산의 평균 성장률인 6%에서 8~9%로 조정하였다. 1990년대 말에 이르러 국민총생산은 원래 1980년대보다 두 배가 되는 요구를 초과하게 될 것으로 예상되었다. 회의서 또 중국 경제체제 개혁의 목표는 사회주의 시장경제체제를 수립하여 사회주의 국가의 거시적 통제하에 시장이 자원배분에 대하여 기초적인 작용을 하게 하고 경제 활동이 가치법칙의 요구에 따르게 하며 수급관계의 변화에 적응하여 생산력을 더욱 해방 발전시키는데 유리하게 하는 것에 있었다.

　　중국공산당 제14차 전국대표대회는 한편으로는 계획과 시장에 관한 논쟁을 거의 종결하고 한편으로는 "8차 5개년" 계획에 대해 조정을 진행했다. 중국공산당 14차 당대회 정신에 따라 국무원은 진지한 연구를 거쳐 "8차 5개년" 계획 기간의 경제 성장 속도, 산업구조, 외자 이용, 수출입 무역, 투자 규모 등의 지표에 대해 조정 의견을 제시하고 중앙정치국에 보고했다. 중앙정치국은 논의를 거쳐 중국공산당 14기 2중전회에 제출했다. 1993년 3월 7일, 전체 회의는 "제8차 5개년" 계획의 여러 지표 조정에 대한 중국공산당 중앙위원회의 제안'을 검토하고 승인했다.

　　제14기 2중전회는 "제8차 5개년" 계획의 조정에 대하여 주로 다음의 세

가지 방면을 다루었다. 첫째는 국민경제성장속도에 대한 조정이다. "제8차 5개년" 계획 이후 3년간 국민경제 성장률이 기존 연 평균 6%에서 8~9%로 높아졌다. 1차 산업의 연평균 성장률은 당초 3.2%에서 3.5%(농업 총생산액은 연평균 4%)로, 2차 산업의 연평균 성장률은 5.6%에서 약 10%(산업 총생산액은 연평균 14%)로, 3차 산업의 연평균 성장률은 9%에서 10%이상으로 조정되었다. 둘째는 산업구조의 조정이다. 오랜 기간 동안 불합리한 산업구조는 경제발전의 두드러진 문제였으며 자원의 최적화 배치에 심각한 영향을 주었다. 따라서 이번 조정은 산업구조에 중점을 두고 국민경제의 점진적인 현대화 요구와 주민소비구조의 변화에 따라 산업구조의 합리화를 촉진하고 점진적인 현대화를 목표로 한다. 셋째, 농업의 지속적인 강화와 발전, 에너지, 교통, 통신, 중요한 원자재 및 수자원 관리 등 기반 시설 건설을 강화하는 동시에 적극적으로 개조 및 가공 공업을 개선하고 전자 공업을 발전시키는 것을 포함하여 주요 임무를 확정한다. 건설업과 제3차 산업의 발전을 가속화한다.

중국공산당 중앙위원회는 공동의 노력을 통해 조정된 "8차 5개년" 계획 지표가 실현될 수 있다고 생각한다. 따라서 "8차 5개년" 계획 후 3년 동안 중국은 더욱 유리한 기회를 포착하고 모든 유리한 요소를 충분히 활용하여 이미 출현한 좋은 상황을 공고히 발전시키고 계속 품질을 향상시키며 구조를 최적화하고 효익을 증진시키는 기초 위에서 비교적 높은 경제 성장 속도를 실현해야 했다. 동시에 중국공산당 중앙위원회도 각 지역의 상황이 다르기 때문에 속도 문제에서 "일률적"으로 하지 말고 재정, 물적 자원의 가능성을 전면적으로 고려하고 수요와 공급의 전반적인 균형을 유지하며 경제 과열을 방지하고 큰 손실을 피해야 한다고 상기시켰다.

4) 거시적 통제와 경제 "연착륙"

덩샤오핑의 남방담화와 중국공산당 14차 전국대표대회 이후 중국의 거시정책은 점차적으로 통치 정비 시기의 경제안정 유지에서 경제발전을 가속화하는 방향으로 전환되었다. 동시에 덩샤오핑의 남방담화와 중국공산당 제14차 전국대표대회 정신의 급속한 전파는 또한 사람들의 참여와 개혁개방의 열정을 크게 불러일으켰다. 이로 인해 전국적으로 개혁개방의 열기가 빠르게 확산되었다. 1993년 11월 중국공산당 제14기 3중전회는 "사회주의 시장경제체제 구축에 관한 여러 문제에 관한 중국공산당 중앙위원회의 결정"을 심의하고 통과시켰다. 그 관철은 계획경제체제를 사회주의 시장경제체제로의 전환의 보폭을 현저히 가속화하고 자원배분에서 시장의 기초적인 역할을 현저히 증강시키며 개혁개방이 전면적으로 추진되고 경제건설이 비약적으로 발전하는 왕성한 모습을 보였다.

1992년 전국 고정자산 투자는 전년 대비 44.4% 증가했고 화폐 발행량은 처음으로 1,000억 위안을 돌파하였으며 국민총생산 성장은 14.1%에 달하여 개혁개방 이후 증가 속도가 가장 높은 해가 되었다. 1993년에 국내총생산은 35,673.2억 위안에 달하여 처음으로 3조 위안을 돌파하여 전년보다 13.9% 증가했다. 물가상승 요인을 제외하고 전국 도시 거주자의 1인당 가처분 소득은 전년 대비 9.5% 증가했다.

개혁의 속도와 경제발전을 가속화하는 과정에서 일부 지방과 부서가 일방적으로 높은 속도를 추구하고 오래된 거시적 통제 메커니즘이 점차 약화되었음에도 새로운 통제 메커니즘이 완전하지 않아서 생기는 새로운 문제가 발생했다. 이러한 문제에는 고정자산투자의 증가, 은행의 여신과 화폐투입 압력의 증대, 공업생산의 증가속도의 증가, 교통운수의 긴박, 제품의 재고의 증가, 개발구 열기, 부동산 열기, 주식 열기 및 난립자금모집, 차입, 금융기관 난립현상 등이 포함되며 투자통제 불능, 금융시장 혼란, 인플레이션이 가속세를 보이고 재정적자가 확대되어 재정난이 심화되었다. 수치상으로 1993년 6월 전국의 상품소매가격지수는 1992년 동기보다 13.9% 상승하여 12월에 17.3%, 1994년 10월에 25.2%로 상승했다. 1993년 상반기에는 전 사회의 고정자산 투자가 전년 동기보다 61% 증가했다. 은행 임금과 개인 기타 현금 지출은 36.7% 증가해 노동생산성과 효익의 증가를 크게 초과했다. 1992년 말에는 총 3,123억 위안의 차입 자금이 규모가 크고 기한이 길며 자금의 흐름과 용도가 불합리했다. 1991년 말에 전국개발구는 117개였는데 1992년 말에는 2700여개가 증가해 7년의 전의 23배로 늘어났으며 개발구 건설의 열기가 심각하여 통제불능이었다.

위에서 언급한 심각한 문제는 중국공산당 중앙위원회와 국무원 지도자들의 높은 관심을 불러일으켰다. 1993년 5월 장쩌민은 화동지역 여섯 개의 성과 한 개의 시 경제사업 좌담회를 주재하며 발전을 가속화하는 집중력을 개혁의 심화, 메커니즘 전환, 구조 최적화, 효율성 향상에 집중할 것을 제안했다. 같은 달에 그는 국무원의 지도자에게 쓴 편지에서 기회를 놓치지 않고 현재의 경제업무에서 존재하는 두드러진 문제를 해결해야 한다고 제의했다. 만약 그렇지 않으면 문제를 해결할 중요한 기회가 사라지게 되고 만약 문제가 누적된다면 반드시 큰 화를 초래할 수 있다고 보았다.

6월 9일, 당시 국무원 총리였던 주룽지朱鎔基가 주재하여 국무원 총리실 회의를 소집하였는데 회의는 경제가 과열되고 인플레이션이 끊임없이 발전하는 엄중한 상황에 대하여 거시적 조절을 강화하고 개선하기 위한 구체적인 조치를 연구했다. 6월 24일, 중국공산당 중앙위원회, 국무원은 『중국공산당 중앙, 국무원의 현 경제상황과 거시적 통제 강화에 관한 의견』을 발표하여 금융질서 정비를 중점으로 거시적 통제의 강화와 개선조치를 제시하였다. 주로 화폐발행을 엄격히 통제하고 금융정세를 안정시키며 불법대출자금을 단호히 시정하고 금리 지렛대를 활용하여 저축예금을 대대적으로 증가시키며 무분별한 자금 모집을 제한하며 신용대출의 총규모를 엄격히 통제하고 전문은행은 저축예금에 대한 지급을 보장하며 금융개혁의 속도를 가속화해야 한다. 투자체제 개혁은 금융체제 개혁과 결합되어야 하며 기한 내에 국고채 발행 임무를 완수해야 한다. 유가증권 발행과 시장관리를 더욱 완벽하게 하며 외환 관리 방법을 개선하며 외환 시장 가격을 안정화한다. 부동산 시장의 거시적 관리를 강화하여 부동산업의 건전한 발전을 촉진하고 조세 징수 관리를 강화하여 감면세의 빈틈을 메운다. 건설 중인 항목에 대해 신규 착공 항목을 엄격히 통제한다. 적극적이고 온당하게 물가 개혁을 추진하여 전체 물가의 과도한 상승을 억제한다. 사회집단의 구매력의 지나친 성장을 엄격히 통제한다. 1993년 7월, 주룽지는 직접 중국인민은행 총재의 임무를 하며 전국의 은행장들에게 40일 이내에 계획외의 모든 대출과 대출 자금을 회수할 것을 요구했고 "기한을 넘겨서 회수하지 못하면 성명을 발표해야 하며 여전히 회수하지 못하면 엄중히 처벌해야 한다"고 엄숙히 말했다.

이번 거시적 조절은 필요한 행정적 수단과 조직적 조치를 취하는 것 외에 주로 경제·법률적 수단을 채택함으로써 신구체제의 전환을 가속화하는 것에서 길을 찾는 것이었다. 또한 경제 운행 중의 두드러진 문제를 해결하는 것을 개혁개방을 가속화하고 사회주의 시장경제 체제를 세우는 동력으로 바꾸는데 있었다. 3년간의 노력을 통해 거시적 조절은 현저한 성과를 거두었다. 우선 과잉투자를 효과적으로 통제했다. 고정자산 투자의 증가 속도는 1993년의 62%에서 1996년의 14.8%로 비교적 정상적인 속도로 돌아가면서 화폐 발행량도 이에 따라 감소했다. 다음으로 금융질서가 빠르게 호전되고 여신규모 총량이 통제되고 무분별한 자금모집, 차입현상이 통제되었다. 물가가 점차 자유화되고 상승폭이 뚜렷하게 감소하여 상품 소매 가격 지수가 1994년 10월 25.2%의 최고 상승폭에서 1996년 6.1%로 떨어졌다. 마지막으로 경제 성장률이 여전히 높은 수준을 유지했다. 거시적 조절을 통해 통화팽창을 성공적으로 억제했을 뿐만 아니라 동시에 경제의 비교적 빠른 성장을 유지하여 경제과열·인플레이션에서 고성장·저인플레이션에 이르는 "연착륙"

을 실현하여 경제의 큰 기복을 피하고 전반적인 정세의 안정을 유지했다.

1993년부터 시작된 이번 거시조정을 돌이켜보면 중국공산당 역사연구 전문가들은 1993년이 장쩌민에게 중요한 해라고 평가했다. 경제과열은 개혁뿐만 아니라 사회안정에도 상당한 위협이 되었다. 따라서 장쩌민은 반드시 중국이 시장경제에 진입한 후 첫 번째 거시적 조절을 잘 진행할 수 있도록 지도해야 했다. 계획경제 체제에서는 굳이 이런 수단을 쓸 필요가 없다. 경제성장이 과열되거나 인플레이션이 발생하면 공장 가동 중단을 명령하거나 생산량을 바꾸면 되었다. 그 당시 중국은 새로운 체제를 실험하고 있었다. 이는 실험적이고 위험했다. 일단 연착륙에 성공하면 가장 큰 장점은 사람들에게 새로운 체제의 우월성을 보여줄 수 있었다. 1990년대 중반이 되면 누구나 우후죽순처럼 쏟아지는 신제품, 신상품, 신서비스를 구매하고 즐길 수 있게 되어 새로운 체제의 우월성을 더욱 입증하게 되었다. 이는 장쩌민이 이룬 큰 돌파구였다.

5) "8차 5개년" 계획: 중화인민공화국 성립 이래 가장 잘 집행된 5개년 계획 중의 하나이다.

"8차 5개년" 계획 시기에 중국은 거시적 통제 강화와 개혁 심화를 통해 개혁과 발전에 있어 모두 중대한 진전을 이루었다. 개혁 방면에서 1992년 덩샤오핑의 남방담화와 중국공산당 제14차 전국대표대회 담화로 중국의 개혁개방과 사회주의 현대화건설은 새로운 발전단계에 들어섰다. 중국공산당 14기 3중전회는 『중공중앙의 사회주의 시장경제체제 수립에 관한 몇 가지 문제에 관한 결정』을 통과시켰다. 경제체제 개혁은 획기적인 진전을 이루었고 사회주의 시장경제체제를 수립하는 목표와 기본틀을 확립했으며 시장은 자원배치에서 기초적인 작용을 효과적으로 발휘하였다. 1994년부터 추진된 재정, 금융, 외환, 대외무역, 투자, 가격과 유통체제 개혁은 가격형성 메커니즘, 조세제도, 환율병행방면에서 중대한 돌파구를 마련했다. 사회주의 시장경제 체제의 거시적 통제 체제가 형성되기 시작하면서 "제8차 5개년"시기 거시적 통제의 수단과 방법이 모두 개선되었으며 조정의 수준도 지속적으로 향상되었다.

국민경제와 사회발전 방면에서 가장 큰 성과는 1995년 국내 생산 총액이 61339억 9000만 위안에 달한 것으로 물가 요인을 빼면 1980년의 4배 이상이었다. 동시에 "8차 5개년" 계획 시기에 국내총생산은 연평균 12.0%(그림 3-3 참조) 성장하여 중화인민공화국 성립 이래 가장 빠르게 성장했으며 파동이 가장 적은 5년이었다. 대외개방 총체적 구도가 기본적으로 형성되어 수출입 총액이 1조 달러를 초과하여 세계 11대 수출국 대열에 진입하였으며 외자 이용액은 세계 2위이다. 도시민의 1인당 가처분가능소득은 연평균 7.9% 증가하며 농민 1인당 순소득은 연평균 4.3% 증가하여 국민의 성취감이 증가되었다. 식량과 식용유는 개방 공급을 실현하고 식량표는 역사무대에서 물러

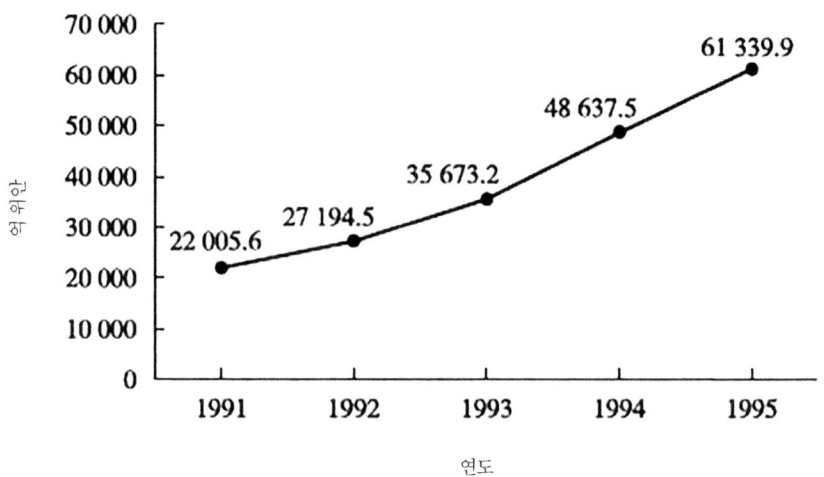

그림 3-3 "제8차 5개년" 시기의 국내 총생산량

났다. 통신, 자동차, 전자, 석유 등 중요한 산업이 선진기술을 도입했으며 중요한 산업의 기술설비가 1980년대 말 국제 수준에 올라섰고 기초 설비 건설은 현저하게 빨라졌으며 창지앙 싼시아長江三峽, 황허 샤오량디小浪底과 관련된 공정이 착공되었고, 인다루친引大入秦공정도 예정대로 완성되었다. 국방과학과 국방공업현대화도 빨라졌으며 원자력, 민용 위성, 민용 조선, 위성 발사, 민용 비행기제조 등 방면이 민용품 제조로 전환하여 중대한 진전을 거두었다. "제8차 5개년"계획은 이와 같이 중화인민공화국 성립 이래 가장 잘 집행된 5개년 계획 중의 하나임을 보여준다.

"8차 5개년" 계획 실시에도 몇 가지 문제와 어려움이 있었다. 주로 국유기업의 생산경영이 어렵고 관리방식이 면밀하지 못해 경제 효익이 비교적 낮았다. 농업은 여전히 국민경제의 약한 고리였다. 전기에는 심각한 인플레이션이 나타나 금융질서가 비교적 혼란스러웠다. 5년간 상품 소매가격은 연평균 11.4% 상승했다. 국가 경제력이 부족하고 지역발전 격차와 주민소득 격차가 확대되어 소득분배관계가 정리되지 않았으며 부패 현상도 효과적으로 억제되지 않았다.

4. "9차 5개년" 계획의 완성
   "중화민족 발전사에 새로운 이정표"

"8차 5개년" 계획이 곧 완성될 때 중국공산당 중앙위원회는 진지하게 경험을 총결산했다. 이 시기 기회를 포착하고 개혁을 심화하고 개방을 확대하고 발전을 촉진하고 안정을 유지하는 지도방침을 관철하여 개혁, 발전, 안정의 관계를 정확하게 처리했다. 발전의 방법을 통해서 실행 과정 중의 문제를 해결하고 새로운 발전계획과 전략목표 제정을 시작했다.

1) 완전히 새로운 국내·국제 환경은 "9차 5개년" 계획으로 하여금 새로운 특징을 갖추게 하다

"9차 5개년" 계획이 시작되었을 때 중국의 개혁개방과 현대화 건설은 완전히 새로운 국내, 국제 환경에 직면하여 기회와 도전으로 가득 차 있었지만 전체적으로는 여전히 기회가 도전보다 컸다. 국제형세로 본다면 냉전이 종식되고 세계는 다극화로 발전하여 국제정세는 전반적으로 완화되고 평화와 발전은 점차 시대의 주요 화두가 되었다. 동시에 정보기술로 대표되는 과학기술 혁명이 비약적으로 발전하고 산업구조 조정 및 업그레이드 속도가 크게 가속화되었으며 글로벌 경제 통합 추세가 더욱 강화되고 다국적 기업은 글로벌 자원 분배에서 중요한 역량을 발휘했다.

국내 정세로 볼 때 개혁개방 이후 몇 차례의 5개년 계획의 순조로운 실시를 거쳐 중국의 경제력이 현저히 증가되었다. 이는 중국이 진일보 발전하여 세계 선진국을 따라잡기 위한 강력한 물질과 기술의 기반이 되었다. 1995년부터 중국의 상품 수급 총량 상태에 근본적인 변화가 발생했다. 공급과잉과 수급의 균형을 이루는 상품의 비중이 해마다 증가했으며 공급이 수요를 따르지 못하는 상품의 비중이 해마다 줄어들었다. 장기간 사회생활에 혼란을 가져온 상품의 부족 상황이 기본적으로 변화하여 구매자 시장이 점차 형성되었다. 경제체제 개혁이 돌파구가 마련되어 대외개방의 전반적인 구도가 이미 형성되었다. 동시에 경제구조의 문제가 부각되기 시작했는데 이는 주로 공업 및 농산물 제품의 단계적, 구조적 과잉과 국내 유효 수요 부족에 따라 발생했다.

이러한 배경에서 중국은 "제9차 5개년" 계획의 편성 작업을 시작했다. 중국이 사회주의 시장경제 조건하에서 편성한 첫 번째의 5개년 계획으로 "제9차 5개년" 계획은 성격, 내용 및 편성 방법이 모두 이전과 달랐다. 계획의 성격상 "제9차 5개년" 계획은 시장이 국가 거시정책의 지도하에 자원배분에 기초적인 역할을 할 수 있도록 시장을 기반으로 하고 거시적·전략적·정책적 성격이 두각을 보이는 계획이며 계획지표는 예측적·지도적 위주였다. 계획의 내용면에서 "제9차 5개년" 계획은 첫 번째로 새로운 시기의 임무와 요구에 근거하여 경제 성장 방식의 전환을 충분히 구현했다. 두 번째는 시장 메커니즘의 역할을 충분히 발휘하는 동시에 거시 통제를 지속적으로 강화하고 개선했다. 세 번째는 지역경제의 조화로운 발전을 견지하고 점차 지역발전 격차를 축소했다. 네 번째는 지속가능한 발전전략을 견지하는 것이다. 계획의 편성 방법에 있어서 "제9차 5개년" 계획은 과학성, 민주성, 규범성을 강조했다. 이는 모두 "제9차 5개년" 계획의 새로운 특징들이었다.

2) 사회주의 시장경제 조건하에서 작성된 첫 번째 5년 계획

1993년 "제9차 5개년" 계획이 작성되기 시작했다. 3월 중국공산당 제14기 2중전회에서 "9차 5개년" 계획 작성을 결정했다. 같은 해 여름, 국가계획위원회는 관련 부서와 함께 광범위한 조사를 통해 연구보고서를 작성하고 "9

차 5개년" 계획 및 2010년 비전 목표의 기본 아이디어를 제시하고 거시적 통제 목표와 산업 발전 임무를 예비적으로 작성하기 위한 사전 준비 작업에 착수했다.

1995년 3월 중국 공산당 중앙위원회는 "9차 5개년" 계획 건의 초안 그룹을 설립했다. 4월에 초안팀은 광범위한 조사와 심층 연구를 바탕으로『국민경제와 사회발전을 위한 중국공산당 중앙위원회의 "제9차 5개년" 계획과 2010년 비전목표 제정에 관한 건의』의 심사 개요를 작성했다. 여러 차례의 의견 수렴과 수정을 거쳐 이 문서는 공식적으로 중국공산당 14기 5중전회에 제출되어 승인을 받았다.

9월 중국공산당 제14기 5중전회는『중국공산당 중앙위원회의 국민경제와 사회발전 "9차 5개년" 계획과 2010년 비전목표 제정에 관한 건의』(이하『건의』)를 통해 경제사업에 대한 새로운 임무를 제시했다. 2000년까지 1인당 국민총생산치를 1980년에 비해 두 배로 늘리고 빈곤을 기본적으로 제거하며 인민생활은 샤오캉小康수준에 도달시키고 현대기업제도 건설을 가속화하며 사회주의 시장경제체제를 초보적으로 수립한다.『건의』는 분투목표를 실현하는 관건은 전면적인 의의를 지닌 두 가지 근본적 전환을 실행하는 것이라고 강조했다. 첫째, 경제체제는 전통적인 계획경제체제에서 사회주의 시장경제체제로의 전환이다. 둘째, 경제성장방식은 조방형粗放型에서 집약형集約型으로 전환되어 국민경제의 지속적이고 신속하며 건전한 발전과 사회전반의 진보를 촉진한다.

『건의』에 따라 국무원은『중화인민공화국 국가경제사회발전 "제9차 5개년" 계획과 2010년 비전목표개요(초안)』(이하『개요』)를 제정했다.『개요』는 주로 향후 15년 동안 개혁개방과 경제건설의 몇 가지 주요 문제에 답하고 곡물의 안정적인 성장, 국유기업 개혁, 지역경제 발전에 대한 명확한 조치를 취했다. 이에 대해 천진화陳錦華국가계획위원회 주임은 이번『개요』제정 업무의 범위가 넓고 참여 인원이 많은 것은 중국의 역대 계획 편성 업무에는 없었던 일이라고 말했다. 많은 전문가와 학자들이 사전 연구에 깊이 참여했을 뿐만 아니라 이번 계획 편성과정에서 세계은행에 의뢰하여 전문가 그룹을 조직해 일부 주제에 대해 자문 의견을 받았다.

1996년 3월 제8기 전국인민대표대회 제4차 회의에서 『중화인민공화국 국민경제사회발전 "제9차 5개년" 계획과 2010년 비전목표개요(초안)』을 심의하고 비준했다. "9차 5개년" 계획의 경제 건설 목표는 다음과 같다. 현대화 건설의 제2단계 전략 배치를 전면적으로 완성한다. 2000년까지 1인당 국민총생산을 1980년에 비해 두 배로 늘린다. 식량 총생산량은 4,900억kg에 달하도록 보장하고 5,000억kg에 도달하기 위해 힘써야 한다. "제9차 5개년" 계획은 앞으로 15년 동안 필요한 역량을 집중하여 수리 공사, 에너지, 교통, 통신과 중요 원자재 공업 방면에 대형 공사를 건설해야 한다. 여기에는 창지앙 싼시아長江三峽, 황허 샤오랑디黃河小浪底 수자원 종합 관리 센터 공정, 남수북조南水北調 공사, 산시山西, 섬서陝西·내몽골 석탄기지, 남곤南昆철도, 남강南疆철도, 신황神黃철도, 공공주간선국도, 통신광섬유간선망, 그리고 대형항만, 공항 등이 포함되어 기초공업이 국민경제발전과 상응하도록 해야 한다. 시장의 수요에 맞춰 기계·전자·석유화학·자동차·건설 등 기간산업을 활성화해 경제 전반의 성장을 견인해야 한다.

"9차 5개년" 계획 시기의 거시적 통제 목표는 연평균 경제성장 속도는 8% 정도, 고정 자산 투자율은 30%였으며 물가 상승폭은 현저히 감소하여 경제 성장률보다 낮게 만드는데 있었다. "9차 5개년" 계획 시기의 경제 성장 속도 목표가 "8차 5개년 계획" 시기보다 낮은 이유에 대해 당시 국가계획위원회 부주임이었던 정페이옌曾培炎은 "9차 5개년" 계획 경제 성장 속도는 8% 정도에 따라 배치되어 "8차 5개년" 계획의 속도보다 약간 낮다고 설명했다. 이는 주로 다음과 같은 고려에 기초했다. 첫째는 경제총량의 균형과 거시경제의 안정을 유지하고 현재 너무 높은 인플레이션율을 현저히 낮추어야 했다. 둘째는 개혁을 심화하기 위해 비교적 느슨한 경제환경을 창조해야 했다.

셋째는 경제업무의 중점을 속도추구에서 경제전체의 자질과 효익 향상을 중시해야 한다는데 있다.

3) 아시아 금융 위기에 대처하기 위해 "제9차 5개년" 계획을 적절히 조정하다

1995년의 인플레이션이 초보적으로 통제된 기초하에서 1996년에 "9차 5개년" 계획의 시작이 양호했다. 인플레이션은 크게 완화되었고 주요 거시경제 지표는 모두 양호했다. 1996년 국내총생산은 전년 대비 9.6%, 사회상품 소매가격은 6.1%, 주민소비가격은 8.3%, 사회고정자산투자는 14.8% 증가했다. 이 수치는 경제 성장률과 인플레이션율이 모두 비교적 합리적인 구간에서 효과적으로 통제되고 있음을 보여줬다.

의외로 1997년 하반기에 동남아의 일부 국가에서 금융 위기가 발생했고 곧 아시아 전체와 세계의 다른 지역으로 번졌다. 따라서 국제 금융시장이 계속 불안하게 되어 세계 경제에 심각한 충격을 주었다. 국제 시장 위축 등의 요인으로 국내 일련의 문제가 겹치면서 중국의 대외무역 수출입 총액은 하락세를 보였으며 경제발전은 심각한 도전에 직면했다. 대외무역수출 증가폭은 1996년의 20%에서 0.5%로 급격히 떨어졌고 외자이용액도 20년 동안 최저점으로 떨어졌다. 1998년 상반기 국내 소비재 소매시장은 이미 공급이 수요를 따라가지 못하고 생산능력 과잉태세가 점차 심화되어 유효수요 부족이 경제를 괴롭히는 주요 모순이 되었다. 1997년 주민소비자물가지수는 2.8%로 떨어졌고 1998년과 1999년에는 모두 마이너스 성장으로 디플레이션 추세를 보였다. 경제성장률도 1997년의 9.2%에서 1998년의 7.8%와 1999년의 7.6%로 떨어졌다. 경제가 냉각되어 많은 문제와 복병이 초래되었다. 기업 가동의 부족, 공업 경제 하강, 투자 감소, 소비 부진, 실업 증가가 발생했다.

중국공산당 중앙위원회와 국무원은 금융위기의 충격을 매우 중시하며 침착하게 대응해 나갔다. 1998년 3월 국무원 주룽지 총리는 제9기 전국인민대표대회 제1차 회의에서 열린 기자회견에서 이번 정부의 임무를 요약하면 "하나의 확보, 세 개의 실현, 다섯 개의 개혁"이라고 제시했다. "하나의 확보"는 올해 중국의 경제발전 속도가 8%에 달하고 인플레이션율이 3%보다 적으며 인민폐가 평가절하되지 않도록 확보하는데 있다. "세 개의 실현"은 첫째, 3년 정도의 시간을 들여 대다수 국유 중대형 부실기업을 곤경에서 벗어나 현대적 기업제도를 수립하는 것이다. 둘째, 금융시스템을 3년 내에 완전히 개혁하는 데 있다. 중앙은행이 감독을 강화하고 상업은행이 자주적으로 경영하는 목표를 금세기 말에 실현하는 것이다. 셋째, 정부기관 개혁의 임무는 3년 내에 완수해야 한다. "5대 개혁"이란 식량유통체제, 투자융자체제, 주택제도, 의료제도, 재정조세제도 개혁을 말한다.

　중국공산당 중앙위원회와 국무원은 경제의 지속적이고 건전한 발전을 유지하고 "9차 5개년" 계획에서 정한 성장목표를 실현하려면 반드시 내수부족, 외수하락, 경제성장 무력상황에 대응하여 경제사업의 중심을 명확하게 "연착륙軟着陸"시킨 후 관성적으로 하락하여 "시동이 멈추는熄火"는 일을 막는 방향으로의 전환을 분명하게 인식했다. 이를 위해 중국공산당 중앙정부는 즉시 "9차 5개년" 계획에 대해 중요한 조정을 실시하여 경제성장을 견인했다. 여기에는 과감한 국내 수요 확대, 적극적인 재정 정책과 온건한 통화정책 채택, 중저소득자의 생활 보장 증가로 인민의 생활 개선, 수출 환급율 인상, 밀수 단속, 적극적으로 수출 증대, 예금 대출 금리 인하, 교육, 의료 및 주택 시장화 개혁, "황금 휴일黃金週" 설치가 있었다. 이러한 조치가 힘을 합쳐 소비를 촉진하고 중앙 재정에서 상업은행에 10년 만기 국채 1,000억 위안 증자, 은행 결합으로 1,000억 위안 대출, 이러한 자금은 농촌 배전망 건설, 고속도로 건설, 도시 기반 시설 건설, 대학 학생 모집 확대, 국가 곡물 창고 건설, 장강長江 제방 보강 및 기타 기반 시설 건설에 사용되었다. 중국공산당 중앙위원회는 위의 조치를 채택할 때 시장지향, 이익중심으로 실시하며 재고품이나 중복 건설을 하지 않아야 한다고 강조했다. 기초건설은 전면적인 계획을 세워 합리적인 배치하고 기존 시설의 잠재력을 충분히 발휘해야 하며 맹목적으로 새로운 규모의 사업을 실행해서는 안 된다고 엄중히 경고했다.

조정 결정이 내려진 후 전국 각지의 건설 활동이 신속하게 전개되어 뚜렷한 성과를 거두었다. 고속도로 건설의 경우 1998년 전국에 고속도로가 1,741km 신설되고 개통 총 주행거리가 8,733km에 달해 세계 6위가 되었다. 1999년에는 전국 고속도로 총 주행거리가 1만 1,650km에 달해 세계 3위로 뛰어올랐다. 2000년에는 전국 고속도로 총 주행거리가 1만 9,000km로 늘어 세계 2위를 차지했다. 3년 동안 중국의 고속도로 건설은 비약적으로 발전하여 세계 고속도로 건설의 기적을 창조했다.

4) "올해 경제 상황은 확실히 역대 최고"

"9차 5개년" 계획 시기에 많은 나라들이 아시아 금융위기로 인해 경기 침체가 나타나고 통화가 대폭 평가절하되는 상황에서 중국은 인민폐를 평가절하하지 않겠다는 약속을 이행하여 이번 글로벌 금융 위기를 완화하는 데 큰 공헌을 했다. 전국적으로 한마음 한 뜻으로 어떠한 어려움도 두려워하지 않고 어떠한 방해에도 현혹되지 않으며 개혁개방과 현대화 건설을 추진하여 새로운 성과를 거두었다.

"9차 5개년" 계획 시기에 중국의 국민경제 총량은 새로운 단계로 도약했다. 5년간 국내 총생산의 연평균 성장률은 8.3%(그림 2-4 참조)로 세계 평균의 증가율 3.8%보다 훨씬 높아졌다. 2000년에 국내총생산은 10조 280억 1천만 위안에(100,280.1억 위안) 달해 그 해 환율에 따라 달러로 환산하면 1조 달러를 돌파했고 이는 세계 7위의 수준이었다. 1인당 국내총생산은 세계은행이 분

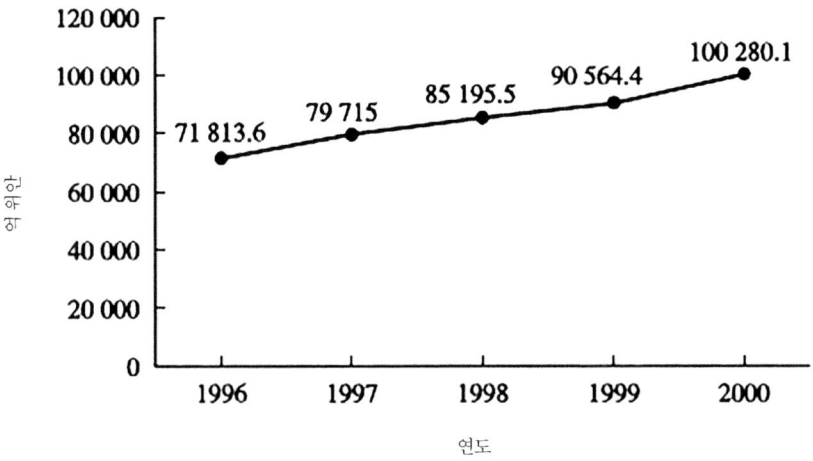

그림 3-4 "제9차 5개년" 시기의 국내 총생산량

류한 중등 소득 국가 대열에 진입했다. 국가의 재력이 급속히 증가하여 2000년 국가 재정 수입은 13,380억 위안에 달하여 매년 평균 16.5%씩 증가하였으며 5년간의 누계는 5조 위안을 초과해 "제8차 5개년" 계획 시기보다 1.3배 증가했다.

"제9차 5개년" 계획 기간 동안, 중국의 주요 공업 및 농산물 생산량은 세계 1위를 차지했으며 상품 부족 상황은 기본적으로 종식되었고 곡물 및 기타 주요 농산물의 공급은 장기 부족에서 기본 균형에 도달하였으며 여유로운 풍년으로 역사적 전환이 실현되었다. 산업구조 조정은 긍정적인 진전을 이루었고 낙후되고 과잉 공업 생산된 능력을 도태시켜 성과를 거두었으며 기반시설의 어려움도 완화되었다. 동시에 중국의 사회주의 시장경제체제가 초보적으로 수립되었다. 전방위의 대외개방구도가 기본적으로 형성되어 대외무역과 외자이용규모가 지속적으로 확대되었고 대외무역 수출입 총액이 세계 8위를 차지했다. 평화통일의 대업은 역사적인 진전을 이루어 홍콩과 마카오가 연달아 조국의 품으로 돌아왔다.

"9차 5개년" 계획 시기 중국은 수요 과열과 인플레이션을 효과적으로 다스린 경험과 국내 수요 확대와 디플레이션 추세를 억제하는 거시적 통제 경험이 점차 축적되었다. 복잡하게 얽힌 국제환경과 국내환경에 직면하여 중국공산당 중앙위원회와 국무원은 먼저 각종 종합 관리 조치를 취하여 빠르게 고인플레이션 국면을 전환하고 국민경제를 순조롭게 "연착륙"시켰다. 이어 아시아 금융위기의 충격에 대응하여 즉시 결정적인 정책 조정을 단행했다. 적극적인 내수확대 전략방침을 제정하고 적극적인 재정정책과 온건한 통화정책을 실시했다. 투자증대와 소득 분배를 조정하여 소비를 활성화하고 내수 확대와 수출 확대를 결합하며 경제 총량 확대와 구조조정을 가속화한다. 이를 통해 국민 경제를 지속적이고 빠르고 건강하게 발전시킨다.

특히 "9차 5개년" 계획 시기는 중국의 국유기업 개혁 각 항목의 조치가 가장 많이 발표된 5년이었다. 이 기간 동안 대부분의 주요 국가 기업은 시스템의 변혁을 통해 현대 기업 시스템을 구축했으며 그 중 상당 부분이 국내 또는 해외에 상장되었다. 정부는 출자전환, 금리인하, 기술개조에 대한 이자 보조 대출 등의 조치를 취하여 기업부담을 경감하고 기업활력을 자극했으며 국유기업의 합병·파산·재편을 실시하여 국유경제의 전략적 배치를 조정함으로써 전반적인 경쟁력을 강화했다. 정부는 적극적인 재정정책을 실시함으로써 내수를 확대하였을 뿐만 아니라 국유기업의 발전을 위하여 양호한 외부 환경을 창조했다. 종합적인 지원 개혁 조치의 작용으로 국유기업의 활력이 크게 향상되었다. 2000년에 국유 및 국유 지주 공업 기업의 이윤은 2,392억 위안으로 1997년의 2.9배이며 국유 중대형 기업의 3년 곤경에서 벗어나는 목표는 기본적으로 실현되었다.

"9차 5개년" 계획이 완성됨에 따라 중국은 현대화 건설의 제2단계 전략 목표를 실현했고 "10차 5개년" 계획을 실시하기 위하여 제3단계 전략 목표를 향해 나아가기 시작하는 좋은 토대가 마련되었다.

동시에 "9차 5개년" 계획 시기에 중국 경제와 사회 발전은 여전히 시급히 해결해야 할 문제들이 있었다. 여기에는 여러 문제가 포함되었는데 산업구조가 불합리하고 지역경제 발전이 조화롭지 못하다는 점이었다. 국민경제의 전반적인 자질이 높지 않고 국제 경쟁력이 강하지 않았다. 사회주의 시장경제체제는 아직 완전하지 못하여 생산력의 발전을 저해하는 체제적 요소가 여전히 두드러졌다. 과학기술과 교육은 비교적 낙후되어 과학기술 혁신 능력이 비교적 약하다. 중요한 자원이 부족하고 일부 지역의 생태환경이 악화되었다. 취업 압력이 높아져 농민과 도시 일부 주민의 소득 증가가 완만해지고 소득 격차가 확대되었다. 일부 분야에서는 시장경제 질서가 상당히 혼란스럽고 중대한 안전사고가 수시로 발생했다.

5. "10차 5개년" 계획 - 중국은 세계 경제 발전의 중요한 버팀목이자 엔진이 되다

2000년에 중국은 "9차 5개년" 계획을 원만하게 완성하여 경제력, 체제환경, 사회조건 등이 모두 크게 향상되고 개선되었다. 경제의 지속적 발전과 사회의 전면적인 진보를 위해 더욱 유리한 조건을 준비했다. 동시에 중국의 경제는 여전히 세계 선진국과 큰 격차가 있었다. 2000년 중국의 1인당 국내총생산은 854달러인데 당시 고소득 국가, 중위소득 국가, 중하위 소득 국가의 1인당 GDP는 각각 27,443달러, 2,039달러, 1,153달러였다.

21세기에 들어서면서 인류사회에 심각한 변화가 일어났다. 경제 글로벌화 과정이 가속화되어 국제 경제 협력과 경쟁은 전례 없는 폭과 깊이로 발전했으며 과학기술의 비약적인 발전과 자주적 혁신 능력은 종합 국력의 관건적 요소가 되었다. 전 세계 산업구조 조정이 심화 및 전개되어 새로운 국제 분업 구도가 형성되었다. 세계 경제는 온화한 성장을 유지하고 있었으며 주요 국가의 경제는 변동과 조정 속에서 발전했다.

중국 지도자는 국내, 국제 정세의 변화에 근거하여 다음과 같은 중요한 판단을 내렸다. 21세기의 첫 20년은 반드시 꽉 붙잡고 크게 할 수 있는 전략적 기회의 시기이며 현대화 건설의 제3단계 전략목표를 실현하기 위해서는 반드시 "계승하고 이끌어주는 承上啓下" 발전 단계이며 조국의 부강, 인민의 부유와 민족부흥을 실현하는 중요한 시기였다. "10차 5개년" 계획은 이 중요한 전략적 기회의 초기에 있었다. 따라서 중국공산당 중앙위원회는 "10차 5개년" 계획의 편성을 매우 중시하며 "10차 5개년" 계획을 제정하고 발전을 주제로 구조조정을 주요 노선으로 삼고 개혁개방과 과학기술진보를 동력으로 인민생활 향상을 근본 출발점으로 삼아야 한다고 제안했다.

1) 경제 구조의 전략적 조정을 주요 방침으로 하다

　　1998년 6월부터 국가계획위원회는 각 방면의 역량을 조직하여 "제10차 5개년" 계획의 사전 연구 업무 편성을 시작했다. 1999년 6월, 당시 국가계획위원회 주임이었던 쩡페이옌曾培炎은 전국 "10차 5개년" 계획공작 원격 회의에서 "제10차 5개년" 계획은 덩샤오핑 동지가 제안한 제3단계 전략배치의 첫 번째 중장기 계획이며 중국 사회주의 시장경제체제가 초보적으로 수립된 후 첫 번째 중장기 계획이라고 했다. 또한 중국이 새로운 세기에 들어선 후 첫 번째 중장기 계획이기 때문에 매우 중요한 전략적 의의가 있다고 말했다. 이를 위해 "제10차 5개년" 계획 편성을 잘하기 위한 6가지 원칙과 4가지 사상적 방법을 제시했다.
　　6가지 원칙은 다음과 같았다. 개혁, 발전, 안정의 관계를 올바르게 처리한다. 속도와 효익을 통일하는 원칙을 세운다. 경제 성장 방식의 전환을 추진한다. 시장 메커니즘의 역할을 충분히 발휘한다. 지속가능한 발전 전략을 견지한다. 지역 간의 발전 격차를 점차 축소한다. 대외개방의 기본 국책을 확고히 계속 관철한다.
　　네 가지 사상방법은 다음과 같았다. 첫째, 과거 계획편성 중 국제와 국내 두 종류의 자원, 두 시장의 통일된 고려가 결여된 사상방법을 변화시켜야 한다. 정부가 모든 것을 도맡는 "무슨 일이든 도맡아 해결하려 하는包打天下"하는 사상 방법을 변화시켜야 하며 어떤 것은 시장과 기업이 하고 어떤 것은 정부가 해야 하는지를 분명히 구별해야 한다. 둘째, 먼저 목표를 정하고 구호를 제시한 후 다시 속도를 측정하는 사상방법을 개선해야 하며 현실로부터 수요와 공급의 분석과 경쟁력 분석으로부터 성장속도를 측정하여 계획목표를 확정해야 한다. 셋째, 계획편성 과정의 사회참여도를 높여야 한다. 넷째, 사회 각계 각층의 의견을 널리 들어야 한다.
　　1999년 말, 중국공산당 중앙정치국은 중국공산당 제15기 5중전회에서

"제10차 5개년" 계획을 연구하고 『중국공산당 중앙위원회의 국민경제사회 발전 제10차 5개년 계획 제정에 관한 건의』 초안 소조 설립을 결정했다.

당시 중국공산당 중앙위원회는 "제10차 5개년" 계획을 편성할 때 무엇을 기본 방침으로 삼아야 하는지에 대한 두 가지 다른 의견을 내놓았다. 하나는 경제와 사회발전의 구조적 모순이 여러 문제의 핵심인 만큼 "제10차 5개년" 계획의 편성은 경제구조의 전략적 조정을 중심으로 전개되어야 한다는 것이다. 다른 하나는 경제와 사회 발전 중의 많은 모순이 귀결되는 것은 체제의 병목 현상의 제약에서 온다. 따라서 "10차 5개년" 계획의 편성은 반드시 체제혁신과 기술혁신을 주요방침으로 해야 한다. 토론과 연구를 거쳐 중국공산당 중앙위원회는 경제구조의 전략적 조정을 "10차 5개년" 계획의 주요 방침으로 삼는 전자의 의견에 더 기울었다. 2000년 9월 주룽지는 한국 언론과의 인터뷰에서 다음과 같이 말했다. "중국의 '제10차 5개년' 계획은 주로 중국의 제3차 전략 목표를 실현하기 위한 좋은 출발점이다. 가장 중요한 내용은 산업구조의 조정이다. 산업기구의 조정은 반드시 경제체제의 심화개혁과 선진과학기술의 발전을 통해 실현되어야 한다. 중국이 산업구조 조정을 진행하지 않고 정보 중심의 첨단기술을 발전시키지 않는다면 중국의 경제발전이 막바지에 이르게 될 것이다."

2000년 10월 중국공산당 제15기 5중전회는 『중국공산당 중앙위원회의 국가경제사회발전 제10차 5개년 계획 수립에 관한 건의』(이하『건의』)를 심의 및 의결했다. 『건의』는 새로운 세기부터 중국은 전면적으로 샤오캉小康사회를 건설하고 사회주의 현대화의 새로운 발전 단계를 가속화할 것이라고 밝혔다. 앞으로 5년에서 10년은 중국의 경제와 사회 발전의 중요한 시기이며 경제구조의 전략적 조정을 진행하는 중요한 시기이다. "제10차 5개년" 계획을 제정할 때 발전을 주제로 구조 조정을 주요 방침으로 삼고 개혁개방과 과학기술 진보를 동력으로 인민생활 수준을 향상시키는 것을 근본 출발점으로 삼아야 한다. 세계무역기구WTO 가입 후의 새로운 상황을 종합적으로 평가하고 사회주의 시장경제 발전의 요구를 충분히 반영해야 한다. 『건의』는 "제10차 5개년" 계획 기간 동안의 경제와 사회발전의 주요목표를 제시했다. 주요목표는 국민경제는 비교적 빠른 발전속도를 유지하며 경제구조조정은 뚜렷한 효과를 거두었으며 경제성장의 질과 효익이 현저하게 향상되었다. 이로써 2010년까지 국내총생산이 2000년에 비해 두 배가 되는 견고한 기초를 마련했다. 국유기업은 현대기업제도를 수립하는데 중대한 진전을 이루었고 사회보장제도는 비교적 건전하며 사회주의 시장경제체제를 완비하는 실질적인 보폭을 내딛었다. 더 넓은 범위와 깊은 범위에서 국제경제협력 및 경쟁에 참여하며 취업의 통로가 넓어지고 도시와 농촌주민의 소득이 계속 증가하고 물질문화생활이 비교적 크게 개선되고 생태건설과 환경보호가 강화되었다. 과학기술교육은 발전을 가속화하고 국민의 자질이 더욱 향상하며 정신문명건설과 민주법제건설에 현저한 진전을 이루었다.

2) "제10차 5개년"계획의 편성 : 전 국민 토론과 전 사회의 참여

『건의』는 "제10차 5개년" 계획 편성의 중요한 지침이자 핵심 내용이었다. 제15기 5중전회가 끝난 후 국가계획위원회는 즉시 역량을 조직하여 『건의』를 구체적으로 세분화했다.

10월 23일, 전국 인민과 사회 각계를 "10차 5개년" 계획을 위해 건의하고 정책을 제안하도록 하고 중대한 결정에 참여하여 계획 편성의 대중 참여도와 투명성을 제고하기 위해 공개적으로 초청했다. 국가계획위원회는 오랜 기간 경제활동을 해온 간부들과 경제학자, 중국과학원과 중국 공정원의 원사, 과학자, 기업인 등의 의견을 청취했다. 국무원의 비준을 거쳐 국가계획위원회는 또한 국내 전문가와 학자 그룹을 "10차 5개년" 계획 자문 심의회의 구성원으로 초빙했고 "10차 5개년" 계획의 주요 문제에 대해 자문 심의하고 건의했다. 전문가와 학자들은 국무원 발전연구센터, 중국사회과학원, 기계과학원연구원, 베이징대학교, 칭화대학교, 런민대학교 등 과학연구기관과 대학 출신이었다. 이 단계의 연구 업무에서 그들은 모두 약 500만 자의 연구성과를 만들어냈다.

이 밖에 국가계획위원회는 인터넷상에 별도의 홈페이지를 만들어 사회 각계각층의 인사들을 초청해 인터넷 댓글을 통해 의견을 표명할 수 있도록 했다. "제10차 5개년" 계획 편성에 참여한 네티즌 중 최고령자는 86세, 최연소는 10세였다. 편지를 통해 건의를 제기하는 경로도 매우 활발했는데 국가계획위원회와 『경제일보經濟日報』, 『광명일보光明日報』, 『노동자일보工人日報』, 『농민일보農民日報』, 『중국경제도보中國經濟導報』 등은 공동으로 "제10차 5개년" 계획공모활동을 전개하여 "제10차 5개년" 계획 편성에 대한 의견과 건의를 사회대중으로부터 널리 구했다. 국가계획위원회는 모두 사회 각계각층의 서신과 이메일을 모두 1만7000여 통 받았는데 이 서신과 우편물의 내용은 매우 풍부하여 경제사회의 모든 방면을 포괄했다. "제10차 5개년" 계획 요강 전후로 모두 20개의 원고를 수정했는데 사회 전체의 많은 의견과 건의를 수렴했다. 예를 들면 해양자원 개발, 장비제조업 진흥, 현대 중의약 발전, 호적제도 개혁 등이 계획요강에 포함되었다. 중국이 5개년 계획을 수립하면서 전 국민적 논의를 진행한 것은 이번이 처음이었으며 민중 참여의 깊이와 폭, 범위도 역사상 유례가 없는 일이었다.

국가계획위원회는 국제기구의 "제10차 5개년" 계획의 편찬 업무에 대한 의견을 청취하였다는 점은 논의할 가치가 있다. 1999년 초, 세계은행은 국가계획위원회의 위탁을 받아『중국의 중기 전환 문제: "제10차 5개년" 계획의 경제 발전 문제의 구성의 문서』를 완성했다. 이를 통해 중국의 "제10차 5개년" 계획과 2015년 미래 계획에 정책 건의를 제공했다. 이 구성과 관련된 문서는 47개의 전문적 연구를 포함했다. 국가계획위원회는 또한 유엔공업발전기구와 산업발전계획과 정책에 대한 협력연구를 수행했고 홍콩대학교와 협력하여 중국의 도시화 전략에 대한 협력연구를 수행했으며 모두 긍정적인 결과를 얻었다.

2001년 2월, 주룽지는 베이징에서 좌담회를 주재했는데 각 민주당파 중앙위원회, 전국 상공련 책임자와 무소속 인사 및 과학, 교육, 문화, 위생 종사자, 기업인들에게서 『국민경제와 사회발전에 관한 제10차 5개년 계획 개요의 보고(의견수렴원고)』에 대한 의견을 구했다. 각계 인사들이 잇달아 의견을 제시했다. 양원 원사 스위안춘石元春은 8분간의 발언 시간에 농업과 농촌경제구조조정, 서부대개발, 자원보호 등의 문제에 대하여 자신의 건의를 발표했다. 농촌에서 선도기업을 적극 지원 및 육성하고 농업과학기술산업을 발전시키며 농업의 기본 지위를 강화한다. 수자원의 절약과 보호 및 합리적인 개발을 최우선으로 하며 지역 상황에 따라 농지를 산림과 초원으로 되돌리고 생태의 자기복원능력을 충분히 발휘하게 해야 한다는 등의 구체적인 수정의견을 제시했다.

3월 5일 제9기 전국인민대표대회 제4차 회의에서 『국민경제와 사회발전 제10차 5개년 계획 개요 보고서』를 듣고 수정 의견과 제안이 제출되었다. 국무원은 의견과 건의에 따라 퇴고와 보정을 반복해 총 40여 곳을 수정했는데 이 중 중요한 수정은 23곳이었다. 3월 15일 주룽지는 총회 의장단에 요강보고서의 수정 설명을 제출하고 이미 채택된 의견에 대해 수정의 구체적인 내용을 조목조목 열거하고 채택되지 않은 의견에 대해서도 그 이유를 따로 설명했다. 이 날 제9기 전국인민대표대회 제4차 회의에서 계획요강과 주룽지의 계획요강 보고서가 승인됐다.

3) "국내외에 모두 불확실한 요소가 존재하므로, 계획의 예상 목표는 여지를 남겨 두어야 한다"

"제10차 5개년" 계획은 중국이 21세기에 들어서 맞이한 첫 번째 5개년 계획이자 현대화 건설의 제3단계 전략 배치를 실시하기 시작한 첫 번째 5개년 계획이며 사회주의 시장경제체제가 초보적으로 수립된 후의 첫 번째 5개년 계획이기도 했다.

"제10차 5개년" 계획의 주요 거시적 통제 목표는 경제성장 속도는 연평균 7% 정도로 예상하며 2000년 가격에 따라 계산하면 2005년 국내총생산은 12조 5,000억 위안 정도에 달하고 1인당 GDP는 9,400위안에 달할 것이다. "제10차 5개년" 도시의 신규 고용과 농업 노동력 이전은 각각 4,000만 명에 달했으며 도시 등록 실업률은 5% 정도로 통제되었으며 가격 총 수준은 안정되고 국제 수지도 기본적으로 균형을 이뤘다.

경제 구조조정의 주요 예상 목표는 산업구조의 최적화 및 업그레이드, 국제 경쟁력 강화였다. 2005년 국내총생산에서 1·2·3차 산업의 증가치가 차지하는 비중은 각각 13%, 51%, 36%로, 1·2·3차 산업의 종사자가 전체 사회 종사자의 44%, 23%, 33%가 될 것으로 예측된다.

과학 교육 발전의 주요 예상 목표는 다음과 같다. 2005년에 전체 사회 연구개발비가 국내총생산에서 차지하는 비율을 1.5% 이상으로 높이고 중학교 단계의 교육 총 입학률은 90% 이상에 달하며 고등학교 단계의 교육 및 고등교육의 총 입학률은 60% 정도와 15%에 도달하기 위해 노력한다.

지속 가능한 발전의 주요 예상 목표로 인구 자연 증가율을 9% 이내로 제한하고 2005년 전국 총 인구를 13억 3천만 명 이내로 제한한다. 산림 점유율을 18.2%로 높이고 도시 건설 지역의 녹화 점유율을 35%로 높인다. 도시와 농촌 환경의 질을 개선하여 주요 오염 물질 배출 총량을 2000년에 비해 10% 감소시킨다.

인민생활 향상을 위한 주요 기대목표는 "제10차 5개년" 계획 도시 주민 1인당 가처분소득과 농촌주민 1인당 순소득이 연평균 5% 정도 증가이다. 2005년 도시주민 1인당 주택 건축 면적이 22m²로 증가했다. 전국 케이블TV 가입률이 40%에 달했으며 도시 의료 보건 서비스 수준과 농촌 의료 서비스 시설이 지속적으로 개선되어 인민건강수준이 향상을 목표로 한다.

주룽지는 "제10차 5개년" 계획 기간 연평균 경제성장률을 7%대로 잡은 이유에 대해 "제9차 5개년 계획보다 실제 달성한 속도는 조금 낮지만 여전히 높은 속도"라 보았다. 효율을 높이는 기초 위에서 이 목표를 실현하려면 반드시 힘든 노력을 기울여야 한다. "국내외적으로 불확실한 측면이 있는 만큼 계획한 예상 목표는 여지를 남겨야 한다"고 말했다. 쩡페이옌曾培炎도 "'제10차 5개년' 계획 기간 국민경제가 연평균 7%가량 성장한다는 예상 목표를 제시한 것은 여지를 남기는 것이다. 각 방면에서 구조조정에 주력하도록 유도하고 일방적인 속도추구로 구조조정 임무 완수에 차질을 빚지 않도록 하기 위한 것"이라 밝혔다.

이때 시장경제의 조건하에서 "제10차 5개년" 계획의 성격에 변화가 발생했다. 성격상 "10차 5개년" 계획은 크게 두 가지 범주로 구성되어 있었는데 하나는 지도적 계획이었다. 이 계획은 주로 시장 메커니즘이 기본적으로 기능하고 정부의 과도한 개입이 필요하지 않은 분야에서 작용했다. 이러한 종류의 계획은 개발 환경, 시장 수요, 개발 상황을 분석하고 예측하고 정부의 의도를 명확히 하고 자원 할당을 안내하며 시장주체가 결정을 참조할 수 있도록 제공하여 간접적으로 기업의 생산 및 운영 결정에 영향을 주었다. 결국 그 실시 주체는 정부가 아니라 기업에 있었다. 다른 하나는 정부 조직이 실행한 계획이었다. 이러한 계획은 주로 시장 메커니즘이 기능하기 어렵고 정부의 필요한 지원 또는 지원이 필요하며 맹목적이고 반복적인 건설로 이어지기 쉬운 분야에 적용되었다. 특정 업종이나 분야에서 정부의 책임과 의무를 명확히 하고 정부 관여의 자의성을 극복해 중대 건설사업 및 배치, 자금출처 등을 총괄하는 방식으로 기능했다. 이런 종류의 계획은 기업을 구속할 뿐만 아니라 정부자신을 구속하는데 목적은 바로 공익사업, 기반시설, 첨단기술 등 전반적인 국면에 관계되는 중요한 영역과 취약한 부분에서 더 많고 더 나은 공공제품과 서비스를 제공하는 것에 있었다.

결론적으로 "제10차 5개년" 계획의 뚜렷한 특징은 정부, 시장, 기업 간의 관계에서 시장, 기업이 할 수 있고 잘 할 수 있는 모든 일은 기업이 주도하고 정부가 관여할 필요가 없다는 점이었다. 경제구조의 전략적 조정을 주요 임무로 삼고 산업구조를 최적화하며 농업, 공업, 서비스업의 수준과 효익을 전면적으로 향상시킨다. 생산력 배치를 합리적으로 조정하고 지역경제의 조화로운 발전을 촉진하며 점차 도시화를 추진하여 도시와 농촌 경제의 양성 상호 작용을 실현하기 위해 노력한다. 생태 건설, 환경 보호 및 지속 가능한 발전의 이념으로 발전시켜갔다. 따라서 "제10차 5개년" 계획이 제시한 발전목표는 전략적이고 거시적이며 정책지도가 뚜렷하고 간략하며 선도적인 역할을 하는 계획이었다. "10차 5개년" 계획에서는 실물지표를 "제9차 5개년" 계획의 100여 개에서 38개로 줄이는 한편 구조변화를 반영한 기대지표를 추가했다.

4) 중국은 세계 경제 발전의 중요한 버팀목이자 엔진이 되었다

"10차 5개년" 계획의 실시 초기에 국제사회는 일반적으로 중국이 20여 년의 급속한 발전을 거친 후에도 지속적인 발전을 할 수 있는가에 대해 회의적이었다. 심지어 어떤 사람들은 "중국 붕괴론"을 제기하기도 했다. 하지만 사실이 보여주다시피 중국공산당 중앙위원회와 국무원의 지도 하에 중국은 순조롭게 "제10차 5개년" 계획을 완성했, 계속해서 급속한 발전의 모멘텀을 유지하여 붕괴하지 않았을 뿐만 아니라 오히려 세계경제 발전의 중요한 버팀

목과 엔진이 되었다.

"10차 5개년" 계획 기간 동안 중국의 산업화, 도시화, 국제화, 정보화 및 기반 시설 현대화의 속도는 끊임없이 가속화되었다. 중국의 대외 개방의 깊이와 폭은 끊임없이 확장되었다. 특히 2001년 12월 세계무역기구WTO에 가입한 이후 중국의 대외개방 배당금이 점차 늘어나 대외무역과 외자이용이 급속히 발전했으며 국내경제의 발전이 가속화되고 사회생산력과 종합국력이 모두 새로운 단계로 올라섰다.

5년 동안 중국의 국내총생산은 59.3% 증가했으며 연평균 성장률은 9.8%(그림 3-5 참조)로 세계 6위에서 4위로 상승했다. 재정 수입은 1.4배 증가했고 연평균 3,650억 위안 증가했다. 농업 중에서 곡물 생산에 중요한 전환기를 맞이했다. 일정한 규모의 공업기업은 연평균 18.7%의 이윤이 증가했고 주요공업품 생산량의 대폭 증가했고 첨단기술산업이 급속히 발전했다. 산업기반과 기반시설의 중요한 성과, 경제사회정보화 정도가 급속히 향상되었다. 농촌, 국유기업, 금융, 재정, 조세, 투자 등 개혁과 시장체계, 사회보장체계 구축에 큰 진전이 있었다. 대외개방 수준이 전면적으로 향상되고 "세계무역기구 가입" 공약을 전면적으로 이행되었으며 평균 관세 수준이 2000년의 16.7%에서 9.9%로 떨어졌다. 수출입 무역 총액이 두 배로 증가하여 연평균 24.6% 증가하여 개혁개방 이후 대외무역 발전의 최고 기록을 세웠고 세계 순위는 8위에서 3위로 상승했다. 외국인 직접투자를 활용한 실적은 2,740억 8,000만 달러에 달했다. 인민 생활이 현저히 개선되어 도시 거주자의 1인당 가처분 소득과 농촌 거주자의 1인당 순소득이 각각 58.3%, 29.2%로 증가했다. 새로운 유통 방식, 신유망업종이 빠르게 발전하면서 정보, 컨설팅, 금융, 관광 등 현대 서비스업이 급성장했다. 서부대개발전략이 중요한 진전을 이루었고 동북지역 등 오래된 공업기지 진흥전략이 순조롭게 가동되었으며 중부지역의 부상을 추진하는 전략이 시작되었다. 아시아 금융위기의 충격에서 벗어나 "사스SARS" 사태와 중대 자연재해를 극복하는 데 성공했다. 칭하이-

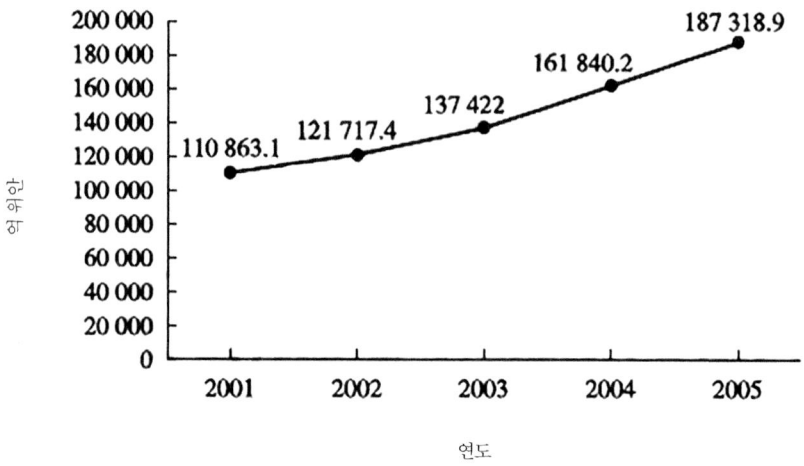

그림 3-5 "제10차 5개년" 시기의 국내 총생산량

티베트 철도, 서부 가스 동부 수송, 서부 전기 동부 수송, 남수북조南水北調, 싼시아프로젝트三峽工程와 같은 핵심 프로젝트의 건설은 괄목할 만한 성과를 거두었다. 유인 우주 비행체 "선저우 5호神舟五號"가 순조롭게 우주에 진입해 안전하게 귀환하여 중국은 세계에서 세 번째로 독립적으로 유인 우주 활동을 전개하는 국가가 되었다.

"제10차 5개년" 계획 기간 동안 중국의 경제 사회 발전에도 몇 가지 모순과 문제가 있어 시급히 해결해야 했다. 예를 들어 고정자산 투자의 성장이 과도하게 빠르고 통화신용이 너무 많이 투입되고 국제수지가 불균형하며 장기간에 걸쳐 형성된 구조적 모순과 성장방식의 면밀하지 못한 문제가 여전히 두드러졌다. 경제발전에 영향을 미치는 체제 메커니즘의 장애는 여전히 상당히 심각했고 개혁공방의 임무가 막중했다. 인민의 이익과 관련된 도출된 문제에 대해서는 더 해결해야 했으며 국제경제환경변화에 대한 잠재적 위험 대응능력이 부족했다. 당시 국가계획위원회 부주임이었던 팡웨이중房維中은 "제10차 5개년" 계획 기간 동안 경제성장 속도가 매우 빨랐지만 이는 자원과 에너지를 과다하게 소비하고 과도한 생태악화와 환경오염을 감수하는 대가로 성장 방식에서 여전히 면밀하지 못하다고 주장했다. 쩡페이옌曾培炎도 "제9차 5개년" 계획 시기에 경제성장 방식과 경제체제의 두 가지 근본적 전환을 제시했다. "제10차 5개년" 계획 시기에 또 경제구조에 대한 전략적 조정을 진행할 것을 제기했다. 그러나 아직까지 전환과 조정의 실질적 효과는 미미했다. 그 근원을 살펴보면 주요 장애물은 바로 개혁이 제대로 이루어지지 않고 체제와 메커니즘이 불완전하다는데 있었다. 면밀하지 못한 성장의 이면에는 맹목적으로 속도를 추구하는 비교 메커니즘, 경제적 이익을 따지지 않는 정부 행위, 잘못된 책임을 묻기 어려운 투자 체제, 돈을 빌려 갚지 않을 수 있는 융자 시스템, 자원환경의 진정한 대가를 반영하는 운영 메커니즘이 없었다. 체제를 고치지 않고 메커니즘을 움직이지 않으면 성장방식을 바꾸기 어렵다.

과학적으로 제정된 5개년 규획

04

이 장의 주요 내용은 "11차 5개년" 규획에서 현재까지의 5개년 규획을 포함하여 5개년 규획의 과학 발전 기간에 대해서이다. 시기는 중국이 전면적으로 샤오캉小康사회를 건설하는 중요한 시기였으며 중국 경제가 과학 발전, 지속 가능한 발전, 고품질 발전을 향해 나아가는 중요한 시기이기도 했다. 5개년 규획은 과학발전관과 시진핑 신시대 중국특색사회주의사상의 지도하에 제약이 없는 지표로 정부 기능의 전환을 촉진하고 예측성 지표로 시장의 활력을 자극하며 공공 서비스, 사회 거버넌스, 자 환경 등 방면의 목표와 지표를 더욱 강화했다. 편제와 승인 절차 측면에서 더욱 과학적이며, 전략적이고, 강령적이고, 종합적이고, 지도적인 과학발전 규획이 되었다. 이 기간 동안 중국의 경제발전은 계속해서 세계가 주목하는 눈부신 성과를 거두었으며 세계 경제 총량에서 중국의 비중과 세계에 대한 영향이 갈수록 커졌다. 이 뿐만 아니라 산업구조의 최적화 및 업그레이드의 속도가 계속 빨라지고 과학기술 혁신의 강도가 계속 증가하여 과거의 "따라 달리는 사람跟跑者"에서 "함께 달리는 사람並跑者"과 "선두 주자領跑者"로 변화했다.

1. "제11차 5개년" 규획 - 과학적 발전관을 전면적으로 실행하다

중국공산당 제16차 전국대표대회 후 중국공산당 중앙위원회는 사회주의 초급단계의 기본 국정과 새로운 단계적 특징에 입각하여 국제 국내정세의 새로운 변화를 분석했다. 이를 통해 새로운 과제와 모순을 파악하여 경제사회를 과학발전의 길로 나아가게 되었다. 2003년 8월 말부터 9월 초까지 당시 중국공산당 총서기였던 후진타오胡錦濤는 장시성江西省시찰에서 "과학적 발전관"의 개념을 명확히 사용하여 조화로운 발전, 전면적인 발전, 지속가능한 발전의 과학적 발전관을 확고히 수립할 것을 제안했다. 10월, 중국공산당 제16기 3중전회는 『사회주의 시장경제체제 완비에 관한 몇 가지 문제에 관한 결정』을 통해 처음으로 문서에서 과학적 발전관을 완전하게 제시하여 "사람 중심을 견지하고 전면적이고 조화로우며 지속가능한 발전관을 수립하라"고 요구했다. 또한 도시와 농촌발전을 총괄하고 지역발전을 총괄하며 경제사회 발전을 총괄하고 사람과 자연이 조화롭게 발전하며 국내발전과 대외개방을 총괄하고 사회주의 시장경제체제를 완비했다. 이를 통해 과학적 발전관은 중대한 전략사상으로 형성되었다.

"제11차 5개년" 규획은 중국공산당이 2020년 전면적인 샤오캉小康사회 건설 목표를 제시한 후 첫 번째 5개년 규획이며 과학적 발전관을 제시한 후 제정한 첫 번째 5개년 규획이기도 했다. 규획은 준비 및 구현에 이르기까지 과학적 발전 개념의 요구 사항을 완전히 구현했다. 2006년 "제11차 5개년" 규획을 시작으로 5개년 규획의 본질이 경제사회 발전 방향을 명확히 하고 총체적 발전의 청사진을 그리고 정부의 미래 업무 우선순위를 정하며 시장주체의 행위를 지도하는 강령적 문서였다. 5개년 규획의 오해를 피하기 위해 "5년 계획五年計劃"의 이름을 "5개년 규획五年規劃"으로 변경했다. 즉 국민경제사회 발전 전략적·강령적·종합적 규획이었다. 규획의 주요 역할은 국가의 전략적 의도를 명확히 하고 정부 업무의 초점을 명확히 하며 시장 주체의 행동을 지도하는데 있었다. 규획은 향후 5년간 경제사회발전의 장대한 청사진과 중국인민의 공동행동강령으로 국가가 거시조정을 강화하고 개선하는 중요한 수단이며 정부가 경제조절, 시장감독, 사회관리, 공공서비스 직책을 이행하는 중요한 근거이기도 했다. 계획에 비해 규획은 발전 규칙을 파악하고 개발 방식을 전환하며 발전 문제를 해결하, 발전의 질을 향상시키는 데 더 중요한 지침 역할을 했다.

1) "제11차 5개년" 규획 편성의 시대적 배경

"제10차 5개년" 규획이 완성되었을 때 평화와 발전은 여전히 시대의 주제였다. 경제 세계화와 신기술 혁명의 추진 하에 새로운 글로벌 산업구조의 대대적인 조정과 이에 상응하는 산업의 초국가적 이전 속도가 현저히 빨라졌다. 이 기회를 잡기 위해서는 중국 경제구조의 전략적 조정을 추진하고 중국이 미래의 국제 산업 분업 체계에서 우세를 높이는 것이 매우 중요했다. 어떻게 새로운 글로벌 산업 구조 조정과 산업 초국가적 이동의 새로운 추세와 특징을 정확하게 파악하여 "외자도입 정책引進去"과 "해외 진출走出去" 전략을 보다 효과적으로 시행할 것인가는 "제11차 5개년" 규획을 준비할 때 중점적으로 분석하고 연구하는 문제였다.

"제10차 5개년" 기간의 발전은 "제11차 5개년" 규획의 준비와 시행을 위한 비교적 좋은 토대를 마련했다. 중국 국내에서는 몇 년 동안 지속적으로 내수를 확대하여 적극적인 재정정책과 온건한 통화정책을 실시함과 동시에 구조조정을 대대적으로 추진했다. 이 때문에 중국의 수요부족과 통화긴축의 압력이 점차 경감되어 경제성장의 내생동력이 나날이 증강되었다. 중국 경제는 지속적이고 빠른 성장을 유지했다. 따라서 국내 수요를 어떻게 더욱 육성하고 확대할 것인가, 거시경제 총량의 균형을 어떻게 유지할 것인가, 디플레이션 반등과 인플레이션 재발을 방지할 것인가, 자원 공급 병목 현상을 어떻게 돌파할 것인가 하는 제약은 "제11차 5개년" 규획을 편성할 때 심도 있는 연구와 확실한 해결이 필요했다.

2003년에 새로운 정부가 출범하고 국가발전계획위원회國家發展計劃委員會는 국가발전과개혁위원회國家發展和改革委員會로 바뀌었고 국가경제체제개혁위원회國家經濟體制改革委員會(1998년 정부가 바뀔 때 국무원 경제체제개혁 판공실로 변경됨)의 기능을 병합하였다. 이때부터 새로 조직된 국가발전과 개혁위원회(이하 '국가발전개혁위원회')는 경제사회발전과 개혁개방 정책을 총괄하고 국민경제사회발전 5개년 규획을 편성하는 기능을 담당한다.

2) 민주적이고 과학적으로 "제11차 5개년" 규획을 작성하다

2003년 7월 8일 국무원은 국가발전개혁위원회의 『"제11차 5개년" 규획 예비사업 실시에 관한 지침 요청』을 승인했다. 그 후 국가발전개혁위원회는 "제11차 5개년" 규획의 편성을 시작했고 이전의 규획 편성의 유익한 관행을 계승하면서 일련의 활동을 창조적으로 전개했다. 9월 18일, 국가발전개혁위원회는 "제11차 5개년" 규획 준비를 위한 국가 원격회의를 개최하여 "제11차 5개년" 규획 준비를 시작했다. 이와 함께 "제10차 5개년" 계획의 이행 과정에서 5개년 계획에 대한 중간 평가를 실시했다. 이는 중국의 규획 편성과 시행 역사상 첫 번째 중간 평가로 "제11차 5개년" 규획 편성의 토대가 되었다.

2003년 말, 국가발전개혁위원회는 위탁, 입찰, 합작 연구 등의 방식을 채택하여 160여 개의 중대한 과제에 대해 연구를 진행했으며 500만 자 이상의 연구보고서를 작성했다. 특히 "11차 5개년" 규획과 관련된 주요 주제에 대한 심층 연구를 수행하기 위해 사회 공개의 방식으로 진행했는데 이는 중화인민공화국 역사상 처음으로 사회 각 방면에서 긍정적인 평가를 받았다. 이 밖에 특별 기획 업무도 강화됐다. 국가발전개혁위원회는 에너지, 에너지 절약, 철도, 고속도로, 과학기술, 서부지역 "양기兩基" 난관, 농촌 위생, 농촌 도로, 방사치사防沙治沙 등 58개 특별 규획을 편성하여 "제11차 5개년" 규획 편성에 중요한 지지역할을 했다.

초기 연구 결과를 바탕으로 국가발전개혁위원회는 "제11차 5개년" 규획의 기본 의견의 초안을 작성하고 모든 당사자의 의견을 수렴하여 수정 및 개선한 후 당중앙과 국무원에 보고했다.

2005년 2월, 중국공산당 중앙위원회는 『"제11차 5개년" 규획 수립에 관한 중국공산당 중앙위원회의 건의 기초 소조』를 설립하여 "제11차 5개년" 규획 초안을 작성했다. 초안 작성 기간 동안 중앙정치국 상무위원은 여러 차례 소조를 이끌고 지방으로 가서 특별조사를 실시했고 초안팀의 보고를 여러 차례 청취했으며 "제11차 5개년" 규획 건의에 대해 여러 차례 토론을 진행했다.

2005년 10월 중국공산당 제16기 5중전회에서 채택된『국민경제와 사회발전 제11차 5개년 규획 수립에 관한 건의』는 향후 5년간 중국 경제사회발전이 따라야 할 원칙과 분투목표, 지도방침, 주요과제를 확정했다. 중국공산당 중앙위원회와 국무원은 개혁개방의 새로운 정세에 적응하고 아주 새로운 규획 요강을 마련해야 했다. 규획 편성을 개혁하고 사회주의 시장경제의 특징을 반영해야 했다. 규획 체계를 더욱 완벽화 하여 규획 사업을 법제화 궤도에 포함시켜야 했다. 또한 개혁개방을 강조하고 경제구조조정과 성장방식의 전환을 강조하며 자주혁신을 강조해야 했다. 더불어 조화로운 사회를 건설하고 인민대중의 관심 문제를 반영하며 답하는 데 주력해야 하고 각 방면의 의견을 충분히 청취해야 했다. 이를 통해 "제11차 5개년" 규획의 편성과정이 민주를 발휘하고 지혜를 모으며 과학적으로 결정하는 과정이 되도록 해야 했다.

중국공산당 제16기 5중전회 이후 국무원은 국가발전개혁위원회, 교육부, 과학기술부, 재정부 등 관련 부서의 주요 책임자들로 구성된『중화인민공화국 국민경제사회발전 제11차 5개년 규획개요(초안)(이하『개요(초안)』)』이였다. 그 동안 후진타오 주석은 중앙정치국 상무위원회 회의와 정치국 회의를 주재하여『개요(초안)』를 토론 심의했고 초안의 평가, 지도 원칙, 주요 목표와 초안 구조 등에 대하여 근본적인 인정을 했으며 중요한 수정 의견을 제시했다. 초안 소조는 이에 근거하여『개요(초안)』를 수정했다. 원자바오溫家寶도 국무원 상무회의와 전체회의를 연달아 주재하여『개요(초안)』에 대해 토론하고 수정했으며 또한 특별히 네 차례의 좌담회를 개최했다. 그는 각 민주당파의 중앙, 전국 상공련 책임자와 무당파 인사, 경제사회 분야 전문가 학자, 교육, 과학기술, 문화, 위생, 체육계 대표, 기업계와 노동자, 농민 대표의 의견을 청취했다. 제10기 전국인민대표대회 제4차 회의가 열리기 전에 각 지역 인민대표대회는 사전에 『개요(초안)』를 심의하고 수정의견을 제시했는데 이는 중국 규획 편성 사상 처음이었다. 제10기 전국인민대표대회 제4차 회의와 전국인민정치협상회의 제10기 제4차 회의 기간 동안 전국인민대표대회 대표와 정치협상회의 위원의 수정 의견에 따라 34곳의 수정이 진행되었으며 앞뒤로 총 12번의 초안이 변경되었다.

2006년 2월 중국공산당 중앙정치국 회의에서 『개요(초안)』를 심의·원칙으로 채택했다. 3월, 제10기 전국인민대표대회 제4차 회의에서 『개요(초안)』를 검토하고 승인했다.

중국공산당 중앙위원회와 국무원의 직접적인 지도하에 "제11차 5개년" 규획의 편찬에서는 민주적이고 과학적인 정신을 충분히 발휘하고 사회 각계의 의견을 널리 경청했다. 첫째, 조언 및 정책 활동이었다. 국가발전개혁위원회 홈페이지와 『경제일보』 및 기타 매체에 칼럼을 개설하고 전국인민을 초청하여 "11차 5개년" 규획을 위한 조언을 받았다. 60일 동안 총 5,000여 명의 대중들이 건의했고 많은 건의들이 "11차 5개년" 규획에 흡수되었다. 둘째, "11차 5개년" 규획 편성을 위한 자문 및 실증을 제공하는 최초의 전문가 위원회가 구성되었다. 전문가 위원회는 총 네 차례의 전체 회의를 소집하여 "제11차 5개년" 규획에 대해 논증과 자문을 진행하여 논증 보고서를 작성했다. 보고서는 『개요 (초안)』와 함께 전국인민대표대회에 보내어져서 참고가 되었다.

3) "제11차 5개년" 규획의 지도 원칙, 발전 목표

2006년 3월 제10기 전국인민대표대회 제4차 회의에서 『개요(초안)』를 심의 및 의결했다.

『중화인민공화국 국민경제와 사회발전 제11차 5개년 규획 개요』(이하『개요』)는 "하나의 빨간 선一條紅線"의 지도사상을 관철했다. 즉 과학적 발전관으로 경제사회발전 전반을 통솔하고 과학적 발전관의 내포와 요구를 발전목표, 발전 중점, 정책조치, 중대공정 등의 방면에 전면적으로 관철시켰다.

『개요』의 지도원칙은 "여섯 가지 필수六個必須"가 있었다. 즉 경제사회 발전을 과학 발전의 궤도에 올리려면 '반드시 경제의 안정적이고 비교적 빠른 발전을 유지하고, 경제 성장 방식의 전환을 가속화해야 하며, 자주적 혁신 능력을 높여야 하며, 도시와 농촌 지역의 조화로운 발전을 촉진해야 하며, 조화로운 사회 건설을 강화해야 하며, 끊임없이 개혁 개방을 심화시켜야 한다는 내용'이었다. "여섯 가지 필수"를 하기 위해 "여섯 가지 근거六個立足"을 제시했다. 여기에는 어떤 성장을 해야 하고 어떤 성장을 해야 하는지에 대한 질문에 답했다. "여섯 가지 근거"는 '국내 수요를 확대하여 발전을 촉진하고, 산업 구조를 최적화하여 발전을 촉진하며, 자원 절약 및 환경 보호에 기초하여 발전을 촉진하고, 자주적 혁신 능력의 증강에 기초하여 발전을 촉진하고, 개혁개방의 심화에 기초하여 발전을 촉진하며, 인간 중심 발전을 촉진'하는데 있었다.

전면적인 샤오캉小康사회 건설 목표와 상응하여『개요』는 또 아홉 가지 방면의 목표 및 39개 계량지표를 제시했는데 주로 국내 총생산의 연평균 성장률 7.5%, 1인당 국내총생산이 2000년에 비해 2배 증가, 도시 신규고용과 농업노동력 이전 각 4,500만 명, 도시등록실업률 5% 통제, 가격 총수준 안정, 국제수지 기본균형, 서비스업 부가가치 국내총생산 비중과 취업인원 전체 사회고용인원 각각 증가와 4%포인트 증가, 연구 및 시험발전경비 지출 GDP 대비 2% 증가, 단위 GDP 에너지 소비량 약 20% 감소, 단위 산업 부가가치당 물 사용량을 30% 줄이고, 농업 관개용수의 이용 수치를 0.5%높이고, 산업 고형 폐기물의 종합 이용률을 60%로 높이고, 도시화율을 47%로 높이고, 경작지는 1억 2천만 헥타르를 유지하고, 주요 오염물질 배출 총량은 10% 감소하며, 산림 점유율을 20%로 만드는데 있었다.

과학적 발전과 조화로운 발전의 주제에 중점을 두고 규획 지표의 선택에 있어서 22개의 주요 지표 중 경제성장을 반영하는 것은 2개에 불과했으며 경제구조를 반영하는 것은 4개, 인구자원과 환경을 반영하는 것은 8개, 공공서비스와 인민생활을 반영하는 것은 8개였다. 이러한 지표는 기대성과 구속성의 두 가지 속성을 포함하며 이는 사회주의 시장경제 조건에서 규획의 특성을 충분히 반영할 뿐만 아니라 공공서비스 및 공공이익과 관련된 분야에서 정부의 책임을 강화했다. 기대성 지표는 국가가 기대하는 발전목표로 주로 시장주체의 자주적 행위에 의존하여 실현되며 정부는 양호한 거시환경, 제도환경, 시장환경을 조성하고 거시적 통제의 방향과 강도를 적시에 조정하여 경제정책을 종합적으로 운용하여 사회자원의 배치를 유도하고 실현을 위해 노력해야 한다. 구속성 지표는 기대성 지표를 기반으로 정부의 책임을 더욱 강화하는 지표로 중앙정부가 공공서비스 및 공익과 관련된 분야에서 지방정부와 중앙정부 관련 부서에 대한 중앙정부의 업무 요구 사항이다. 정부는 공공자원의 합리적 배분과 행정력 효율적 운용을 통해 이를 확보해야 한다.

4) "제11차 5개년" 규획 목표를 초과해 달성하다

"제11차 5개년" 규획은 비교적 잘 실현되었으며 중화인민공화국 역사상 가장 잘 완성된 5개년 규획 중 하나였다. 국내외 환경의 복잡한 변화와 중대한 위험의 도전에 직면하여 중국공산당 중앙위원회, 국무원은 시기와 형세를 판단하고 효과적인 조치를 취하여 국제금융위기의 충격에 과학적으로 대응했다. 이를 통해 경제가 안정되고 비교적 빠르게 발전하는 태세를 유지했다. 중국 인민을 이끌고 쓰촨 원촨 대지진四川汶川特大地震, 칭하이 위슈 강진青海玉樹強烈地震, 간쑤 저우취 산홍수 물사태甘肅舟曲特大山洪泥石流 등 중대한 자연재해를 이겨냈다. 그 외에 중국은 베이징올림픽, 상하이세계박람회와 광저우아시안게임을 성공적으로 조직하여 개최하였다. 유인우주, 달탐사공사, 슈퍼컴퓨터 등 첨단기술분야는 중대한 도약을 실현했다. "제11차 5개년" 규획에서 확정한 주요 목표와 임무를 초과 달성하였고 종합국력이 대폭 향상되어 2010년 국내총생산이 41조 2,119억 3,000만 위안에 달하여 세계 2위로 도약했다. 국가 재정 수입은 8억 3,000만 위안에 달하고 1인당 국내 생산 총액은 4000달러를 초과했으며 기반 시설 지원 역할이 강화되었고 칭장 철도靑藏鐵路 건설이 완성되었다. "다섯 갈래의 종선과 일곱 갈래의 횡선五縱七橫國道"의 국도 체계를 형성했다. 또한 혁신 능력 건설의 성과가 현저하여 다수의 최전선을 돌파하였다. 핵심 기술과 핵심장비기술, 고속철도 전체기술은 국제선도수준에 도달했다. 인민의 생활도 뚜렷하게 개선되었다. "제11차 5개년" 규획 기간은 개혁개방 이래 도시와 농촌 주민의 소득이 가장 빠르게 증가하는 시기 중 하나였다. 사회보장체계가 점차 건실해졌으며 중요한 분야와 중요한 단계의 개혁이 새로운 보폭을 내딛었고 농업세가 전면 폐지되었다. 개방형 경제수준이 빠르게 향상되어 대외무역 수출과 수입 규모가 각각 세계 1위와 2위로 상승했다. 외국인 직접투자의 실제 사용금액은 처음으로 천억 달러를 돌파했다. 비금융류 대외직접투자의 글로벌 순위는 5위로 뛰어올랐으며 외환보유액은 처음으로 세계 1위를 차지했다.

세부 지표 완성을 살펴보면 "제11차 5개년" 규획 시기에는 경제성장과 1인당 실질소득 수준 향상 측면에서 비교적 잘 이루어졌으며 교육, 의료 등을 포함한 공공서비스 분야에서 큰 진전이 이루었으며 사회보장 수준이 현저히 향상되었다. 22개 주요 정량지표 중 "국내총생산", "1인당 국내총생산", "도시기본노령보험 적용대상자 수" 등 15개 지표가 이미 "초과완료" 또는 "조기완료"됐다. 특히 세 가지 측면에서 두드러지게 나타났다.

첫째, 1인당 국내총생산 증가폭이 예상보다 높았다. 5년간의 연평균 경제성장률은 11.2%(그림 4-1 참조)에 달했으며 "제11차 5개년" 규획에서 요구하

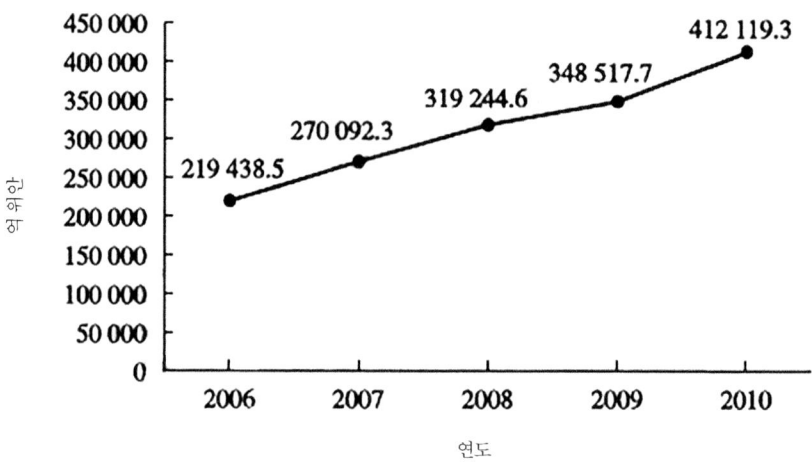

그림 4-1 "제11차 5개년" 시기의 국내 총생산액

는 7.5%보다 훨씬 높았다. 2009년에는 "제11차 5개년" 규획에서 요구하는 경제 성장 목표를 앞당겨 실현했다. 1인당 국내총생산 증가율도 10.6%로 예상 성장률 6.6%를 크게 웃돌았다.

둘째, 공공서비스와 국민생활지표가 잘 완성되었다. 이 같은 지표 중 구속력 있는 지표는 도시 기초노령연금 적용대상자 수와 신형 농촌협동조합 의료 적용대상자 두 가지였다. 예상 지표는 국민 평균 교육 기간, 5년 도시 신규 고용, 5년 농업 노동력 이전, 도시 등록 실업률, 도시 거주자 1인당 가처분 소득 및 농촌 거주자 1인당 순 소득의 6가지다. 5년 동안 각급 정부의 민생 개선에 대한 중시 때문에 이러한 지표들은 모두 완성되거나 초과 달성되었다. 예측성 지표는 여섯 개였다. 국민 평균 교육 기간, 도시 신규 고용 5년, 농업 노동력 이전 5년, 도시 등록 실업률, 도시 거주자 1인당 가처분 소득 및 농촌 거주자 1인당 순소득이었다. 5년 동안 각급 정부의 민생 개선에 대한 중시 때문에 이러한 지표들은 모두 완성되거나 초과 달성되었다. 예상성 지표 중 9년제 의무교육의 보급, 고등교육의 발전 및 비교적 빠른 경제 성장으로 인해 국민의 평균 교육연수와 도시 거주자 1인당 가처분소득과 농촌 거주자 1인당 순소득은 2008년에 이미 실현되었거나 예정된 목표를 거의 실현했다.

셋째, 에너지 절약 및 배출 감소 실적이 우수했다. 중국은 "제9차 5개년" 계획에서 에너지 절약 과제를 제시했고 "제10차 5개년" 계획에서는 환경보호 요구사항을 제시했으며 "제11차 5개년" 규획에서는 그것들을 구속성 지표로 제시했다. 구체적인 지표를 각 지방으로 나누어 성과 평가의 중요한 지표로 삼았다. 이를 위해 각지에서 낙후된 생산능력을 대대적으로 추려내고 에너지절약 및 배출감소 신기술 보급 등 일련의 조치를 취하여 주요 오염물질의 두 가지 구속성 지표가 모두 초과 달성되도록 보장하였다. 이산화황 배출 총량은 5년 동안 14.29% 감소했는데 규획 중 지표는 10%였다. 화학적 산소 요구량은 5년 동안 12.45% 감소했는데 규획 중 지표는 10%였다. 국제 수평적 비교로 볼 때 중국의 에너지 절약 및 배출 감소 성과는 매우 주목할 만하며 에너지 효율이 가장 빠르게 향상되고 오염 배출 감소폭이 가장 큰 국가가 되었다.

동시에 "제11차 5개년" 규획이 완성되었을 때 중국의 경제 발전은 여전히 반등에서 좋은 성장으로 전환하는 중요한 시기에 있었고 경제발전이 직면한 국내외 환경은 여전히 복잡하게 얽혀 있었다. 경제의 안정적인 운영을 제약하는 모순과 문제가 여전히 적지 않았다. 예를 들어 생태환경 상황은 부분적으로 개선되었지만 에너지 자원과 환경 압력에 의한 개발 제약은 일반적으로 완화되지 않았으며 일부 측면은 여전히 악화되었다. 공업 에너지 소비는 전국 에너지 소비 총량의 70%를 차지하며 석유, 철광석, 보크사이트, 동광의 대외 의존도는 이미 50%를 넘어섰으며 여전히 끊임없이 증가하고 있었다. 이러한 문제와 모순은 계속해서 과학적 발전 법칙을 파악하여 능동적으로 환경변화에 적응하고 효과적으로 해결할 필요가 있었다.

2. "제12차 5개년" 규획 - 과학 발전의 행동 강령

"제11차 5개년" 규획이 완성됨에 따라 중국 경제와 사회는 계속 빠르게 발전했으며 국가의 면모는 역사적인 변화를 겪었다. 중국은 21세기의 첫 10년 동안 전략적인 기회의 시기를 성공적으로 포착했으며 전 세계가 주목하는 성과를 거두었다. 두 번째 10년차에는 전략적 기회의 시기를 계속 포착하고 잘 활용할 수 있을지는 "제12차 5개년" 규획 시기에 중국이 직면한 중대한 시험이었다.

1) 중국은 여전히 매우 중요한 전략적 기회에 처해 있다

"제11차 5개년" 규획 시기는 중국의 "발전 역사상 극히 평범하지 않은 5년"이었다. 중국공산당 중앙위원회는 국제 및 국내 상황을 종합적으로 판단하고 "제12차 5개년" 규획 기간 동안 중국의 발전이 여전히 중요한 전략적 기회의 시기에 있다는 중요한 결론을 내렸다. 국제정세의 관점에서 볼 때 기회와 도전이 공존했다. 세계는 다극화, 경제 세계화는 깊이 발전했으며 평화, 발전, 협력은 여전히 시대의 주요한 흐름이었다. 동시에 2008년의 국제 금융 위기는 광범위한 영향을 미쳤고 세계 경제와 정치 지형에 심각한 변화가 일어났다. 첫째, 세계 경제구조는 심오한 변혁을 내포했으며 기존의 경제 성장 모델은 지속하기 어려워지고 세계 경제는 구조 조정기에 들어갔다. 글로벌 투자와 보호무역주의 성향이 더욱 대두되었다. 둘째, 세계 정치 지형에 뚜렷한 변화가 존재했으며 다극화에 유리한 방향으로 발전했다. 셋째, 과학기술 혁신 경쟁이 더욱 치열해지고 있었다. 각국은 글로벌 경제를 이끌 수 있는 신에너지·신소재·바이오 기술·정보 기술·저탄소 경제 등 하이테크 산업과 신흥 산업을 육성해 발전전략의 고점을 선점하는 것을 중시했다. 넷째, 국제금융

시스템과 기후변화 등 글로벌 거버넌스 문제가 더욱 부각되었다.

국제환경의 새로운 변화는 중국이 "제12차 5개년" 규획을 편성할 때 글로벌 시각을 바탕으로 전략을 강화하며 상황을 과학적으로 분석할 것을 요구했다. 대외 수요의 대폭적인 위축으로 인한 충격과 온실가스 감축 압력으로 인한 도전에 적절히 대응해야 할 뿐만 아니라 동시에 대외개방의 질을 높이고 국가경쟁력의 새로운 우세를 회복하여 새로운 국제분업구도에서 국제적 위상을 높여야 했다.

국내 관점에서 볼 때 중국 발전의 유리한 조건과 장기적으로 좋은 추세에는 변화가 없었다. 공업화, 정보화, 도시화, 시장화, 국제화가 심층적으로 발전했다. 자금이 풍부하고 과학기술과 교육수준이 전반적으로 향상되었으며 노동력의 질이 향상되고 정부의 거시적 통제와 중대한 도전에 대처하는 능력도 현저히 향상되었다. 동시에 국내발전이 직면한 많은 압력도 더욱 강해졌다. 그 예로는 경제 성장 패러다임 전환 압력, 경제 구조 조정 가속화 압력, 사회 안정 유지 압력, 체제 개혁 심화 압력, 돌발적인 공공 사건에 적절하게 대처하는 압력, 국가 경제 안전을 보장하는 압력이었다.

국내 발전의 새로운 상황은 중국이 "제12차 5개년" 규획을 편성할 때 반드시 경제 사회 발전의 심층적인 모순에 대해 중점 분야와 핵심 단계의 개혁을 심화해야 했다. 또한 발전 사상을 명확히 정리하고 발전 모델을 혁신하며 전략적 중점을 잡고 경제의 장기적인 안정적이고 비교적 빠른 성장을 유지해야 했다.

2) "제12차 5개년" 규획 수립의 절차와 과정

"제12차 5개년" 규획 편성은 2008년 3월 "제11차 5개년" 규획의 중간 평가에서 시작했으며 주로 전기 조사, 초안 작성, 논증 연결, 승인 발표 등의 단계를 포함했다. 국무원 발전 연구 센터, 칭화대학교 국정 연구 센터, 세계 은행 주중 대표부의 3개 기관을 초청하여 독립적인 제3자 평가를 전개했다. 같은 해 말에 "12차 5개년" 규획이 정식으로 제정되었다. "11차 5개년" 규획에 대한 중간 평가를 바탕으로 국가발전개혁위원회는 8개 분야, 39개 주제를 포함하는 "12차 5개년" 규획의 초기 주요 문제를 제기하고 공개적으로 사회 전체에 공개했다. 총 70여 개 단위에서 선정된 주제가 선정되어 70여 편, 350만 자의 연구 보고서로 구성되었다. 이 밖에 직접 의뢰한 연구과제가 수백 개가 더 있었다.

이를 바탕으로 국가발전개혁위원회는 모든 연구 결과를 종합하여 "12차 5개년" 규획의 기본 아이디어를 만들었다. 초안이 작성된 후 국가발전개혁위원회는 전문가와 각 부서의 의견을 수렴하여 기본 아이디어를 수정하고 개선했다. 이어 중국공산당 중앙위원회와 국무원에 보고했다. 이와 동시에 중앙재정위원회는 "12차 5개년" 규획 건의에 대한 특별 연구를 직접 관련 부서와 기관에 위탁했다.

2010년 2월부터 중국공산당 중앙정치국 상무위원회는 『중국공산당 중앙위원회의 국민경제사회발전 제12차 5개년 규획 수립에 관한 건의(초안)』(이하 『건의(초안)』)의 초안을 직접 지도했다. 지난 4월 원자바오溫家寶 당시 총리를 위원장, 리커창李組強 당시 부총리를 부위원장으로 하는 초안소조가 공식 출범했다. 구성원은 관련 부처와 지방 출신 78명으로 구성됐다. 초안 소조는 먼저 관련 자료를 집중적으로 연구한 후 8개의 특별 연구팀을 구성하여 13개 성(자치구, 직할시)에 대한 심층 조사를 실시하여 총 31회의 심포지엄을 개최했다. 이러한 기초 하에서 초안의 개요가 완성되었다. 중국공산당 중앙위원회의 개요에 대한 지시와 의견에 따라 초안 소조는 『건의(초안)』을 작성했다. 이 기간 동안 중국공산당 중앙정치국 상무위원은 여러 차례 보고를 듣고 지시를 내렸다.

각 지방과 부처의 의견을 폭넓게 들었으며 당의 지혜를 모으는 기반 하에서 기안소조는 각 민주당파와 전국 상공련 관계자, 무소속 민주인사 등의 의견도 폭넓게 수렴해, 사회 전체의 지혜를 모았다. 결국 중앙정치국 상무위원회와 중앙정치국의 여러 차례 토론을 거쳐『건의(초안)』이 형성되어 정식으로 중국공산당 제17기 5중전회에 제출되었다.

2010년 10월 중국공산당 제17기 5중전회가 개최되었다. 원자바오는 중앙정치국을 대표해『국민경제와 사회발전을 위한 제12차 5개년 규획 제정에 관한 설명』을 작성했다. 전원회의는『국가경제사회발전 제12차 5개년 규획 수립에 관한 중국공산당 중앙위원회의 건의』(이하『건의』)를 심의하고 통과시켰다.『건의』는 국내외 정세를 분석하여 중국의 기본 국정과 발전 단계에 근거하여 규획한 경제사회의 주요 목표, 지도 방침, 중요 원칙, 중점 전략과 주요 임무를 제시하여 "제12차 5개년" 규획 개요를 제정하기 위한 기초를 다졌고 새로운 역사적 출발점에서 전면적인 샤오캉小康사회 건설 목표를 향해 계속 전진하는 전면적인 배치를 했다.

회의 후 중국공산당 중앙위원회의 건의에 따라 국무원은『중화인민공화국 국민경제사회발전 제12차 5개년 규획 개요』(이하『개요』)를 제정을 시작했다. 국가발전개혁위원회는『건의』를 정식으로 공포한 후 곧『개요』의 초안을 형성했다. 2010년 12월 국가발전개혁위원회는 회의를 개최하여『개요』초안에 대해 각 지방, 부서, 산업협회와 교류 및 토론을 진행했고 각 방면의 의견을 직접 청취한 후『개요』를 작성했다. 동시에 국가발전개혁위원회는 국가발전규획 전문가위원회의 전문가모임을 여러 차례 조직하여 상세한 토론과 전문 자문 및 특별 실증을 실시했으며 국무원에 공식 실증 보고서를 제출했다. 논증보고서는『개요』와 함께 전국인민대표대회에 제출되어『개요』를 심의하는 중요한 참고자료로 활용되었다.

"제12차 5개년" 규획은 "제11차 5개년" 규획에서 사회 전체의 광범위한 참여를 초청하는 제도를 이어갔다. 국가발전개혁위원회는 포털사이트에 건의헌책建議獻策 칼럼을 개설하여 대중의 의견을 공개적으로 모집했다. 이 밖에 국무원은 "제12차 5개년" 규획 심포지엄을 개최하여 각 지역과 부문 지도자의 의견을 직접 청취했다. 당중앙, 국무원 각 부문으로부터 직접 서면 의견을 청취하며 오랜 동지 심포지엄을 개최하여 의견을 청취하고 국가발전개혁위원회가 홍콩과 마카오 특별행정구의 의견을 청취하고 전국인민대표대회 재정경제위원회, 전국정협에서 회의를 개최하여 수정의견을 제시하였다. 또한 국무원 총리가 여러 차례 전문가, 기업인, 노동자, 농민 등의 좌담회를 개최하여 의견을 청취하고 전국인민대표대회 재정경제위원회 등이 『개요』에 대한 예비심의를 진행했다.

위의 업무를 기초로 하여 『개요』는 먼저 국무원 상무회의와 국무원 전체회의에 상정하여 심의한 후 다시 중앙정치국 상무위원회와 중앙정치국 회의에 상정하여 심의한다. 이어 제11기 전국인민대표대회 제4차 회의에 정식으로 상정돼 심의를 받았다. 2011년 3월 제11기 전국인민대표대회 제4차 회의에서 『개요』가 승인되었다.

3) "12차 5개년" 규획의 주요 목표

"12차 5개년 규획"에 따르면 이 시기 중국 경제 사회 발전의 주요 목표는 경제발전 방식을 전환하여 실질적인 진전을 이루는 것이며 종합 국력, 국제 경쟁력, 위험에 대한 대처 능력을 현저하게 향상하고 인민의 물질 문화 생활이 뚜렷하게 개선되는 것이다. 주로 네 가지 방면을 포함한다.

첫째, 경제가 안정적이고 빠르게 발전하는 것이다. 국내 총생산이 연평균 7% 증가하고 도시의 신규 고용이 4,500만 명 증가하며 도시의 등록 실업률이 5% 이내로 통제한다. 가격의 총 수준이 기본적으로 안정되고 국제 수지가 기본적으로 균형을 이루며 경제성장의 질과 효익이 현저히 향상된다.

둘째, 구조조정이 중대한 진전을 이루었고 주민의 소비율이 상승하고 농업기반이 더욱 공고해지며 공업구조가 계속 최적화되었다. 전략적 신흥산업 발전이 돌파구를 마련하였고 서비스업 부가가치가 국내총생산에서 차지하는 비중이 4%포인트 증가했으며 도시화율이 4%포인트 증가해 도시와 농촌 지역 발전의 조화성이 더욱 강화되었다.

셋째, 과학 기술 교육 수준이 크게 향상되었다. 9년 의무 교육의 질이 현저히 향상되어 9년 의무 교육 공고율이 93%에 달했으며 고등학교 단계의 교육 총 입학률이 87%로 높아졌다. 국내 총생산 대비 연구개발비 지출 비중은 2.2%에 달하고 인구 1만명당 발명 특허 보유량은 3.3건으로 높아졌다.

넷째, 자원 절약 및 환경보호의 성과가 명확했다. 경작지 보유량은 18억 1,800만 묘畝를 유지했다. 산업 부가가치 단위당 물 소비량은 30% 감소했으며 농업 관개용수의 유효 이용 계수는 0.53으로 증가했다. 비화석 에너지는 1차 에너지 소비의 11.4%를 차지했다. GDP 단위당 에너지 소비량은 16%, GDP 단위당 이산화탄소 배출량은 17% 감소했다. 주요 오염물질 배출 총량은 화학적 산소요구량, 이산화황 배출이 각각 8%, 암모니아 질소, 질소산화물 배출이 각각 10% 감소해 현저하게 감소했다. 산림 면적 비율은 21.66%로 증가했으며, 산림 축적량은 6억m² 증가했다.

2011년부터 "12차 5개년" 규획이 시행 단계에 들어섰다. 국무원은 책임분담에 따라 『개요』에서 제시한 주요 목표와 임무를 각 지역과 부서에 나누어 시행하고 구속성 지표의 공보제도를 수립했다. 구속성 지표를 각 지역과 부서의 경제사회 발전 종합평가와 성과평가에 포함시켜 전국 실시를 조직했다.

4) "12차 5개년" 규획 시기에 중대한 성과를 거두다

"12차 5개년" 규획이 구체적인 실행 단계에 들어간 초기 상황은 여전히 심각했다. 가장 주요한 어려움은 글로벌 금융위기의 충격에 계속 대응해야 한다는 점이었다. 중국공산당 중앙위원회와 국무원은 난관에 봉착하여 과 발전이라는 주제와 경제 발전방식의 전환을 가속화하는 요점을 파악하여 개혁개방을 추진하고 거시적 통제를 강화 및 개선했다. 이를 통해 주요 문제 해결의 가능성을 높이고 민생 보장과 개선을 이루었다. 국민경제는 거시적 통제의 기대방향으로 발전하도록 하, 각종 사회 사업에서 뚜렷한 진보를 이루었다.

경제의 안정적이고 빠른 발전을 유지하기 위해 중국공산당 중앙위원회와 국무원은 거시적 통제의 방향, 강도 및 핵심 사항을 파악하는 데 중점을 두었다. 2010년 4분기에 중국공산당 중앙위원회는 한때 나타난 물가의 급속한 상승세에 대응하여 적시에 전체 물가의 기본 안정을 거시적 통제의 첫 번째 목표로 삼을 것을 제안했다. 2011년 4분기에는 미세조정을 강화하자는 개념이 다시 제시되었다. 2012년 5월, 안정 성장을 보다 중요한 위치에 두겠다는 점을 분명히 했으며 예산 지출 구조를 조정하고 구조적인 감세를 실시하는 등의 조치를 통해 경기 성장률 하락의 흐름을 반전시켰다. "12차 5개년" 규획 시기에 국내총생산은 연평균 7.8%의 성장(그림 4-2 참조)했으며 경제 총량은 세계 제2위를 안정적으로 유지하여 세계 제1위의 화물 무역 대국이자 주요 대외 투자 대국이 되었다.

경제발전 방식의 전환을 가속화하고 내수를 촉진하기 위해 중국공산당 중앙위원회는 일련의 조치를 발표했다. 여기에는 "삼농三農"을 지원하는 정도와 범위를 지속적으로 늘리고 『전략적 신흥 산업의 육성 및 발전에 관한 국무원의 결정』을 인쇄 및 배포했다. 또한 가전 및 자동차를 농촌으로 이전하는 조치를 취해 인기 소비품의 소비를 촉진했다. 하이난 섬 면세 쇼핑 정책을 도입해 서비스 소비를 지원했다. "12차 5개년" 규획 시기에 경제구조에 전환적인 변화가 나타나 소비가 경제성장에 미치는 견인작용이 처음으로 투자를 초과했으며 제3차 산업의 증가치가 국내생산 총액에서 차지하는 비중이 처음으로 제2차 산업을 초과했으며 서비스업은 중국의 제1차 산업이 되

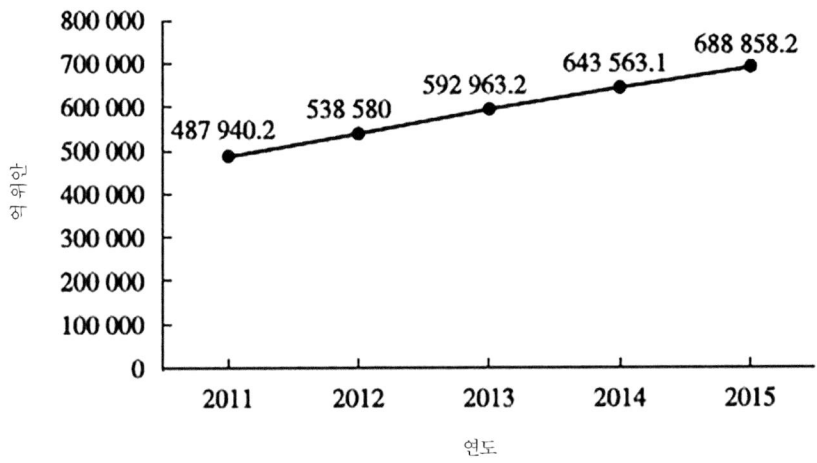

그림 4-2 "제12차 5개년" 시기의 국내 총생산액

었다. 도시화율은 처음으로 50%를 초과했고 인프라 수준이 전반적으로 상승했으며 고속철도 운영 거리가 세계 1위를 차지했다.

경제 사회 발전의 핵심 지원 능력을 강화하기 위해 과학 교육 진흥 전략을 실시했다. 교육 분야에서의 공평 원칙이 중대한 발걸음을 내딛었고 국민의 교육수준이 대폭 향상되었다. 전체 사회의 연구 및 실험 개발에 대한 지출이 국내총생산에서 차지하는 비중이 꾸준히 증가하게 되었다. 기초연구와 첨단 기술 연구는 다수의 획기적인 과학기술 성과를 달성했다. "텐궁 1호天宮一號"목표 비행체와 "선지우 8호神舟八號"와 잇따라 성공적으로 발사되어 순조롭게 도킹되었다. "쟈오롱호蛟龍號"는 유인 잠수함의 최대 잠수 깊이가 7,062m에 이른다. 첫 항공모함인 "랴오닝함遼寧艦"이 해군에 인도됐다.

또한 "12차 5개년" 규획 기간 동안 중국의 많은 중요한 분야의 개혁은 중요한 발전을 이루었고 민생사업은 충분히 보장되고 개선되었으며 인민의 생활수준은 현저히 향상되었고 공공서비스체계가 기본적으로 수립되었다. 신규고용은 계속 증가했고 빈곤 인구는 대폭 감소했으며 기반시설 수준은 전면적으로 약진했다. 대외개방이 지속적으로 전개되고 그 성과가 두드러졌으며 화물 수출입 총액과 대외 투자가 처음으로 세계 1위에 올랐다. 상주 인구의 도시화율은 55%에 달하고 단위 국내총생산당 에너지 소비량은 18.2% 감소하며 주요 오염 물질 배출량은 12% 이상 감소했다. 도시의 신규 취업자 수는 6,400만 명을 넘어섰고 농촌 빈곤 인구는 1억 명 넘게 감소했다. 철도 영업거리는 12만 1000km에 달하는데 이 중 고속철도는 1만 9000km를 넘어 세계의 60% 이상을 차지했으며 고속도로는 12만km이상 개통했다. 남수북조南水北調 공정의 동·중선 공사는 물길이 통하였으며 세계 최대의 제4세대 이동통신망을 건설했다. 전면적인 개혁 심화를 힘있게 추진하고 국방과 군 개혁을 심화시켜 전면적으로 전개했다. 전방위 외교 구도를 심도 있게 전개하고 "일대일로一帶一路" 공동 건설 구상을 실시하며 AIIB, 신개발은행, 실크로드 기금 설립을 발기했다. 이같은 성과들은 모두 2020년 전면적인 샤오캉小康사회 건설을 위한 견고한 토대를 마련했다.

3. "제13차 5개년" 규획 : 새로운 발전 이념을 실천하고 전면적으로 부유한 사회를 건설한다

중국공산당 제16차 전국대표대회는 21세기 첫 20년 동안 십 수억 인구에게 혜택을 주는 보다 높은 수준의 샤오캉小康사회를 전면적으로 건설할 것을 제안했다. 제18차 전국대표대회는 나아가 전면적인 샤오캉小康사회를 건설할 것을 제안했다. "12차 5개년" 규획이 순조롭게 완성됨에 따라 2016년에 시작된 "13차 5개년" 규획 기간은 중국이 샤오캉小康사회를 전면적으로 건설하기 위한 돌파구가 되었다.

1) 신창타이新常态에 적응하고 파악하며 선도한다

"12차 5개년" 규획 기간 동안 중국 경제는 계속해서 중대하고 빛나는 성과를 거두었다. 동시에 개혁개방 수십 년의 고속 발전을 경험한 후 중국 경제의 미래 발전 태세가 과연 어떠한지 국내외의 뜨거운 쟁점이 되었다. 중국공산당 중앙위원회는 중국 경제 발전이 신창타이에 진입했다는 중대한 판단을 내리고 이 문제에 답했다.

2013년 12월, 시진핑 주석은 중앙경제공작회의에서 경제발전의 신창타이를 이성적으로 대할 것을 제안하면서 "중국 경제는 성장속도 전환기, 구조조정 진통기, 전기자극정책 소화기 '세 개의 시기가 겹치는三期叠加' 상황에 직면해 있다. 경제사회 발전의 각종 문제를 잘 처리해 성장 속도가 바닥을 드러내지 않도록 대비하면서도 기존의 고속성장을 중고속 성장의 신창타이의 전환하도록 이성적으로 대처해야 한다"고 발언했다. 2014년 5월, 시진핑 주석은 허난성河南省시찰에서 신창타이를 재차 언급하며 "중국은 여전히 중요한 전략적 기회기에 처해 있으며 자신감을 가지고 현재 중국 경제 발전의 단계적 특징에서 출발하여 신창타이에 적응하고 전략상의 평상심리를 유지해야 한다"고 말했다.

2014년 11월, 시진핑은 신창타이의 특징을 자세히 설명했다. 아시아태평양경제협력체APEC 상공지도자 정상회의에서 그는 세 가지를 언급했다. 첫째, 고속성장에서 중고속성장으로의 전환이었다. 둘째, 경제구조가 끊임없이 최적화되고 업그레이드되며 3차 산업과 소비 수요가 점차 주체가 되며 도시와 농촌의 지역 격차가 점차 축소되고 주민의 소득 비율이 상승해 발전 성과가 더 많은 인민에게 혜택을 주는데 있다. 셋째, 요소 중심, 투자 중심에서 혁신 중심으로 전환이었다.

한 달 후 시진핑 주석은 중앙경제공작회의에서 신창타이에서의 경제발전 추세에 대해 소비수요, 투자수요, 수출과 국제수지, 생산능력과 산업조직방식, 생산요소의 상대적 우위, 시장경쟁특징, 자원환경의 제약, 경제위험의 축적과 해소, 자원배분모델, 거시조절방식 등의 방면에서 진일보한 분석을 제시했다. 그는 중국 경제가 더 높은 형태, 더 복잡한 분업, 더 합리적인 구조로 변화하고 있다는 점을 분명히 했다. 중국 경제발전이 신창타이에 진입한 후 성장속도는 10% 내외의 고속성장에서 7% 내외의 중고속성장으로, 경제발전방식은 규모 속도형의 조방형 성장에서 품질 효율형의 집약 성장으로, 경제구조는 증량 확대 위주에서 재고 조정과 증량을 최적화하고 깊이를 조정하는 방식으로 전환되었으며 경제발전동력은 전통적 성장점에서 새로운 성장점으로 이동했다.

"12차 5개년" 규획이 곧 완성될 때 2015년 12월, 시진핑 주석은 중국 경제 발전이 신창타이에 진입했음을 명확히 했는데 세계 경제의 긴 주기와 중국의 발전 단계적 특징과 그 상호작용을 종합적으로 분석하여 내린 중대한 판단이라고 재차 언급했다. 미래의 경제발전 방식을 전망하면서 그는 "비록 조방형 경제 발전 방식이 일찍이 큰 작용을 발휘했지만 현 단계의 국내, 국제 조건은 모두 이러한 발전 방식의 지속을 지지하지 않는다. 중국 경제의 거대한 잠재력과 강력한 우세를 발휘하려면 반드시 경제발전 방식의 전환을 가속화해야 한다. 또한 경제발전 방식의 전환을 통해 지속적이고 더 높은 수준의 발전을 달성하는 것은 중등 소득 국가가 "중등 소득의 함정"을 뛰어넘는 데 필요한 단계이다"라 언급했다.

신창타이를 충분히 인식하는 기초 위에서 시진핑 주석은 신창타이에 적응하고 신창타이를 이끌어야 한다고 여러 차례 호소했다. 2016년 1월 그는 성부급 주요 지도간부의 제18기 5중전회 정신을 연구하고 관철하는 전문 세미나에서 신창타이 하에서 중국 경제는 비교적 큰 하락 압력에 직면해 있지만 여전히 발전의 중요한 전략적 기회기에 있었다. 경제발전의 장기적인 개선의 기본면에는 변함이 없으며 경제의 강인성이 좋으며 잠재력이 충분하며 공간선회迴旋空間이 커서 기본적인 특징에 변함은 없다. 경제 지속성장의 양호한 지지기반과 조건에는 변함이 없으며 경제구조조정 최적화의 발전 상황에는 변함이 없다. 같은 달 그는 회의를 주재하여 신창타이에 적응하고 신창타이를 선도하기 위한 중요한 대응책으로 공급측 구조개혁 방안을 연구했다.

요약하면 신창타이에 적응하고 신창타이를 파악하며 신창타이를 선도하는 것은 중국이 새로운 역사적 조건에서 "13차 5개년" 규획을 수립하기 위한 기본 요구 사항임을 알 수 있다. 시진핑 주석이 강조한 바와 같이 "13차 5개년" 규획은 중국 경제 발전이 신창타이에 진입한 후 첫 5개년 규획으로 신창타이에 적응하고 신창타이를 파악하며 신창타이를 이끌어야 했다.

2) "발전 이념이 정확하면 목표와 임무가 잘 되고 정책 조치도 따라서 잘 된다"

새로운 과학기술 혁명, 산업 혁명, 에너지 혁명이 한창이며 세계화는 굴곡 속에서 전진하고 글로벌 거버넌스 체계는 심오한 변화를 겪는 국제 환경에 직면하여 중국 경제발전이 신창타이에 진입하는 국내 정세에 직면하여 중국공산당은 이념이 선행하여 과학적으로 "13차 5개년" 규획의 편성 업무를 지도했다.

2013년 4월, 국가발전개혁위원회는 "12차 5개년" 규획 중간평가를 개시하며 칭화대학교 국정연구원, 중국경제개혁연구재단 국민경제연구소 등을 초청하여 제3자의 독립평가를 실시했다. 조사연구, 설문지 배포 방식을 통해 광범위한 의견수렴을 거쳐 『국무원의 "중화인민공화국 국민경제와 사회발전 제12차 5개년 계획개요" 실시 중간평가보고서』가 만들어졌으며 2013년 12월 25일 제12기 전국인민대표대회 상무위원회 제6차 회의에서 심의를 통과했다.

2014년 4월 17일, 전국 "13차 5개년" 규획을 위한 원격회의가 개최되어 관련 작업이 공식적으로 시작되었다. 4월 23일, 국가발전개혁위원회는 25개 예비연구의 주요과제를 발표했고 기초 조사, 정보 수집, 중점과제조사, 주요 사업 규획에 포함된 논증 등 예비 업무를 전개했다. 9월 국가발전개혁위원회는 항저우에서 "13차 5개년" 규획에 대한 기본 아이디어에 대한 연구 심포지엄을 개최하여 헤이룽장黑龍江, 상하이上海, 저장浙江등 9개 성(자치구, 직할시)의 의견을 구했다. 2014년 말 "13차 5개년" 규획의 기본 아이디어의 틀이 잡혔으며 당중앙과 국무원에 제출되었다.

2015년 1월, 중국공산당 중앙정치국은 중국공산당 제18기 5중전회에서 "13차 5개년" 규획의 건의를 심의하기로 결정했고, 문서작성조를 구성하여 중앙정치국 상무위원회 지도하에 건의안 초안을 작성했다. 문서기안조는 시진핑 중국공산당 총서기가 조장을 맡고 리커창, 장가오리張高麗가 부조장 맡아 관련 부서와 지방의 책임 동지들이 초안 작업에 참여했다. 1월 말 중국공산당 중앙위원회는 『당의 18기 5중전회 연구 "제13차 5개년" 규획에 대한 의견 수렴에 관한 통지』를 발표하고 당내 일정 범위 내에서 의견과 제안을 받았다. 지난 2월 문서기안조는 제1차 전체회의를 열고 원고 기안 작업의 본격

화를 건의했다. 회의에서 시진핑 주석은 초안 작업에 대해 사상을 해방하고 혁신을 개척하며 "보고 듣는 것이 다 새롭고, 실용적이고 유용한" 규획 건의를 만들 것을 요구했다. 5월부터 7월까지 시 주석은 세 차례에 걸쳐 특별조사를 실시했고 중앙정치국 상무위원은 총 26차례의 조사를 실시했으며 19개 성을 방문했다.

"13차 5개년" 규획 제안 초안 과정에서 시진핑 주석은 중앙정치국 상무위원회 회의를 네차례, 중앙정치국 회의를 두 차례 소집해 건의안을 심의했고 일련의 중요한 지도 의견을 제시했다. "13차 5개년" 규획은 또한 120개 이상의 단위, 일부 당내 원로 동지老同志, 당 대표 및 외부 인사로부터 의견과 제안을 요청하고 수정 및 개선했다. 시진핑 주석의 직접 지도 아래『중국 공산당 중앙위원회의 국민 경제와 사회 발전 제13차 5개년 규획 수립에 관한 건의』의 초안 작업에서 이념이 선행되어야 함을 강조했다. 2015년 3월, 시진핑은 당의 18기 5중전회 문서기초조 제2차 전체회의를 주재하면서 "13차 5개년" 규획은 발전 이념을 잘 정리하고 명확하게 설명하여 "13차 5개년" 규획 시기 중국의 경제사회 발전을 위해 좋은 길과 좋은 항해를 제시할 것을 분명히 요구했다. 10월 그는 중국공산당 제18기 5중전회에서 발전이념은 발전행동의 선도이며 전체 국면, 근본, 방법, 장기적인 것을 관리하는 것이며 발전사상, 발전방향, 발전중심의 집중현상이라고 강조했다. 발전 이념이 정확하면 목표와 임무가 결정되고 정책 조치도 따라서 결정될 것이다. 이번 전회에서 그는 또 새로운 발전 이념을 가지고 발전을 이끌어야 하며 혁신·조화·녹색·개방·발전 이념을 공유해야 한다고 강조했다. 5대 발전 이념이 서로 연결되고 서로 촉진하며 내적인 관계를 가진 집합체로서 통일적으로 관철해야 하며 한 쪽으로 치우치지 않고 서로 대체해서도 안 된다.

5대 발전 이념은 개혁개방 이래 중국의 발전 경험을 반영했으며 중국 발전 법칙에 대한 중국공산당의 인식을 반영했다. 따라서『중국공산당 중앙위원회의 국민경제사회발전 제13차 5개년 규획 수립에 관한 건의』(이하『건의』

는 새로운 발전 이념을 기본 방침으로 전략성, 객관성, 사상성을 부각시켜 문장의 구상에 있어서 이전에 비해 발전이 있었다. 『건의』은 처음으로 생태문명 건설을 5개년 규획에 한 장씩 나열하고 "생태환경 거버넌스 품질 총체적 개선"을 새로운 목표 요구 사항에 포함시켰다. 또한 "녹색 발전"의 개념이 많은 부분을 차지했다. 『건의』는 처음으로 "개방 개발"에 대한 내용을 한 장으로 나열했다. 『건의』는 처음으로 모든 수준의 다양한 규획이 혁신, 조정, 녹색, 개방 및 공유 개발 개념을 명확하게 반영하는 지표를 추가해야 한다고 제안했다.

이념 선행의 기초 위에서 『건의』는 "13차 5개년" 규획 시기에 중국 경제 건설의 목표요구를 제시했다. 경제는 중고속성장을 유지하고 발전 형평성, 포용성, 지속가능성을 높이는 기초 하에서 2020년까지 국내총생산과 도시농민의 1인당 소득은 2010년에 비해 2배로 증가했다. 주요 경제지표의 균형이 조화롭고 발전공간구도가 최적화되었으며 투자효율과 기업효율이 현저히 상승하고 공업화와 정보화의 융합발전수준이 더욱 향상되며 산업은 중고급 수준으로 나아가고 선진 제조업은 발전을 가속화했으며 새로운 산업과 새로운 업무 경영 방식이 끊임없이 성장했다. 서비스업의 비중이 더욱 상승하고 소비가 경제성장에 대한 공헌이 현저히 증대되었고 호적인구의 도시화율은 빠르게 향상되었다. 또한 농업 현대화가 뚜렷한 진전을 이루었고 혁신형 국가와 인재 강국의 대열에 진입했으며 소득 격차가 축소되고 중등 소득 인구의 비중이 증가했다. 중국의 현행 기준 하에서 농촌 빈곤층은 빈곤에서 벗어나고 빈곤 현은 모두 탈피하여 지역의 전반적인 빈곤을 해결하며 새로운 개방 경제 체제가 기본적으로 형성되었다.

중국공산당 제18기 5중전회에서 『건의』를 심의하고 통과시켰다. 전원회의는 "13차 5개년" 규획 시기의 발전 목표를 실현하고 발전 난제를 타파하며 발전 우세를 두텁게 해야 하며 반드시 혁신, 조화, 녹색, 개방, 공유의 발전 이념을 확고하게 수립하여 확실히 이를 관철해야 함을 강조했다.

새로운 발전 이념은 신시대 중국의 발전이 직면한 문제에 대한 대답이었으며 시진핑 신시대 중국 특색 사회주의 경제사상의 중요한 구성 부분이었다. 『건의』에 따라 국무원은 『중화인민공화국 국민경제사회발전 제13차 5개년 규획개요』(이하 『개요』)를 제정했다. 2016년 3월 제12기 전국인민대표대회 제4차 회의에서 『개요』가 의결되었다.

3) 중국 인민의 공동 비전

『건의』에 근거해 작성된 『개요』는, 국가전략의도를 분명히 밝히고, 경제사회발전의 목표, 임무와 조치를 명확히 했으며, 이는 시장주체의 행동지향이며, 정부가 직무를 수행하는 중요한 근거이자, 전 중국 인민의 공통된 희망이었다.

전면적인 소강사회 건설의 목표 요구에 따라 『개요』는 "13차 5개년" 규획 시기의 경제 사회 발전의 주요 목표를 다음과 같이 규정했다.

첫째, 경제가 중고속 성장을 유지하는데 있다. 발전의 형평성, 포용성, 지속성을 높이는 기초 위에서 2020년까지 국내총생산과 도시와 농촌 주민의 1인당 소득은 2010년에 비해 2배를 만들고 주요 경제 지표는 균형을 이루며 발전의 질과 효익이 현저히 향상되는데 있다. 산업은 중·고급 수준으로 나아가며 농업 현대화의 진전이 뚜렷하고 공업화와 정보화의 융합 발전 수준이 더욱 향상된다. 선진적인 제조업과 전략적 신흥 산업의 발전을 가속화하여 새로운 산업과 업무 경영 방식이 끊임없이 성장하여 서비스업의 비중이 더욱 높아진다.

둘째, 혁신 주도 개발의 성과가 두드러졌다. 혁신 주도 개발 전략이 심층적으로 시행되고 창업 혁신이 활발히 발전하며 전 요소 생산성이 눈에 띄게 향상되었다. 과학기술과 경제가 깊이 융합되고 혁신요소의 배치가 더욱 효율적이며 중점 분야와 핵심 연계의 핵심 기술이 중대한 돌파구를 마련해 자주적 혁신능력이 전면적으로 강화하여 혁신형 국가와 인재강국의 대열에 진입한다.

셋째, 개발의 조정성이 크게 향상되었다. 소비가 경제 성장에 기여하는 비율이 계속 증가하고 투자의 효율과 기업 효율이 눈에 띄게 상승했다. 도시화의 질이 현저히 개선되었으며 호적 인구의 도시화율이 빠르게 향상되었다. 지역 조화 발전의 새로운 패턴이 기본적으로 형성되었으며, 개발 공간 배치가 최적화되었다. 대외개방의 깊이와 폭이 끊임없이 향상되고 글로벌 자원 배분 능력이 더욱 강화되며 수출입 구조가 끊임없이 최적화되고 국제 수지가 기본적으로 균형을 이뤘다.

넷째, 국민의 생활수준과 질이 전반적으로 향상되었다. 고용, 교육, 문화체육, 사회보험, 의료, 주택 등 공공서비스 체계가 더욱 건전해지고 기본 공공서비스의 균등화 수준이 꾸준히 향상되었다. 교육 현대화는 중요한 진전을 이루었고 노동 연령 인구의 교육 연수가 현저히 증가했다. 취업이 비교적 충분했으며 소득 격차는 축소되었고 중위소득 인구 비중이 상승했다. 중국의 현행 기준에 따르면 농촌 빈곤층은 빈곤에서 벗어나고 빈곤 지역은 모두 탈피하여 지역의 전반적인 빈곤이 해결되었다.

다섯째, 국민의 질과 사회문명의 수준이 크게 향상되었다. 중국몽中國夢과 사회주의의 핵심 가치관은 더욱 사람들의 마음에 깊이 파고들어 애국주의, 집단주의, 사회주의 사상이 널리 고양되었다. 선을 지향하고向上向善 상호간에 성실한誠信互助 사회풍조가 더욱 짙어 졌으며 국민사상 도덕적인 소질, 과학문화 소질, 건강 소질이 뚜렷하게 향상되어 사회 전체의 법치의식이 부단히 강화되었다. 공공 문화 서비스 체계가 기본적으로 구축되어 문화산업은 국민경제의 기둥 산업이 되었다. 중화문화의 영향이 지속적으로 확대되었다.

여섯째, 생태환경의 전반적인 품질 개선이 나타났다. 생산방식과 생활방식의 녹색 및 저탄소 수준이 상승했다. 에너지 자원 개발 및 이용 효율이 크게 향상되고 에너지와 수자원 소비, 건설 부지, 탄소 배출 총량이 효과적으로 통제되어 주요 오염 물질 배출 총량이 크게 감소했다. 주요 기능 구역의 배치와 생태 안전 장벽이 기본적으로 형성되었다.

일곱째, 각 방면의 제도가 더욱 성숙해지고 정형화되었다. 국가 거버넌스 시스템과 거버넌스 능력의 현대화가 큰 진전을 이루었고 각 지역의 기본 시스템이 기본적으로 형성되었다. 인민민주주의가 더욱 건전해지고 법치정부가 기본적으로 건설되었으며 사법의 공신력이 현저히 향상되었다. 인권은 확실히 보장되고 재산권은 효과적으로 보호되었다. 개방형 경제의 새로운 체제가 기본적으로 형성되었고 중국 특색의 현대 군사체계가 더욱 완벽해졌다. 당 건설의 제도화 수준이 현저히 향상되었다.

『개요』는 "제13차 5개년" 규획 기간 경제 사회 발전의 주요 지표로 2020년 국내총생산 92조 7,000억 위안, 5년 연평균 성장률 6.5%로 보았다. 2020년 상주 인구 도시화율은 60%이며 주민 1인당 가처분소득은 5년 연평균 성장률 6.5%를 초과했다. 5년 도시 신규 취업자 5,000만 명으로 5년 농촌 빈곤층 빈곤 탈출은 5,575만 명으로 제시되었다.

4) "13차 5개년" 규획 시기에 세계가 주목하는 성과를 거두었다

"13차 5개년" 규획 시기에 경제가 신창타이에 진입한 상황에서 복잡한 국제정치경제환경과 어렵고 힘든 국내개혁발전과제에 직면하여 중국은 공급측 구조개혁을 실시하여 "3대 공격전三大攻堅戰"에서 승리하고 경제의 질 높은 발전을 추진하는 등의 조치를 통해 경제사회발전은 현저한 효과를 거두었으며(그림 4-3 참조) 1인당 국내생산 총액은 1만 달러를 초과했다.

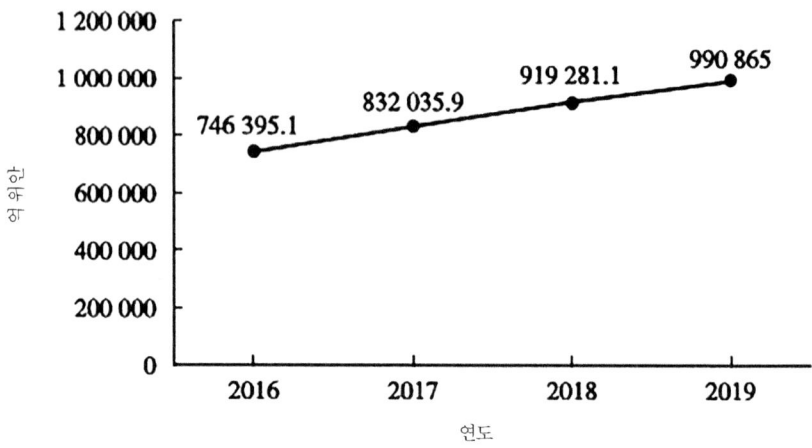

그림 4-3 "제13차 5개년" 시기의 국내 총생산액

경제력이 대폭 향상되었다. 2019년 국내총생산은 990억 865억 위안에 달했으며 세계경제 성장에 대한 기여율은 30% 정도였다. 2019년 주민 1인당 가처분소득은 30,733위안에 달해 중위소득층 규모가 지속적으로 확대되었다. 중국은 코로나19 이후 전 세계에서 유일하게 같은 기간 플러스 성장을 이룬 주요 경제체로 떠올랐다.

경제구조가 끊임없이 최적화되었다. R&D 경비 투입 총량 세계 2위, 유인우주, 달 탐사 프로젝트, 슈퍼컴퓨팅, 양자통신 등의 분야에서 굵직한 과학기술 성과를 내었다. 2019년 규모 이상의 하이테크 산업 부가가치가 차지하는 비중은 14.4%였고, 정보전송, 소프트웨어와 정보기술서비스업 등 신흥 서비스업이 서비스업의 지속 성장을 견인하는 새로운 동력으로 부상했다.

"3대 공격전"의 성과를 전 세계가 주목했다. 빈곤 퇴치 공방에서 결정적인 성과를 거두었으며 현재 표준 하에서 농촌 빈곤 인구는 모두 빈곤에서 벗어났으며 빈곤 지역의 목표 임무가 예정대로 실현되어 수천 년 동안 중화민족을 괴롭혔던 절대 빈곤 문제가 역사적으로 해결되었다. 주요 생태 보호 및 복원 프로젝트가 지속적으로 추진되고 오염 방지 및 통제의 단계적 목표가 순조롭게 실현되었으며 생태환경의 질이 전반적으로 개선되었다. 주요 위험을 예방하고 해결하는 데 긍정적인 결과를 얻었으며 금융 및 기타 분야의 숨겨진 위험이 효과적으로 통제되었다.

도시와 농촌 지역의 발전 조정성이 지속적으로 향상되었다. 농촌 활성화 전략의 시행이 가속화되고 농촌 생산 및 생활조건이 크게 개선되었다. 신형 도시화의 질이 꾸준히 향상되고 도시권 건설이 질서 있게 추진되었다. 지역의 조화로운 발전 전략을 심도 있게 실시하고 있다. 또한 주요 지역 개발 전략이 고질량高質量으로 추진되었다.

전면적으로 개혁을 심화하여 중대한 돌파구가 마련되었다. 중국 특색 사회주의 제도가 더욱 완벽해지고 주요 분야의 기초적인 제도 체계가 기본적으로 형성되었으며 당과 국가 기구의 개혁이 중대한 성과를 거두었다. 국가 통치 체계와 통치 능력의 현대화 수준이 현저히 향상되었으며 경제 사회 발전 동력의 활력이 더욱 강화되었다.

개방형 경제의 새로운 패러다임 구축에 박차를 가했다. "일대일로一帶一路"의 공동 건설은 지속적으로 심화 및 시행되었다. 대외무역의 발전이 안정적이며 품질이 향상되어 상품무역의 수출입 총액이 2019년에 세계 1위를 차지했다. 새로운 개방 경제 체제 구축에 박차를 가하고 21개의 자유무역 시범구를 설립하여 하이난海南은 본토 최초의 자유무역항이 되었다. "세계로부터 받아들이고引進來"와 "세계로 뻗어 나간다走進去"의 수준이 지속적으로 높아졌다.

국민의 생활수준이 현저하게 향상되었다. 전 국민을 포괄하는 기본 공공 서비스 체계를 초기에 구축하기 시작하여 기본 공공서비스의 균등화 수준이 꾸준히 향상되었다. 다층의 사회 보장 시스템 구축을 가속화되고 보장성 주거 프로젝트 건설이 가속화되었다. 교육의 현대화가 적극적인 진전을 이루었다. 건강한 중국 건설이 착실히 추진되었으며 인민의 건강과 의료위생 수준이 지속적으로 향상되고 코로나19 전염병 예방과 통제가 중대한 전략적 성과를 거두었으며 주민의 평균 기대수명은 2019년 77.3세로 세계 평균 기대수명보다 거의 5세 높아졌다.

"13차 5개년" 규획을 시행하는 동안 축적된 경험은 다음과 같다. 첫째, 새로운 발전 개념의 지도에 더 많은 관심을 기울이고 시스템 이론과 전반적인 관점을 중시한다. 제18기 5중전회에서 채택된 『중국공산당 중앙위원회의 국가경제사회발전 제13차 5개년 규획 수립에 관한 건의』는 처음으로 "혁신, 조정, 녹색, 개방 및 공유"의 5대 발전 개념을 제시했다. 새로운 발전 개념은 경제 변혁을 위한 이론적 토대를 제공했으며 인민들의 마음에 깊이 스며들어 오래 작용한다. 둘째, 전면적인 개혁을 더욱 중시하고 경제의 고품질 발전을 적극 추진한다. 공급측 구조 개혁의 주요 라인을 거시적 통제의 전 과정에 걸쳐 지속하고 발전이 직면한 체제와 메커니즘의 장애를 지속적으로 타파한다. 셋째, 더 높은 수준의 개방을 더욱 중시하고 내생적 동력과 시장 활력을 전면적으로 자극한다. 개방 발전 이념에 따라 더 높은 수준의 개방을 통해 개혁, 혁신, 협력을 촉진하고 상호이익과 이익을 촉진하며 내생적 동력과 시장 활력을 전면적으로 자극하여 경제의 보다 균형 있고 충분하며 포용적인 발전을 실현한다. 넷째, 전략적 역량을 유지하는 데 더 많은 관심을 기울이고 거시적 통제의 효율성을 크게 향상시킨다. "13차 5개년" 규획 시기에 중국 경제는 신창타이新常態에 진입하여 거시적 통제 사고의 중대한 전환, 즉 주요 안정 경제 성장 속도, 주요 디플레이션 예방 및 통제, 자산 거품 붕괴에 대한 예방, 전환 및 업그레이드를 촉진한다. 또한 시장의 활력을 자극한다. 거시 경제의 안정성이 강화되어 국내총생산 성장률의 변동폭이 다소 좁아졌다. 다섯째, 규모의 경제 효과를 발휘하는 것을 더욱 중시하고 강력한 국내 시장을 건설하기 위해 노력한다. 여섯째, 인민 중심의 발전 사상을 관철하는 것을 더욱 중시하고 발전의 조화를 지속적으로 강화한다. 일곱째, 단점과 강약점을 보완하는 것을 더욱 중시하여 "3대 공격전"의 효과가 뚜렷하게 나타낸다.

중국은 "13차 5개년" 규획 시기에 현저한 성과를 거두었으며 동시에 많은 경제 사회 발전의 어려움과 도전에 직면했다. 첫째, 핵심 기술 영역에서 "목 조르기卡脖子(자체 기술 부족 및 핵심 기술 수입 의존 형태)" 문제가 두드러지고 신형과 구형의 운동 에너지 전환 과제가 막중하다. 둘째, 전통 제조업 기업의 해외 이전이 가속화되고 산업 발전이 양단 압박에 직면했다. 셋째, 세계적인 전염병으로 공급망이 손상되었고 산업 사슬과 공급망의 안전 문제가 더욱 두드러졌다. 넷째, 사회발전의 단점이 뚜렷하고 사회통치체계가 아직 완벽하지 않다. 다섯째, 일부 기본 개혁이 뒤처져 자원 할당의 효율성과 전체 요소 생산성이 향상이 필요하다. 여섯째, 세계 경제 성장 부진, 국제 경제 무역 마찰 심화, 국내 경제 하방 압력의 증가이다. 이러한 어려움과 도전은 "제14차 5개년" 규획 기간 동안 중점적으로 주의를 기울여야 하며 해결을 가속화해야 한다.

중국식 규획의 도감

05

"제1차 5개년" 계획부터 "제13차 5개년" 계획을 돌이켜 보면 중국은 지난 70년 동안 아주 독특한 규획제도를 창조했다. 동시에 규획으로 경제사회 발전을 인도하는 "규획 선행"의 과학적 거버넌스 기제를 건립했다. 중국식 규획은 경제사회 발전의 모든 측면을 아우르는 일련의 시스템이다. 따라서 단기간 혹은 장기간의 시간과 전체적 혹은 중요한 분야의 영역에서 모두 다양한 차원과 유형의 규획이 마련되어 있다.

중국식 규획은 독특한 우세를 갖고 있다. 첫째, 시간적으로 볼 때 중국식 규획은 부단히 변화하고 개선하는 과정 중에 있다. 이는 규획을 편성하는 실무 인원들이 항상 목표의식과 문제의식 그리고 결과를 지향하는 태도를 가지고 실천 속에서 부단히 학습하기 때문이다. 둘째, 중국식 규획은 아주 민첩하고 영민하다. 규획을 편성하는 과정 중에 법률적 근거가 있는지 과도하게 신경쓰지 않는다. 수 많은 계획들은 우선 시험하는 방식으로 가동하고 추진하는 과정에서 집행, 적응, 수정, 재집행을 반복한다. 규획을 추진하는 과정은 중앙과 각급 정부, 시장의 상호작용 위에 건립되어 있다. 즉 당중앙과 국무원이 규획 목표를 확정한 이후 각급 정부를 독려하고 시장주체를 인도하여 실제상황에 부합하는 집행 규획을 추진하는 것이다. 각급 정부와 시장주체는 규획을 추진하는 과정에 부단히 중앙정부에 의견을 제시하면서 정책 조정을 완성한다. 중국은 면적이 넓고 지역 간 차이가 크기 때문에 이처럼 반복적인 실험과 부단히 의견을 개진하는 시스템을 통해 다양한 정책도구와 동원 조직 방법을 마련해야 했다. 그렇게 함으로써 중앙정부가 복잡한 상황에 대면해 영민하게 반응할 수 있는 능력을 갖추게 하였다.

중국식 규획의 도감을 계통적으로 설명하기 위해 이번 장에서는 "사량팔주"(네 개의 대들보와 여덟개의 기둥), 발전변화, 역사적 경험 등을 소개하고자 한다.

1. 사량팔주四梁八柱

1) 국가 거버넌스에 삽입된 규획 제도

(1) 규획의 성격

　규획으로 경제사회의 발전을 인도하는 것은 중국 거버넌스의 중요한 방식이다. 첫째, 규획은 중국공산당이 나라를 다스리고 정치를 이행하는 중요한 방식인 동시에 당이 경제사회 발전을 추진하는 중요한 기제이다. 제16차 4중 전회에서 당은 "전체 국면을 지휘하고 각 분야를 조정하는" 원칙에 근거해 경제사회의 발전을 지도한다고 규정했다. 주요임무는 "방향을 장악하고, 전체 국면을 기획하며, 전략을 제기하며, 정책을 제정하고 입법을 추진하며 양호한 환경을 조성하는 것"이다. "방향을 장악하고 전체 국면을 기획하는 것"은 바로 당이 대내외 형세에 대한 판단을 근거로 경제사회 발전의 목표 방향과 전체적 경로를 확정한다는 것이다. 이는 당이 경제사회 발전의 구체적 업무 중에서 집행자의 역할이 아닌 지도자의 역할을 한다는 것을 의미한다. 그러므로 당은 나라를 다스리고 정치를 이행하는 장기적인 실천 중에서 규획 제도를 이용하여 경제사회 발전을 지도한다.

　둘째, 규획은 국가의 공통인식을 응집하는 과정이다. 규획의 설계와 편성 과정에서 각 분야의 수 많은 요구와 의견을 반복적으로 수집하여 협상, 조정, 반응, 평가, 조정의 정책 과정을 거친다. 또한 "위로부터 아래로의" 동력 기제, "아래로부터 위로의" 정보 전달 기제, "위로부터 아래로의" 정책결정 기제를 통해 전체 사회의 "최대 공동 분모"를 찾아낸다. 때문에 규획의 본질은 전체 사회 공통인식의 결과와 표현방식이라고 볼 수 있다. 이러한 과정은 사회 각 계층이 규획을 집행함에 있어서 목표의 인도 하에 5개년 또 다른 5개년씩 힘을 합쳐 목표를 향해 전진할 수 있음을 말해준다. 이처럼 중국은 경제

사회발전에서 기적을 창조해낼 수 있었다.

셋째, 규획은 사회 각 계층의 행동을 통솔하는 도구이다. 규획은 미래 일정 기간 동안의 발전 계획을 담고 있다. 이는 사회 각 계층이 국가발전 목표를 공통으로 실천하는 기본 경로이다. 이러한 방식은 각급 정부가 정책을 추진하는 근거가 될 뿐만 아니라 시장 행위자에게 격려와 한계의 정보를 제공함으로써 정부와 시장 행위자의 행동을 통솔하는 정책적 도구로 자리잡았다. 규획의 내용은 정부가 책임을 이행하는 중요한 근거이다. 일부 지방에서는 심지어 규획을 "빨간 머리 문건紅頭文件"을 제압할 수 있는 문건으로 인식하고 있다. 이처럼 정부는 규획에 근거해 자신의 역할 범위를 확정할 수 있고 정부 정책의 통일성, 연속성, 장기성을 확보할 수 있으며 단기적인 시야에 의한 은폐적인 정책이 인민의 이익을 침범하는 것을 제한할 수 있다. 한편 산업계획은 시장 행위자에게 정보를 제공하여 격려하는 역할을 하는 동시에 각급 정부의 산업배치를 국가전략에 부합하도록 인도하는 역할도 한다. 토지규획은 시장 행위자와 각급 정부에 행동의 반경을 획정해 주고 생산, 생활, 생태 공간이 서로 침범하지 않도록 지도작용을 한다.

(2) 규획의 형식

2005년에 출범한 "국민경제와 사회발전 규획 편성 공작을 강화할 데 관한 국무원의 몇 가지 의견"에서는 "3급 3가지 유형의 규획 관리 시스템"을 건립할 것을 요구하고 있다. "3급"은 행정 레벨에 따라 국가급 규획, 성(구, 시)급 규획, 현급 규획을 의미한다. "3가지 유형"은 대상과 기능에 근거해 총제적 규획, 전문 규획, 구역 규획으로 나눈다.

규획 시스템의 가장 높은 자리에 위치한 것은 바로 국가급 총제적 규획이다. 중화인민공화국 국민경제와 사회발전 5개년 규획 강요(약칭 "5개년 규획")은 전략적, 통솔적, 종합성 규획이며 국가급과 그 하위 차원의 규획을 제정하는 정책적 연도별 계획의 근본이다. 일반적으로 "5개년 규획"이라고 칭하는 문건은 공식적으로 선포되기 1년전 국무원이 기초한 규획, 그리고 당중앙이 비준하고 의견을 제시하며 전국인민대표대회에서 통과된 규획요강을 가리킨다. 규획의 중점은 발전이념을 확정하고 발전방향과 사고방식, 중점임무, 중대한 조치 등을 명확히 규정함으로써 거시적, 전략적, 지도적 역할을 하는 것이다. 한편 규획의 구체적 분업은 "규획 요강"에서 규정하고 있다.

5개년 규획이 공표된 이후 국무원과 각 부처 및 각급 지방정부는 각 레벨의 여러 가지 종류의 규획을 제정하기 시작한다. 이런 규획들에는 "5개년 규획"보다 더 자세한 정책조치가 포함되는데 이것이 바로 거시적 목표를 구체적 행동으로 전환하는 중요한 중간 절차이다. 각 레벨의 여러 가지 규획을 제정함으로써 "5개년 규획"이 한층 더 구체화 되었고 각 레벨과 계층이 상호 연결된 정책 네트웍으로 작동할 수 있게 되었다. 이러한 정책적 네트웍은 전체 "5개년 규획"을 관통하며 국무원의 각 부처와 각급 지방정부를 연결해준다. 장기간의 실천과 탐색을 통해 중국은 이미 "5개년 규획"이 통솔하는 각급 각 유형의 전문 규획, 지역 규획, 도시 규획, 토지 규획, 공간 규획 등으로 구성된 발전규획 시스템을 확립했다.

전문 규획은 국민경제와 사회발전 중의 특정 영역을 대상으로 편성하는 규획을 가리킨다. 이는 전체 규획이 어떤 특정 영역에서의 세부화 정책인 동시에 정부가 해당 영역의 발전을 위해 심사하고 중대 프로젝트를 통과시키며 정부투자, 재정지출과 예산을 안배하는 정책적 근거이다. 2005년 발표한 국무원의 규정에 의하면 전문 규획은 원칙적으로 국민경제와 사회발전의 거시적 영역에 제한되어 있다. 이런 영역이 포함하는 것은 기초 인프라 건설 분야에서 농업, 수리, 에너지, 교통, 통신 등이다. 중요한 자원의 개발 보호 분야에는 토지, 수자원, 해양, 석탄, 석유, 천연가스 등이다. 공공사업과 공공서비스 분야에는 생태건설, 환경보호, 재해방지, 과학기술, 교육, 문화, 위생, 사회보장, 국방건설 등이다. 이외에 정부가 특별히 지원하거나 조정이 필요한 산업 등이다.

지역 규획은 행정구역을 뛰어 넘는 특정지역의 국민경제와 사회발전을 대상으로 편성된 규획으로 전체 규획을 구체화하고 실현하는 것이다. 1990년대 말에 출범한 서부대개발계획은 제일 일찍 출범한 지역 규획이다. 그 목적은 서부지역의 기초 인프라 건설과 투자를 강화해 사회경제 발전 문제를 해결하는 것이었다. 이후 중국은 여러 개의 지역 규획을 제정했다. 대표적으로 노후 공업기지의 개조를 위한 "둥베이 지역 진흥 규획", 일류 산업과 서비스 산업군 발전을 목표로 한 "창쟝 삼각주 지역 규획", 지역 융합과 산업 분업, 협력을 촉진하기 위한 "주쟝 삼각주 지역 개혁발전 규획 강요(2008-2020)" 등이 있다.

도시 규획은 일정 시기 동안 도시의 사회발전 목표를 실현하기 위해 도시의 성격, 규모와 발전방향을 확정하고 토지분배와 도시 공간 안배를 합리하게 조정하는 종합적 계획이다. 여기에는 성, 시, 현 3급의 도시 농촌 시스템 규획, 한 도시의 전체 규획, 건설 규획, 향촌 규획 등이 포함된다. 도시 규획은 도시건설과 관리의 기본이며 최우선 관심사이기 때문에 중화인민공화국 건립 이후부터 중앙정부의 높은 관심을 받았다. 1990년에 실행된 "중화인민공화국 규획법"은 도시 규획의 성격, 편성과 실행에 모두 명확한 규정을 했다. 2008년 "중화인민공화국 성향城鄕 규획법"이 반포됨에 따라 규획의 범위를 진일보 확대하고 향과 농촌 등 최하위 행정구역까지 도시규획 범위에 포함되었다.

토지 규획은 특정한 경제사회 발전 목표를 달성하기 위해 지정된 지역 내 각종 용지의 구조와 배치를 조정하는 장기 계획이다. 사회경제의 지속발전을 위해 현지의 자연, 경제, 사회조건에 근거해 토지에 대한 개발과 이용, 관리, 보호를 진행하는 시간적 공간적 그리고 전략적인 전체 배치와 안배를 가리킨다. 국토규획 또는 공간규획이라고 칭하기도 한다. 중국의 토지 규획은 1980년대 초반부터 시작되어 경제사회의 지속가능 발전과 자원의 절약과 이용 나아가 환경보호를 위해 중요한 공헌을 했다.

(3) 규획의 기능

국가 거버넌스의 중요한 형식으로써 규획의 기능은 아래와 같은 세 가지로 정리할 수 있다.

첫째, 발전 법칙에 근거해 발전 방향을 인도한다. 경제사회 발전의 다른 단계에는 다른 발전 법칙이 작동한다. 그러나 이것이 반드시 사회의 공감대가 되는 것이 아니므로 규획을 이용해 전체 국가발전과 전략방향을 지도할 필요가 있다. 개혁개방 이후 계획경제에서 시장경제로 체제 전환을 시도하는 과정에 사실 많은 의견들이 존재했다. 이런 혼란한 상황은 "제9차 5개년 규획"이 공표되면서 점차 정리되었다. 규획은 시장체계를 적극적으로 발전시키고 개선할 것을 명확하게 요구했던 것이다. 또한 시장기제의 역할을 통해 정부의 작용을 전환하고 간접 방식 위주의 거시 조정 시스템을 형성할 것을 요구하며 전체 사회에 명확한 개혁과 발전의 방향을 제시했다.

둘째, 발전의 요구에 근거해 자원배치를 인도한다. 계획과 시장은 모두 자원배치의 방식이다. 규획은 계획과 시장의 자원 분배 방식을 통합해 경제 발전의 여러 단계에서 힘을 집중해 발전이 직면한 병목 문제를 해결할 수 있다. 예를 들어 중국의 공업화 초기에 자본이 엄중히 부족한 상황에 직면했는데 "제1차 5개년" 계획을 통해 짧은 시간 내에 자원을 집중해 공업화를 추진했던 것이다. 당시 "156개 프로젝트"는 중국의 공업화 체계의 건설을 위해 중요한 기초를 놓았다. 국제금융위기를 대처하는 과정에서도 중국 정부는 일련의 경제자극 정책을 제정해 빠른 시일 내에 경제회복 문제를 해결했다.

셋째, 발전의 요구에 근거해 공공 서비스를 제공한다. 공공 서비스는 정부가 제공하는 중요한 공공재이다. 규획의 중요한 기능 중 하나가 바로 정부로 하여금 공공 서비스에 대한 명확한 목표와 시간표를 제공하게 한다는 것이다. "제6차 5개년" 시기 경제 계획은 국민경제와 사회발전 계획으로 대체되었고 처음으로 사회발전계획의 내용과 지표가 추가되었다. "제11차 5개년" 규획에는 처음으로 공공 서비스 영역의 11개 분야에 대해 명확한 지표를 제시했다. 여기에는 의무교육, 공공위생, 사회보장, 사회구조, 취업 촉진, 빈곤 감소, 재해재난 방지, 공공안전, 공공문화, 기초과학과 첨단기술, 사회 공익성 기술연구, 국방 등 영역이 포함된다. 이런 지표들은 정부의 역할 수행 평가의 중요한 근거가 되며 대중이 정부를 감독하는 명확한 기준이 된다. 또한 정부가 공공 서비스를 추진하는 데 중요한 역할을 한다.

2) 규획 편성과 집행 과정

(1) 규획 편성의 주체

규획 편성의 주체는 규획을 작성하는 데 참여하거나 책임을 지는 인원과 조직을 의미한다. 현재 5개년 계획의 편성 주체는 중국공산당, 전국인민대표대회, 국무원, 전국정치협상회의, 정부 부처, 대중과 전문가이다.

첫째, 중국공산당은 국가 정책 결정과정의 핵심 기구이다. 헌법과 당장은 모두 중국공산당이 국가 사무 중에서의 핵심 지도 역할을 규정하고 있다. "제1차 5개년" 부터 "제13차 5개년"까지 수 많은 형식의 규획과 정책결정과정을 거쳤지만 그 전체 과정에서 중국공산당은 시종 핵심 역할을 했으며 최종 의견 제시와 승인하는 결정을 내렸다.

둘째, 전국인민대표대회는 중국의 최고 권력기구이다. 국민경제와 사회 발전 규획 요강을 심사하고 승인하는 것은 헌법이 전국인민대표대회에 부여한 법정 권리이다. 이외에 전국인민대표대회는 국무원이 조직하고 규획하는 전기의 조사연구와 규획 강요의 수정 작업에도 참여한다.

셋째, 국무원은 국가의 최고 행정기구이다. 5개년 계획의 초안 작성, 편성과 동태적 조정 의견을 제시한다.

넷째, 전국인민정치협상회의는 전문적인 정치협상 기구이다. 규획의 조사연구, 정치협상 전문회의와 의정활동, 협상회의 등 형식을 통해 규획의 편성에 의견을 제시한다.

다섯째, 국가발전개혁위원회. 국무원 산하의 직능 기구인 발전개혁위원회의 주요 직책은 5개년 계획을 조직하고 편성하는 것이다. 동시에 각급 각 유형의 규획을 연결, 조정하고, 당중앙과 국무원에 보고, 승인받는 모든 규획은 발전개혁위원회의 손을 거치게 된다.

여섯째, 대중. 중국의 사회발전과 민주제도의 개선으로 인해 대중이 규획 편성에 참여하는 범위가 확대되었다. "12차 5개년"과 "13차 5개년" 계획의 편성 과정에 국가발전개혁위원회는 "건의함"을 설치해 대중의 건의를 공개 수집했다.

일곱째, 전문가. 중국은 이미 전문가가 규획 제도의 편성에 참여하는 제도를 기본적으로 확립하였다. "11차 5개년" 규획부터 국가규획전문가위원회(이후 국가발전규획전문가위원회 개명)를 건립하여 중대한 정책결정의 과학화, 민주화, 규범화 프로세스를 가동시켰다. 이를 통해 규획 편성 과정에서 사회의 참여도와 투명성을 높였다. 이외에도 국가발전개혁위원회는 정기적으로 규획에 관한 연구과제를 사회에 공지하고 전문가들로 하여금 보고서 작성에 자유롭게 입찰하게 한다.

(2) 규획 편성의 기본 절차

현재 5개년 규획 편성의 절차는 대체적으로 8개 단계를 거치게 된다. 중간평가, 사전 연구, 기본 사상의 형성, 당중앙의 초안 작성, 당중앙의 의견 통과, 강요 초안 작성, 대내외 의견의 광범위한 청구, 심사와 발표 등으로 대략 3년 여의 시간이 소요된다. 아래에서 "제12차 5개년" 규획의 편성 과정을 사례로 그 기본 절차를 설명하고자 한다.

첫째, "제11차 5개년" 계획의 중간평가(2008년 3월부터 12월까지). 2008년 3월, 국가발전개혁위원회는 "제11차 5개년" 계획에 대한 중간평가를 시작했다. 중간평가에는 주요하게 세 가지 내용이 포함된다. (1) 국무원 산하의 각 부처는 자신이 관할하는 부문에 대해 "11차 5개년" 계획의 집행 상황을 평가한다. (2) 각 성, 자치구, 직할시, 계획단열시計劃單列市와 신장건설병단은 본급 정부의 "11차 5개년" 계획에 대해 평가를 진행한다. (3) 제3자 기구에 위탁하여 평가를 진행한다. 국가발전개혁위원회는 현장 조사연구, 좌담회 개최, 전문가와 연구기관 및 사업단위에 설문조사를 진행하는 방식 등을 이용해 광범위하게 의견을 수집한다. 각 분야의 보고와 의견을 종합한 전제 하에 <'중화인민공화국 국민경제와 사회발전 제11차 5개년 규획 요강' 집행에 관한 중간평가 보고>를 작성하였다. 이후 2008년 12월 24일 제11차 전국인민대표대회상무위원회 제6차 회의에서 이상 초안을 보고했다.

둘째, 사전 연구(2008년 11월부터 2009년 2월까지). 사전연구는 기초 조사, 정보 수집, 과제 연구와 중대 규획 프로젝트 논증 등을 포함한다. 2008년 11월 6일, 국가발전개혁위원회는 "12차 5개년" 계획의 중대 문제에 대해 연구사업을 가동하면서 8개 분야의 39개 주제를 제기했다. 이들은 위탁연구와 공개입찰을 결합하는 방식을 통해 국무원발전연구센터, 중국사회과학원, 중국과학원 등 70여 개 연구기관에 접수되었으며 최종 70여 편, 500여만 자의 연구보고서가 제출되었다.

셋째, "12차 5개년" 계획의 기본 사상의 형성(2009년 12월부터 2010년 2월까지). 사전연구의 성과에 근거해 국가발전개혁위원회는 "12차 5개년" 계획의 기본 사상에 대한 의견 초안을 작성하여 여러 방면의 의견을 구한 이후 당중앙과 국무원에 보고한다. 중앙정치국은 기본사상에 대해 자세히 토론을 진행한 이후 각 방면에 이를 통보하고 정치동원을 통해 사상인식을 통일했다.

넷째, 당중앙은 <국민경제와 사회발전 제12차 5개년 규획을 제정할 데 관한 중공중앙의 건의>"(이하 "건의"로 약칭, 2010년 2월부터 10월까지) 초안을 작성했다. 2010년 2월, 당중앙은 "건의" 초안 소조를 구성하였다. 주요 구성원은 국무원 연구실, 국가발전개혁위와 각 부처의 연구자들이었다. 초안 소조는 전문조사연구소조를 구성해 각 지역에 내려가 조사연구를 진행했고 방안을 설계한 이후 검토안을 작성했다. 이후 초안소조는 중앙 지도자의 검토안에 대한 지시와 각 분야의 의견을 종합해 "건의"를 작성하기 시작했다. 중앙정치국 상무위원회는 여러 차례 보고를 청취하였고 중앙정치국 역시 "건의"에 대해 여러 차례 토론을 진행했다. 같은 시기, 전국인민대표대회와 전국정치협상회의 역시 전국 각 지역에서 "12차 5개년" 계획에 대한 전문 조사연구를 전개하였고 자문의견을 제공했다. 2009년 연말부터 2010년 연초까지 국가발전개혁위원회는 동부, 서부, 중부, 동북부의 4개 지역에 대해 전문조사를 진행했고 동시에 이상 4개 지역의 구역회의를 개최해 지방정부와 기타 상관 부처의 의견과 건의를 청취했다.

다섯째, "건의"를 통과시키다(2010년 10월). 중국공산당 제17차5중전회에서 "건의"를 심사 통과하고 대외에 공표했다. "건의"는 국내외 형세를 분석하였고 중국의 기본국정과 발전단계에 근거해 경제사회발전의 주요목표, 지도방침, 중요원칙, 중점전략과 주요임무를 제기했다. 이를 통해 "12차 5개년" 계획 요강의 기초를 마련했다.

여섯째, <국민경제와 사회발전 제12차 5개년 규획 요강(초안)>(이하 "요강(초안)으로 약칭") 작성(2010년 10월부터 2011년 2월까지). 국가발전개혁위원회는 "건의" 초안을 작성하는 동시에 "요강(초안)"도 작성하기 시작했다. 2010년 10월 "건의"가 공표된 이후 "요강(초안)"의 초고 역시 작성되었고 그해 12월에 열린 국가발전개혁위원회 사업회의에서 각 지방과 부처, 산업 협회와 정보교류를 진행하고 의견을 개진하여 다양한 규획 간의 연결과 조정을 진행했다.

일곱째, 대내외 의견을 광범위하게 청구(2010년 10월부터 2011년 1월까지). "요강(초안)"이 형성된 이후 국가발전개혁위원회는 여러 차례 전문가 좌담회를 조직하여 자세한 토론을 진행했고 전문가 자문과 전문 논증을 구했다. 동시에 국무원에 논증 보고서를 제출했고 "요강(초안)"과 함께 전국인민대표대회의에 보고해 이들이 심사하는 데 중요한 참고자료를 제공했다. 이외에도 국가발전개혁위원회의 사이트에 "건의란"을 설치해 대중의 의견을 물었다. 국무원은 "12차 5개년" 계획 좌담회를 열어 각 지역과 부문의 의견을 청취했고, 당중앙과 국무원 각 부처의 서면 의견을 받았으며, 원로 동지 좌담회를 열어 의견을 수렴했다. 또한 국가발전개혁위원회는 홍콩과 마카오 특별행정구역의 의견도 수집했다. 전국인민대표회의 재정경제위원회와 전국정협은 회의를 열어 "요강(초안)"에 대한 보고를 들었고 직접 수정 의견을 제기했다. 국무원 총리는 여러 차례 회의를 소집해 전문가, 기업가, 노동자, 농민의 의견을 들었다. 전국인민대표회의 전문위원회는 "요강(초안)"에 대해 초기 심사를 진행했다. 각 지역의 인민대표대회 상무위원회는 전국인대 대표를 초청해 사전에 "요강(초안)"을 심사했다. 중국공산당 중앙위원회 역시 각 민주당파 대표를 초청해 좌담회를 조직하고 여러 가지 의견을 청취했다. 이상의 수 많은 의견 청취 과정을 거친 이후 "요강(초안)"은 국무원 상무회의와 국무원 전체회의에 교부되어 심사받았다. 최종적으로 중앙정치국 상무위원회와 중앙정치국 회의에서 심사한 이후 전국인민대표회의에 정식 교부되어 승인되었다.

여덟째, 〈국민경제와 사회발전 제12차 5개년 규획 요강〉(이하 "요강"으로 약칭)을 심사하고 공표(2011년 3월). 2011년 3월, 제11기 전국인민대표회의는 제4차 회의를 개최해 "요강"을 심사하고 통과시켰다. 2011년 3월 16일, 신화통신사는 전 사회에 "요강"의 내용을 공개했다.

(3) 규획 집행의 기본 절차

"요강"은 전국인민대표회의에서 통과된 이후 바로 집행 단계에 진입했다. "요강"은 중국공산당의 영도 하에 각급 정부는 직책을 훌륭하게 이행하고 모든 행위자의 활력과 창조력을 충분히 자극하여 전당 전국 각 민족 인민이 "샤오캉 사회" 건설을 위해 강력한 응집력을 발휘할 것을 호소했다.

규획의 집행은 일반적으로 집행 정책의 작성, 조직 집행, 규획 평가 등 단계로 구분한다. 전국인민표회의에서 "요강"을 통과시킨 이후 국무원의 각 부처와 성, 시 정부는 일련의 집행 규획을 제정한다. 이런 구체적인 집행 규획은 "요강"의 추진을 위해 초보적인 지원 구조를 형성했다. 이외에도 국무원 산하 각 부처는 각급 지방정부와 발전개혁위원회에 "결정", "의견", "방안", "세부규칙", "방법" 등 일련의 문건을 하달해 규획의 구체적인 집행과 조정사업을 진행한다. 이런 문건들은 조정, 집행, 감독, 평가하는 부처와 임무, 시간표 등을 구체적으로 규정하고 있으며 어떻게 평가할 것이고 사업의 진도를 어떻게 평가할 것인가에 대해 초보적인 지도 의견을 제공하고 있다. 각 부처는 임무를 내려받은 이후 다시 일련의 "사업 방안"과 "집행 방안"을 작성하여 자신의 영역에서 어떻게 규획 목표를 집행할 것인지 설명한다. 이런 "사업 방안"은 1-2년이 지나서야 출범할 수도 있는데 그 과정에서 다시 각 지역의 상황과 경험에 근거해 구체적인 조치가 나오게 된다.

규획이 집행되는 과정에서 "제약성 지표"와 중대 공정, 중대 프로젝트, 중대 정책과 개혁 임무는 구체적으로 책임 단위와 각급 당위원회, 정부의 중점사업으로 자리잡게 된다. 각급 정부의 지도자가 주요 책임자로 낙점되고 지도부 구성원 역시 역할 분담에 따라 자기 분야의 중대 공정, 중대 프로젝트, 중대 정책의 집행 사업에 책임을 지게 된다. 5개년 규획의 "예측성 지표"와 산업발전, 구조조정 등 임무는 시장 행위자의 자주적인 행위와 사회의 각종 행위자의 적극성과 창조성을 자극하여 실현한다.

5개년 규획이 집행된 세 번째 연도부터 각급 정부는 중간평가를 진행하고 규획 목표를 수정한다. 이러한 절차는 5개년 규획의 마지막 2년 동안 계속 진행된다. 다시 말해서 규획의 중간평가와 그 다음의 5개년 규획의 초안 작성 준비는 동시간대에 진행되는 것이다.

3) "일체양익─體兩翼"(한 몸 두 날개)의 운영기제

70년의 발전을 거쳐 규획은 이미 중국공산당의 영도 하에 정부와 시장의

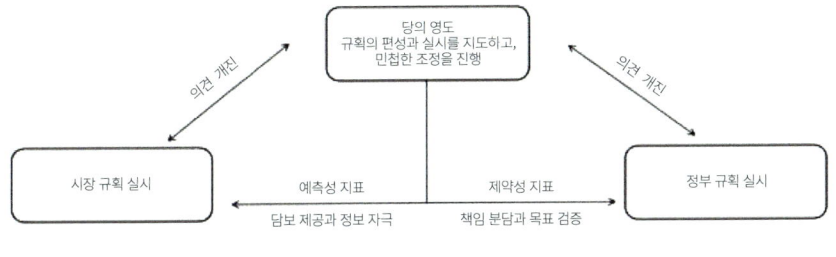

그림 5-1 "일체양익"의 운영기제

관계를 정확히 처리하고, 시장이 자원배치 과정에서 결정적 역할을 발휘하게 하며, 정부의 역할을 더 잘 발휘하도록 보장하는 중요한 제도적 혁신으로 자리잡았다. 동시에 중국의 경제사회발전 성공의 중요한 "비결"이 되었으며 발전을 위한 공감대를 형성하고, 발전방향을 인도하며, 자원배치를 지도하고 전략목표를 실현하는 측면에서 대체할 수 없는 역할을 하고 있다. 또한 전 세계 개발국가의 현대화 건설에 중국의 지혜와 방안을 제공했다.

규획의 운영기제는 "일체양익"으로 정리할 수 있다. "일체"는 당의 영도를 가리키며 규획의 편성과 집행 과정에서 핵심적인 지도 역할을 하고 있다는 것을 강조한다. "양익"은 각각 정부와 시장을 의미한다. 이들은 규획의 편성과 집행의 중요한 행위자일 뿐만 아니라 표현형식이다 (그림 5-1 참조). 더 자세하게 보면 규획 편성의 과정에서 당은 "보이는 두뇌"의 역할을 한다. 과학적 지도와 광범한 의견수집, 정부의 "보이는 손"과 시장의 "보이지 않는 손"을 통솔하는 힘을 이용해 사회적 공감대를 형성하고 규획의 문건을 작성한다. 규획이 공포된 이후 당은 또한 제약성 지표와 예견성 지표 등 격려와 예속 기제를 이용해 정부와 시장이 공동으로 규획을 집행하도록 지도한다. 동시에 집행 과정에서의 의견을 종합해 규획에 대해 영민한 조정을 진행한다.

(1) 당의 영도: "보이는 두뇌"

집권당으로써 중국공산당의 역할은 마치 "보이는 두뇌"와 같다. 당은 규획제도의 핵심 지도 역량이며 규획이 성공할 수 있는 가장 중요한 요소이다. 첫째, 당의 영도는 규획이 누구를 위해 편성되고 누가 규획을 추진하는가의 중대한 문제를 결정한다. 전심전의로 인민을 위해 복무하고 인민의 주체적 지위를 견지하는 것은 중국공산당이 견지하고 있는 목표이자 최고의 가치이다. 당은 전국 인민을 영도하여 중국 특색 사회주의를 건설하는데 근본적인 목표는 바로 제일 광대한 인민의 근본이익을 수호하고 실천하고 발전시키는 것이다. 때문에 당의 지도 역할은 규획의 편성과 집행 과정에 시종 "인민 중심"이라는 기본입장을 견지하고 인민의 복리를 증진하고 인간의 전면 발전을 목표로 하고 있다. 한편 규획의 편성과 집행은 당의 전략적 안배를 전국 인민의 공동의지로 전환하는 자각적인 행동이고 경제사회 발전의 목표를 실현하는 과정이다. 당의 영도는 전체 인민이 규획의 편성과 집행에 참여할 수 있도록 보장하고 있다.

둘째, 당의 사상, 이론, 방법은 규획 사업을 위해 과학적인 지도를 제공하고 있다. 당은 마르크스주의 사상의 지도 하에 경제, 정치, 사회, 문화 각 영역의 발전을 지도하면서 실사구시, 군중노선, 단계론階段論, 이점론兩點論, 중점론重點論 등 방법론 체계를 건립하여 규획의 과학적인 편성과 집행을 지도하고 있다. 마르크스주의 유물변증법에 의하면 계획과 시장은 모두 규획의 목표를 실현하는 수단이다. 이 두 가지 "손"은 상호 대립적이거나 배타적인 성격이 아닌 상호 보충하는 관계이다. 특수한 역사 단계에서 혹시 어느 한 손이 더 우세를 차지할 수 있겠지만 한 손을 이용하기보다는 두 손을 모두 사용하는 것이 국가발전에 유리하다. 정보가 충분하고 목표가 분명한 영역에서 당은 제약성 지표를 제정하고 계획수단을 통해 행위자로 하여금 규획 목표를 실현하게 한다. 그러나 정보가 분산되고 목표치를 양적화하기 어려운 분야에서는 예측성 지표를 제정하고 시장수단을 통해 시장 행위자가 자각적으로 규획 목표를 위해 노력하도록 격려한다. 이러한 사상의 근본 핵심은 실사구시와 실용주의, 여러 방면의 적극성을 자극하기이다. 이를 통해 규획 중의 정보와 격려의 문제를 해결할 수 있다. 또 다른 사례를 들자면, 5개년 규획은 단기와 장기, 전체와 부분, 전체 경제와 각 산업, 거시와 미시, 전국과 지역, 시간과 공간, 효율과 공평, 경제와 민생, 연속성과 조정 등의 모순적인 문제를 해결해야 한다. 당의 사상이론 방법은 이런 복잡한 문제를 해결하는 데 지도적인 역할을 한다. 중국공산당의 또 하나의 특징은 실천 속에서 잘못을 시정하고 끊임없이 진보와 개선을 추구하는 학습형 정당이라는 점이다. "1차 5개년"부터 "13차 5개년"까지 당은 끊임없는 시도와 검증, 평가를 거쳐 "5개년 계획"이 실천 중에서 더 성숙되고 과학적으로 운영될 수 있게 개선했다.

(2) 정부: "보이는 손"

정부는 "보이는 손"의 역할을 한다. 규획 편성과 집행의 주체이며 규획의 효과성을 보장하는 책임자이다.

첫째, 정부는 행정 시스템을 통해 중앙정부와 지방정부가 규획의 편성과 집행에 참여하도록 보장한다. 일부 학자는 중국의 행정 시스템을 "종적인 민주주의 방식"이라고 칭한다. 즉 "위로부터 아래로"의 방식과 "아래로부터 위로"의 두 가지 방식을 상호 조절하여 중앙과 지방이 공통인식을 형성하도록 한다. 사실 5개년 규획의 목표 설정에 있어 중앙과 지방의 관계는 중앙이 지방에 권리를 위임하는 방식으로 진행된다. 지방정부가 본 지역의 상황에 근거해 발전목표를 정하고 중앙정부는 이 목표치를 조정하여 전체적으로 중앙의 예상치에 부합되게 수정한다. 지방정부는 본 지역의 발전을 위해 중앙정부와 충분한 의사소통이 필요하며, 국가의 전체 발전 규획 중에서 자신의 이익을 확보하기 위해 중앙의 지원을 확보해야 한다. 그러나 규획의 집행 과정에서 지방정부의 관료는 자신의 진급을 위해 중앙의 목표치보다 더 높은 성적을 추구하는 경향이 존재한다. 이런 현상에 대해 중앙정부는 집중된 권력을 이용해 합리적으로 조정을 진행한다. 주요 방법으로는 촘촘한 평가제도를 이용해 지방의 행위를 단속하고, 국무원이 성정부에, 성정부가 시급 정부에 다시 시정부가 기층 정부에 명령을 전달하는 방식으로 중앙의 목표가 실천되도록 한다.

둘째, 정부는 선택성 소프트 예산을 이용해 시장 행위자로 하여금 최대한 국가의 규획 목표에 근접하게 인도한다. 일반적으로 기업은 예산의 측면에서 두 가지 문제에 봉착하게 된다. 하나는 기업 자체의 예산 자원이 결핍함으로 나타나는 절대적인 예산 부족 문제이다. 다른 하나는 외부자원의 지원하에 예산 궁핍을 해결할 수 있는 부분인데 이를 소프트 제약이라고 한다. 정부는 국가 규획에 적극적으로 수렴하는 시장 행위자에 대해 보조금, 세수, 신용대출, 가격관리 등 분야에서 지원을 제공함으로써 이들의 행위를 인도한다. 규획의 예측성 목표에 부합하는 기업에 대해서는 많은 혜택을 제공하고 반대의 기업은 혜택을 받을 수 없게 된다. 이것이 바로 정부의 선택성 소프트 예산이 가지는 강력한 지도 작용이다.

(3) 시장: "보이지 않는 손"

시장은 하나의 "보이지 않는 손"이다. 규획의 편성에 영향을 미칠 뿐만 아니라 규획 집행의 중요한 행위자이다. 시장은 자원배치 과정에서 결정적 역할을 하여 규획제도의 효과성을 위해 중요한 담보를 제공하고 있다.

첫째, 현재 중국이 실행하는 것은 사회주의 시장경제체제이다, 시장이 자원배치를 결정하는 것은 시장경제의 가장 본질적인 법칙이다. 개혁개방의 40년 동안 중국의 경제사회 발전이 기적과 같은 성공을 거둔 중요한 원인은 바로 시장이 역할할 수 있도록 제도적 개선을 했기 때문이었다. "6차 5개년"부터 이후의 모든 규획은 시장경제체제를 어떻게 건립하고 건설하며 개선할 것인가의 문제를 중심으로 추진되었다. 시장의 역할이 과연 충분하게 발휘되었는가는 5개년 규획의 성공여부를 판단하는 중요한 근거였다. 현재 중국의 시장경제체제는 선진국가의 아주 높은 수준에 비교해 차이가 크며 많은 문제점이 존재한다. 이는 차후 규획 편성 과정에서 중점적으로 고려해야 할 문제이다.

    둘째, 사회주의 시장경제체제 하에서 5개년 규획은 전략적 지도성, 거시적인 성격의 측면이 강하며 각종 전문 규획, 지역 규획, 공간 규획 등은 그 역할의 한계가 존재하며 모든 문제를 일거에 해결할 수 없다. 때문에 5개년 규획의 구체적인 집행은 시장의 역할을 벗어날 수 없다. 다시 말해 시장이 규획 집행 과정에서 가장 중요한 역량인 셈이다. 따라서 시장의 역할이 작동하는 영역에서는 시장이 주요 작용을 할 수 있도록 방치하며 정부는 개입하지 말아야 한다. 한편 시장은 규획이 전 사회적 공감대로 형성될 수 있을지 여부를 검증하는 기준이기도 하다. 일단 규획의 목표가 시장의 공감을 획득한다면 시장의 힘은 규획으로 하여금 더 광범한 의미에서 더 심각한 영향을 발휘할 수 있도록 도와줄 것이다.

2. 변화발전의 길

1) 규획 내용의 변화발전

(1) 경제계획으로부터 발전규획까지

"1차 5개년"부터 "5차 5개년"까지 5개년 규획은 주요하게 경제계획이었다. 주요내용은 기초인프라 건설 투자와 대형 프로젝트를 안배하고 공농업 산품의 산량에 대해 생산지표를 규정하는 것이었다. '6차 5개년' 이후 규획의 명칭은 국민경제와 사회발전 계획으로 변경되었고 사회발전과 관련된 내용이 대량 추가되었다. 구체적 분야는 경제, 정치, 사회, 문화, 환경, 생태, 국방 등 영역을 포함하면서 전체적으로 국가발전규획이라고 부를 수 있게 되었다. 규획 목표의 지표 구성에서도 이러한 변화를 발견할 수 있다. "1차 5개년"부터 "5차 5개년"까지 계획의 지표는 주요하게 경제건설지표였지만 "6차 5개년" 계획중의 경제류 지표의 비중은 60.6%로 하락했고 사회류 지표는 39.4%를 차지했다. 이후 5개년 규획 중에서 경제류 지표가 차지하는 비율은 항상 하락했고 대신 사회류 지표가 차지하는 비중이 증가했다. "11차 5개년" 규획은 경제류 지표가 이미 21.4%로 하락했고 종합발전류 지표가 78.6%를 차지해 양자의 수치가 역전되었다. "13차 5개년" 규획의 종합발전류 지표(혁신 구동, 민생복지, 자원환경 등)는 이미 84%에 달했다.

이같은 변화가 발생한 주요 원인은 중국의 발전 이념에 변화가 발생했기 때문이었다. 중화인민공화국 건립 이후부터 개혁개방 이전까지 중국의 발전 이념은 "중공업을 우선 발전시키고 독립적이고 완정한 공업체계를 건립하는 것"이었다. 그러나 개혁개방 이후 즉 1978년부터 2002년까지 "빈곤은 결코 사회주의가 아니다, 일부의 인민이 먼저 부유해지게 하자"라는 발전 이념 하에 경제건설과 경제성장을 모든 기타 사안을 압도하는 우선 목표로 추진했다. 비록 사회발전 역시 정책 목표 중 하나였지만 경제발전에 비해 우선 순위가 밀렸다. 2002년부터 2012년까지 중국은 "사람을 근본으로 전면적으로 조화롭고 지속가능한 발전" 이념을 내세웠다. 이는 아주 명확한 신호였다. 즉 사회의 공평정의와 지속가능한 발전이 결코 경제발전 목표로 인해 손상받지 말아야 한다는 것이었다. 2012년부터 중국은 "신 발전 이념"을 추진했다. 핵심 이념은 경제발전이 여전히 중요하지만 지속발전 가능하고 평형과 조정이 가능한 경제성장 방식을 건립하며 경제의 고속성장을 고품질 발전으로 전환하는 것이다. 이러한 이념은 지역의 경제발전을 더 중시하고 불평등과 불충분 발전의 문제에 더 관심을 보였다. 또한 지난 어느 시기보다 더 인류의 발전과 혁신을 더 중요하게 취급했다.

(2) 지시적 지표로부터 다양한 지표가 결합되는 규획

개혁개방 이전의 5개년 규획은 모든 방면을 다 포함한 지시적 지표였으며 다양한 지시적 지표를 통해 경제활동에 관여했다. "1차 5개년"부터 "5차 5개년" 계획은 기초인프라건설과 대형 프로젝트에 대해 아주 자세하고 구체적인 규정을 했다. 그리고 지시적 지표의 형식으로 주요 공농업 산품에 대해 생산량 지표를 규정했다. "6차 5개년"부터 "10차 5개년" 시기는 지시적 지표가 점차 예측성 지표로 전환되는 과정이었다. "6차 5개년" 계획은 여전히 계획이 경제에 대한 조정 역할을 강조했고 실물경제에 대한 지시적 지표는 65개 종류였다. "8차 5개년" 계획에서는 "지시적 계획의 범위를 적당히 축소하고 지도성 계획의 범위를 적당히 확대하며 시장기제의 역할을 더 많이 이용할 것"을 명확히 요구했다. 그 중점은 임무, 방향, 정책과 개혁개방의 전체적 배치에 초점을 맞추었고 구체적인 경제계획은 감소했다. 실물경제에 대한 지시성 지표는 29개 종류로 하락했다. "9차 5개년" 계획은 실물경제에 대한 지시성 지표를 거의 취소했으며 공농업 생산에 대한 생산 임무를 제시하지 않았다. 그러나 예측성 지표는 12가지 제기했다. "11차 5개년"규획부터 처음으로 발전 지표를 "예측성 지표"와 "제약성 지표"로 구분했다. 예측성 지표는 주로 국가가 희망하는 지표이다. 이는 시장 행위자에게 일종의 인도 역할을 한다. 그러나 정부가 명령을 내리는 형태가 아니라 거시적 조정을 통해 작용하며 시장 행위자가 여전히 주도적 역할을 하게 한다. 제약성 지표는 주로 정부의 역할에 대해 명확한 지도를 한다. 즉 정부는 반드시 공공산품을 제공하고 환경보호에 노력해야 하며 공공재에 대한 분배를 통해 규정된 목표를 실현해야 한다.

(3) 미시적 관여 위주로부터 거시적 관리 위주의 규획

"1차 5개년"부터 "5차 5개년" 계획의 주요내용은 정부가 경제활동과 중점 프로젝트의 구체적 집행 과정에 어떻게 미시적 관여를 진행하는가에 대해 규정했다. "6차 5개년" 계획의 주요임무는 경제사회건설에 전체적 프레임을 제공하는 것으로 변화했다. "7차 5개년" 계획은 "거시적으로 경제활동에 대해 관리, 조정, 통제하는 주요 근거"로 작용했다. "8차 5개년" 계획은 우선 문건의 이름부터 "계획 요강"으로 교체했으며 규획의 거시적, 전략적 성격을 강화했다. "9차 5개년" 계획은 처음으로 규획의 성격을 "거시적, 전략적, 정책적"으로 규정했고 이는 현재까지 유지되고 있다.

거시적 관리란 바로 5개년 규획이 비록 시장경제의 환경 속에서 발전하고 있지만 정부의 전략적 조정, 자원배치, 거시적 조정 등 역할을 명확히 규정했다는 점이다. 이에 대해 노벨경제학 수상자 죠셉 스티그리츠Joseph Stiglitz는 아래와 같이 평가했다. "중국이 시장경제로 나아가는 과정에 계획의 함의는 부단히 변화 중에 있다. 현재의 개념은 중앙정부가 계획하는 시대의 물자평형과 각종 상품 산량에 대한 지표를 의미하는 것이 아니다. 현재는 고속성장하고 있는 경제에 대한 전망이자 경제방식의 변화에 대한 원대한 목표, 정부역할, 제도정책의 발전에 대한 안배이다. 결국은 경제활동을 조정하는 일종의 프레임이다."

2) 규획 편성의 변화 발전

(1) 전기 연구의 과학화

"1차 5개년"부터 "5차 5개년"까지 규획의 전기 연구는 사실 과학성이 상대적으로 부족했다. 이 시기 규획은 주요하게 미시적 차원의 계획이었기 때문에 대량의 미시적 정보가 필요했다. 하지만 당시 규획 편성 실무자가 미시적 정보를 수집할 수 있는 능력은 제한적이었다. 제한적인 정보자원과 정보의 불완전, 부정확, 적시성 결여 심지어 왜곡된 정보로 인해 전기연구는 맹목성을 피하기 어려웠다. 이는 초기의 규획에서 과학성이 떨어지는 주요한 원인이다. 여기에 더해 경제와 사회 상황의 복잡성과 다양성 그리고 변화의 속도는 규획의 전기연구에 또 어려움을 조성했다. 그야말로 "계획이 변화를 따라가지 못하는" 상황이었던 것이다. "6차 5개년"부터 "10차 5개년"시기 규획은 점차 거시적 관리로 전환했고 거시적 정보에 의존하기 시작했다. 당연히 국가는 경제사회 발전의 거시적 정보를 수집할 수 있는 능력을 갖고 있었고 이는 규획의 전기연구의 과학성을 높이는데 도움이 되었다.

"11차 5개년" 규획부터 과학기술, 정보기술, 분석기술의 발전으로 인해 국가는 더 적절한 시기에 더 완정한 경제사회 발전과 관련한 대량의 정보를 수집할 수 있게 되었다. 동시에 빅데이터 분석, 정책결정 모의실험 등 국제사회에서도 선진적인 연구방법을 이용해 정보분석을 진행할 수 있게 되면서 5개년 규획의 전기연구 과학성을 제고할 수 있었다.

(2) 참여 행위자의 다양화

"1차 5개년"부터 "5차 5개년" 계획의 편성은 주요하게 중앙정부와 당, 국가 지도자가 직접 참여했다. "1차 5개년" 계획의 편성 기간에 마오쩌둥 등 당과 국가의 지도자는 대량의 시간을 규획 편성에 할애했다. 직접 계획 초안을 심사하고 전체적 방향을 제시하며 중요한 조정 의견을 제시하기도 했다. 저우언라이 총리는 계획의 편성을 직접 지도하면서 자료를 연구하고 보고를 들었고 최종심사에 참여했다. 소련은 전문가를 파견해 "1차 5개년" 계획의 편성에 참여했고 구체적인 대형 프로젝트의 설계를 책임졌다. 소련이 원조한 "156개 프로젝트"는 바로 "1차 5개년" 계획의 가장 중요한 내용이었다. "2차 5개년"부터 "5차 5개년" 계획의 편성에 참여한 주요 행위자 역시 정부였다.

"6차 5개년"부터 "10차 5개년" 계획 시기 규획은 점차 지시적 계획으로부터 지도적 계획으로 전환하면서 참여하는 행위자가 다양해지기 시작했다. "7차 5개년" 계획부터 전문가와 학자가 좌담회의 형식과 의견을 제시하는 다양한 방식으로 정책결정에 참여했다. "8차 5개년" 계획의 편성 과정에는 전문가에게 과제 연구를 위탁하기도 했다. "9차 5개년" 계획부터 전문가와 연구기관이 규획 편성에 참여하는 시스템이 점차 자리잡았다. "10차 5개년" 계획부터는 일반 대중들이 편지, 공모 등 방식을 통해 규획의 편성에 의견을 제기할 수 있게 되었다.

"11차 5개년" 규획 편성을 완성한 이후부터 참여하는 행위자가 훨씬 더 다양해졌으며 점차 제도화되어 갔다. 예를 들어 "13차 5개년" 규획의 편성 초기에 국가발전개혁위원회는 사회 각 계층의 의견과 지혜는 성공적인 규획 편성을 위한 중요한 원천이라고 강조했다. "13차 5개년" 규획의 전기연구에는 국가발전개혁위원회 거시연구원, 중국사회과학원 등 전통 싱크탱크가 참여했을 뿐만 아니라 처음으로 산업계와 민간 싱크탱크를 초청해 의견을 청취했다. 특히 아시아개발은행, 경제협력과 개발기구(OECD) 등 국제사회의 의견에 귀를 기울이면서 5개년 규획의 완성도를 높여갔다.

(3) 정책결정 방식의 민주화

중국의 규획 편성 정책결정 방식은 네 가지 유형으로 정리할 수 있다. "1차 5개년"과 "2차 5개년" 전반기에 이미 "내부 집단 정책결정 방식"을 확립했다. 그 특징은 광범한 협상과 집단결의를 전제로 한다. 그러나 이 방식은 이후 버림받게 된다. 대약진 운동을 시작으로 "2차 5개년" 계획의 후반기부터 "4차 5개년" 시기까지 정책결정은 제도화가 아닌 지도자 개인의 "한마디"에 좌우되는 상황을 맞게 되었다. 다만 "5차 5개년"과 "6차 5개년" 시기에 "내부 집단 정책결정 방식"이 다시 회복된다. "7차 5개년" 계획부터 전문가와 학자 및 사회의 연구기관이 광범위하게 참여하게 되면서 "자문 정책결정 방식"의 시대에 진입한다. "10차 5개년" 계획부터 대중의 참여를 표징으로 점차 "광범위한 의견 종합 정책결정 방식"으로 전환했다. 비록 수많은 곡절을 거쳤지만 전체적으로 볼 때 5개년 규획의 정책결정 방식은 소수 인원이 결정하던 데로부터 집단 정책결정, 내부의 폐쇄적인 형태로부터 개방식으로, 국가 정부의 결정으로부터 공공 정책결정의 변화과정을 거쳤으며 점점 더 민주화의 방향으로 발전해 나갔다.

3) 규획 집행의 변화 발전

(1) 행위자의 다양화

개혁개방 이전 5개년 규획의 "시장 배척"의 성격을 지녔기 때문에 규획 집행의 행위자는 각급 정부와 국유기업이었다. 이는 1954년 〈중화인민공화국 헌법〉에서 "계획적인 경제건설"을 추진할 것을 결정하면서 당시 중국이 계획경제체제를 추진했기 때문이었다.

개혁개방 이후 경제체제의 개혁이 가속화되면서 정부와 시장이 동시에 규획 집행의 행위자가 되었다. 5개년 규획은 점차 시장에 우호적이고 시장의 보조적 수단으로 전환해 나갔다. "7차 5개년" 계획에서 이미 소수의 상품과 노무상품에 대해 계획 가격을 실행하는 반면 다수의 상품에 대해서는 유동 가격과 자유가격을 실행하는 가격 시스템을 제안했다. 동시에 경제관리를 책임진 정부 부처에 정책결정의 과학수준과 거시 조정조절 능력을 강화할 것을 요구했다. "8차 5개년" 계획에서는 지시성 계획의 범위를 적당히 축소하고 지도성 계획의 범위를 적당히 확대하며 시장의 역할에 더 많이 의존할 것을 명확히 규정했다. "9차 5개년" 계획에서는 시장체계를 적극적으로 발전 개선하며 시장기제의 작용을 발휘할 것을 요구했다. 또한 정부의 기능을 전환하고 간접 방식 위주의 거시조정 체계를 형성할 것을 주장했다. "10차 5개년" 계획에서는 정부가 거시경제의 조정과 양호한 시장환경을 조성하는데 정력을 집중하고 기업의 경영활동에 직접 간여하지 말 것과 경제사무에 대한 행정 심사를 줄일 것을 요구했다. 동시에 정부와 시장의 역할을 분명히 획분하고 계획과 시장이 각자의 역할을 발휘할 수 있는 영역을 구분했다. "11차 5개년" 계획에서는 정부의 사업 중심을 명확히 규정하고 시장 행위자의 행동 방향을 지도했다. 다시 한 번 정부와 시장의 역할 분담을 강조했고 시장기제의 작용을 발휘하는 동시에 정부의 역할과 책임도 강화했다.

(2) 관리방식의 다양화

"1차 5개년"부터 "5차 5개년"까지의 관리방식은 상대적으로 단조로웠다. 1952년 11월 국가계획위원회가 성립될 당시 다양한 경제적 형태가 공존하는 신민주주의 경제체제에 직면해 정부는 다양한 형식의 계획관리 조치를 취했다. 그러나 1958년 이후 인민공사 운동이 추진됨에 따라 농촌경제 중의 지시성 계획관리가 날로 강화되었고 관리방식이 점차 단일화되었다. 이는 농민의 자주적인 결정권을 약화했고 농산품의 자유교환을 거의 단절시키는 결과로 이어졌다. 경제발전이 큰 타격을 받은 상태에서 1961년부터 1964년 사이에는 대규모 조정을 진행했다. 국가계획위원회는 다시 계획관리의 다양성을 강조하면서 지시적, 지도성, 참고성 계획을 상호 결합시킬 것을 요구했다. 집체소유제와 전민소유제 기업의 계획은 서로 달라야 한다. 집체소유제의 기업과 사업체에 대해서는 직접계획을 적용하고, 집체소유제의 농업과 수공업에 대해서는 간접계획을 적용한다. 국가는 농촌공사에 농산품 구매계획만 요구하고 양식, 면화, 기름 등 주요 농업생산지표에 대해서는 참고성 의견만 제시한다. 수공업의 생산소비 계획에 대해 중앙정부는 국민 생계와 관련된 소수의 중요 상품에 대해서만 관리하고 나머지 부분은 지방정부에서 관리하게 한다. 수공업 공장에서 생산하는 소상품과 농촌인민공사와 농민 개인이 생산하는 부산품은 상업부문의 통일적인 지도하에 가격법칙을 운용하여 시장과 계약을 통해 생산을 촉진하고 교류를 유도하여 전국의 생산과 소비를 만족시켜야 한다. 그러나 국민경제가 회복되기 시작한지 얼마 지나지 않아 "문화대혁명"이 시작되면서 이상의 개혁 조치들은 빛을 보지 못했다. 계획관리 방식이 더 단일화되었으며 이런 상황은 1978년 개혁개방 이후에야 개선되었다.

개혁개방이 결정된 이후 5개년 규획의 관리방식에는 거대한 변화가 발생했다. 계획관리가 점차 지시성 관리 형태로부터 지도성 관리 위주의 형태로 전환했다. 정부는 점차 미시경제 관리 영역에서 퇴진하고 시장에 조정 역할을 양도했다. "11차 5개년" 계획 이후 관리방식은 더욱 다양화되었으며 제도보장, 자원배치, 격려제도, 종합적인 행정조치, 경제조치, 법률조치 등 다양한 방식이 등장했다.

(3) 평가조정의 다양화

"1차 5개년"부터 "5차 5개년"시기에 규획이 구체적 시행 과정에 복종하는 특징을 나타냈다. 5개년 계획 자체의 목표와 매 연도의 계획이 상황에 따라 변화했는데 이는 당시의 계획이 비교적 실용적이었다는 것을 보여준다. 개혁개방 이후 규획 집행 과정 중의 동태적으로 집행 상황을 감독하며 제때에 수정과 조정을 진행하는 평가제도를 형성했다. 2003년, 국가발전개혁위원회 발전규획사는 처음으로 규획평가 사업을 시도했다. 그리고 2005년에 〈국민경제와 사회발전 규획 편성 사업을 강화할 데 관한 국무원의 몇 가지 의견〉에서 평가조정 기제를 건립할 것을 제기했다. 다음으로 2008년에는 처음으로 전체적 규획에 대해 중간평가를 진행했다. 2015년에는 처음으로 규획에 대한 전체적 평가를 가동시켰다. 2016년 10월, 중공중앙 반공청과 국무원 반공청은 <국가 '13차 5개년' 규획 요강의 집행 기제를 건립하고 개선할 데 관한 의견>을 발표함으로써 "요강"의 집행에 전면적인 안배를 진행했다. 구체적으로 "집행 책임 행위자를 명확하게 규정"하고, "중점 임무의 실천을 중시"하며, "상호 연결되는 규획 체계를 개선"하며, "'요강'의 집행 감독평가를 강화"하며, "감독 고찰 기제를 개선"하는 등 조치가 포함되었다. 동시에 "요강" 집행에 대한 감독 평가를 강화할 데 관해서도 명확한 요구를 제기했다. 여기에는 동태적 감독분석을 강화, 연도별 감독 평가 기제를 건립, 중간평가와 전체평가 기제를 개선, 동태적 조정 수정 기제를 개선하는 등 조치가 포함되었다.

3. 역사적 경험

시진핑은 "과학적으로 규획하는 것은 최대의 효익이고, 규획의 실수는 최대의 낭비이며, 반복적인 규획은 최대로 금기시해야 한다"고 언급했다. 지난 실천의 경험으로 볼 때 중국식 규획은 세계 역사상 가장 박력있고 과학적인 제도를 창조했다. 규획의 목표치와 실제 지표의 효과성을 평가하는 "목표-조치법"은 규획의 성공여부를 평가하는 아주 실용적인 방법이다. 이 방법을 적용한 결과 개혁개방 이후의 7개 5개년 계획("6차 5개년"부터 "13차 5개년")은 그 효과성이 점점 더 우수해졌다는 것이 증명되었다. 특히 중국 규획의 효과성은 역사상 그 어떤 시기의 선진국가보다 더 우수했다. 5개년 규획은 사실 하나의 거대한 집단 관리행동이다. 이런 거대한 행동이 좋은 효과를 나타내려면 그 내용, 편성, 심사, 집행, 평가 등 모든 절차를 잘 처리해야 한다. 그렇다면 중국식 규획은 어떤 성공적인 경험을 거두었는가? 총론 부분에서 이미 중국식 규획은 일종의 탄력성 규획제도라고 밝힌바 있다. 여기에는 적응성

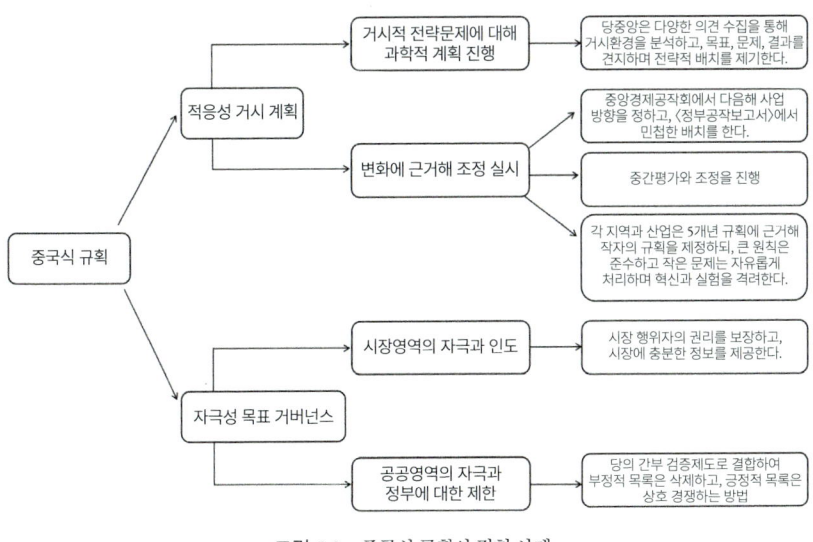

그림 5-2   중국식 규획의 경험 사례

거시계획과 자극성 목표거버넌스의 두 가지 핵심 기제가 작동하고 있다. 아래에서 이 두 가지 핵심기제의 내용과 취득한 경험에 대해 설명할 것이다.

1) 다양한 측면에서 규획의 과학성을 제고시키다

(1) 규획의 핵심은 과학적인 발전이념에 있다

5개년 계획의 핵심 문제는 미래 5년의 국민경제와 사회발전을 어떻게 실현하는가이다. 따라서 가장 중요한 핵심은 어떤 발전이념을 선택하는 것이다. "1차 5개년"부터 "5차 5개년"까지의 발전이념은 바로 "과도시기의 총노선"과 "사회주의 건설 총노선"이었다. 그 핵심 사상은 "추격 발전"으로 공업화를 실현하는 것을 발전목표로 하고, 중공업을 우선 발전시키는 것을 전략 중점으로 하며, 단일 공유제와 계획경제를 건립하는 것을 담보로 하는 것이다. 사실 이런 요구는 그 당시 경제발전 단계의 객관적 상황에 부합했다.

"6차 5개년"부터 "8차 5개년" 계획은 "발전만이 단단한 도리"라는 요지의 중국 특색 사회주의 발전 이념을 지도사상으로 하고 있다. 그 핵심 목표는 경제성장과 사회생산력을 발전하는 것이며 개혁과 개방을 동력으로 삼을 것을 요구했다. "9차 5개년"부터 "12차 5개년" 계획의 지도 이념은 "발전만이 단단한 도리"라는 기초 위에 "과학적 발전관"을 추가했다. 이는 경제성장을 중시할 뿐만 아니라 "사람을 근본으로 하는" 지속가능한 발전에 더 관심을 두었다는 것을 의미한다.

"13차 5개년" 규획은 시진핑 신시대 중국 특색 사회주의 사상을 지도 이념으로 한다. 그 핵심은 "5대 발전 이념" 즉 혁신 발전, 조화 발전, 녹색 발전, 개방 발전과 공유 발전을 가리킨다.

역사적으로 볼 때 중국의 13개 5개년 계획이 중요한 역할을 발휘할 수 있었던 것은 과학적인 발전이념을 견지하고 목표지향, 문제지향, 결과지향을 견지하며 자신의 발전 단계에 부합하는 요구에 맞추었기 때문이었다. 또한 경제사회 발전 변화에 따라 끊임없이 혁신함으로써 5개년 규획으로 하여금 충분한 전망성과 과학성을 구비할 수 있게 했다.

(2) 마르크스주의 방법론의 운용

마르크스주의 방법론은 중국식 규획이 끊임없이 성공을 거둔 근본 원인이다. 마르크스주의 이론은 그 방대함과 심오함을 자랑하며 그중 많은 사상과 이론은 규획에 심각한 계시를 제공했다. 예를 들어 중국식 규획이 "인민을 중심으로" 견지하는 것은 바로 마르크스 인민관의 구체적인 응용이다. 5개년 규획은 인민을 위한 계획인 동시에 인민의 노력에 의해서만 실현할 수 있다. 규획 목표의 설정 역시 인민의 근본이익을 근거로 해야 한다. 또한 규획의 편성 과정에서 반드시 인민의 공감대를 응집해야 하며 전체 인민의 공동목표를 수립해야 한다. 규획의 집행 과정에서는 인민의 투지를 지극해야 하며 동시에 각 업종의 우수한 인재를 배양해야 한다.

중국식 규획의 독특한 우세는 "탄력적인 규획"이라는 점이다. 이는 마르크스주의 실사구시 철학의 응용이다. 때문에 중국식 규획은 결코 경직된 시스템이 아니라 끊임없이 순환되고 왕복하는 프로세스로 보는 것이 정확하다. 이 프로세스에 참여하는 주요 행위자는 정보를 수집, 조정, 분석하고 문건 초안을 만들고 집행, 시험, 평가, 수정하는 과정을 거치게 된다. 전반 과정은 수 년간의 시간이 수요되며 각급 정부가 동시에 움직인다. 결과적으로, 각종 기제를 종합하는 노력의 측면이나 최종 취득한 성적의 측면에서나 모두 중국식 규획의 과학성은 바로 평가 조정 기제에 있다는 것을 알 수 있다. 왜냐면 정책결정자는 이 두 가지 기제를 통해 적시에 문제를 발견하고 정책의 우선순위를 조정하기 때문이다.

이외에도 중국식 규획은 마르크스주의 철학의 이점론兩點論과 중점론重點論의 특징을 잘 구현했다. 과학적인 규획의 내용은 결코 "눈섭과 수염을 동시에 잡을 수 없다[眉毛鬍子一把抓]". 반드시 큰 것은 틀어쥐고 작은 것은 놓아주며 큰 프로젝트를 중심으로 전체의 삼림을 규획해야 하는 것이다. 예를 들어 "12차 5개년" 계획의 "3종3횡"의 송전망 건설은 국가 규획의 조정이 없으면 절대 완성하지 못할 대형 프로젝트였다. 그러나 일부 작은 규모의 프로젝트는 시장 행위자의 자발적인 힘에 의해 완성될 수 있다. 규획의 내용은 또한 중점 문제를 우선적으로 고려해야 한다. 특히 난이도가 높고 리스크가 크지만 가치가 높은 프로젝트는 국가의 강대한 힘에 의거해 해결하는 것이 필요하다. 규획은 또한 경제지표와 사회지표의 평형과 단기와 장기의 평형도 고려해야 한다. "13차 5개년" 계획에서 제기한 "녹수청산 역시 금산 은산이다"라는 발전관이 대표적인 예이다.

마르크스주의 방법론에는 중국 특색 사회주의의 위대한 실천 중에서 총화한 일련의 보귀한 경험 즉 마르크스주의 중국화의 이론적 성과들이 포함된다. "13차 5개년" 계획이 바로 이상의 특징을 잘 구현했다. 첫째는 목표지향과 문제지향의 상호통일을 견지하는 것이다. 둘째는 국내상황과 국제시야를 상호통일하는 것이다. 신 이념, 신 사상으로 국내의 경제발전 "신 창타이"를 인도하는 동시에 국제 경제체제와의 연결 중에서 자원분배 문제를 고려하는 것이다. 셋째, 전체적 규획과 중점과업을 상호 조정하는 것이다. 경제건설, 정치건설, 문화건설, 사회건설, 생태문명건설, 대외개방, 국방건설과 당의 건설을 전면적으로 추진할 뿐만 아니라 낙후하고 박약한 영역을 중시하고 집중적으로 공략하여 가능한 출로와 실용적인 조치를 취하는 것이다. 넷째, 전략성과 운영성을 상호 조정하는 것이다. 규획의 거시적, 전략적, 지도적 성격을 강조하는 동시에 예속력과 운영성을 발휘해 검사와 평가가 가능하게 하는 것이다.

(3) 경제사회발전의 객관적 법칙에 부합해야 한다

국가의 발전은 하나의 복잡하고 거대한 경제사회적 시스템 공정이다. 시스템의 운행은 자체의 객관적 법칙 즉 경제법칙, 사회법칙, 자연법칙 등 여러 가지 측면을 내포하고 있다. 상이한 경제체제 혹은 상이한 경제발전 단계 역시 독특한 객관적 법칙이 존재한다. 계획경제체제는 계획의 비례에 따라 발전하기, 투자, 재정, 신용대출의 "3대 평형" 법칙 등이 있다. 시장경제체제에는 공급과 수요의 법칙, 공업화 법칙, 도시화 법칙, 경제주기 법칙 등이 있다.

경제사회발전의 객관적 법칙을 준수하는 것은 규획의 과학성을 담보하는 중요한 전제이다. 규획은 반드시 연속성을 가져야 하며 전략과 배치, 절차에 따라 전개해야 하지 수시로 변해서는 안된다. 왜냐면 경제발전의 본질은 바로 산업의 끊임없는 업그레이드와 기술혁신을 의미하기 때문에 반드시 연속성을 보장해야 하는 것이다. 예를 들어 교통, 전력, 항만 등 기초 인프라건설은 장기간의 계획을 가지고 건설해야 한다.

계획과 시장은 모두 규획의 목표를 실천하는 중요한 조치이다. 만일 규획이 시장의 자극기제와 상업이익과 상호 위배된다면 지방정부와 기업이 규획의 목표에 복종하지 않을 것이며 이들의 행위를 통제하기 어렵게 된다. 사실 국가 규획이 가장 효과적으로 실현되는 영역은 관료의 실적 검사, 그리고 국내 국제시장의 발전추세와 부합하는 분야이다. 바로 계획과 시장의 역할이 상호 중첩되는 부분인 것이다.

규획은 또한 환경의 유동성을 고려해야 한다. 환경의 불확정성은 경제발전에 예측 불가능한 파괴작용을 한다. 그러나 어느 누구도 모든 충격을 예측할 수 없다. 이때 규획은 외부의 충격에 대비해 안전한 환경을 제공하고 사회의 손실을 최대한 감소할 수 있게 한다. 2008년 국제금융위기 이후 많은 국가들은 시장에 대한 관여도를 높여왔다. 이에 대비해 중국정부는 여태까지 항상 주기성 금융위기의 충격을 대비할 준비를 해왔다. 장기 계획과 각종 정책의 조합은 다른 국가들의 임시조치에 비해 훨씬 강력한 영향력을 보여주었다.

2) 다수 의견을 모은 集思廣益 규획 편성

(1) 다양한 행위자의 참여

"대문을 활짝 열고 규획"하는 방법과 사회의 광범한 참여를 독려하는 방식은 중국식 규획의 중요한 경험이다. 첫째는 참여식 편성이다. 중국은 이미 "다수 의견을 모으는 방식"의 정책결정 모델을 형성했다. 다양한 계통과 차원의 수많은 실무자들이 규획 편성의 과정에 참여하며 집단사고를 통해 미래 5년의 발전 경로를 구상한다. 정보를 상호 교류하고 상호 협상을 통해 미래 발전의 공동 방향을 결정한다. 이 과정에서 수많은 연구자와 전문가, 학자들이 규획의 전기연구에 참여해 과학성을 제고했다. 둘째는 정치적 지도이다. 다양한 행위자가 규획 편성 과정에 본인의 이익에 근거해 자기 주장만 하는 것을 방지하기 위해 중앙정부는 전 사회를 향해 선전과 강화, 동원, 학습 등의 방식으로 정치 지도를 한다. 이를 통해 다양한 행위자가 당시의 형세를 정확하게 인식하고 최종 결정과정에서 자신의 이익이 아닌 전체의 이익에 근거해 의견을 제기할 수 있도록 지도한다.

(2) 민주적인 정책결정 과정에 공감대를 응집시키다

중국은 이미 중대 문제에 대한 전기연구를 조직하고, 규획 초안을 작성한 이후 기본사로를 정하고 다시 당중앙의 건의에 근거해 요강 초안을 작성해 전국인민대표회의의 심사를 통과하는 일련의 프로세스를 건립했다. 이처럼 민주적인 정책결정 과정은 규획 편성의 품질을 높이는데 유리할 뿐만 아니라 규획 집행의 가능성을 높이며 장애물을 제거하는데 유리하다. 또한 중앙정부와 지방정부의 관계 처리에도 유리하게 작용한다. 그 원인은 중국식 규획의 민주주의 정책결정은 권력자 간의 게임이 아니라 집단학습을 거친 이후 형성된 공감대이기 때문이다. 이같은 민주주의 과정의 본질은 사전협상을 통해 사후의 견제를 완화하고 사전의 광범한 협상을 통해 각 계층에 참여할 수 있는 공간을 제공한 것이다. 더 중요한 요소는 대중이 민주주의 정책결정 과정에 참여할 수 있게 되었고 이들의 목소리를 전달할 수 있는 경로를 확보했다는데 있다. "인민의 목소리에 답할 수 있는" 정책의 결과는 더 더 객관적이고 정확하다.

(3) 적시적인 동태적 조정

국민경제와 사회발전과 같이 극히 복잡하고 거대한 시스템의 운영은 그 어떤 완벽한 규획이라도 아주 긴 시간 동안 정확하게 장악할 수 없다. 특히 돌발 사태가 발생할 경우 정확성을 확보하기 더 어려워진다. 때문에 경제사회발전의 변화에 따라 일정한 조정을 진행하는 것은 불가피하다. 이는 중국식 규획의 소중한 경험이자 "실천은 진리를 검증하는 유일한 기준"이라는 도리를 증명하는 근거이기도 하다. 현재 규획의 동태적 조정 방식에는 아래와 같은 몇 가지가 있다. 규획의 중간평가와 조정, 중앙경제사업회의에서 다음해 규획임무에 대한 조정, "정부사업보고"에서 같은 해의 규획임무에 대한 조정, 각 지역과 산업이 자신의 규획내에서 혁신과 실험을 통한 조정 등이다.

개혁개방 이후의 5차례 5개년 규획은 모두 아주 큰 폭의 "중간 변화"를 경험했다. "7차 5개년" 계획의 중후반부에는 엄중한 통화팽창과 정치적 사건이 발생했기 때문에 미증유의 정돈과 정리가 추진되었다. "8차 5개년" 계획의 중반부에는 덩샤오핑의 1992년 남방담화가 발표되면서 거대한 사상해방을 맞이했다. 특히 사회주의 시장경제체제의 개혁목표가 명확하게 정해지면서 경제의 활력을 자극함으로써 1993년에는 기존의 경제성장 속도를 대폭 상향 조정했다. "9차 5개년" 계획의 중반부였던 1998년에는 아시아금융위기에 직면해 국내적으로 통화긴축과 경제하락 현상이 나타났다. 중앙정부는 기존의 "통화팽창을 억제하여 거시조정을 진행하는 주요 임무, 현재 과도하게 높은 통화팽창율을 대폭 줄이기, 적당하게 긴축된 재정정책과 화폐정책"으로부터 "내수를 확대하고 적극적인 재정정책과 온건한 화폐정책"으로 전환했다. "10차 5개년" 계획은 "구조조정을 주요 목적"으로 정했지만 2003년 이후 경제성장이 고속기에 진입하면서 구조조정의 방향이 기존의 목표를 벗어나게 되었다. "11차 5개년" 계획의 중반부에는 2008년 세계금융위기가 발생했다. 중국은 4만억 위안 규모의 투자를 통해 내수를 적극 확대했고 경제성장 자극 정책을 통해 단시간 내에 경제회복에 성공했다. 때문에 규획내용에 대한 적시적인 동태적 상황을 편성의 과정에 편입시키는 것은 규획 편성의 과학성과 규획내용의 적합성을 높이고 전체적으로 규획의 효과성을 높이는데 유리하다.

3) 동원격려식의 규획 집행

(1) 규획 집행과 목표 검증의 조합

정부는 규획의 편성자인 동시에 집행자이기도 하다. 때문에 각급 정부와 상관 부처의 적극성을 반드시 확보해야 한다. 중국식 규획의 집행이 수확한 중요한 경험은 규획 집행과 각급 정부 및 상관 부처 관료들의 목표 검증 즉 "간부 성적 고찰"을 상호 결합하는 것이다.

1990년대 이전까지 5개년 규획의 목표에 대한 검증 절차는 그다지 중요하게 취급되지 않았다. 그러나 이후 간부관리제도에 개혁을 하면서 점차 규범적인 간부 정치성적 검증 체계가 자리잡기 시작했다. 따라서 경제발전, 사회진보 등 지표가 간부들의 검증 내용에 들어갔다. 2006년 "11차 5개년" 계획은 예속성 지표와 예측성 지표를 도입했다. 이는 중앙정부가 공공 서비스 영역, 대중의 이익과 관련된 영역, 시장환경의 개선 영역 등에 대해 지방정부와 국무원 각 부처에 사업 요구를 제기했다는 것을 보여준다. 이 방법은 거시적 목표를 분해하여 명확한 사업 안배와 책임 주체를 확인했다. 규획의 목표가 분해된 이후 중앙정부는 추적과 독촉을 추진할 수 있었고 목표검증제도를 건립하여 각 지역과 부문의 경제사회발전 종합평가와 효과성 검증을 진행할 수 있었다. 그리고 그중의 몇 가지 중요한 지표는 지방 관료의 정치 성적을 검증하는 중요한 검증 기준이 되었다. 예를 들면 경작지 보호, 에너지 절약과 오염 감소 등 지표이다.

중국식 규획의 시간 주기는 하나의 특징이 있는데 그것은 바로 5개년 규획과 당, 정부의 임기와 어긋난다는 점이다. 당의 지도부와 정부의 임기는 모두 5개년 규획의 중반부에 이루어진다. 때문에 새롭게 출범한 지도부와 정부의 첫 3년에는 지난 정부가 편성한 규획을 완성해야 하며 절대 기존의 정책 목표를 수정할 수 없다. 이는 규획을 "잠그는" 효과를 나타내며 정부가 바뀌어도 규획은 바뀌지 않는 정책의 연장성을 보장한다. 또한 새 지도부의 성적 고찰은 지난 규획을 어떻게 완성했는가에 좌우된다. 이러한 특징에 대해 시진핑은 아주 적절한 비유를 들어 표현했다. "못을 박을 때 한 번에 깊숙이 박을 수 없다. 반드시 망치로 한 번, 두 번 연속 내리쳐 못이 안정적으로 박힐 때까지 쳐야 한다. 못 하나를 잘 박은 후에야 다음 못을 박을 수 있으며 이처럼 끊임없이 진행한다면 큰 성과를 거둘 수 있다. 만일 망치로 이쪽을 한 번 두들기고 또 다른 몽둥이로 저쪽을 두드린다면 결과는 못 하나라도 제대로 박을 수 없을 것이다."

(2) 규획 집행과 제도건설의 조합

제도건설은 규획 집행의 중요한 담보이다. 규획제도의 발전과 더불어 중국은 해당 영역의 제도건설을 완성했다. 예를 들어 당의 규획 사업에 대한 영도는 이미 일련의 아주 효과적인 중국 특색의 제도를 형성했다. 5개년 규획의 편성 과정에서 당중앙은 건의를 제기하고 그 건의에 따라 요강이 편성된다. 이처럼 당중앙은 건의를 제기하는 방식과 형식으로 5개년 규획을 영도하고 지도하며 주도한다. 또한 집행 과정에는 조정 건의를 제기하는 방식으로 규획에 대해 수정과 조정을 진행하며 강력한 영도능력으로 전체 집행을 위해 담보를 제공한다. 제도건설은 규획 집행 과정에서 정부와 시장의 적극성을 동원하는 중요한 요소이기도 하다. 예를 들어 "부정적 명부 제도"를 이용하여 시장 행위자의 합법적 권리와 자주성을 보호한다. "시험試點 지역"제도를 통해 지방정부에 일정한 자주권을 부여하며 규획의 전체적 구도 내에서 혁신성과 적극성을 발휘하게 한다. 이외에도 제도적 공백에 대해 조사를 진행했으며 불합리한 제도와 규정에 대해서는 해당 영역의 법률, 법규, 표준, 정책 등 방면에서 수정을 했다.

(3) 규획 집행과 프로젝트

프로젝트는 규획 집행의 중요한 대상이자 규획을 담아내는 핵심 내용이다. 계획경제체제에서 5개년 규획의 중점 내용은 바로 구체적인 대형 프로젝트였다. "1차 5개년" 계획은 "156개 프로젝트"를 추진했고 이런 대형 프로젝트는 "1차 5개년"과 "2차 5개년"의 전반 과정을 관통했다. "3차 5개년" 시기에는 또한 크고 작은 "3선 건설" 프로젝트를 추진했다. 시장경제체제에서도 5개년 규획은 수리공정과 교통 기초 인프라 건설과 같은 거대한 프로젝트를 추진했다. 구체적으로 "11차 5개년" 규획에서는 141개 대형 공정과 프로젝트를 결정했는데 주요하게 기초인프라 건설, 생태문명 건설, 공공서비스 영역에 집중되었다. "13차 5개년" 규획에서는 165개 대형 공정 프로젝트를 확정했다. 이런 대형 공정 프로젝트의 성공 여부는 전체 규획의 성공여부와 밀접하게 연결되어 있다. 따라서 중국식 규획의 중요한 경험은 바로 프로젝트가 발표된 이후 중앙정부가 신속하게 책임분담과 임무 리스트를 확정하고 집행, 감독 시스템을 건립하여 전체 규획의 성공적인 집행을 담보하는 것이다.

중국식 규획의 미래

06

중국공산당 19차 당대회는 국제 국내 형세를 분석한 이후 2020년부터 본 세기 중반까지의 "두 가지 단계" 전략적 배치를 결정했다. 이는 중국의 미래 발전 규획에 대해 명확한 방향을 제시한 것이다. 중국 특색 사회주의 건설이 새로운 시기에 진입함에 따라 규획의 역할이 점점 더 중요해졌지만 규획의 체계가 통일되지 못하고 목표와 정책 도구의 조합이 불합리한 등 문제가 여전히 존재했다. 이는 규획의 전략적 지도 작용을 억제하는 효과를 가져왔다. 이 문제를 해결하기 위해 19차 4중전회에서 "국가 중대 발전전략과 중장기 경제사회 발전 규획제도의 개선"이라는 목표를 제기했다. 한편 현재 중국은 경제의 고속성장으로부터 고품질 발전으로 전환하고, 사회의 주요 모순은 인민의 날로 증가하는 아름다운 생활에 대한 수요와 불평형 불충분한 발전 사이의 모순으로 전환하고 있는 중이다. 이러한 변화는 중국식 규획의 이념과 내용에 수 많은 도전을 제기하고 있다. 또한 세계는 현재 "백 년에 있어본 적이 없는 대변혁"의 시대에 진입했다. 글로벌화가 역풍을 맞았고 "블랙 스완", "회색 코뿔소" 현상이 빈번이 발생하고 있으며 새로운 기술 혁명도 앞날을 판단하기 어렵다. 이같은 변화는 중국식 규획의 편성과 집행에 수많은 변수로 작용했다.

또한 이런 변수는 중국식 규획의 미래 발전에 도전으로 다가왔으며 규획 이론이 답하고 해결해야 할 중요한 문제로 떠올랐다. 따라서 이번 장에서는 중국식 규획의 미래 도전과 대책에 대해 중점적으로 설명하려고 한다. 특히 "두 가지 단계"의 전략적 배치와 "14차 5개년" 규획의 전망 등을 자세하게 다룰 것이다. 본 장에서는 또한 규획 연구에 대해서도 전망을 제기하려고 한다. 중국 특색 규획학 이론과 세계 각 나라의 기존 이론 사이의 대화를 통해 서로 학습하고 참조하는 과정에서 발전과 개선을 이루려고 한다. 이를 통해 세계의 다른 국가의 실천과 글로벌 거버넌스에 의미 있는 가치를 제공하려고 한다.

1. 도전과 대응

경제사회발전의 환경이 끊임없이 변화하고 있기 때문에 중국식 규획 제도 역시 새로운 도전에 직면해 끊임없이 변화하고 개선해야 한다. 중국공산당 제17차 당대회에서는 "국가 규획 체계를 개선"할 것을 제기했다. 18차 3중전회에서는 "정부가 발전전략, 규획, 정책, 표준 등의 제정과 집행을 강화할 것"을 요구했다. 당중앙은 "국가 발전전략과 규획을 지도방향으로, 재정정책과 화폐정책을 주요수단으로 거시조정 체계를 개선할 것"을 제기했다. 2014년 중앙경제사업회의에서는 "규획 체제 개혁을 가속화할" 데 관한 요구를 제기했다. 현재 규획체제 개혁과 제도 개선의 목표는 아래와 같다. 사회주의 시장경제체제, 국가 거버넌스 체계 현대화, 고품질 발전, 사회주의 현대화의 전면 건설에 적응하는 규획 제도를 건립하는 것이다. 이를 위해 아래와 같은 세 가지 방면의 도전에 대응해야 한다.

1) 규획의 내용

(1) 전체 시스템을 정리하고 다양한 규범을 통일하다

중국은 현재 5개년 규획이 통솔하고 각급 각 유형의 전문규획, 지역규획, 도시규획, 토지규획(공간규획) 등이 지원하는 발전 규획 시스템을 건립했다. 그러나 각급 각 유형의 규획은 시스템이 난립하고 명확한 분업과 상호 연결이 부족하는 등 문제를 노출했다. 수 많은 부처에서 전문규획을 편성하고 있지만 이런 부처 자체의 행정기능이 상호 교차 혹은 중첩되는 상태이기 때문에 전문규획 사이의 중첩과 충돌을 피하기 어렵다. 지역규획과 도시규획은 모두 지역 발전에 대한 전략적 배치이다. 그러나 지역규획은 여러 개 도시규획의 총합이다. 때문에 두 가지 규획의 내용은 상호 중복될 수밖에 없다. 그리고 도시규획과 각 지역의 경제사회발전 규획, 토지규획, 생태환경보호 규획과 토지규획 사이에는 반드시 중복되거나 혹은 상호 모순되는 부분이 존재하기 마련이다. 또한 각급 각 유형의 규획과 국가의 5개년 규획 간의 연결 문제에도 모순이 존재한다. 비록 정책결정과 심사통과의 절차에는 강력한 규정이 존재하지만 이것 역시 형식에 불과하다. 특히 각 지역의 5개년 규획의 심사와 통과 시간은 일반적으로 국가의 5개년 계획보다 일찍 결정되는데 이는 지역과 국가의 규획 사이 연결을 어렵게 만든다.

그러므로 미래의 대응책은 아래와 같은 몇 가지 문제를 중심으로 다루어야 할 것이다. 각종 유형 규획의 기능을 명확하게 규정하고, 하급 규획이 상급 규획에 복종하고 상급 규획의 요구를 실천하도록 규제한다. 전문규획은 전체 규획에 복종하고 그 요구를 실천하도록 규제한다. 동급 규획 사이에는 분업을 명확히 하고 상호 연결을 강화하는 시스템을 건립해야 한다.

(2) 단점을 보완하고 공간 규획 체계를 완비하다

공간 규획은 국가 공간 발전의 방향이고 지속가능한 발전을 위해 공간을 제공하며 각종 개발, 보호, 건설 활동의 기본적인 활동무대이다. 세계의 많은 국가가 경제사회발전에 관한 규획을 추진함에 있어서 여러 측면의 조정을 진행했지만 그 어느 국가도 공간규획을 포기한 적은 없다. 중국은 인구가 많은 반면 공간이 상대적으로 부족하지만 공간발전에 관한 규획은 크게 중시받지 못했다. 개혁개방 초기에 국토 규획을 편성한 바 있지만 최종 승인과 통과를 받지 못했다. "11차 5개년" 규획의 한 장에서는 주체 기능 구역을 설치한다는 규정에 근거해 "전국 주체 기능 구역 규획"을 편성했지만 구체적으로 집행되지 못했다. 현재의 상황은 도시공간, 농업공간, 생태공간의 기본 구도가 아직 획분되지 못했다. "전국 주체 기능 구역 규획"에서 규정한 재정, 투자, 산업, 토지, 농업, 인구, 환경정책 등은 아직 구체적으로 실현되지 못했다.

그러므로 미래 규획에서는 공간규획의 단점을 보완하고 공간규획의 체계를 완비해야 한다. 동시에 "한계적 사고방식底線思維"을 엄격히 준수하여 도시와 농촌, 농업, 생태 공간과 생태환경보호, 도시개발의 한계선, 산업규획의 한계선, 도시화 건설의 한계선 등 레드라인을 넘어서지 말아야 한다. 이는 경제사회의 지속가능한 발전을 위해 전략적 공간을 확보하는 중요한 조치이다.

(3) 사고방식을 전환하고 환경의 새로운 도전에 대응하다

중국의 현재 규획은 여전히 경제성장을 우선순위에 둔 반면 전면 발전, 조화로운 발전, 인간의 발전, 지속가능한 발전에 대한 관심은 부족하다. "1차 5개년"부터 "9차 5개년" 계획까지 기본 출발점은 모두 발전이었다. 각 지역의 발전 규획 역시 모두 어떻게 고속발전을 실현할 것인가에 초점을 맞추었다. 그리고 "10차 5개년" 계획부터 일부 변화가 발생했는데 "경제성장 방식과 발전방식을 전환할 것"을 제기했다. 그럼에도 불구하고 규획은 거시경제구조의 전환에서 별다른 개선의 조짐을 나타내지 못한채 여전히 국내총생산액의 증가에만 관심을 집중했다. 이는 현재 중국사회의 발전이 직면한 주요 모순을 해결하기에는 역부족이다. 이외에도 규획 내용 중에서 정부와 시장의 구분에 대한 규정이 미비하다. 사실 시장이 주도적으로 자원을 배치할 수 있는 일부 영역에 대해서 규획을 편성할 필요가 없지만 여전히 각종 인력과 시간, 비용이 이 부분에 낭비되고 있다.

그러므로 미래의 규획은 더 나아가 사고방식을 전환하고 경제사회발전 환경의 새로운 도전에 대응해야 할 것이다. 우선 속도와 생산량을 추구하는 사고방식을 약화시키고 전체적인 지속가능한 발전과 평형되고 충분한 발전, 인간의 발전에 더 관심을 가져야 한다. 동시에 규획은 모든 방면을 포함하려 하지 말고 시장의 범주에 속하는 것은 규획에 포함하지 말아야 한다. 그리고 미래의 규획은 중국과 세계의 변화와 관계에 더 관심을 집중해야 한다. 중국경제는 이미 "신창타이"에 진입했고 개혁개방 역시 심화 구역에 처해 있으며 세계는 백년 동안 있어 본적이 없는 대변혁의 시기를 경과하고 있다. 이처럼 거대한 배경은 중국식 규획이 새로운 발전 사고방식을 취하도록 압박하고 있다. 예를 들어 중국식 규획 중의 산업정책, 기업 보조금 등 조치는 국제사회에서 통용되는 일부 규칙과 충돌이 불가피할 것이다. 때문에 국내 경제발전과 국제사회의 규칙 사이에서 더 좋은 평형을 찾아야 한다.

2) 규획의 편성

(1) 제도가 선행하고, 과학적으로 각종 규획의 편성과정과 참여기제를 확립해야 한다

규획의 편성은 다양한 부처가 참여하는 복잡한 과정이다. 그러나 현재 각 부처의 규획 편성 직책은 비문성과 임의성이 강하다. 심지어 일부 규획의 편성 주체마저 정확하지 않은 경우가 많다. 특히 많은 부처가 연관된 영역의 규획은 누가 편성하고 있는지 알 수 없다. 또한 각급 각종 유형의 규획을 누가 연결하고 어떻게 연결할 것인지, 누가 심사 통과하고 어떻게 통과하는가의 문제 역시 비문적인 회색지대가 많다. 일부 규획은 편성 부처가 동시에 심사를 담당하는 경우도 존재한다. 이처럼 운동원인 동시에 심판의 역할을 하는 현상은 반드시 개선되어야 할 것이다. 이외에 규획 편성 중의 대중 참여는 법률성 문건 중의 원칙성 개념에 머물러 있을 뿐 절차적 권리가 결여되어 있다. 대중 참여는 주요하게 "의견을 청구하는" 수준이고 사실상 전문가의 의견만 받아들이는 상황이다.

그러므로 미래의 규획 편성 사업은 제도화의 측면에서 개선해야 한다. 각종 규획의 편성 프로세스와 책임주체, 대중의 참여 기제를 명확히 규정함으로써 제도적으로 규획의 규범성과 과학성, 효율성을 보장해야 한다. 현재 전체적 규획 편성의 방식은 각 지역과 부처가 우선 각자의 규획을 편성한 이후 발전개혁위원회가 전부의 규획을 총화하는 식이다. 이는 각급 규획이 심사 비준받는 시간이 국가의 전체적 규획보다 앞서 진행된다는 것을 보여준다. 미래의 규획은 전체적인 부분과 지엽적인 부분을 동시에 고려할 수 있는 동시에 각급 규획 사이의 연결을 더 강화할 수 있는 방향으로 개선되어야 할 것이다.

(2) 과학기술에 능력을 부여하고, 빅데이터 등 정보화 수단을 충분히 이용

빅데이터의 수집, 보존, 처리, 체현, 운용 기술의 발전과 더불어 대량의 데이터와 데이터 기술을 이용해 생산, 소비 등 인류사회의 활동을 지도하는 것이 가능하게 되었다. 빅데이터 등 정보화 수단은 규획의 편성에 계통적이고 장기적인 영향을 미칠 것이 거의 확정적이다. 따라서 규획 편성 과정에 어떻게 빅데이터 등 정보화 수단을 이용할 것인가는 새로운 도전으로 떠올랐다. 현재 일부 지역의 규획 편성 과정에서 이미 빅데이터 기술을 사용하고 있다. 그러나 주요하게 도시 규획, 교통 규획 등에 사용될 뿐 전체 경제사회발전에 사용되지 못하고 있다.

그러므로 미래의 규획은 빅데이터의 사용을 전반 과정에 어떻게 잘 융합시킬 수 있는가를 연구해야 한다. 여기에는 빅데이터를 이용해 규획의 전기 조사, 대중의 참여, 과학적이고 합리한 규획 설계 등 문제가 포함된다. 예를 들어 규획의 목표를 정할 때 우선 공상, 세수, 통계 등 수치를 상호 결합하여 경제발전에 관한 선행성 지표를 얻을 수 있다. 이러한 지표 체계와 수치에 근거해 경제와 사회발전 추세에 대해 종합적인 예측을 하는 것이다.

(3) 미리 준비하고, 동태적 조정 능력을 제고

현재 세계는 백년 동안 있어본 적이 없는 대변혁의 시기에 진입했다. 일부 학자는 세계가 VUCA 시대에 진입했다고 주장한다. V는 변동성Volatility, U는 불확정성Uncertainty, C는 복잡성Complexity, A는 모호성Ambiguity을 가리킨다. 이는 미래의 경제와 사회발전은 갈수록 더 많은 불확정적인 요소에

직면하게 된다는 것을 의미하는데, 규획은 결코 수많은 변수에 대응할 능력을 갖추지 못한다. 때문에 "계획이 변화를 따라가지 못하는 현상"은 아마 자주 나타날 것이다. 이 문제를 해결하기 위해 규획의 동태적 조정 능력을 시급히 강화해야 한다. 현재 중국식 규획의 동태적 조정 능력은 상대적으로 박약하다. 그 원인은 절대 다수 규획의 편성 실무자는 임시적으로 구성된 소조의 형식으로 운영되고 있다는 점이다. 규획의 편성 임무가 종료되면 소조는 다시 해산되고 실무자들은 각자의 위치로 돌아가게 된다. 이는 차후의 동태적 조정 능력을 상실하게 만들었다. 규획이 일단 경직화된다면 고속으로 변화하는 경제사회 발전의 상황에 제때에 대처하지 못할 것이다.

그러므로 미래에는 규획 편성의 동태적 조정 기제를 반드시 보완해야 한다. 실사구시적으로 규획의 범위를 확정해야 하는 반면 기계적으로 5년의 시간을 고정적인 기한으로 정하지 말아야 한다. 또한 다양한 규획의 내용과 기능 및 경제사회 환경의 발전변화에 맞춰 영민하게 기획의 주기를 조정할 수 있어야 한다. 그리고 규획에 대해 지속적인 평가, 감시, 조정을 할 수 있는 시스템을 건립해야 한다. 구체적으로 데이터 감시 플랫폼을 설치하여 규획 집행 중 주요 지표의 동태적 데이터를 수집하는 것이다. 이처럼 데이터로 구체화된 지표는 아주 직관적이기 때문에 수시로 규획의 집행, 효과 등을 관찰할 수 있다. 이를 통해 규획의 내용이 경제사회 발전의 내용에 부합하지 않는 부분에 대해 동태적 조정을 진행할 수 있다.

3) 규획의 집행

(1) 법률에 의거해 규획하고, 규획의 법률적 지위를 명확하게 하다

규획 입법은 규획의 편성과 집행이 법률적 근거를 갖도록 하며 법률적으로 중요한 지위와 권위성을 확보하도록 한다.

현재 중국식 규획 입법은 주요하게 도시규획과 토지규획에서 실현되었다. 〈중화인민공화국 도시와 향촌 규획법〉, 〈중화인민공화국 토지관리법〉, 〈중화인민공화국 토지관리법 실시 조례〉, 〈도시 규획 편성 방법〉, 〈토지 이용 전체 규획 편성 심사 방법〉 등이다. 그러나 5개년 규획에 관해서는 국무원이 2005년 의견 형식으로 발표한 〈국민경제와 사회발전 규획 편성 사업을 강화할 데 관한 국무원의 몇 가지 의견〉과 2018년에 제정한 〈규획체계를 통일하고 국가 발전규획 전략의 지도작용을 더 잘 발휘할 데 관한 중공중앙 국무원의 의견〉 두 가지만 있다. 이상 두 가지 문건은 5개년 규획의 정체성, 유형, 편성 프로세스에 대해 규정했지만 엄격한 의미에서 법률 형식이라고 보기는 어렵다. 보다시피 5개년 규획은 국가의 가장 중대한 공공정책이지만 그 신분과 지위는 법률적 보장을 받지 못하고 있다.

그러므로 미래에는 최대한 빠른 시일내에 규획 입법을 추진해야 하며 5개년 규획의 법률적 지위를 제고해야 한다. 법률 형식으로 규획의 편성, 집행, 감독을 책임진 행정부처와 실무자의 권리와 의무를 명확하게 규정해야 할 것이다. 규획 편성의 내용과 프로세스, 규획 집행의 내용과 프로세스, 규획의 감독과 평가, 규획의 수정과 조정에 대한 프로세스, 배상과 처벌, 상소할 수 있는 권리와 의무 등 분야를 법률로 명확하게 규정해야 한다. 이러한 조치는 규획의 집행에 유리할 뿐만 아니라, 법률적 근거를 통해 규획의 연속성과 안정성을 확보하는데 유리하다.

(2) 공감대를 강화하고, 중앙과 지방정부, 시장의 힘을 집중시키다

규획은 결코 "벽에 걸어놓는 것이 아니라, 땅에 떨어져야 한다". 규획의 최종 목적은 구체적으로 집행, 실천하는데 있다. 국가발전개혁위원회가 규획의 편성을 전체적으로 이끌고 있지만 구체적인 집행은 각급 지방정부와 시장 행위자가 담당하고 있다. 따라서 다양한 행위자의 행동을 통일시키기 어렵고, 규획에 따라 완성도의 차이가 크며 동일한 규획 내에서도 내용에 따라 완성도가 다르다. 전체 규획 중의 제한성 지표의 내용은 정부가 반드시 완성해야 할 부분이다. 이와 상대적으로 예측성 지표의 내용은 주요하게 시장이 완성해야 할 부분이다. 그러나 실제 사업 과정에서 정부가 시장의 자원배치 영역을 간섭하는 경우가 많다. 특히 지방정부가 한 지역의 건설 프로젝트에 대해 주도적 역할을 하는 것은 아주 보편적인 현상이다. 더우기 엄중한 것은 새로 등장한 지방정부의 지도부가 전임 정부가 편성 통과시킨 규획을 무시하는 현상이다. 이외에도 각 지역의 발전 수준이 서로 다르기 때문에 각 지방정부가 중앙의 발전 이념을 이해하고 공감하는 정도가 서로 다른 현상도 존재한다. 중앙정부는 국가발전의 거시적 고려에 근거해 전략을 제정하지만 지방정부는 자기 지역의 발전을 더 중요시하기 때문에 중앙의 의도를 오해하거나 선택적, 소극적 심지어 집행하지 않는 경우도 존재한다.

그러므로 미래에는 다양한 행위자가 규획에 대해 공감대를 형성할 수 있도록 아래와 같은 조치를 취해야 한다. 발전 이념에 대한 학습을 강화한다. 규획 평가 결과와 지방정부 및 부처의 성적 검증을 상호 결합시킨다. 규획 내용의 책임자가 정부 혹은 시장인지 실무자 개인인지 명확하게 규정한다. 정부의 책임은 주요하게 정책적 지원과 양호한 환경 조성이라는 점을 명확하게 규정하고 시장으로 하여금 경제사회건설과 공공서비스 영역에서 더 많은 역할을 하게 한다. 결과적으로 중앙정부의 규획이 각급 행위자의 공감대와 지지를 불러일으키지 못하거나 시장의 격려기제와 상호 어긋난다면, 중앙은 지방정부나 시장의 행위자를 압박하여 기존의 임무와 지표를 완성하기 어려워지기 마련이다.

(3) 힘을 합쳐 발휘하고, 규획과 정책체계 등 수단의 협동을 강화

규획 자체가 전략적, 강령적, 종합적인 성격을 갖기 때문에 대체적으로 "허약한虛"느낌을 준다. 사실 규획은 정책 목표를 실현하기 위한 일종의 선언인 동시에 실질적으로 현실화될 수 있는 일련의 정책체계의 협동 과정이다. 그러나 현재의 규획과 그에 수반된 정책체계에는 많은 문제가 존재한다. 구체적으로 정책의 연관성이 부족하거나, 규획의 목표임무가 정해진 이후 일부 정책에 조정이 생겼지만 선후 정책 사이의 연결이 부족한 현상이다. 또한 정책적 지원이 부족하거나 목표 집행을 위한 상응한 시설이 부족한 현상도 존재한다. 이러한 문제가 발생한 원인은 아래와 같다. 규획 집행 과정에서 촉진과 담보 기제에 대한 인식이 부족하다. 그리고 상관된 제도가 부족하거나 위치가 잘못되었다. 또한 각종 기제가 법률적인 보장을 받지 못함으로 인해 규획의 집행에 뿌리가 없거나 공중누각이 되는 폐단이 존재한다.

그러므로 미래에는 규획과 정책 체계의 협동을 강화해야 한다. 중국식 규획은 단지 일종의 정책적 문건이거나 폐쇄적인 정책 과정이 아니라 중앙정부와 각급 지방정부 그리고 정부와 다양한 시장 행위자 사이의 복잡한 상호작용과 상호연결된 방대한 네트웍이다. 따라서 규획의 전체 과정에는 수많은 규범 문건과 정책체계를 이용해 시장 행위자의 활동을 인도하거나 간여할 수 있으며 각급 정부의 행위를 자극하거나 제약할 수 있다.

2. 미래로 향하는 5개년 규획

1) "14차 5개년" 규획:
새로운 시대에 "두 번째 백 년의 분투 목표"를 열다

(1) 풍운변환의 국면에서 국가의 부흥을 도모하다

2017년에 개최된 중국공산당 제19차 전국대표대회에서는 아래와 같은 판단을 내렸다. 세계는 대발전과 대변혁의 조정기에 처해있고 평화와 발전은 여전히 시대의 주제이다. 세계 다극화, 경제 글로벌화, 사회 정보화, 문화 다양화의 추세가 깊이 발전하고 있고 글로벌 거버넌스 체계와 국제질서의 변혁이 가속도로 진행되고 있다. 그리고 세계 각 나라 사이의 상호 연계와 의존이 날로 심화되고 있으며 국제 권력 간의 평형이 대체적으로 형성되었고 평화발전의 대추세는 역전할 수 없다.

한편으로 최근 몇 년 동안 국제형세는 풍운이 돌변하고 지역 충돌이 끊임없이 폭발하며 "블랙스완"과 "회색 코뿔소" 같은 예기치 못한 사건이 끊이지 않고 있다. 또한 무역보호주의, 일방주의, 민족주의 등 글로벌화에 반대하는 추세가 강화되고 있다. 세계 경제발전에 동력이 부족하고 빈부격차가 늘어났으며 테러와 인터넷 안보, 기후변화 등 비전통안보 위협이 증가되었다. 결과적으로 세계경제의 중심, 정치발전 구조, 글로벌화 추세, 과학기술과 산업, 글로벌 거버넌스, 세계질서 등 기존의 가치가 전례없는 대변혁에 직면해 있다.

"세계는 백년에 있어본적이 없는 대변혁에 처해있다". 여기에 더해 코로나로 인한 글로벌 팬데믹이 세계정치와 경제질서에 강력한 충격을 가하고 있다. 때문에 "14차 5개년" 시기의 중국 경제발전은 복잡한 국제환경의 변화에 적응해야 할 것이다.

첫째는 글로벌화의 역행이다. 이는 국제무역과 기술혁신의 환경을 악화시킨다. 특히 미국이 여러 가지 국제기구에서 퇴출하면서 미국 "우선주의"를 표방하고 있다. 미국은 일방적으로 무역마찰을 야기하고 글로벌화에 역행하는 행동을 일삼고 있는데 이는 세계경제의 회복과 지속가능 발전에 장애물로 작용하고 있다. "14차 5개년" 시기 글로벌화의 역행과 국제사회의 분열은 지속될 것이며 세계경제의 불확정성 요소도 사라지지 않을 것이다. 이런 상황에서 중국은 여전히 국제시장과 국제자원을 잘 이용하며 냉정하게 사고하고 침착하게 대응해야 한다.

둘째는 세계경제 발전의 둔화이다. 미국, 유럽, 일본 등 선진국가의 경제발전 속도가 늦추어지고 있다. 세계경제 발전에 동력이 부족하고 인구 노령화 현상이 엄중하며 자원환경이 감당할 수 있는 능력이 약화되고 있다. 노동생산성이 떨어지고 민족과 종교 모순이 지역 충돌과 전쟁으로 비화하고 있다. 소득차이가 날로 확대되는 것은 국가 내부모순을 악화시키며 세계경제의 지속적인 발전에 부정적인 요소로 작용하고 있다. 한편 글로벌 팬데믹은 세계 금융 리스크를 불러올 수 있으며 다음의 세계금융위기 발생에 잠재적 위협이 되고 있다.

셋째는 중국의 민족부흥과 평화적 부상이 일부 국가의 제약과 방해를 받는 것이다. 중국의 부상과 더불어 점차 세계의 중앙무대에 진출하게 되면서 일부 국가의 오해와 견제, 방해를 받게 되었다. 특히 미국은 각종 수단과 방법을 동원하여 중국을 견제하고 있다. "14차 5개년" 시기 미국의 중국에 대한 억제 정책은 그렇다 할만한 특별한 변화는 없을 것이고 다만 마찰과 협상이 미중 무역관계의 일반적인 행태로 자리잡을 것이다.

19차 당대회 보고서는 국내발전 환경에 대해 아래와 같이 판단했다. "장기간의 노력을 거쳐 중국 특색 사회주의는 새로운 시대에 진입했다. 이는 우리 나라의 발전에 대한 새로운 역사적 포지션이다". 새로운 시대에 중국은 고품질 발전의 단계에 진입했으며 사회의 주요모순 역시 변화했다. 기존의 주요모순이 "인민의 날로 증가하는 물질문화 생활에 대한 수요와 낙후한 사회주의 생산 간의 모순"이었다면, 현재는 "인민의 날로 증가하는 아름다운 생활에 대한 수요와 불균형 불충분한 발전 간의 모순"으로 전환했다. 이는 중국의 발전이 패러다임, 구조, 체제의 측면에서 개혁이 필요함을 보여준다. 패러다임의 제한이 의미하는 것은 기존의 요소적 동력과 외부수요적 동력을 특징으로 하는 전통적 경제성장 방식이 더이상 효과적이지 않다는 것이다. 경제발전의 "삼두마차"가 집단적으로 동력을 상실했고 실제 성장률과 잠재적 성장률이 동시에 하락하는 특징이 분명하다. 구조적 제한이 의미하는 것은 수입분배, 지역간 구조, 도시와 농촌 관계 및 산업 부문 사이의 관계가 균형과 조정을 상실하면서 경제성장의 잠재력과 질량이 제한받고 있다는 것이다. 체제적 제한이 의미하는 것은 체제의 울타리를 반드시 개혁해야 한다는 점이다. 정부와 시장의 관계에 대한 조정을 핵심으로 시장화를 발전방향으로 정하고 점진적으로 개혁하는 방식으로 생산관계와 생산력이 부적응하는 현상을 개혁해야 한다. 특히 지역적 조정, 수입분배, 요소적 시장, 현대기업제도, 과학기술 혁신 등 분야에서 체제개혁을 진행해야 한다.

이상의 난관에도 불구하고 중국경제는 여전히 안정적이고 지속가능한 발전에 유리한 조건을 갖고 있다. 우선 중국은 대발전의 전략적 기회의 창구에 처해 있다. 국제환경으로 볼 때 세계 과학기술의 발전이 경제에 대한 자극은 더 확대될 것이다. 정보화, 인공지능, 5G, 신소재 등 과학기술의 발전은 인구와 노동력의 문제를 해결할 것이며 생산효과를 확대할 수 있다. 다음으로, 중국은 세계 2대 경제와 무역 대국으로써 비록 미국과 서방세계의 견제를 받고 있지만 동시에 그 영향력과 매력은 날로 증가하고 있다. 사실 그 어떤 경제체도 중국과의 경제적 연결을 포기할 수 없는 상황이다. 중국은 여전히 투자와 창업의 거대한 활력을 구비한 매력적인 국가이다.

국내발전의 상태로 보면, 우선 중국은 초대형 규모의 경제와 물질적 기초를 마련하였다. 중화인민공화국이 건립된지 70년 동안 중국은 비교적 풍부한 물질적 기초를 누적하였으며 종합적 국력이 세계의 앞선 자리를 차지하게 되었다. 2019년 중국의 국내생산총액은 99억 위안에 달했고 인구당 국내생산총액은 이미 1만 달러를 초과함으로써 세계은행이 규정한 중등수입 국가의 수준에 올라섰다. 이 기초상에서 중국은 세계은행이 규정한 고수입 국가의 표준인 인구당 1만2천 달러의 문턱을 넘기 위해 노력할 것이다. 중등수입국가의 함정을 성공적으로 뛰어넘고 고수입 국가로 매진하는 것이 최근의 분투 목표이다. 그외에도 중국은 제조업 1위 국가, 화물무역 1위 국가, 상품소비 2위 국가, 외자유입 2위 국가이며 외환보유고 역시 장기간 세계 제1위를 차지했다. 생산공급의 측면에서 보면, 중국은 가장 완정하고 규모가 방대한 공업 공급체계를 구비하고 있다. 현재 39개 대형, 191개 중형, 525개 소형의 공업 유형을 완비하고 있는데 이는 유엔이 분류한 모든 공업유형을 구비한 유일한 국가이다. 또한 세계 230여 개 국가와 지역에서 "메이드 인 차이나"의 상품을 만날 수 있다. 소비 수요로 볼 때, 중국은 규모가 방대하고 수요가 다양한 국내시장을 보유하고 있다. 2019년 현재 중국의 인구는 14억 명이고 세계에서 가장 방대한 규모의 중등 수입 인구를 보유하고 있다. 당연히 초대 규모의 소비시장은 초대 규모의 내수를 형성할 것이다. 그 다음 우세는 중국 특색 사회주의 제도와 국가 거버넌스 체계의 제도적 우월성이다. 중화인민공화국 건립 70년 이래 중국공산당은 중국인민을 영도하여 경제발전의 기적과 사회환경의 장기적 안정이라는 성과를 이루었다. 중화민족은 장기간 압박받던 상황에서 결국 "일어서게立起來"되고 "부유하게富起來"되는 역사적 과정을 겪었다. 당과 인민은 장기적인 실천과 탐색 중에서 중국 특색 사회주의 제도와 국가 거버넌스 체계를 형성했던 것이다. 이 제도는 여러 가지 측면에서 우월성을 가진다. 국가가 사회주의 방향을 유지할 수 있게끔 보장하는 우세, 인민에 긴밀히 의존해 국가발전을 추진할 수 있는 우세, 사회적 공평과 정의 및 인민의 권리를 보장하는 우세, 힙을 집중해 큰 일을 할 수 있는 우세, 단결분투를 통해 공동의 번영과 발전을 이룰 수 있는 우세, 사회주의제도와 시장경제를 유기적으로 결합해 사회생산력을 해방시키는 우세, 전체 인민의 사상과 정신을 단결할 수 있는 우세, 민생과 복지를 보장하고 개선하여 공동부유의 길로 이끄는 우세, 사회가 항상 생기와 활력으로 충만되게 하는 우세, 더 많은 우수한 인재를 배양할 수 있는 우세, 국가의 주권과 안보, 발전이익을 유력하게 보장할 수 있는 우세, 조국 평화통일을 촉진하는 우세, 인류운명공동체의 건립을 위해 끊임없이 공헌할 수 있는 우세 등이다.

이외에도 중국의 발전은 아주 많은 우세가 있다. 첫째, 나라 전체가 경제발전에 대해 자신감을 갖고 있다. 비록 코로나의 충격이 컸지만 역병이 점차 통제되고 생산이 회복되면서 경제에 대한 영향은 이미 최소 한도로 축소되었다. 둘째, 중국 사회는 안정적이고 인민들은 집권당과 정부를 신뢰하고 있다. 셋째, 중국의 인프라건설은 끊임없이 개선되고 있다. 인터넷 거래 규모와 휴대폰 등 스마트 모바일 단말기 규모가 세계 제1위를 차지했다. 고속철도의 총거리는 3.5만 키로미터에 달했으며 세계의 2/3 이상을 차지한다. 고속도로 역시 세계 제1위인데 총거리는 14만 키로미터이다. 넷째, 정보화와 인공지능의 수준이 세계의 선진 수준에 도달했고 고품질 노동력 인구의 규모가 날로 성장하고 있다. 다섯째, 각 지역간 협동 발전하는 구조가 점차 형성되고 있다. 이상의 유리한 요소들은 중국의 경제와 사회로 하여금 장기적으로 좋은 방향으로 발전하게끔 지원하고 있다.

(2) 시진핑 신시대 중국 특색 사회주의 사상을 지도로 국가의 부흥을 실현하다

중국의 발전 환경에는 비록 기회와 도전이 공존하지만 국가부강과 민족부흥을 실현하려는 결심만은 비할 데 없이 확고하다. 이는 마치 시진핑 주석이 19차 당대회 보고에서 지적한 내용과 일치한다. "우리가 생활하고 있는 세계는 희망으로 충만된 동시에 도전 역시 많다. 우리는 현실이 복잡하다고 꿈을 포기할 수 없으며 이상이 요원하다고 하여 추구하지 않을 수 없다".

"13차 5개년" 규획의 완성은 당의 제16차, 17차, 18차, 19차 대회에서 제기한 "샤오캉 사회"의 전면적인 건설이라는 분투목표가 실현되었음을 의미한다. 이를 전제로 당의 19차 당대회에서는 국제 국내 형세와 중국의 상황을 종합적으로 분석한 이후 2020년부터 본 세기 중반부까지의 두 단계 발전 전략을 제시했다. 그 첫 번째 단계는 2020년부터 2035년까지이다. 분투목표는 전면적으로 샤오캉 사회를 건설한 기초에서 또 15년을 분투하여 사회주의현대화를 기본적으로 실현하는 것이다. 그때에 가면 구체적으로 아래와 같은 상황이 형성될 것이다. 경제력과 과학기술력이 대폭적으로 상승하여 혁신형 국가의 앞 자리를 차지할 것이다. 인민의 평등하게 참여하고 발전하는 권리가 충분히 보장될 것이다. 법치국가, 법치정부, 법치사회가 기본적으로 건설될 것이고 각 분야의 제도가 보다 개선되고 국가 거버넌스 체계와 거버넌스 능력의 현대화가 실현될 것이다. 사회문명수준이 새로운 높이에 도달할 것이고 국가의 소프트 파워가 명확하게 강화될 것이며 중화문화의 영향력이 점차 확대될 것이다. 인민 생활수준이 더욱 부유해질 것이고 중등수입 인구가 증가할 것이며 도시와 농촌 발전 차이와 주민 생활 수준의 차이가 축소될 것이며, 기본 공공 서비스의 균등화가 기본적으로 실현되어 전체 인민이 공동부유를 향해 발전할 것이다. 현대사회 거버넌스의 구조가 기본적으로 형성되어 사회가 활기와 조화로움으로 충만될 것이다. 생태환경이 근본적으로 개선될 것이고 "아름다운 중국" 목표가 기본적으로 실현될 것이다. 두 번째 단계는 2035년부터 본 세기 중반부까지의 시간이다. 현대화를 기본적으로 실현한 기초에서 또 15년을 분투하여 중국을 부강하고 민주적이며 문명하고 아름다운 사회주의 현대화 강국으로 건설한다. 그때에 가면 아래와 같은 상황이 나타나게 된다. 물질문명, 정치문명, 정신문명, 사회문명, 생태문명이 전면적으로 개선될 것이다. 국가 거버넌스 체계와 거버넌스 능력의 현대화를 실현하여 종합적 국력과 국제영향력이 앞선 국가로 성장할 것이다. 전체 인민의 공동부유를 기본적으로 실현하여 더욱 행복하고 안전하며 건강한 생활을 향수할 것이며 중화민족은 더욱 분발된 자태로 세계 민족의 삼림에 우뚝 설 것이다.

"두 개 단계"의 전략적 안배는 미래 6개 5개년 규획의 총노선이다. 중국식 5개년 규획의 경험이 증명하는 것은 그 어떤 시기에도 반드시 마르크스주의 중국화의 최신 이론과 성과를 지도사상으로 해야 한다는 점이다. 바로 시진핑 신시대 중국 특색 사회주의 사상은 현 시대 중국의 마르크스주의이며 21세기 마르크스주의이다. 또한 마르크스주의와 중국의 구체적 실천이 상호 결합된 또 한 번의 비약이며. 마르크주의의 새로운 지평을 열었을 뿐만 아니라 중국의 샤오캉 사회 전면 건설과 사회주의 현대화의 실현을 위해 방향을 제시했다.

따라서 현재 새로운 역사의 시발점에서 미래의 규획은 반드시 시진핑 신시대 중국 특색 사회주의 사상을 지도로 하며, 당의 19차 대표대회, 19차 2중 전회, 3중 전회, 4중 전회의 정신을 전면적으로 실천해야 한다. 중국의 발전이 처한 역사적 위치를 정확히 인식하고, 백년에 보기 드문 대변혁의 방향을 포착하고, 과학기술과 산업혁명의 새로운 전략적 기회를 포착하며, 초대규모 경제의 우세와 중국 특색 사회주의제도의 우세를 발휘하여 혁신, 조화, 녹색, 개방, 공유의 발전 이념을 견지해야 한다. 통합적으로 "5위1체五位一體"의 전체적 배치를 추진하고 고품질 발전을 적극적으로 추진해야 한다. 현대화 경제체계 건설을 가속화하고 시장화 개혁과 고품질 개방을 지속적으로 추진하며, 공급책 구조성 개혁을 실질적으로 추진한다. 과학기술과 산업 혁신 능력을 확실히 제고하고 인민 대중의 수확감, 행복감, 안전감을 끊임없이 제고해야 한다. 국가 거버넌스 체계와 거버넌스 현대화 수준을 제고하고 경제의 지속적이고 건강한 발전과 사회의 안정적인 상태를 유지해야 한다. 이로써 사회주의 현대화 국가의 건설을 위한 새로운 여정을 시작해야 한다.

(3) 계승하고 이어주는承前启后 "14차 5개년" 규획

"14차 5개년" 규획은 중국이 전면적으로 샤오캉 사회를 건설하여 첫 번째 백 년의 분투목표를 실현한 이후, 그 기세를 이어받아 전면적으로 사회주의 현대화 국가를 건설하는 새로운 여정을 시작하여 두 번째 백 년의 분투목표를 위해 달려가는 첫 번째 5개년 규획이다. 새로운 시대의 첫 번째 5개년 규획으로써 "14차 5개년"은 "두 개의 백 년" 분투목표의 역사적 교차점에서 위로 계승하고 아래로 이어주는 특징을 안고 있다. 때문에 전면적으로 샤오캉 사회를 건설하는 성과를 공고히 하고 제고해야 할 뿐만 아니라, 기본적으로 사회주의 현대화를 실현하는 두 번째의 백 년 분투목표를 위해 시작을 잘 하고 튼튼한 기초를 닦아야 한다.

2018년 6월, "14차 5개년" 규획의 전체 사상과 방향을 연구하고 동시에 "13차 5개년" 규획의 중간평가에 지원을 제공하기 위해 국가발전개혁위원회는 "14차 5개년" 규획에 대한 전기 연구사업을 가동시켰다. 2019년 3월, 국가발전개혁위원회는 각 지역의 좌담회를 소집해 국가 발전 규획의 목표와 지표에 대해 토론했다. 북경, 상해, 강소, 절강, 복건, 하남, 광동, 사천, 섬서 등 9개 성시의 발전개혁위원회가 회의에 참가하여 좋은 경험과 방법을 교류했으며 국가의 전체적 목표에 대해 의견을 제기했다. 바로 같은 달, 국가발전개혁위원회는 전문가 좌담회를 소집해 규획의 목표와 지표에 대한 문제를 토론했다.

2019년 11월, 리커창 총리가 주최하는 국민경제와 사회발전 제14차 5개년 규획 편성을 연구하고 배치할 데 관한 전문회의가 소집되었다. 회의에서는 "14차 5개년" 규획은 시진핑 신시대 중국 특색 사회주의 사상을 지도로 할 것을 요구했다. 동시에 발전의 기회를 잘 판단하고 곤란과 도전을 잘 분석하며 중국의 기본국정과 발전단계에 발을 붙이고 발전을 최고 임무로 인식할 것을 요구했다. 또한 경제발전이 합리한 구간에서 운행되고 고품질 발전을 추진하며, 인민을 중심으로 하는 발전사상을 강조하고 개혁 혁신을 통해 발전이 직면한 난제를 해결할 것을 요구했다. 그리고 실사구시하고 규율을 따르며 멀리 보는 안목으로 각 분야를 통솔하여 "14차 5개년" 시기의 발전목표, 사업사상, 중점임무를 확정함으로써 전국 인민이 노력 분투하는 환경을 조성할 것을 호소했다. 리커창 총리는 또한 외부환경이 더욱 복잡해질 것이고 도전과 불확정성이 증가할 것이라고 판단했다. 따라서 중국은 발전방식, 경제구조, 성장동력 등이 전환해야 하는 시기에 처해있다. 따라서 인민의 아름다운 생활에 대한 기대를 만족시키기 위해 경제발전, 인민복지, 위험 방지 등 분야에서 일련의 중요한 정책을 연구해 낼 것을 요구했다.

2020년 3월, 중공중앙 정치국은 "14차 5개년" 규획에 대한 건의 문건 초안 소조를 설립했다. 시진핑이 조장을 맡고 리커창, 왕후닝, 한정이 부조장을 맡았다. 이로써 상관 부처와 지방의 책임자가 중앙정치국 상무위원회의 지도하에 초안을 작성하는 구조가 형성되었다.

2020년 7월 30일, 중공중앙 정치국은 회의를 열어 10월달에 제19기 중앙위원회 제5차 전체회의를 소집할 것을 결정했다. 주요 의제는 중공중앙 정치국이 중앙위원회에 사업보고를 하는 것이었다. 주요 내용은 국민경제와 사회발전 제14차 5개년 규획과 2035년 장기목표를 제정할 데 관해 건의를 제기하는 것이었다. 회의에서는 아래와 같은 정신을 강조했다. "14차 5개년" 시기 중국의 경제사회 발전을 추진하기 위해서는 중국 특색 사회주의 기치를 높이 들고 당의 19차 당대회와 19기 2중전회, 3중전회, 4중전회의 정신을 실천하며, 마르크스주의, 모택동 사상, 등소평 이론, "세 가지 대표" 중요 사상, 과학적 발전관, 시진핑 시대 중국 특색 사회주의 사상을 지도로 해야 한다. 또한 당의 기본이론, 기본노선, 기본방침을 실천해야 하고 흔들림 없이 새 발전 이론을 실천하며 포괄적으로 발전과 안전을 추진하며 국가 거버넌스 체계와 거버넌스 능력 현대화를 추진해야 한다. 이를 통해 경제의 안정적인 발전과 사회의 안정과 조화를 이루게 하며 전면적으로 사회주의 현대화 국가를 건설하는데 첫 발걸음을 잘 내딛어야 한다. 회의에서는 "14차 5개년" 시기에 당이 경제사회 발전을 영도하는 시스템을 보완하여 경제의 고품질 발전을 위해 담보를 제공할 것을 요구했다. 이를 실현하기 위해서는 발전하는 것은 인민을 위하는 것이고, 발전은 인민에 의존해야 하며, 발전의 성과는 인민이 향수할 수 있도록 보장함으로써 인민의 아름다운 생활에 대한 요구를 충족시켜야 한다. 그리고 새로운 발전 이념이 발전의 전체 과정과 모든 분야에 침투함으로써 더 좋은 품질, 더 높은 효율, 더 공평하고 지속발전 가능하며 안전한 발전을 실천해야 한다. 또한 흔들림 없이 개혁을 추진하고 개방을 확대하며 발전의 원동력과 활력을 증가해야 한다. 마지막으로 미래적인 사고방식을 유지하고 전체 국면을 고려해야 하며 전략적 배치와 전체적인 추진을 통해 발전의 규모, 속도, 품질, 구조, 효율, 안전을 확보해야 한다.

2020년 8월 시진핑은 "14차 5개년" 규획의 편성 사업에 대해 중요한 지시를 내렸다. 그 핵심 내용은 바로 "국민경제와 사회발전 5개년 규획은 우리 당의 치국이정을 위한 중요한 방식"이라는 것이다. 5개년 규획의 편성은 경제사회 발전의 모든 분야를 포함하기 때문에 인민대중의 생산, 생활과 밀접한 관계를 가진다. 때문에 대문을 활짝 열고 건의를 받아들여야 하며 대중의 지혜를 빌려야 하며 여러 가지 경로와 방식으로 인민의 의견을 접수해야 한다. 이로써 사회의 기대와 대중의 지혜, 전문가의 의견, 일반 백성들의 경험이 "14차 5개년" 규획의 편성 속으로 스며들 수 있게 해야 한다.

2020년 10월 26일부터 29일까지 중국공산당 제19기 중앙위원회 제5차 전체회의가 북경에서 소집되었다. 회의에서는 『국민경제와 사회발전 제14차 5개년 규획과 20235년 장기목표를 제정할 데 관한 중공중앙의 건의』를 심사했다.

현재 중국의 경제와 사회 발전의 수요로 볼 때 "14차 5개년" 규획의 중점 임무는 아래와 같은 내용이 포함된다. 첫째, 경제의 고품질 발전. 특히 규획의 내용에 발전의 품질에 대한 요구가 들어있고 지표 체계에도 "더 좋은 발전"을 강조했다. 둘째, 고품질 제조업을 발전시키고 "힘을 모아 큰 일을 하는" 우세를 빌어 중대 과학기술 개발과 혁신을 강화하여 과학기술로 발전의 새로운 원동력을 획득하는 방식을 강조했다. 셋째, 전염병 방지와 경제사회 발전을 통합적으로 조정할 것을 요구했다. 특히 코로나 팬데믹 현상이 중국과 전 세계에 미치는 영향을 충분히 인지한 상태에서 일상적인 공공위생 안전에 대응하는 체제를 건립해야 한다. 넷째, 탈빈곤과 향촌 진흥 전략. 민생 문제를 더 중요한 위치에 놓고 기층사회의 거버넌스에 대한 혁신을 강화해야 한다. 다섯째, 인구노령화 문제. 인력 자본의 수준을 끊임없이 제고함으로써 경제사회 발전을 위해 근본적인 원동력을 확보해야 한다. 여섯째, 자원과 환경, 생태에 대한 규획과 거버넌스를 강화해야 한다. 일곱째, 경제의 불균형 불충분 발전. 높은 표준의 시장체계를 건립하고 보완해야 하며 개혁을 통해 새로운 발전의 활력을 확보해야 한다. 여덟째, 국제형세와 외부환경의 변화에 대응해야 한다. 백 년에 있어 본적이 없이 대변혁의 시대에 직면해 국민경제의 순환을 주요 내용으로 새로운 발전의 구조를 건립함으로써 더 수준 높은 대외개방을 추진해야 한다.

2) 중국식 규획의 세계적 가치와 연구 전망

(1) 중국식 규획의 이론적 가치

중국식 규획의 이론과 실천은 현재의 세계 철학과 사회과학의 이론 발전에 중요한 가치를 가진다.

첫째, 중국식 규획은 마르크스주의 중국화 이론과 중국 특색 사회주의 이론 체계의 발전을 추진했다. 마르크스 레닌주의, 모택동 사상, 등소평 이론, "세 가지 대표" 중요사상, 과학발전관, 시진핑 신시대 중국 특색 사회주의 사상은 모두 중국 특색 사회주의를 건설하는 지도사상이다. 또한 마르크스주의 중국화 이론과 중국 특색 사회주의 이론체계의 전체 골격이다. 그렇다면 중국 특색 사회주의를 실천하는 것은 이상의 이론체계를 설명하고 다채롭게 하는 중요한 수단이다. 중국 특색 사회주의의 제일 근본적인 특징과 가장 큰 우세는 바로 중국공산당의 영도를 견지하는 것이다. 역사적 실천이 증명하다시피 국내외의 형세가 아무리 복잡하고 도전이 많더라도 당의 영도를 강화하는 것을 통해 모든 사업을 공고히 하고 발전시킬 수 있었다. 반대로 당의 영도를 약화시키면 모든 사업은 좌절과 손실을 면치 못했다. 때문에 중국 발전의 성과를 설명하고 마르크스주의 중국화 이론과 중국 특색 사회주의 이론체계의 발전은 당의 영도와 갈라놓을 수 없다. 규획은 당이 치국이정하는 중요한 방식이며 당의 영도 하에 전국 인민이 공감대를 형성하는 과정이기도 하다. 마르크스주의 중국화 이론의 측면에서 볼 때 5개년 규획과 마르크스주의 중국화의 발전은 상호 작용하고 영향주는 관계이다. 5개년 규획의 정확한 편성과 집행은 마르크주의 중국화를 끊임없이 앞으로 발전시키는 동시에, 마르크스주의 중국화의 정상적인 발전 역시 5개년 규획의 편성과 집행을 추진하고 있다. 때문에 중화인민공화국의 5개년 규획과 마르크스주의 중국화가 상호 작용하고 양적인 순환 관계를 형성한 경험을 연구하는 것은 아주 중요한 현실적 의미와 가치를 지니고 있다. 중국 특색 사회주의 이론 체계로 볼 때, 중국은 거대한 국토 면적과 방대한 인구를 가진 대국인 동시에 독특한 문화와 역사 그리고 정치적 전통을 보유한 국가이다. 특히 중국공산당이 영도하는 정치제도는 70여 년 동안의 사회주의 실천을 통해 오늘과 같은 눈부신 성과를 거두었다. 그 과정에서 규획의 70년 역사를 총결하고 연구하는 것은 중국 특색 사회주의 이론 체계를 풍부하게 하는 데 중요한 가치를 가진다.

둘째, 세계 규획학 이론의 발전을 추진한다. 현대적 의미의 규획은 비록 서방 국가에서 발원하였지만 중국의 70년 규획 역사는 청출어람의 태세로 이론의 발전을 추진했다. 특히 중국의 국정에 부합하는 독특한 규획 제도를 창조함으로써 세계 규획학 이론의 발전에 중요한 기여를 했다. 서방 국가의 대부분 규획은 전문성이 아주 강한 대신 제한성이 약했다. 정부의 역할이 중시받지 못한 상황에서 시장 행위자의 역할에 큰 의미를 부여했다. 이는 규획의 집행 실적이 그다지 좋지 못한 결과로 이어졌다. 반면 중국식 규획은 정부와 시장의 역할을 모두 중시했다. 동시에 규획의 전문성과 전략성을 강조했기 때문에 시장 행위자의 활력을 자극했을 뿐만 아니라 최종 집행의 실적도 우수했다. 또한 중국식 규획은 이념, 포지셔닝, 프로세스, 방법, 편성, 정책 보장, 빅데이터 기술의 사용 등 영역에서 모두 독특한 제도와 실천을 통해 한 단계 씩 전진하면서 상호 보충하는 체계를 건립했다. 이러한 모든 것은 규획학 이론 체계의 발전에 있어 중요한 혁신이라고 할 수 있다.

셋째, 발전경제학 이론의 중국 시각을 확장했다. 1949년 이후 중국은 한 걸음 씩 발전하면서 사회주의제도를 건립했고 독립적이고 비교적 완정한 공업체계를 건립함으로써 "일어서기站起來"를 실현했다. 그렇다면 1978년 이후에는 개혁개방을 통해 "부유해지기富起來"를 실현했다. 현재 세계가 백 년에 있어본 적이 없는 대변혁의 시기를 맞아 중국은 "강해지기強起來"를 실현할 수 있는 전략적 기회를 맞게 되었다. 이상의 세 개 단계의 수 많은 전략적 목표는 모두 규획의 역할과 갈라놓을 수 없다. 심지어 중국이 부강한 국가로 발전할 수 있었던 가장 중요한 원인은 바로 하나의 5개년 뒤에 또 이어지는 5개년 규획에 따라 팔을 걷어 붙이고 열심히 일했기 때문이라고 할 수 있다. 따라서 규획 기제로 중국 발전의 논리를 설명하는 것은 발전경제학 이론을 위해 중국식 시각을 제공했고 이론의 발전과 혁신에 중요한 의미를 가진다.

(2) 중국식 규획의 실천적 의미

중국식 규획은 실천의 측면에서 세계 각국의 발전에 중요한 계시를 준다.

첫째, 실용주의의 발전 철학을 견지해야 한다. 중국의 13개 5개년 규획은 "실용주의"의 지도사상을 이념으로 삼았다. 중국에 투자하고 사업하는 수많은 기업가들이 토로한 데 의하면 변화무쌍하고 수동적인 민주제도에 비해 중국의 정치제도는 영민한 특징이 있다. 중국 정부는 장기적 목표와 대형 프로젝트 건설에 더 많은 관심을 집중할 수 있다. 중국식 발전의 특징은 영민하고 독특한 구조를 통해 일련의 거시적인 경제발전을 추진했는 데 가장 핵심적인 사상은 바로 "실용주의"였다. 이에 반해 러시아와 동구 사회주의 국가들은 경제체제의 전환 과정에 사유화, 자유화, 시장화를 전면적으로 추진하면서 규획제도를 포함한 기존의 계획체제를 완전히 포기했다. 이는 정부의 공공 서비스 능력의 약화와 국내생산력 및 인민 생활수준의 대폭 하락이라는 결과를 가져오고 말았다. 이는 "더러워진 목욕물을 버릴 때 아기마저 버리는" 결과로 이어졌다. 그러나 중국은 이런 오류를 범하지 않았다. 당시 상황에서 완전히 서방의 방식을 좇아가지 않았을 뿐더러 유연한 사고방식으로 실용주의 방식을 선택했다. 주동적이고 점진적인 조정을 통해 규획이라는 효과적인 도구를 보류했고 끊임없이 보완하는 방법을 통해 "더러워진 물을 깨끗한 물로 교체했을 뿐만 아니라 소중한 아기도 보호했다". 이런 이유때문에 중국은 당시 30여 개 체제전환 국가 중에서 성공을 거둔 아주 소수의 국가로 남을 수 있었다.

둘째, "여러 사람의 장점을 널리 받아들이는博採衆長" 발전 노선을 견지해야 한다. 중국의 13개 5개년 규획은 물론 자신의 경험을 기반으로 했지만 동시에 다른 사람의 장점을 충분히 참고하는 발전 노선을 견지했다. 중화인민공화국 건립 초기에는 소련의 경험을 받아들였고, 개혁개방 이후에는 서방 국가의 경험을 배웠다. 특히 2차 세계대전 이후 일본과 한국 등 국가들의 규획에 대한 경험은 중국의 규획 편성과 산업 정책에 소중한 본보기가 되었다. 예를 들어, 일본으로부터 대도시의 발전 규획과 모델을 배웠고 독일로부터 공간과 환경규획을 배웠다. 싱가포르와 한국에서는 인력자원관리와 과학기술 규획을 학습했다. 또한 북유럽 스칸디나비아 국가의 사회복지 규획과 인도의 컴퓨터 모델과 기술도 중국이 학습하는 대상이 되었다.

셋째, 실사구시적인 발전 제도를 견지해야 한다. 본질적으로 중국의 13개 5개년 규획은 실사구시적인 발전 제도이다. 한 국가가 어떤 발전 제도를 선택하는가 하는 것은 자신의 국가상황을 근거로 해야 한다. 반면에 워싱턴 컨센서스가 주장하는 서방식 모델은 어느 국가에나 모두 적용되는 것이 결코 아니다. 사실 중국의 경험 역시 "세상 어디에 놓아도 모두 적용되는" 모델이 존재하지 않는다는 것을 보여주었다. 중국은 결코 자신의 정치 경제 제도를 모방 가능한 모델로 다른 국가에 추천한 적이 없다. 이와는 반대로 아세아, 아프리카, 라틴아메리카 등 개발국가들은 자신의 상황에 근거해 자주적으로 발전 전략을 확립해야 한다고 주장한다. 일부 서방국가들이 원조를 제공할 때 여러 가지 조건을 제시하는 것과는 달리 중국은 개발국가에 원조를 제공함에 있어 그 어떤 제한적 조건도 설치하지 않았다.

(3) 중국식 규획의 연구 전망

중국식 규획에 대한 기존 연구는 사실 적지 않다. 최초의 연구는 1950년대에 시작되었는데 당시 "1차 5개년" 계획을 선전하기 위해 대량의 책과 문장이 세상에 나왔다. 1960-70년대는 "대약진" 운동과 인민공사화 운동, 문화대혁명 등의 영향을 받아 5개년 규획 자체가 제대로 추진되지 못했다. 따라서 이에 대한 연구가 거의 진행되지 않았기 때문에 연구성과 역시 미비하다. 1980년대부터 현재까지 개혁개방의 시대에는 5개년 규획이 정상적으로 추진되었고 국내 학술계 역시 상관된 연구가 많이 산출되었다. 특히 제18차 당대회 이후 대량의 저작과 논문이 출판되었는데 여기에는 정책 분야의 참고문헌과 학술 성격의 이론연구가 포함된다.

일반적으로 과학연구의 방법에는 규범연구와 실증연구의 두 가지 방식이 있다. 만일 고전적인 이론체계를 건립하려면 이상 두 가지 방식이 모두 필요하다. 규범연구는 사변철학과 선험철학의 기초에서 직접 일련의 이론체계를 건립하는 것이다. 다만 이같은 원초적 명제는 그 허위성을 증명하지 못한다는 약점이 있다. 대신 가치적 문제의 토론을 중시하고 학술공동체의 승인을 획득하는데 의미를 둔다. 또한 경험사실에 대한 측정에 관심을 주지 않는다. 실증연구는 일반적으로 실증주의 철학의 기초에서 객관사실에 대해 그 허위성을 증명할 수 있는 일련의 이론체계를 건립하는 것이다. 때문에 이론 명제의 경험적 사실 증거를 중시한다. 더 깊이 들어가면 실증연구는 또 정성연구와 정량연구의 두 가지 방법이 있다.

현재의 연구상황으로 볼 때 규범연구가 비교적 많은 편이고 일부 정성연구가 존재하는 반면 정량연구는 적은 편이다. 주요한 원인은 규획의 내용에 대해 양적으로 규정하기 어렵기 때문이다. 따라서 미래에 이 방면의 연구에 관심을 가지고 집중한다면 발전 공간이 클 것으로 예상된다. 이외에도 미래의 연구 방향은 아래와 같은 주제와 연결한다면 그 시각이 더 확대될 것으로 보인다. 규획연구와 중국정치체제, 당의 영도제도, 정부가 경제 운행 중에서의 역할, 국가 차원의 제도와 제도 변혁, 관료의 격려제도 등 정치경제학의 개념 또는 주제와의 상호 결합이 가능하다. 또한 비교경제사의 연구 시각도 규획의 세계적 의미를 강조하는 데 의미가 있다. 미래에는 세계 각국의 규획사에 대한 비교연구 역시 흥미로운 주제가 될 것이다. 마지막으로 규획 연구와 관련해 더 많고 훌륭한 성과들이 용솟음쳐 나오기를 기대한다.

부록

13차례 5개년 규획의 내용 요강의 변화 발전

제1차 5개년 계획

　서언

　제1장 제1차 5개년 계획의 임무

　제2장 제1차 5개년 계획의 투자분배와 생산지표

　제3장 공업

　제4장 농업

　제5장 운수와 우편통신

　제6장 상업

　제7장 노동 생산효율을 제고하고 원가를 낮추는 계획 지표

　제8장 건설 간부를 배양하고, 과학연구 사업을 강화

　제9장 인민의 물질생활과 문화생활 수준 제고

　제10장 지방 계획 문제

　제11장 절약을 엄격히 이행하고 낭비를 반대

제2차 5개년 계획

　미공개

제3차 5개년 계획

　1. 방침, 임무

　2. 기본건설

　3. 농업, 공업생산과 교통운수

　4. 과학기술 영역에서 세계 선진수준을 따라잡거나 초과

　5. 문화, 교육, 위생 사업

　6. 인민 생활

　7. 대외무역과 대외경제 기술원조

　8. 인력, 물력, 재력의 평형

9. 15년 장기 구상

10. 모든 적극적인 요소를 동원하여 13차 5개년 계획의 실현을 위해 분투하자

제4차 5개년 계획

미공개

제5차 5개년 계획

1. 십년 규획의 출발점
2. 십년 규획의 분투목표
3. 모주석이 인도하는 사회주의 건설의 도로를 따라가자
4. 농업 기초를 큰 힘으로 강화
5. 경공업을 가속 발전
6. 기초공업을 발전 확대
7. 석유화학공업, 전자 등 신흥공업을 적극 발전
8. 국방공업을 강화하고, 전략 후방기지의 건설 추진
9. 교체, 혁신, 개조의 방침 견지
10. 기본건설은 힘을 집중해 섬멸전을 벌여야 한다
11. 종합이용을 적극 추진하고, 큰 힘으로 환경보호 진행
12. 상업 사업을 잘하고, 대외무역 확대
13. 재정수입 증가에 노력하고, 경제건설을 중점 담보
14. 과학기술을 신속하게 발전시키고, 문화교육과 위생사업을 번영
15. 노동력의 배치와 관리를 열심히 해야 한다
16. 인민 생활 수준을 점차 제고

제6차 5개년 계획

　서언

　제1편 기본임무와 종합지표

　　제1장 기본임무

　　제2장 사회총산품, 국민수입과 경제효익

　　제3장 재정과 신용대출

　　제4장 고정자산투자

　　제5장 과학기술발전과 인재배양의 목표

　　제6장 인민생활과 사회사업 발전목표

　제2편 각 경제부문의 발전 계획

　　제7장 농업

　　제8장 임업

　　제9장 소비품공업

　　제10장 에너지

　　제11장 야금공업

　　제12장 화학공업

　　제13장 건축재료와 공업

　　제14장 지질탐사

　　제15장 기계공업, 전자공업

　　제16장 건축업

　　제17장 운수와 체신

　　제18장 국내 상업

　　제19장 대외경제무역

　제3편 지역경제 발전계획

　　제20장 연해지역

　　제21장 내륙지역

제22장 소수민족 지역

         제23장 지역간 협력

         제24장 국토개발과 정리처리

   제4편 과학연구와 교육발전 계획

         제25장 과학기술

         제26장 철학사회과학

         제27장 초등교육과 중등교육

         제28장 고등교육과 중등전문교육

   제5편 사회발전 계획

         제29장 인구

         제30장 노동

         제31장 주민수입과 소비

         제32장 도시농촌건설과 사회복지사업

         제33장 문화사업

         제34장 위생, 스포츠사업

         제35장 환경보호

         제36장 사회질서

제7차 5개년 계획

   서론

   1. 주요임무와 경제발전목표

         제1장 주요임무

         제2장 경제성장율과 경제효익

         제3장 국민수입의 생산과 분배

         제4장 재정, 금융과 외환

         제5장 과학기술, 교육과 사회발전 목표

2. 산업구조와 산업정책

　　제6장 산업구조 조정 방향과 원칙

　　제7장 농업

　　제8장 소비품공업

　　제9장 에너지

　　제10장 원자재공업

　　제11장 지질탐사

　　제12장 기계전자공업

　　제13장 건축업과 건축재료공업

　　제14장 교통운수와 우전통신

　　제15장 상품유통

3. 지역 배치와 지역경제 발전정책

　　제16장 동부 연해지역의 경제발전

　　제17장 중부지대의 경제발전

　　제18장 서부지대의 경제발전

　　제19장 노혁명지역, 소수민족지역, 변경지역, 빈곤지역의 경제발전

　　제20장 지역협력과 경제구역 네트워크

　　제21장 도시농촌 건설

　　제22장 국토개발과 정리처리

4. 과학기술의 발전과 정책

　　제23장 과학기술 발전 전략

　　제24장 과학기술 성과의 응용과 보급

　　제25장 과학기술 난관의 공략

　　제26장 기초연구

　　제27장 철학사회과학 연구

5. 교육발전과 정책

제28장 기초교육

제29장 직업기술교육

제30장 보통 고등교육

제31장 성인교육

제32장 교육사업의 발전에 관한 주요 정책조치

6. 대외경제무역과 기술교류

제33장 수출입무역

제34장 외자이용과 기술영입

제35장 경제특구, 연해개방도시, 개방지역

제36장 대외도급공사, 노무협력, 국제원조

제37장 관광

제38장 국가외환지출

7. 투자구조와 투자정책

제39장 투자구조의 조정

제40장 기초건설 투자의 부처 구조

제41장 기술혁신조치

제42장 고정자산 투자관리

8. 경제체제개혁의 목표와 임무

제43장 체제개혁의 임무와 단계

제44장 기업의 활력 증가

제45장 사회주의시장시스템의 발전

제46장 거시통제의 강화와 개선

9. 인민생활과 사회보장

제47장 인구

제48장 노동

제49장 주민수입과 소비구조

제50장 위생과 스포츠

　　　제51장 사회보장사업

　　　제52장 환경보호

　10. 사회주의 정신문명건설

　　　제53장 문화사업

　　　제54장 사상정치사업

　　　제55장 사회주의 민주와 법제

　　　제56장 사회질서

제8차 5개년 계획

　서언

　1. 1991-2000년의 주요목표와 지도방침

　　　1) 분투목표와 전체 계획

　　　2) 기본 지도방침

　　　3) 주요임무와 중요 지표

　2. "8차 5개년" 계획의 기본임무와 종합 경제 지표

　　　1) 기본 임무

　　　2) 경제성장의 규모와 속도

　　　3) 종합경제효익

　　　4) 국민수입의 생산과 분배

　　　5) 재정과 신용대출

　3. "제8차 5개년" 시기 주요 경제부처의 발전과 임무 및 정책

　　　1) 종업과 농촌경제

　　　2) 수리건설

　　　3) 에너지 공업

　　　4) 교통운수와 우정통신

    5) 원자재 공업

    6) 지질탐사와 기상

    7) 전자 공업

    8) 기계제조 공업

    9) 국방공업과 국방 과학기술

    10) 경방직 공업

    11) 건축업

    12) 상품 유통

4. "제8차 5개년" 시기 지역경제발전과 분배 및 정책

    1) 연해 지역의 경제발전

    2) 내륙 지역의 경제발전

    3) 소수민족 지역의 경제발전

    4) 빈곤 지역의 경제발전

    5) 지역경제 협력과 연합

    6) 도농 규획과 건설

    7) 국토개발 거버넌스와 환경보호

5. "제8차 5개년" 시기 과학기술과 교육발전의 임무와 정책

    1) 과학기술의 발전

    2) 교육사업의 발전

6. "제8차 5개년" 시기 대외무역과 경제기술교류

    1) 수출입 무역

    2) 외자 이용과 기술과 인재 영입

    3) 경제특구와 대외개방도시 및 개방지역

7. "제8차 5개년" 시기 경제체제개혁의 주요임무와 조치

    1) 공유제를 주체로 하는 소유제 구조의 완비

    2) 기업체제 개혁

3) 사회주의 시장체계 발전

　　4) 가격체제 개혁

　　5) 재정세수체제 개혁

　　6) 금융체제 개혁

　　7) 임금제도 개혁

　　8) 주택제도와 사회보장제도 개혁

　　9) 계획체제와 투자체제 개혁

　　10) 경제조정체계 건설 강화

8. "제8차 5개년" 시기 인민생활과 소비정책

　　1) 주민수입과 소비구조

　　2) 인구성장 통제

　　3) 노동자 취업과 노동자 보호

　　4) 위생보건사업

9. "제8차 5개년" 시기 사회주의 정신문명건설과 사회주의 법제건설

　　1) 문화건설

　　2) 사상건설

　　3) 사회주의 민주와 법제건설

제9차 5개년 계획

서언

1. "제8차 5개년" 계획의 완성 정황

2. 국민경제와 사회발전의 지도방침과 분투목표

　　1) 미래 15년 국내외 환경과 조건

　　2) 국민경제와 사회발전의 지도방침

　　3) "제9차 5개년" 국민경제와 사회전의 분투목표

　　4) 2010년 국민경제와 사회발전의 미래 목표

3. 거시조정의 목표와 정책

　　1) 경제성장 속도

　　2) 가격 총 수준

　　3) 고정자산 투자

　　4) 재정 수지

　　5) 화폐 공급

　　6) 국제 수지

　　7) 인구와 취업

4. 국민경제의 지속적이고 고속적, 건강한 발전을 유지

　　1) 농업을 절실히 강화하며, 농촌경제를 전면 발전시키고 번영시킨다

　　2) 기초건설과 기초공업을 계속 강화한다

　　3) 지주 산업을 진흥시키고 경방직 공업을 조정한다

　　4) 제3차 산업을 적극적으로 발전한다

　　5) 국방현대화 건설을 강화한다

5. 과학교육으로 국가를 발전시키는 전략 실시

　　1) 과학기술의 발전을 가속화한다

　　2) 교육을 우선 발전한다

6. 지역경제의 조화로운 발전을 촉진

　　1) 지역경제의 조화로운 발전 방향

　　2) 주요 정책 조치

7. 경제체제 개혁 심화

　　1) 현대기업제도 건립

　　2) 시장체계를 적극적으로 발전하고 개선

　　3) 정부 직능 변화

　　4) 투자 체제 개혁

　　5) 제1차 분배와 재분재 제도의 규범과 개선

6) 사회보장제도 개혁

7) 경제입법

8. 대외개방 수준 확대와 대외개방 수준 제고

   1) 대외개방 수준 제고

   2) 품질로 승부하고 시장 다원화의 대외무역전략을 견지

   3) 적극적으로 합리하게 효율적으로 외자 이용

9. 지속가능한 발전전략과 사회사업의 전면 발전 추진

   1) 국토자원 보호와 개발

   2) 환경과 생태보호

   3) 도시 농촌 건설

   4) 문화

   5) 위생

   6) 체육

10. 사회주의 정신문명과 민주법제 건설

    1) 사회주의 정신문명 건설

    2) 사회주의 민주와 법제건설

    3) 국가안전와 사회안정 수호

11. 조국평화통일 대업 촉진

제10차 5개년 계획

서언

제1편 지도방침과 목표

　　제1장 국민경제와 사회발전 지도방침

　　제2장 국민경제와 사회발전 주요목표

제2편 경제구조

　　제3장 농업의 기초 지위를 강화하고, 농촌경제의 전면 발전을 촉진

제4장 공업구조를 개선하고, 국제경쟁력 강화

　　제5장 서비스업을 발전하고 공급능력과 수준을 제고

　　제6장 정보산업을 가속화 발전하고, 정보화를 힘껏 추진

　　제7장 기초인프라 건설을 강화하고, 배치와 구조를 개선

　　제8장 서부대개발 전략을 실시하고, 지역의 조화로운 발전을 촉진

　　제9장 도시화 전략을 실시하고, 도시와 농촌의 공동 진보를 촉진

제3편 과학기술, 교육과 인재

　　제10장 과학기술 진보와 혁신을 추진하고, 지속 발전 능력을 제고

　　제11장 교육발전을 가속화하고, 전체 인민 소질을 제고

　　제12장 인재전략을 실시하고, 인재대오를 확대하다

제4편 인구, 지원과 환경

　　제13장 인구성장을 통제하고, 출생 인구의 소질을 제고

　　제14장 자원을 절약하고 보호하며, 영구적인 이용을 실현

　　제15장 생태 건설을 강화하고, 환경을 보호하고 다스리다

제5편 개혁개방

　　제16장 개혁을 추진하고, 사회주의 시장경제체제를 보완

　　제17장 대외개방을 확대하고, 개방형 경제를 발전

제6편 인민 생활

　　제18장 취업을 적극적으로 확대하고, 사회보장제도를 개선

　　제19장 주민 수입을 증가하고, 인민생활수준을 제고

제7편 정신 문명

　　제20장 사상도덕 건설을 강화하고, 공동이상과 정신적 기둥을 형성

　　제21장 사회주의 문화를 번영시키고, 문화생활 품질을 제고

제8편 민주 법제

　　제22장 민주정치 건설을 강화하고, 사회주의민주를 발전

　　제23장 법에 의해 나라를 다스리고, 사회주의 법치국가를 건설

제9편 국방 건설

    제24장 국방건설을 강화하고, 국가안전을 보장

제10편 규획 집행

    제25장 거시적 조정을 개선하고, 경제의 안정적인 성장을 유지

    제26장 집행 기제를 혁신하고, 규획 목표의 실현을 담보

제11차 5개년 규획

제1편 지도원칙과 발전목표

    제1장 샤오캉 사회 전면 건설의 중요한 시기

    제2장 과학발전관을 전면 실천

    제3장 경제사회 발전의 주요목표

제2편 사회주의 신 농촌 건설

    제4장 현대 농업 발전

    제5장 농민 수입 증가

    제6장 농촌 모습 개선

    제7장 신형 농민 배양

    제8장 농업과 농촌 투입 증가

    제9장 농촌 개혁 심화

제3편 공업구조 우량화와 업그레이드 추진

    제10장 고급 기술 산업의 발전 촉진

    제11장 장비제조업 진흥

    제12장 에너지공업 발전 우량화

    제13장 원자재 공업 구조와 배치 조정

    제14장 경방직 공업 수준 제고

    제15장 적극적으로 정보화 추진

제4편 서비스업 발전 가속

제16장 생산성 서비스업 개척

제17장 소비성 서비스업 증가

제18장 서비스업 발전 정책 촉진

제5편 지역의 조화로운 발전 촉진

제19장 지역발전 전체 전략 실시

제20장 주체 기능 구역 추진

제21장 도시화 건강 발전 촉진

제22장 순환경제 발전

제23장 자연생태의 보호와 복구

제24장 환경보호 강화

제25장 자원관리 강화

제26장 해양과 기후자원의 합리적 이용

제7편 과학교육으로 나라를 부흥하는 전략과 인재강국 전략 실시

제27장 과학기술 혁신과 초월 추진

제28장 교육을 우선 발전

제29장 인재강국 전략 추진

제8편 체제 개혁 심화

제30장 행정관리 체제 개혁 추진

제31장 기본 경제제도를 견지하고 보완

제32장 재정세수 체제 개혁 추진

제33장 금융체제 개혁 가속

제34장 현대시장 체계 개선

제9편 호혜공영의 개방전략 실시

제35장 대외무역의 성장방식 전환을 가속화

제36장 외자 이용을 품질 제고

제37장 국제경제협력을 적극적으로 추진

제10편 사회주의 조화사회 건설

제38장 인구 사업

　　제39장 인민 생활 수준 제고

　　제40장 인민 건강 수준 제고

　　제41장 공공안전 건설 강화

　　제42장 사회관리체제 보완

제11편 사회주의 민주정치 건설 강화

제12편 사회주의 문화 건설 강화

　　제44장 사회주의 문화 건설 강화

제13편 국방과 군대 건설

　　제45장 국방과 군대 건설 강화

제14편 규획 집행 기제의 보완 건설

　　제46장 분류 지도의 집행 기제 건립

　　제47장 경제정책의 조정과 보완

　　제48장 규획 관리체제의 보완

제12차 5개년 규획

제1편 방식을 전환하여 과학발전의 새로운 국면을 열어가자

　　제1장 발전 환경

　　제2장 지도 사상

　　제3장 주요 목표

　　제4장 정책 방향

제2편 "강농혜농強農惠農"을 통해 사회주의 신농촌 건설을 가속화

　　제5장 현대농업 발전 가속화

　　제6장 농민 수입 증가 경로 확대

　　제7장 농촌의 생산과 생활 조건 개선

제8장 농촌 발전 체제와 기제의 개선

제3편 산업의 핵심 경쟁력의 전환과 업그레이드

제9장 제조업의 개조와 제고

제10장 전략성 신흥산업의 배양과 발전

제11장 에너지 생산과 이용 방식의 변혁 추진

제12장 종합 교통 운송 체계 구축

제13장 정보화 수준을 전면 제고

제14장 해양경제 발전 추진

제4편 환경을 조성하여 서비스업 대발전 추진

제15장 생산성 서비스업의 가속 발전

제16장 생활성 서비스업의 강력 발전

제17장 서비스업 발전에 유리한 환경 조성

제5편 구조를 우량화하고, 지역의 조화로운 발전과 도시화의 건강한 발전을 추진

제18장 지역 발전 전체 전략 실시

제19장 집행 주체의 기능 구역 전략

제20장 적극적이고 안정적으로 도시화 추진

제6편 녹색발전을 추진하고, 자원절약형, 환경우호형 사회를 건설

제21장 글로벌 기후변화에 적극 대응

제22장 자원절약과 관리 강화

제23장 순환경제 강력 추진

제24장 환경호보 강력 추진

제25장 생태보호와 복구 추진

제26장 수리와 재해방지 체계 건설 강화

제7편 과학기술로 나라를 부흥시키는 전략과 인재강국 전략을 혁신적으로 실시

제27장 과학기술 혁신 능력 강화

　　제28장 교육 개혁 발전 가속화

　　제29장 거대 규모의 고품질 인재 집단 건설

제8편 민생을 개선하고, 기본 공공서비스 체계를 건립

　　제30장 기본 공공서비스 수준 제고

　　제31장 취업 우선 전략 실시

　　제32장 수입 분배 관계를 합리적으로 조정

　　제33장 도시와 향진 주민의 사회보장체계 보완

　　제34장 기본 의료위생 제도의 보완

　　제35장 주택 보장 수준 제고

　　제36장 인구 사업

참고문헌

一. 規劃類

國家開發銀行規劃院:《科學發展規劃理論與實踐》,中國財政經濟出版社,2013年.

【德】韓博天,《紅天鵝:中國獨特的治理和製度創新》,石磊譯,中信出版社,2018年.

蘭德爾‧奧圖爾,《規劃為什麼會失敗》,王演兵譯,上海三聯書店,2016年.

李善同‧周南,《「十三五」時期中國發展規劃實施評估的理論方法與對策研究》,科學出版社,2019年.

劉國光,《中國十個五年計劃研究報告》,人民出版社,2006年.

王紹光,鄢一龍,《大智興邦——中國如何製定五年規劃》,中國人民大學出版社,2015年.

吳維海,《「十四五」規劃模型及編製手冊》,中國金融出版社,2020年.

徐紹史等,《輔導讀本》,人民出版社,2016年.

徐憲平等編著,《國家發展戰略與宏觀政策》(上下冊),北京大學出版社,2018年.

鄢一龍,《目標治理——看得見的五年規劃之後》,中國人民大學出版社,2013年.

楊近平,《新中國十二個五年計劃與馬克思主義中國化》,人民出版社,2018年.

楊偉民等,《新中國發展規劃70年》,人民出版社,2019年.

楊永恒,陳升,《現代治理視角下的發展規劃——理念,實踐和前瞻》,清華大學出版社,2019年.

二. 黨史國史類

薄一波,《若幹重大決策與事件的回顧》(上下冊),中共黨史出版社,2008年.

師哲口述,李海文著,《在歷史巨人的身邊:師哲回憶錄》,九州出版社,2015年.

當代中國研究所,《中華人民共和國史稿》(全五卷),人民出版社,2012年.

當代中國研究所,《新中國70年》,當代中國出版社,2019年.

【美】傅高義,《鄧小平時代》,馮克利譯,生活‧讀書‧新知三聯書店,2013年.

【美】羅伯特‧勞倫斯‧庫恩,《他改變了中國:江澤民傳》,談崢,於海江譯,上海譯文出版社,2005年.

龔關主編,《中華人民共和國經濟史》,經濟管理出版社,2010年.

洪銀星,楊德才等,《新中國經濟史論》,經濟科學出版社,2019年.

李如海,華清主編,《執政黨與社會主義經濟建設——從列寧新經濟政策的製定到鄧小平社會主義市場經濟理論的提出》,民主與建設出版社,1996年.

歐陽淞, 高永中主編, 《改革開放口述史》, 中國人民大學出版社, 2018年.

歐陽淞, 《黨史學基本問題研究》, 中共黨史出版社, 2014年.

宋月紅, 王愛雲, 《中華人民共和國史研究的理論與方法》, 當代中國出版社, 2019年.

王曙光, 王丹莉, 《微信中國——中華人民共和國經濟史論》, 商務印書館, 2019年.

吳承明, 董誌凱主編, 《中華人民共和國經濟史(第一卷1949-1952)》, 中國財政經濟出版社, 2001年.

武力主編, 《中華人民共和國經濟史》(增訂版上下卷), 中國時代經濟出版社, 2010年.

趙德馨, 《中國近現代經濟史(1842-1949)》, 廈門大學出版社, 2017年.

趙德馨, 《中國近現代經濟史(1949-1991)》, 廈門大學出版社, 2017年.

趙淩雲主編, 《中國共產黨經濟工作史(1921-2011年)》, 中國財政經濟出版社, 2011年.

鄭有貴, 《中華人民共和國經濟史(1949-2019)》, 當代中國出版社, 2019年.

程連生, 《篳路藍縷:計劃經濟在中國》, 中共黨史出版社, 2016年.

馬泉山, 《新中國工業經濟史(1966-1978)》, 經濟管理出版社, 1998年.

中共中央黨史研究室編, 《中國共產黨歷史第一卷1921-1949》(上下冊), 中共黨史出版社, 2002年.

中共中央黨史研究室編, 《中國共產黨歷史第二卷1949-1978》(上下冊), 中共黨史出版社, 2011年.

中共中央黨史研究室編, 《中國共產黨歷史大事記(1921年7月-2011年6月)》, 人民出版社, 2011年.

中共中央黨史研究室編, 《中國共產黨的七十年》, 中共黨史出版社, 2005年.

中共中央黨史研究室編, 《中國共產黨的九十年》(全三冊), 中共黨史出版社, 黨建讀物出版社, 2016年.

中共中央黨史和文獻研究院編, 《中華人民共和國大事記(1949年10月-2019年9月)》, 人民出版社, 2019年.

陳夕主編, 《中國共產黨與156項工程》, 中共黨史出版社, 2015年.

陳夕主編, 《中國共產黨與三線建設》, 中共黨史出版社, 2014年.

陳東林編著, 《三線建設:備戰時期的西部開發》, 中共中央黨校出版社, 2003年.

沈誌華, 《處在十字路口的選擇:1956-1957年的中國》, 廣東人民出版社, 2013年.

張樹軍,《大轉折——中共十一屆三中全會實錄》,浙江人民出版社,1998年.

曹應旺,《開國財經統帥陳雲》,中譯出版社,2015年.

係業禮,熊亮華,《共和國經濟風雲中的陳雲》,中央文獻出版社,1996年.

雷厲,《歷史風雲中的余秋裏》,中央文獻出版社,2005年.

中共中央文獻研究室編,《周恩來傳》(全四冊),中央文獻出版社,2011年.

中共中央文獻研究室編,《陳雲傳》(全四冊),中央文獻出版社,2015年.

朱佳木,《論陳雲》,中央文獻出版社,2010年.

楊明偉,《晚年陳雲》,中央文獻出版社,2010年.

《李先念傳》編寫組,《李先念傳(1949-1992)》(上下冊),中央文獻出版社,2009年.

房維中,金沖及主編,《李富春傳》,中央文獻出版社,2001年.

余秋裏傳記組,《余秋裏傳》,解放軍出版社,2017年.

谷牧,《谷牧回憶錄》,中央文獻出版社,2014年.

三. 经济学著作

【美】勞倫・勃蘭特・托馬斯・羅斯基,《偉大的中國經濟轉型》,方穎,趙楊譯,格致出版社,2016年.

樊綱,《製度改變中國》,中信出版社,2014年.

【英國】羅納德・哈裏・科斯,王寧,《變革中國——市場經濟的中國之路》,中信出版社,2013年.

厲以寧,《中國經濟雙重轉型之路》,中國人民大學出版社,2012年.

厲以寧,《改革開放以來的中國經濟(1978-2018)》,中國大百科全書出版社,2018年.

林毅夫,《解讀中國經濟》,北京大學出版社,2018年.

錢穎一,《現代經濟學與中國經濟》,中信出版社,2017年.

錢穎一,《現代經濟學與中國經濟改革》(第二版),中信出版社,2018年.

田國強,陳旭東,《中國改革:歷史,邏輯和未來》,中信出版社,2017年.

文一,《偉大的中國工業革命:「發展經濟學」一般原理批判剛要》,清華大學出版社,2015年.

張維迎,王勇,《企業家精神與中國經濟》,中信出版社,2019年.

周其仁,《改革的邏輯》,中信出版社,2017年.

周其仁,《中國做對了什麽》,中國計劃出版社, 2017年.

四. 领导人著作

《毛澤東選集》, 東北書店, 1948年.

《毛澤東選集》(全四卷), 人民出版社, 1991年.

中共中央文獻研究室編,《毛澤東選集》(全八卷), 人民出版社, 1993年(第一, 二卷), 1996年
　　(第三, 四, 五卷), 1999年(第六, 七, 八卷).

中共中央文獻研究室編,《毛澤東年譜》(全九卷), 中央文獻出版社, 2013年.

中共中央文獻研究室編,《周恩來年譜》(全三卷), 中央文獻出版社, 1997年.

中共中央文獻研究室編,《周恩來經濟文選》, 中央文獻出版社, 1993年.

《周恩來書信選集》, 中央文獻出版社, 1988年.

《劉少奇選集》(上下卷), 人民出版社, 2018年.

中共中央文獻研究室編,《劉少奇論新中國經濟建設》, 中央文獻出版社, 1993年.

中共中央文獻研究室編,《陳雲年譜》(修訂本全三卷), 中央文獻出版社, 2015年.

《鄧小平文選(一九七五——一九八二)》, 人民出版社, 1983年.

《鄧小平文選》(第二卷), 人民出版社, 1994年.

《鄧小平文選》(第三卷), 人民出版社, 1993年.

中共中央文獻研究室編,《鄧小平年譜(1975-1997)》, 中央文獻出版社, 2004年.

《胡耀邦文選》, 人民出版社, 2015年.

《江澤民文選》(全三卷), 人民出版社, 2006年.

《李鵬回憶錄(1928-1983)》, 中國電力出版社, 中央文獻出版社, 2014年.

《朱鎔基講話實錄》編輯組編,《朱鎔基講話實錄》(全四卷), 人民出版社, 2011年.

《朱鎔基答記者問》編輯組編,《朱鎔基答記者問》(全四卷), 人民出版社, 2009年.

《胡錦濤文選》(全三卷), 人民出版社, 2016年.

《習近平談治國理政》第一卷, 外文出版社, 2014年.

《習近平談治國理政》第二卷, 外文出版社, 2017年.

《習近平談治國理政》第三卷, 外文出版社, 2020年.

中共中央文獻研究室編,《習近平關於社會主義經濟建設論述摘編》, 中央文獻出版社, 2017年.

지은이

인췬 尹俊

베이징대학교 시진핑 신시대 중국특색 사회주의사상 연구원 원장 조리, 연구원, 박사생 지도교수
베이징대학교 관리학원 박사 졸업(지도교수 厲以寧), 포스닥 연구원
하버드대학교 케네디정부관리학원 방문학자, 국가개발은행 규획국 공무원
『경제 저탄소화』, 『중국 신형 도시화의 길』, 『리더십의 본질』(제3쇄), 『경제학 이론과 중국식 현대화: 리이닝을 다시 읽다』 등의 저서와 Journal of Business Research, Journal of Innovation & Knowledge 등의 저명 학술지에 50여 편의 논문을 발표
제8차 고등학교 과학연구 우수성과상, 보급도서상, 양푸칭(楊芙清) - 왕양위안(王陽元) 원사 우수교학과학연구상, 제1차 리잔샹(李占祥) 관리철학우수논문상 등
『중국식 규획: "제1차 5개년 계획"부터 "제14차 5개년 규획"까지』(중국어 간체판)은 중국경제학 교육과학연구넷 2021년도 경제학 도서상, 제1차 칭마상(靑馬獎) 우수저작 1등상, 인민일보 도서관 금대(金台) 좋은 책 상 등을 받았다. 본서의 번체판과 영어판은 이미 출판되었다.

옮긴이

조청봉 趙青峰

중국 창저우대학교常州大學 정부관리학원 조교수
고려대학교 정치외교학과 박사
『미국패권의 중국위협론: 역사와 현실』, 『중국몽: 중국이 추구하는 강대국 상』 등 번역작품이 있다.
주요 연구분야는 국제관계와 냉전사이다.
국교수립 이전의 한중관계, 북중관계, 한국전쟁 등 주제를 연구하고 있다.

이경민 李敬民

베이징대학교 역사학과 박사과정 수료
고려대학교 사학과 석사
베이징대학교 역사학과 학사
재단법인 사회과학원 김준엽펠로우 역임
주요 연구분야는 중국의 노동자, 공장, 도시 등이며 현재 베이징의 한 공장 내부문건을 토대로 개혁개방 이전 시기 중화인민공화국의 공장(기업) 관리를 분석하는 졸업논문을 준비하고 있다.

신지선 申智善

베이징대학교 국제관계학원 박사과정
성균관대학교 동아시아학술원 정치학 석사
주요 연구분야는 동북아시아 국제관계이다.

중국학총서
08

"제1차 5개년 계획"부터
"제14차 5개년 규획"까지
중국식 규획

초판 1쇄 발행 2023년 6월 30일

지은이 인쥔尹俊 · 쉬쟈徐嘉
옮긴이 조청봉趙青峰 · 이경민李敬民 · 신지선申智善
펴낸이 홍종화

편집·디자인 오경희 · 조정화 · 오성현 · 신나래
　　　　　　박선주 · 이효진 · 정성희
관리 박정대

펴낸곳 민속원
창업 홍기원
출판등록 제1990-000045호
주소 서울시 마포구 토정로 25길 41(대흥동 337-25)
전화 02) 804-3320, 805-3320, 806-3320(代)
팩스 02) 802-3346
이메일 minsok1@chollian.net, minsokwon@naver.com
홈페이지 www.minsokwon.com

ISBN 978-89-285-1877-7　94820
SET 978-89-285-1595-0

ⓒ 조청봉 · 이경민 · 신지선
ⓒ 민속원, 2023, Printed in Seoul, Korea

이 책은 저작권법에 따라 보호를 받는 저작물이므로 무단전재와 복제를 금지하며,
이 책의 전부 또는 일부를 이용하려면 반드시 저작권자와 출판사의 서면동의를 받아야 합니다.